宁夏大学"提升中西部高校综合实力项目"资助出版

西夏文献研究丛刊

《天盛律令》职官门整理研究

杜建录 波波娃 主编

翟丽萍 著

上海古籍出版社

《西夏文献研究丛刊》编委会

顾问：史金波　李范文　克恰诺夫
主编：杜建录　波波娃
编委：（以姓氏笔画排序）
　　　孙伯君　孙继民　李华瑞　杨　浣　沈卫荣　佟建荣
　　　林英津　荒川慎太郎　　胡玉冰　段玉泉　聂鸿音
　　　索罗宁　梁松涛　彭向前　韩小忙　景永时　薛正昌

总　　序

西夏在中国，大量的西夏文献收藏在俄罗斯，西夏研究成为中俄两国共同关注的学术领域。为此，2009年在国家领导人的亲切关怀下，中俄人文合作委员会秘书处（教育部）将"西夏文化研究"列入两国语言年活动项目，由宁夏回族自治区教育厅和宁夏大学承担。在教育部的指导下，宁夏大学西夏学研究院和俄罗斯科学院东方文献研究所签订协议，成立中俄人文合作交流机制下研究机构——中俄西夏学联合研究所，宁夏大学西夏学研究院院长杜建录教授任中方所长，俄罗斯科学院东方文献研究所所长波波娃教授任俄方所长。

2010年7月26日，我利用中国高等教育学会外国留学生教育管理分会银川学术年会间隙，专门考察了宁夏大学西夏学研究院，该院主持完成的《中国藏西夏文献》《中国藏黑水城汉文文献》《说西夏》等著作，给我留下了深刻的印象。作为中俄人文合作委员会教育合作分委会主席，我高兴地看到，中俄西夏学联合研究每年都有新成果、新亮点。2010年10月中俄西夏学联合研究所在宁夏大学揭牌，2011年9月俄中西夏学联合研究所在俄罗斯科学院东方文献研究所揭牌。连续召开三届西夏学国际学术论坛，一批西夏学中青年骨干赴俄罗斯访问研究。更令人欣慰的是，两国学者不是停留在一般性的往来上，而是围绕西夏法律文献、社会文书、佛教典籍等领域开展实质性的合作研究，相继完成"西夏社会文书研究"、"夏译《孟子》研究"、"天盛律令研究"、"党项西夏碑刻研究"、"西夏《功德宝集偈》跨语言对勘研究"、"黑水城出土汉文文书释录"等课题，陆续出版的《西夏文献研究丛刊》和《黑水城出土汉文社会文书释录》，就是其中的一部分。

中俄西夏学联合研究源远流长,20世纪30年代,《国立北平图书馆馆刊》刊出西夏文专号,中苏等国西夏学者发表成果,相互酬唱,成为佳话;90年代以来,中俄两国学者联合整理出版大型文献丛书《俄藏黑水城文献》;进入新世纪,中俄人文合作交流框架下的西夏学合作研究,是在西夏文献整理出版基础上的深入研究,相信在两国政府的支持和两国学者的共同努力下,一定会取得丰硕的成果,为推动中俄全面战略协作伙伴关系的发展做出应有贡献。

中俄人文合作委员会
教育合作分委会中方主席
郝　平
二〇一四年十一月二十六日

目　　录

总序 1

前言 1
   一　《天盛律令》概述 1
   二　《天盛律令》职官门概述 2
   三　研究概况与研究意义 6
   四　研究内容与方法 12

上篇　《天盛律令》职官门整理与译释 1
   凡例 3
   续转赏门 4
   失职宽限变告门 34
   官军敕门 56
   司序行文门 123
   遣边司局分门 149

下篇　《天盛律令》职官门专题研究 151
第一章　西夏职官制度的创立与发展 153
   第一节　唐、五代、宋初时期夏州节度使的幕僚机构 153
   第二节　西夏的官制的创立及其发展 166
第二章　西夏的官阶 175
   第一节　西夏的十二品官阶及杂官 176
   第二节　及授、及御印与未及御印 183

第三节　西夏官阶的特点 185
　　　第四节　西夏阶官及西夏文官名的翻译问题 187
　　　第五节　《金史·交聘表》所反映的西夏官阶信息 191
　第三章　西夏的职事官 196
　　　第一节　西夏职事官与唐代的比较 197
　　　第二节　西夏中央与地方官职的设置 199
　　　第三节　西夏职事官的续转 204
　　　第四节　西夏的差遣官职 205
　第四章　军抄、军溜及盈能 209
　　　第一节　军抄的组成 210
　　　第二节　正军与辅主 214
　　　第三节　辅主的来源 215
　　　第四节　军溜 217
　　　第五节　盈能 222
　第五章　西夏的军政管理机构 226
　　　第一节　枢密院考 227
　　　第二节　殿前司考 232
　　　第三节　监军司考 234
　　　第四节　正统司考 238
　　　第五节　经略司考 242
　　　第六节　部分军职考 248

参考文献 253

附录 261
　一　夏汉词语对照表 261
　二　俄藏《天盛律令》职官门图版 276

后记 296

前　言

《𗼃𗾀𗸕𘓺𘃬𘆚𗖻》，译为《天盛革故鼎新律令》，简称《天盛律令》，是西夏政府使用西夏文字刊刻的律令合一的法律典籍。《天盛律令》原件收藏在俄罗斯科学院东方学研究所圣彼得堡分所，1998年由俄罗斯科学院东方研究所圣彼得堡分所、中国社会科学院民族研究所、上海古籍出版社联合整理出版了影印件，主要收录在《俄藏黑水城文献》第八、九册中。《天盛律令》是研究西夏历史与文化最重要的史料之一，补充了《宋史》《金史》《辽史》等正史中对西夏记载甚少的缺憾，使西夏史研究进入了新的阶段。本书以《天盛律令》卷十职官门为中心，在解读文献的基础上来探讨西夏的职官制度。

一　《天盛律令》概述

《天盛律令》是我国历史上第一部用少数民族文字刻印、刊布的法典。"天盛"是西夏第五任皇帝仁宗所使用的第三个年号，始于公元1149年，终于公元1169年，历时21年。史金波等考证《天盛律令》的成书年代应该是天盛初年，仁宗即位初期。① 刘菊湘则坚持成书于乾祐初年，即公元1170—1182年间。② 聂鸿音认为《天盛律令》成书于天盛二年（1150），并就《宋史》等文献所载"增修律成，赐名鼎新"，③判断出"鼎新"律指的就是《天盛革故鼎新律令》。因此，《天盛律令·颁律表》中说"故而臣等共议论计，比较旧新律令，见有不明疑碍，顺众民而取长义，一共成为二十卷"。④

《天盛律令》先由西夏文写成，后译为汉文本。《天盛律令》的《颁律表》中记有"𘘓𗹙𘄒𗏁（合汉文者）"一位，"𘘓𗹙𗖠𗏁（译汉文者）"两位，"𘘓𗹙𗖠𘓺𘃬𗖻𗏁（译汉文纂定律令

---

① 史金波、聂鸿音、白滨译注：《天盛改旧新定律令》，法律出版社，2000年，第3页。
② 刘菊湘：《关于天盛律令的成书年代》，《固原师专学报》1998年第4期，第57—60页。
③ ［元］脱脱等：《宋史》卷四八六《夏国传下》，中华书局，1977年，第14025页。
④ 史金波、聂鸿音、白滨译注：《天盛改旧新定律令·颁律表》，第107页。

者)"一位,这说明西夏文是一种成熟的文字。但目前所见《天盛律令》有西夏文刻本、写本,而不见汉文本。合汉文学士不属于五等司,地位比较高,《天盛律令》卷十规定:"写敕、合为文字者学士,当与中等司平级。"①

《天盛律令》共二十卷,约20余万字,此外,还有单独的《颁律表》、《名略》两卷。全书分一百五十门,门下有条,共一千四百六十三条,有的条下尚有若干小条文。大条首字为"𘘥",小条首字"𘘨",汉译本均译为"一",借以区分其层次,这与唐宋法典明显不同。古代中国的法律制度发展到隋唐,"凡文法之名有四:一曰律,二曰令,三曰格,四曰式"。② 具体来说,即"凡律以正刑定罪,令以设范立制,格以禁违正邪,式以轨物程事"。③ 而五代、宋因袭之,《宋刑统》虽然在名称上承袭的是后周,但在内容上延续了唐律,它与《唐律疏议》一样共分为十二篇,内容基本相似。值得注意的是,《宋刑统》每篇下分若干门,《天盛律令》或仿其形制。《天盛律令》没有沿袭唐宋的律令格式,也未记录相关案例,全书由一千多法律条文组成,是一部综合性的法律、法规典籍。

《天盛律令》的西夏文原件,出土于我国内蒙古额济纳旗的黑水城遗址,是西夏时期的黑水镇燕监军司所在地,也是元朝亦集乃路总管府故址。1908至1909年,俄国探险家科兹洛夫运至圣彼得堡,现存于俄罗斯圣彼得堡东方文献研究所。《天盛律令》最早由俄罗斯专家克恰诺夫翻译,出版时附有相关照片。此后,国内学者才开始研究,至今已有较为成熟的汉译本,成为研究西夏历史文化必不可少的资料之一。

笔者选取的《天盛律令》卷十是西夏重要的行政法规,本书统称为职官门。其录文和译释有利于梳理西夏职官制度方面的问题,同时也可为学界提供可靠的资料基础。尤其《司序行文门》,是目前可见对西夏官制记载最为详细的史料,其中涉及的机构名称与官名是研究西夏职、官、军的主要依据。此外,有关西夏职官制度方面的法律条文也是本书选取的重要资料之一。这些资料比较零散,内容遍布各卷,下篇各个专题研究中均有涉及。

二 《天盛律令》职官门概述

《天盛律令》职官门共有五门,即𘟀𘜶𘏞(续转赏)、𘄴𘟀𘃸𘕕𘟂𘄴(失职宽限变告)、𘊝

---

① 史金波、聂鸿音、白滨译注:《天盛改旧新定律令》卷十《司序行文门》,第366页。
② [唐]李林甫等撰、陈仲夫点校:《唐六典·尚书刑部》卷六,中华书局,1992年,第180页。
③ [唐]李林甫等撰、陈仲夫点校:《唐六典·尚书刑部》卷六,中华书局,1992年,第185页。

󰀀󰀁󰀂󰀃(得袭官军敕)、󰀄󰀅󰀆󰀇(司序行文)、󰀈󰀉󰀊󰀋󰀌(遣边司局分)等,即《俄藏黑水城文献》第八册甲种本编号为 Инв.No.170、171а、171г、2332、7214 等五个文献。这是由史金波等人根据上述文献缀合而成,共有 39 面图版。第九册是《天盛律令》的其他版本,并没有卷十。

《天盛律令》职官门共有八十九条法律条文,其中,《官军敕门》后半部分残缺八条,15—18 图版中间有残缺,《遣边司局分门》仅存一小条。虽然这些残缺的内容我们现在看不到,但根据《天盛律令·名略》所载也可以了解其大致内容。

职官门的内容包括大小官员的续转办法、因故赴任超期宽限法、承袭官军抄的办法、选官程序、司印与官印的形制、五等司法、各个机构官员数量与名称、派遣经略司及监军司的官吏等等。以下根据《名略》将每门的名称和残缺程度列出:

《续转赏门》(󰀀󰀁󰀂)共 5 条,即:

任职大小依法续转;

停滞无官赏;

续转者任期内犯罪入停滞;

得职不续转应依旧职;

年老患病者续转。

《失职宽限变告门》(󰀃󰀄󰀅󰀆󰀇󰀈)有 9 条,即:

自案头以上职上不往;

司吏职上不往;

使人职上不往;

京师任职期限;

边中任职期限;

僧、道司大人承旨期限;

边中任职人不共职期限;

大人不在承旨告变;

司中醉酒大声争斗等。

《得袭官军敕门》(󰀉󰀀󰀁󰀂󰀃),共 34 条,即:

依法续抄、官、军;

侄妇处生子;

养子袭抄、官、军;

3

杂子不袭抄；

人根断属抄、官、军（其下有五种情况下不同袭抄、官、军法）；

人根断之畜物；

文武官过；

求官法施行；

诈为官；

不执官敕爵上有；

分析时有低官有高官；

未得职位得官犯罪；

未袭官犯罪；

请官印；

请僧监司印；

司、官印斤两；

大小印长宽；

军上权检校请印；

派遣臣僚、案头、司吏等；

依任重职过（部分残）；

职上死，子入臣僚中（部分残）；

番汉学子选拔（部分残）；

依位得官法（全残）；

正副经略得官法（全残）；

经略司都案案头得官法（全残）；

敕及持伞等得官法（全残）；

医人等得官入法（全残）；

边等官得末品（全残）；

选拔学士（全残）；

官品超变处请赏（全残）；

任官期限（部分残）；

告老官不失；

依法袭、将官；

依法赐敕文。

《司序行文门》(𗞞𘉋𗆧𘃪)共30条,即：

大小司品；

司品中以外；

经略司品；

中书、枢密传牒；

经略司人行文；

诸司行文；

为工院总管者等司品；

京𰅁、京拘、间枯司等；

刺史职比得法；

巫提点等司等；

帝子名位；

帝及帝子等之师名；

帝师等之司等；

谏臣司等；

拟诏执符者司等；

派诸司大人、承旨数目；

巫提点等派法；

派都案、案头数目；

诸司都案派法；

案头派法；

末等司局分派法；

因事职不续转；

随将都案派法；

地边派正职则前职应；

节亲、宰相遣别职时行文法；

正副统等行文法；

正副统等上等司中升降；

大人、承旨坐法；

番、汉等共职；

番人共职。

《遣边司局分门》(𘟨𘄒𗣀𗯿𗏇)共7条，即：

经略司等司吏数定；

监军司落新抄（部分残）；

经略司等差人（全残）；

大都督府都监、头监（全残）；

啰庞岭都监（全残）；

边中都监、头监（全残）；

派妇人都监（全残）。

由此可见，职官门除《官军敕门》、《遣边司局分门》残缺较为严重以外，其余基本保存完整。《官军敕门》中残缺八条，主要涉及依位得官，正副经略、都案、案头，敕及持伞，医人等几种人的得官办法，还有边等官得末品、选拔学士、官品超变处请赏等内容。《遣边司局分门》仅存一条，这一门中主要是经略司、监军司派遣司吏、差人的规定。需要特别指出的有，大都督府因其地理位置重要，在《司序行文门》中位于次等司，都监、头监的派遣有专门的规定；啰庞岭监军司，因其不属于经略司统辖，而单独规定都监的派遣。还有边中诸司所派遣的都监、头监的规定，甚至在一些地方和机构中可以派遣妇人都监。

本书是对卷十职官门的对译、注释和专题问题考证。其中，本卷第四门《司序行文门》的相关研究已经在"西夏文献研究丛刊"之一《〈天盛律令〉研究》[①]一书中发表。因《司序行文门》是职官门中至关重要的部分，因此保留了其记录的五等司情况，并保留了部分重要的机构、官名的对译和注释。

三 研究概况与研究意义

西夏是一个由党项羌为主体民族建立起来的国家。其政治制度既有民族特色，又受到了以唐宋为代表的汉文化的影响。正如《宋史》所说："其设官之制，多与宋同。朝贺之仪，杂用唐、宋，而乐之器与曲则唐也。"[②]也就是说，西夏的职官制度仿宋而立，而乐曲则

[①] 杜建录、（俄）波波娃主编：《〈天盛律令〉研究》，上海古籍出版社，2014年。
[②] ［元］脱脱等：《宋史》卷四八六《夏国传下》，第14028页。

沿于唐。宋代官制是秦汉以来中国封建社会官制发展承上启下的一个阶段。宋中央变革唐三省六部制,以中书、枢密二府统领军政要务,设三司专管财权;地方遣通判监管知州之责,而皇帝集大权于一身。西夏仿宋制建官立制,皇帝处于权力之巅,下设有中书、枢密,分掌文武大政,设御史、三司、农田司、磨勘司等诸司行监察、经济管理、考核官员等职。地方有府、州、郡、军、县,分为边中与京师两大部分,分别由经略司与中书等管理庶政。又按军事形势需要,设立独特的军事区域——监军司,派遣官员管理地方军政事务。尤其是创立了与职官制度相对应的官阶制度,使得西夏的政治制度日臻完善,十二品官阶的运用在文献中也得到了印证,更加表现出西夏王朝制度文化的发展与成熟。

就目前而言,西夏官制研究由于诸多因素,有些方面还有待深入探讨,主要表现在以下几点:

第一,汉文史料中对西夏职官制度方面的记载极少,多散见于《宋史》《辽史》《金史》等正史中,又多是一些机构名和官名。也就是说,关于西夏职官制度的记载,没有像正史中的职官志那样系统、全面的史料,使得西夏职官制度的研究难以深入,也限制了西夏职官制度的进一步研究。

目前,学界对西夏中央官制的研究主要集中在西夏通史类专著中,有《西夏史》《西夏史稿》《西夏简史》《简明西夏史》《辽金西夏史》《西夏通史》《西夏社会》《剑桥中国辽西夏金元史》《中国政治制度史》(辽西夏金卷)等,均引用《宋史·夏国传》中关于西夏元昊于宋明道二年(1033)的建官立制这条史料,称:"其官分文武班,曰中书,曰枢密,曰三司,曰御史台,曰开封府,曰翊卫司,曰官计司,曰受纳司,曰农田司,曰群牧司,曰飞龙院,曰磨勘司,曰文思院,曰蕃学,曰汉学。"①共 15 个职司机构。清代学者吴广成的《西夏书事》将这段文字进行了扩展,简述了各个机构的职能。然而,此类材料仅是简述,无具体内容,后人研究西夏官制仅多采取比较宋制的办法,难以形成可靠的结论。

史金波《西夏的职官制度》一文是最早研究西夏职官制度的文章之一,利用了当时比较新的材料。② 又于 2008 年出版了《西夏社会》,是近年来西夏研究重要的成果之一,该书在第八章"职官"中分三个部分对西夏的官、职等问题进行了探讨。并在第九章"军队"中对西夏的军队、装备、战斗力等问题作了研究。③ 彭向前《谅祚改制考论》一文涉及西夏谅

---

① [元] 脱脱等:《宋史》卷四八五《夏国传上》,第 13993 页。
② 史金波:《西夏的职官制度》,《历史研究》1994 年第 2 期,第 62—71 页。
③ 史金波:《西夏社会》,上海人民出版社,2008 年,第 286—345 页。

祚时期的官制改革,包括中央行政体制及官员管理等方面内容。① 笔者的硕士学位论文《西夏官僚机构及其职掌与属官考论》一文,对出现在夏、汉史料中的西夏机构名称、官名进行了梳理与分析,对一些文献中出现的职官方面的疑难点进行了考论,②这也是本文能得以继续研究的基础之一。

正史中零散出现的西夏官名引起了一些学者的关注,有不同程度的考证,主要集中在20世纪80年代。由于史料中出现的西夏官名,有汉称,也有所谓蕃号。加之清人吴广成的研究,引发了学界关于西夏存在一套官制还是两套官制的争论。《西夏史稿》《西夏简史》《西夏史》都坚持两套官制,认为西夏存在汉官与蕃官两套系统,以蕃法对蕃人,以汉法对汉人。李蔚《简明西夏史》、《西夏蕃官刍议》,史金波《西夏职官制度》、《西夏社会》,杨蕤《西夏地理研究》等都认为西夏存在一套官制。学界对于这一问题,目前已有定论,即西夏存在一套官制,所谓蕃官系统实际上是官品名称的西夏语称谓。

对西夏官名做考证研究的有王民信《西夏官名杂考》,③史金波《西夏名号杂考》、④顾吉辰《汉文文献中的西夏官名考录》⑤与《西夏官品考》⑥等文章,主要以唐宋官制来考证官名、官品。首先对蕃号做研究的是吴天墀的《西夏史稿》,并列有蕃官名号表。⑦ 1983年,汤开建《西夏蕃官名号表补正》一文根据文献记载对吴天墀所列表做了补充研究。⑧ 2010年,笔者《西夏蕃名官号异译考释》⑨对史料中出现的蕃号进行了梳理,就蕃号异译的情况做了考释;又2011年,《〈续资治通鉴长编〉人名标点勘误八则》⑩就《长编》中出现的蕃号误标点为人名的现象做了勘误。而蕃号本身的问题,限于西夏文水平和资料的匮乏,还有待进一步的考证与研究。

西夏的地方官制,学界除了对汉文史料中零散出现的一些官名进行研究之外,没有专门的论述。现有的研究成果多倾向于地方行政区划,集中在州县建制、数量、治所、遗址等方面上,对州县官员的设置、职能基本无涉。如汪一鸣《西夏京师政区的沿革地理讨论》、⑪

---

① 彭向前:《谅祚改制考论》,《内蒙古社会科学(汉文版)》2009年第4期,第50—55页。
② 翟丽萍:《西夏官僚机构及其职掌与属官考论》,宁夏大学硕士学位论文,2010年。
③ 王民信:《西夏官号杂考》,《边政研究所年报》第17辑,1986年。
④ 史金波:《西夏名号杂考》,《中央民族学院学报》1986年第4期,第70—74页。
⑤ 顾吉辰:《汉文文献中的西夏官名考录》,《宁夏教育学院学报》1988年第2期,第62—72页。
⑥ 顾吉辰:《西夏官品考》,《宁夏大学学报》(社会科学版)1988年第4期,第111—118页。
⑦ 吴天墀:《西夏史稿》,广西师范大学出版社,2006年,第150—151页。
⑧ 汤开建:《西夏蕃官名号表补正》,《四川大学学报》1982年第2期,第99—101页。
⑨ 翟丽萍:《西夏蕃名官号异译考释》,《西夏学》第六辑(首届国际西夏学研讨会专号)2010年,第164—170页。
⑩ 翟丽萍:《〈续资治通鉴长编〉人名标点勘误八则》,《西夏学》第八辑,2011年,第302—304页。
⑪ 汪一鸣:《西夏京师政区的沿革地理讨论》,《宁夏大学学报》2005年第3期,第48—49页。

吴光耀《西夏疆域之形成与州府建置沿革——兼斥克恰诺夫关于西夏疆域的谬论》、[①]章巽《夏国诸州考》[②]等文章。宋县除赤、畿外，有望、紧、上、中、下之分，县令"掌总治民政、劝课农桑、平决狱讼，有德泽禁令，则宣布于治境。"[③]西夏的县与州是否存在统属关系也是学界争议较多的地方。吴天墀《西夏史稿》认为"西夏的地方行政编制，分为州县两级制"。[④]蓝勇则认为"西夏腹地主要是州县两级制，但在边地多设立郡、城等，委以宗室镇守"。[⑤]史金波指出西夏已经打破了州县的格局，是根据时局的变化作出的调整。王天顺《西夏地理研究》认为西夏的政区结构不够分明，多是军政合一。《中国行政区划通史》（宋西夏卷）指出"在西夏国，真正符合汉制州县制标准的县，可能仅有京城地区的几个县"。[⑥]杨蕤否定了西夏州统县的说法，指出州沿用了唐称，实际上指的是城寨，郡与县地位相当，只是雅称。[⑦]综上可知，目前学者们均对西夏州统县存在疑问。本文根据《天盛律令》及其他夏、汉文史料透露出的信息分析得知，西夏的"州"多数不是州的建制，而是监军司的简称，实行州县制的地方处在京畿范围内，西夏并没有实行严格的州县制。

西夏独有的军事机构——监军司的研究成果较多，涉及监军司的设置数量、治所、军事力量、兵防、遗址等问题。如吴天墀《西夏史稿》中对十二监军司的名称、驻所、官员、兵马数量等问题进行了论述。[⑧]鲁人勇《西夏监军司考》，考证了西夏前期、中期监军司数量的增减、移置、更名和驻地。[⑨]汤开建《西夏监军司驻地初探》对西夏监军司驻地进行专门的研究；[⑩]《西夏史琐谈》第五部分"十二监军司与十八监军司"中认为西夏前期有十八监军司，随着与宋战争的失利，后期缩减到了十二监军司；[⑪]《西夏史札记》中又考论了西夏监军司的数量，认为西夏在与宋战争中监军司的数量超过十八个，并利用史料考证了一些监军司。《西夏史琐谈（三）》、[⑫]《西夏监军司驻所辨析》、[⑬]《西夏监军司的数量和驻地

[①] 吴光耀：《西夏疆域之形成与州府建置沿革——兼斥克恰诺夫关于西夏疆域的谬论》，《武汉大学学报》1982年第1期，第84—91页。
[②] 章巽：《夏国诸州考》，《开封师院学报》1963年第1期，第47—57页。
[③] [元]脱脱等：《宋史》卷一六七《职官七》，第3977页。
[④] 吴天墀：《西夏史稿》，广西师范大学出版社，2006年，第161页。
[⑤] 蓝勇：《中国历史地理学》，高等教育出版社，2002年，第169页。
[⑥] 李昌宪：《中国行政区划通史》（宋西夏卷），复旦大学出版社，2007年，第708页。
[⑦] 杨蕤：《西夏地理研究》，人民出版社，2008年，第148—150页。
[⑧] 吴天墀：《西夏史稿》，广西师范大学出版社，2006年，第275—298页。
[⑨] 鲁人勇：《西夏监军司考》，《宁夏社会科学》2001年第1期，第84—87页。
[⑩] 汤开建：《西夏监军司驻地初探》，《西北史地》1982年第3期。
[⑪] 汤开建：《西夏史琐谈》，《宁夏大学学报》1984年第3期，第38—43页。
[⑫] 汤开建：《西夏史琐谈（三）》，《中国民族史研究》第二辑，中央民族学院出版社，1989年。
[⑬] 汤开建：《西夏监军司驻所辨析》，《历史地理》第六辑，上海人民出版社，1990年。

考》,①日本的前田正名《西夏卓罗啰监军司支配地域的特殊性》②等都是有关西夏监军司的研究论著。(美) R.邓尼尔《兀剌海(斡罗孩)和西夏黑水镇燕军司》③刘华、杨孝峰《西夏天都监军司所遗址及神勇军考》④,宋耀良《西夏重镇黑山城址考》⑤,刘华《西夏西寿保泰监军司遗址考述》⑥等文讨论了监军司的遗址问题。这些研究对监军司的源流、职能与属官未作考察。本文以元昊时期所设十二监军司与《天盛律令》中所载十七监军司进行对比,梳理了同名异译的监军司,对监军司的属官与职掌做了探讨,并分析其与经略司、正统司的关系。

综上所述,依据汉文史料来研究西夏官制问题,取得了一定的成果,但有很大的局限性。西夏通史类著作中有关西夏官制的研究简略、相似,较为突出的当属史金波的研究。而关于官名等问题的研究成果比较旧,没有新的研究。西夏的地方官制研究较少,多倾向于地方建制,而忽略了地方官制的重要性。对监军司的研究成果较为陈旧,对其表现出军政合一的职能没有详细论述。本文拟利用夏、汉资料,对西夏的地方职司机构进行探讨,就前人未能深入的地方官,来考察西夏的行政区划的变迁。

第二,时值21世纪之交,西夏文献的整理与刊布引起了西夏学界的极大关注。尤其是西夏文《天盛律令》原始图版的公布,使得西夏官制的研究有了很大的进步。史金波《西夏社会》就是其中的代表。

众所周知,《天盛律令》原件收藏在俄罗斯。最早对其进行整理研究的是俄国专家。1932年,苏联学者聂历山在《国立北平图书馆馆刊·西夏文专号》上发表了初步整理的《西夏书籍目录》,首次对《天盛律令》进行了初步的描述,并定名为《天盛年变新民制学》。1963年,戈尔巴乔娃和克恰诺夫编订《西夏文写本与刊本》一书,对《天盛律令》的版本与保存情况做了细致的说明。1987至1989年,克恰诺夫先生将西夏文本《天盛律令》翻译成俄文本,共四册,并刊布了相关照片。国内学者通过克恰诺夫的研究,才接触到《天盛律令》。1988年,出版了《西夏法典——天盛年改旧定新律令(第1—7章)》,是宁夏社科院李仲三先生将克恰诺夫俄译本第二册转译成汉文。⑦ 1994年,《西夏天盛律令》出版,这是

---

① 陈炳应:《西夏监军司的数量和驻地考》,《西北师范大学学报增刊》1986年第5期。
② (日)前田正名:《西夏卓罗啰监军司支配地域的特殊性》,《东洋历史地理学研究》82号,1961年。
③ (美) R.邓尼尔著,罗矛昆译:《兀剌海(斡罗孩)和西夏黑水镇燕军司》,《宁夏社会科学》1986年第6期。
④ 刘华、杨孝峰:《西夏天都监军司所遗址及神勇军考》,《宁夏社会科学》2001年第2期。
⑤ 宋耀良:《西夏重镇黑山城址考》,《宁夏社会科学》1993年第5期。
⑥ 刘华:《西夏西寿保泰监军司遗址考述》,《宁夏社会科学》2006年第4期。
⑦ (俄)Е.И.克恰诺夫俄译、李仲三汉译、罗矛昆校订:《西夏法典——天盛年改旧定新律令(第1—7章)》,宁夏人民出版社,1988年。

由中国社科院史金波、聂鸿音、白滨三位先生,根据苏联刊本中所附的照片,并参考俄国学者克恰诺夫的俄译本,对《天盛律令》进行的汉语翻译。1998年,《俄藏黑水城文献》(第八、九册)出版,刊布了《天盛律令》的各个刻本、写本及其残卷。史金波等先生根据新整理刊布的《天盛律令》,对原来的汉译本进行了修订,2000年出版了《西夏天盛律令译注》。《天盛律令》的整理与刊布,引起了学界的重视,为学者的研究打下了良好的基础,研究论著渐渐多了起来。《天盛律令研究》、[①]《法典中的西夏文化——西夏〈天盛改旧新定律令〉研究》、[②]《西夏法律研究——〈天盛改旧新定律令〉初探》、[③]《〈天盛律令〉与西夏法制研究》、[④]《西夏法律制度研究》、[⑤]《西夏法制研究》[⑥]等著作从历史、法律、文化等方面入手,探讨了西夏制度、法律与社会问题。

然而,仔细考察这些研究,一方面使我们对《天盛律令》汉译本有了基本的了解;另一方面,也说明目前对其西夏文本的研究有所忽视。《天盛律令》的俄译本由于问世较早,国内只转译了前7章,其中错误较多,不为学者所引用。汉译本经过两次翻译,使用价值很高,成为研究西夏历史重要的材料之一。但是,现今的研究成果仅限于对汉译本《天盛律令》的研究,限于西夏文水平而忽视了其西夏文本的研究。

另外,对《天盛律令》中关于西夏官制方面的条例研究也较少涉及。此类资料虽然零散,但史料价值非常高。不仅《司序行文门》中所提到的机构都在《天盛律令》中可以找到;且通过对相关条例的总结,可以考察某一机构的职掌;其内容涉及官员的选用、考核与迁转等问题,这对于研究西夏官制而言意义重大。汉文史料中对于西夏官僚机构的职掌基本无载,以往的研究多通过宋制来推测西夏官制,寥寥数语,难以把握其具体职能,研究也存在缺憾。

笔者认为,应该加强对西夏文本《天盛律令》的研究。《天盛律令》卷十可谓现有西夏最详细的行政法。但是,就目前的研究成果来看,对于《司序行文门》的研究主要集中在汉译本上,对西夏文本的研究不够。究其根本,则是能够直接利用西夏文材料的人太少。因此,以可靠、准确的西夏文本资料为基础,对之进行准确的译释,有利于西夏职官制度的研究。

---

① 王天顺:《西夏天盛律令研究》,甘肃文化出版社,1998年。
② 杨积堂:《法典中的西夏文化——〈天盛改旧新定律令〉研究》,法律出版社,2003年。
③ 姜歆:《西夏法律制度研究——〈天盛改旧新定律令〉初探》,兰州大学出版社,2005年。
④ 杜建录:《天盛律令与西夏法制研究》,宁夏人民出版社,2005年。
⑤ 陈永胜:《西夏法律制度研究》,民族出版社,2006年。
⑥ 邵方:《西夏法制研究》,人民出版社,2009年。

第三，西夏的官、职、军问题是困扰官制研究的难题之一。目前只有史金波的《西夏的职官制度》与《西夏社会》涉及这个问题，而其他学者很少研究。官阶问题主要围绕《官阶封号表》展开，职主要以五等司为主，涉及军事研究的论著较多。

官阶制度是西夏政治制度重要的组成部分，是西夏职官制度得以完善的基础之一。就目前而言，西夏官阶制度的研究大多集中在对西夏文《官阶封号表》的考释与研究上。最早对《官阶封号表》进行研究的当属史金波、李范文两位先生。史金波《西夏文官阶封号表考释》是在俄国专家克恰诺夫的翻译与研究基础之上做的进一步考释研究。首先对甲、乙种本《官阶封号表》进行了介绍与翻译，进而探讨封号表所反映的问题，认为甲种本《官阶封号表》类似宋朝的勋、爵、功封号。并结合其他西夏文、汉文文献对封号表做了进一步研究。[1] 李范文的《西夏官阶封号表考释》一文，对《官阶封号表》的甲、乙本均有介绍与译释，并对照唐宋官品对西夏官品做了探讨，并指出西夏官制是仿宋制而设，西夏并非如辽实行南北面官制一样实行番、汉两套官制。[2] 文志勇《西夏官阶封号表残卷新译及考释》一文，分别简要介绍甲种本、乙种本、丙种本《官阶封号表》的内容及版式，并重新译释其封号，利用佛经文献中的题记对封号表做了对照研究。[3]

通过对《官阶封号表》的考释，使得人们进一步了解西夏官阶制度。然而，正因为学者们以封号表为中心，而忽略了其他的史料价值。本文结合《官阶封号表》与《天盛律令》及有关夏、汉文资料，对文献中所涉及的西夏官阶制度相关问题做了考证。

研究西夏官制不仅应将西夏文、汉文史料相结合，而且也要注重西夏文史料的相互印证，才能得到令人信服的结论。关于职，笔者通过对《天盛律令》卷十《续转赏门》、《司序行文门》仔细考察，发现西夏职事官接近唐制，进而对西夏职事官与中央、地方的职司机构做了分析与探讨。西夏能以"弹丸之地"（《辽史》）东抗宋，北抗辽，足可见其军事力量之强。本书以西夏军事组织单位为入手点，探讨其组成部分及军事指挥机构，并对军事职官做了考察。

四 研究内容与方法

笔者在前人研究成果的基础上，对现存夏、汉文献有关西夏职官问题的史料进行了搜

---

[1] 史金波：《西夏文官阶封号表考释》，《中国民族古文字研究》第三辑，天津古籍出版社，1991年。
[2] 李范文：《西夏官阶封号表考释》，《社会科学战线》1991年第3期，第171—179页。
[3] 文志勇：《西夏官阶封号表残卷新译及考释》，《宁夏社会科学》2009年第1期，第95—100页。

集与整理,并大量查阅了唐宋官制研究方面的论著,仔细研读了有关西夏语言文字方面的著作,这些准备工作使文章的写作有了充实的资料基础与理论基础。本书共分为两大部分,上篇是对卷十职官门的文献译释整理,下篇是针对上篇的文献所进行的一些专题研究。

一、整理与考释

这部分内容旨在还原汉译本的翻译过程,并为学术界提供可靠的西夏文文本,便于在研究过程中查阅、校对。对《天盛律令》职官门所涉及的39个图版,根据《俄藏黑水城文献》第八册图版进行西夏文录文,依据《番汉合时掌中珠》《同音》《文海》等西夏语辞书,夏译《类林》《孟子》《孙子兵法》等汉文典籍,对其进行逐字对译,并将专有名词和固定词组标注出来,进行译注。注释后面的汉译文,是史金波、聂鸿音、白滨译注的《天盛改旧新定律令》原文,有校勘、补译及存疑的地方在文下用脚注的形式加以说明。

主要包括四个方面:

第一,基本确定含义的字、词,利用《番汉合时掌中珠》《同音》、夏译《类林》《孟子》等典籍说明其翻译的依据。

如"𗣼𗅊𗴲",音"中兴府",是西夏的首都。𗣼,音"中"、"忠"、"钟"等音。如,《掌中珠》天相中[𗞞𗅁𗣼]、仁义忠信[𘄴𘅞𗣼𗉔]、磬钟[𗁬𗣼]等。𗅊,与"𗅔"、"𗃯"同音。《掌中珠》中该字标"房"音,如房宿[𗅊𘇂]。夏译《类林》中标"逢"、"方"、"风"、"封"、"冯"等音。如,"𗣔𘉒𗅊"音译"关龙逢","𗋚𗅊𘔴"音译"东方朔","𗅊𘇂"音译"风俗","𗅊𗔁"音译"匈奴","𗃻𗅊𘒂"音译"宁封子","𗅊𗴲"译"扶风","𗅊𗳫"音译"冯昌"。可见,"𗅊"字没有"兴"音。然而,在《同音》中,此字与"𗅔"、"𗃯"同属上声喉音第49韵。𗃯,音"香"、"胸"、"向"。如,《掌中珠》香菜[𗃯𗰔]、项胸[𘊤𗃯]、四向四果[𗥃𗃯𗥃𗍊]等等。而,香、胸、向与兴声母相同。𗴲,音"府"、"腹"、"父"、"服"、"斧"、"富"、"缚"。如,《掌中珠》腹肚[𗴲𗒘]、父母[𗴲𘏨]、袱[𗴲]、枷袱[𗦅𗴲]、斤斧[𗉞𗴲]𗉚𗉚。因此,"𗣼𗅊𗴲"的读音为"中兴府"。

第二,对汉译本中存在的漏译、误译等内容进行重新译释,并说明依据。

如,《官军敕门》中有"𗄯𗂧𘒔"一词,汉译本译为"御差也",将"𗂧"、"𘒔"误译。𗄯,音"玉"、"狱"等,如《掌中珠》玉花[𗄯𗶸]、枷在狱里[𘌽𘉒𗄯𘅞]。又音"御",如夏译《类林》卷三周昌条"𘊝𗢳𘜶𘎑𗄯𗅁𘅱 𗅁𗅁𘃾"译"汉高祖时为御史大夫"。𗂧,音"爪"、"盏"。《掌中珠》指爪[𗦇𗂧]、灯盏[𘋨𗂧]。又音"札",夏译《类林》蔡琰条"𗅁𘖑𘔑𗂧𘅻𘊝𘈣"对应汉文"昔吴季札听乐"。其中,"𘔑𗂧"音"季札"。𘒔,音"子"。《掌中珠》褥子[𘟽𘒔]、燕子[𘖒𘒔]、雀子[𘉗𘒔]等。汉译本在书后的《译名对照表》中将"𗂧𘒔 𘆖"译为"白札子"。𘆖,意

"白",如《掌中珠》"𘘍𗊱"作"白虎"、"𘘍𗊱"作"白羊"。𗖊𘏨,音"札子"。因此,𘘍𗖊𘏨,音译为"御札子"。御札子,即御札,指皇帝的手诏。《旧五代史·唐书·庄宗纪七》:"出御札示中书门下。"《宋史·职官志一》:"凡命令之体有七……曰御札,布告登封、郊祀、宗祀及大号令,则用之。"

第三,对专有名词、固定词组在其他文献中找到印证。

如"𗦲𗷅𗰜𗷰",汉译本《天盛律令》误译为制药司,黄文译作金工司,陈文译作金作司。𗦲,音"陶"、"瑶"。夏译《类林》𘀄𗦲[刘陶]、𘂪𗦲[褚瑶]。𗷅,意"兑"。如,《掌中珠》"𗾞𗏡𘅗𗷅"作"巽离坤兑"。《文海》中释"𗦲𗷅"为"𘜶","𘜶𗤒𗦲𗷅𗠝"。𘜶,意"金"。《掌中珠》"𘜶𗼃"作"金乌"、"𘜶𗝱"作"金银"、"𘜶𘃡"作"金条"。𗰜,意"造"、"作"、"设"、"著"。如,《掌中珠》"𘃡𗰜"作"做造"。可见,汉译本《天盛律令》将"𗦲𗷅𗰜𗷰"译作制药司不妥,黄文与陈文的翻译较为妥当,应译为金工司或金作司。

第四,对于尚未考证明确的字、意,仅标注其音、意。译文内容暂时沿用汉译本。𘝞𗢳𘒏,汉译本作"常威寨"。𘝞,音"形"、"刑"、"蝎"、"猃"、"献"。《掌中珠》天形上[𗰗𘝞𘞽]、三刑[𘀗𘝞]、天蝎[𗰗𘝞]。夏译《类林》"𘝞𘄒"音"猃狁","𘝞𘎪"音"献帝"。史金波等译为"常威寨",但是"𘝞"并无"常"的音义,因此存疑。本文暂译"显威寨"。

二、专题考论

根据上篇的译释和整理研究,利用传世典籍对西夏职官问题的记载,西夏文、汉文文献互相印证,就以下几个专题问题进行了探讨。

西夏职官制度的创立与发展。分唐、宋、西夏三个时期,对党项夏州政权时期的节度使幕僚,入宋以来夏州政权的官僚机构,以及西夏建立之后所设官制做了梳理与考察。从一些细微之处入手,考察西夏与唐、宋设官的不同之处,并试图探讨西夏官制与唐宋的异同。

官、职、军问题。对《天盛律令》等西夏文文献中提及的"官、职、军"问题进行了考论。首先,官,即官阶,分为三节对西夏官阶制度进行了探讨。其次,职,即职位、职事官,分三节就西夏的职事官与中央、地方职司机构做了研究,并考察西夏职事官的续转,同时,对西夏的差遣官职也做了简论。军,从军抄、军溜等军事组织单位入手,就军抄的组成、辅主的来源、军溜的组成、寨妇等细微问题进行了考证与论述,同时就西夏官名盈能进行了考释。

西夏的军政管理机构。对西夏军事指挥机构的变迁及军事职官做了考察,以期梳理边中军职与民政官职的关系。同时考证了枢密院、殿前司、经略司、监军司、正统司等五个机构,指出枢密院由于职权被分,地位下降;经略司与中书分领全国事务,经略司成为比中书低而比其他各司都高的军政机构,除了啰庞岭、京师等少数不属于经略司管辖之外,其他地区基本都在经略司的管辖之下;正统司是西夏时期重要的战时军事管理机构,正副统军为差遣官职,监军司在正统司罢归中央后接管地方军政管理事务。并就上述五个机构所涉及的官职、职能等问题进行了考证。

本文采用了以下研究方法:

一、传统的考据方法,在搜集大量夏、汉文史料的基础之上,对其中存在的问题作细致的梳理、分析,进而探讨问题本身,从而得到有理有据的结论。

二、比较史学的方法,对涉及西夏官制的内容,同时辅以唐宋相关史料,比较其异同,突出西夏特色。

三、语言文字学的方法,对文献中记载的名物制度等名词,借用《番汉合时掌中珠》、夏译《类林》和《孟子》等文献、夏汉对照的佛经文献等资料,对其音、义等做了简单考证。

上篇　《天盛律令》职官门
　　　整理与译释

凡　　例

（一）本文以已刊布的《俄藏黑水城文献》第八册图版为底本。《天盛律令》卷十职官门共计39页，本书从39-1右面开始录文。

（二）录文依据刊布图版原始文献版式，以每页的半面为一板块，分左右面依次录文对译，并标示每行西夏文所在图版数和行数。如"39-1右面"，"39"代表《俄藏黑水城文献》第八册所刊布的所有图版数，"1"代表所录西夏文所在的图版次序，"右"代表该图版的右面。

（二）录文中"□"表示缺字，校勘出的西夏字加□。

（三）对译中，〈〉表示无法译为汉文或无实义的虚词。

（四）注释是对录文关键字词的逐一注解，以带[ ]的数字表示，只标首见。

（五）脚注是对释文、校勘中引文出处的标注，以带圈数字表示。

（六）音译词的汉语读音均来自《掌中珠》、夏译《类林》等文献的标音，其他字词不标注拟音和国际音标。

续 转 赏 门

39-1右面：

𘞦𘟣[1]	𘓺𘞃𘟀𘞯[2]	𘟞𘟢[3]	𘞢	𘟂			
天 盛	革 故 鼎 新	律 令	十	第			

𘟈	𘞌	𘞋					
合	五	门					

𘞃𘞃[4]	𘝆						
续 转	赏						

𘟅𘟎	𘞮𘟢	𘟚[5]𘝲					
职 失	宽 限	变 告					

𘞢	𘞃	𘟓	𘟒	𘟁			
官	军	敕	得	袭			

𘞮	𘞞	𘞐	𘞑				
司	序	文	行				

𘝯	𘞮	𘟅𘞢[6]	𘞊				
边	司	局 分	遣				

𘓺	𗇋	𗼇	𘓺	𘓺							
分	八	十	九	条							

			𘓺	𘓺	𗼇	𘓺					
			续	转	赏	门					

注释：

[1] 𘓺𗇋：意"天盛"。

𘓺，意"皇"、"天"。如，《掌中珠》"𘓺𘓺"作"皇天"、①"𘓺𘓺𘓺𘓺"作"天一贵神"、"𘓺𘓺"作"天德"、"𘓺𘓺"作"天杀"②等等。

𗇋，意"荣"。如，西夏文《金光明最胜王经》卷八"𘓺𘓺𘓺𘓺𘓺𗇋𘓺𘓺𘓺𘓺𘓺𘓺"，③对应汉文本"丛林果树并滋荣，所有苗稼咸成就"。④

天盛（1149—1169），西夏仁宗皇帝时期的年号，相当于宋绍兴十九年到乾道五年。《西夏官印汇考》有"𘓺𗇋𘓺𘓺"，⑤即天盛二年（1150）。

[2] 𘓺𘓺𘓺𘓺：意"革故鼎新"。

𘓺𘓺，《同音》意"新旧"。⑥《掌中珠》"𘓺𘓺"作"新旧"。𘓺与𘓺同义。

𘓺，意"易"。如，夏译《孟子》"𘓺𘓺𘓺𘓺𘓺𘓺𘓺"译"夷子思以易天下"。⑦ 夏译《类林》卷六宋弘条"𘓺𘓺𘓺𘓺𘓺𘓺𘓺𘓺𘓺𘓺𘓺𘓺"对应汉文"富时易友，贵时易妻"。⑧

𘓺，意"定"。如，《掌中珠》"𘓺𘓺𘓺𘓺"作"入定诵咒"、"𘓺𘓺𘓺𘓺"作"方得心定"⑨等等。

𘓺𘓺𘓺𘓺，汉译本译为"改旧新定"。从西夏语法的习惯来看，译作"改旧定新"较为妥当。又《宋史·夏国传》载："（宋绍兴）十七年（1147），改元天盛。策举人，始立唱名法。十八年，复建内学，选名儒主之。增修律成，赐名鼎新。"⑩源自《周易·杂卦传》中的"革，去

---

① 《番汉合时掌中珠》（乙种本），《俄藏黑水城文献》第一〇册，上海古籍出版社，2002年，第21页。
② 《番汉合时掌中珠》（甲种本），《俄藏黑水城文献》第一〇册，第4页。
③ 西夏文《金光明最胜王经》卷八（图42-11），《中国藏西夏文献》第三册，甘肃人民出版社、敦煌文艺出版社，2006年，第339页。
④ 《大正藏》第16册No.0665《金光明最胜王经》卷八大辩才天女品第十五之二，大正一切经刊行会，1924年。
⑤ 罗福颐等：《西夏官印汇考》，宁夏人民出版社，1982年，第59页。
⑥ 李范文：《同音研究》，宁夏人民出版社，1986年，第318页。
⑦ 彭向前：《西夏文〈孟子〉整理与研究》，上海古籍出版社，2011年，第163—164页。
⑧ 史金波、黄振华、聂鸿音：《类林研究》卷六，宁夏人民出版社，1993年，第122—123页。
⑨ 《番汉合时掌中珠》（乙种本），《俄藏黑水城文献》第一〇册，第29、36页。
⑩ ［元］脱脱等：《宋史》卷四八六《夏国传下》，第14025页。

故也；鼎，取新也。"因此，󰀀󰀀󰀀󰀀，可译为"革故鼎新"。

[3] 󰀀󰀀：意"律令"。

󰀀，意"条"、"律"。如，"󰀀󰀀󰀀󰀀"作"莫违条法"。① 夏译《类林》"󰀀󰀀󰀀󰀀"译"峻律酷法"。②

󰀀，意"学"、"习"。如"󰀀󰀀󰀀󰀀"作"学习文业"。③ 夏译《类林》卷四马韩条"󰀀󰀀󰀀󰀀󰀀󰀀󰀀󰀀"译"国中调勇健者，竖柱"。④

󰀀󰀀，意"律条"。如，夏译《类林》卷四邴吉条"󰀀󰀀󰀀󰀀󰀀󰀀󰀀󰀀󰀀󰀀󰀀󰀀󰀀"译"其时邴吉于台省为廷尉，断疑事，执律条"。⑤

[4] 󰀀󰀀：意"罢任"、"迁转"。

如，夏译《类林》卷四裴浅条"󰀀󰀀󰀀󰀀󰀀󰀀󰀀"译"罢任时，空手而归"。⑥ 陆纳条载："󰀀󰀀󰀀，󰀀󰀀󰀀󰀀󰀀󰀀󰀀󰀀󰀀󰀀󰀀󰀀"，译"迁转时，乘车马庄严过西亭视察吏属"。⑦ 侯霸条"󰀀󰀀󰀀󰀀󰀀"译"罢郡之日"。⑧

文中多以"󰀀󰀀󰀀"、"󰀀󰀀󰀀"形式出现，意"不迁转"、"当迁转"。元代《吏学指南》中解释"迁除"："改任曰迁，拜官曰除"。⑨

[5] 󰀀：意"变"。

󰀀，意"庚"，如《掌中珠》"󰀀󰀀"作"庚辛"。

又意"变"。如，夏译《孟子》"󰀀󰀀󰀀󰀀󰀀󰀀，󰀀󰀀󰀀󰀀󰀀"译"吾先君亦未曾行也，至于子而变"。⑩ "󰀀󰀀󰀀󰀀󰀀󰀀󰀀"译"吾闻用夏变夷者"。⑪

《天盛律令·名略》此字作"󰀀"，是"󰀀"的异体字。󰀀，意"庚"。如夏译《类林》卷五赵达条"󰀀󰀀󰀀󰀀󰀀󰀀"译"吴庚子年灭也"。⑫

[6] 󰀀󰀀：意"局分"、"有司"、"管事"。

---

① 《番汉合时掌中珠》（乙种本），《俄藏黑水城文献》第一〇册，第33页。
② 史金波、黄振华、聂鸿音：《类林研究》卷四，第91页。
③ 《番汉合时掌中珠》（甲种本），《俄藏黑水城文献》第一〇册，第10页。
④ 史金波、黄振华、聂鸿音：《类林研究》卷四，第101页。
⑤ 史金波、黄振华、聂鸿音：《类林研究》卷四，第80页。
⑥ 史金波、黄振华、聂鸿音：《类林研究》卷四，第89页。
⑦ 史金波、黄振华、聂鸿音：《类林研究》卷四，第89页。
⑧ 史金波、黄振华、聂鸿音：《类林研究》卷四，第84页。
⑨ [元]徐元瑞著、杨讷点校：《吏学指南》，浙江古籍出版社，1988年，第27页。
⑩ 彭向前：《西夏文〈孟子〉整理与研究》，第147页。
⑪ 彭向前：《西夏文〈孟子〉整理与研究》，第160—161页。
⑫ 史金波、黄振华、聂鸿音：《类林研究》卷五，第117页。

如，《掌中珠》"□□□□"作"局分大小"。① 夏译《孟子》"□□□□□□□□"对应"百官有司莫敢不哀，先之也"。② 夏译《类林》卷七樊晔条："□□□□□□□□□□"译"其时，樊晔为新治县管事人"。③

《旧五代史》："军戎不在于职司，钱谷非关于局分。"④《金史》："即选才干者代两司使副，以进士及部令史、译人、书史、译史、律科、经童、诸局分出身之廉慎者为管勾，而罢其旧官。"⑤可知，五代、金代时期的"局分"具有衙门的意思。西夏的"局分"所指与此相似，泛指衙门。

汉译本：

  天盛革故鼎新⑥律令第十

  计五门

    续转赏

    失职宽限变告

    得续官军敕⑦

    司序行文

    遣边司局分

  分八十九条

    续转赏门

39－1 左面：

□	□	□	□	□	□	□	□	□	□	□
一	诸司	任	小大	三年	毕	上	续	不	转	依

□[1]	□[2]	□	□
以下	所定	依次	行

---

① 《番汉合时掌中珠》（乙种本），《俄藏黑水城文献》第一〇册，第33页。
② 彭向前：《西夏文〈孟子〉整理与研究》，第27页。
③ 史金波、黄振华、聂鸿音：《类林研究》卷七，第176、177页。
④ [宋]薛居正等：《旧五代史·唐书》卷四七，中华书局，1976年，第650页。
⑤ [元]脱脱等：《金史》卷四九《食货四》，中华书局，1975年，第1102页。
⑥ 汉译本作改旧新定，改译为革故鼎新。
⑦ 后文没有"得续"二字。

𗼇	𗣼	𗴺𗣼	𘊝	𗤶	𘟀	𦎓	𘓄
一	等	三年	〈 〉	满	续	当	转

𗼕𘆝[3]	𗅤𗉛[4]	𘟀𗎘[5]	𘕕𘊲	𗙸[6]	𘟀𗎘
中书	枢密	承旨	诸司	大人	承旨

𗫡𗥖	𘊳𘟣[7]	𘟀𗤓[8]	𗤋𘊝[9]	𘘚𘊲[10]
边中	刺史	监军	同判	习判

𗫡𗥖	𘕕	𘒣𗤓[11]	𘍦𘊲[12]	𘒣𘊾[13]
边中	诸	州主	通判	城守

𗫡𗥖	𘕕𘊲	𗼇𘊲[14]
边中	诸司	都案

𘒏𗊻[15]	𘟀𗈁[16]	𘓄	𗼕𗇁𘋩[17]
夜禁	铁铸	等	言过处

𘊐𗎫[18]	𘟛𘉃[19]	𘏞𘕕[20]	□ □	𘕕𘏞[21]
渠水	捕盗	巡检	□ □	视察

注释：

[1] 𘊲𘝞：意"以下"。

𘝞，意"下"、"间"。如，《掌中珠》"𘝞𗉼𘝞𗽀"作"心下思惟"、"𘝞𘝞"作"夜间"。① 夏译《类林》卷三尾生条载："𗋔𗟩𗀔𘝞𘐔𘝞𘝞𗖵𘊲"译"尾生与一女子期于桥下"。② 夏统条"𘟀𘝞𘊲𗣼"译"天下太平"。③

𘊲𘝞，趋向动词，又意"往往"。如，夏译《类林》卷四应闵条载："𘊲𘝞𘊲𘍦𗥤𘟀𘓄𘏞𘊲

---

① 《番汉合时掌中珠》(乙种本)，《俄藏黑水城文献》第一〇册，第24页。
② 史金波、黄振华、聂鸿音：《类林研究》卷三，第35页。
③ 史金波、黄振华、聂鸿音：《类林研究》卷三，第65—66页。

𘕿𘓐𘗠𘘦𘍞"译"指挥吏下往户觅钱"。①

[2] 𘐴𘄒：意"必定"。

𘐴，意"已"。如，《掌中珠》"𘞃𘜼𘐴𘍦"作"身齿已衰"②等。

𘄒，意"定"。如，《掌中珠》"𘄒𘄉𘒣𘔅"作"入定诵咒"、"𘘒𘊉𘄒𘔘"作"方得心定"③等等。

夏译《类林》卷三比干条"𘐴𘄒𘊱𘘞𘗞𘍫𘗝"译"必定有孔"，卷四"𘌥𘐴𘄒𘊵𘓩𘔄𘖀𘏃𘚻𘙷𘛰𘗝"译"王必定剖汝腹而取珠"。④ 此处译作"所定"，下文出现较多。

[3] 𘌽𘕕：[酩腮]中书。⑤

𘕕，意"清"、"净"。如，《掌中珠》"𘗊𘕕"作"莲花"、"𘕕𘛪"作"净瓶"、"𘕚𘕘𘕕𘜜"作"如此清正"、"𘕕𘍦𘚹𘔅"作"谋智清人"等。⑥ 夏译《类林》卷三"𘕕𘍺"作"清忠"。⑦

𘌽𘕕，常用词语，意"中书"。汉语"中书"又音"𘝠𘐴"，夏译《类林》卷三赵整条"𘝠𘐴𘝗𘙎"音"中书侍郎"。⑧ 是西夏五等司的上等司，与枢密并列。在《宋史》《天盛律令》、汉文本《杂字》《掌中珠》等汉、夏文献均记为"中书"，唯《金史·交聘表》载"中书省"。

中书设有智足、业全、义观、习能、副、同等六大人，六承旨、七都案、四十二案头，若干司吏。除《天盛律令》所载上述官吏外，其他史料中还有令公、中书令、酩赛正、中书副提点、中书省左司郎、中书相、右谏议大夫等官名。

[4] 𘂋𘏇：[令浧落]枢密。⑨

𘂋，意"谋"、"计"。夏译《类林》卷三"𘂋𘘦𘕣𘍺𘏅𘡫𘕕𘂋𘍦"译"晋献公用大夫荀息之计"，"𘖊𘌥𘏅𘔊𘈙𘂋𘘘"译"越王用臣范蠡之计"。⑩

𘂋𘏇，常用词语，意"枢密"。《涑水记闻》卷九记载了西夏"枢密院"，汉文本《杂字》有"密院"，显然是枢密院的简称，其他文献均记为枢密。设有六大人，即南柱、北座、西摄、东拒、副、名人等；六承旨，十四谍案(，二都案计入其中)，案头四十八名。《宋史》载西夏有枢使，即枢密院长官的别称。其他文献中载"左枢密使"、"枢密使"、"都枢密"、"枢密都承

---

① 史金波、黄振华、聂鸿音：《类林研究》卷四，第91—92页。
② 《番汉合时掌中珠》(乙种本)，《俄藏黑水城文献》第一〇册，第36页。
③ 《番汉合时掌中珠》(乙种本)，《俄藏黑水城文献》第一〇册，第29、36页。
④ 史金波、黄振华、聂鸿音：《类林研究》卷三，第48、72页。
⑤ 《番汉合时掌中珠》(乙种本)，《俄藏黑水城文献》第一〇册，第32页。
⑥ 《番汉合时掌中珠》(乙种本)，《俄藏黑水城文献》第一〇册，第25、29、35页。
⑦ 史金波、黄振华、聂鸿音：《类林研究》卷三，第38页。
⑧ 史金波、黄振华、聂鸿音：《类林研究》卷三，第57页。
⑨ 《番汉合时掌中珠》(乙种本)，《俄藏黑水城文献》第一〇册，第32页。
⑩ 史金波、黄振华、聂鸿音：《类林研究》卷三，第49、53页。

旨"、"枢密副都承旨"、"判枢密院事"、"枢密院都案"等官职。

[5] 𘟀𘟁：意"承旨"。

𘟀，意"指挥"。如，《掌中珠》"𘟂𘟃𘟀𘟄"作"尽皆指挥"、"𘟅𘟆𘟀𘟄"作"指挥局分"、"𘟇𘟀𘟄𘟈"作"大人指挥"①等等。

𘟁，意"取"、"承"、"迎"。如，《掌中珠》"𘟉𘟁𘟊𘟋"作"取乐饮酒"。② 夏译《类林》卷三晋文公条"𘟌𘟍𘟎𘟁"译"楚王迎承"，张刚条"𘟏𘟐𘟑𘟒𘟓𘟔𘟕𘟖𘟗𘟘𘟙𘟁𘟚𘟛𘟜"译"张婴等开门出迎张刚投降"。③

𘟀𘟁，音义"[尼足领]承旨"，④是中央诸司所设次于大人的官职。

[6] 𘟇：意"大"，这里特指大人。

如，《掌中珠》"𘟇𘟀𘟄𘟈"作"大人指挥"、"𘟇𘟝𘟞𘟟"作"大人嗔怒"。⑤ 在《天盛律令》中表示某机构的最高长官，即大人。根据下文，大人指的是各司的"𘟠（正）"，相当于宋代的使、令。

[7] 𘟡𘟢：音"刺史"。

𘟡，音"寺"、"字"、"此"、"自"。如，《掌中珠》修盖寺舍[𘟣𘟤𘟡𘟥]、搜寻文字[𘟦𘟧𘟨𘟡]、因此加官[𘟩𘟡𘟪𘟫]、⑥自受用佛[𘟡𘟬𘟭𘟮]⑦等等。

𘟢，音"时"、"事"、"狮"、"柿"、"匙"、"史"、"恃"、"示"。如，《掌中珠》合时掌中珠[𘟅𘟢𘟯𘟰𘟱]、人事下[𘟲𘟢𘟳]、柿子[𘟢𘟴]、碗匙[𘟵𘟢]、御史[𘟶𘟢]、恃强凌弱[𘟢𘟷𘟸𘟹]、⑧狮子[𘟢𘟴]、时雨[𘟢𘟶]、指示寂知[𘟺𘟢𘟻𘟼]⑨等等。夏译《类林》"𘟽𘟾𘟡𘟢"音"临内刺史"、"𘟿𘠀𘟡𘟢"音"青州刺史"、"𘠁𘠀𘟡𘟢"音"冀州刺史"、"𘠂𘠀𘟡𘟢"音"扬州刺史"等。⑩

西夏设有20名刺史，主要在边中诸地，其中17个设在监军司，还有3个设在五原郡、大都督府、鸣沙军等地。

[8] 𘠃𘠄：意"监军"。

---

① 《番汉合时掌中珠》（乙种本），《俄藏黑水城文献》第一〇册，第33、34页。
② 《番汉合时掌中珠》（乙种本），《俄藏黑水城文献》第一〇册，第35页。
③ 史金波、黄振华、聂鸿音：《类林研究》卷三，第35、43页。
④ 《番汉合时掌中珠》（乙种本），《俄藏黑水城文献》第一〇册，第33页。
⑤ 《番汉合时掌中珠》（乙种本），《俄藏黑水城文献》第一〇册，第34页。
⑥ 《番汉合时掌中珠》（乙种本），《俄藏黑水城文献》第一〇册，第29、32页。
⑦ 《番汉合时掌中珠》（甲种本），《俄藏黑水城文献》第一〇册，第19页。
⑧ 《番汉合时掌中珠》（乙种本），《俄藏黑水城文献》第一〇册，第21、26、30、33页。
⑨ 《番汉合时掌中珠》（甲种本），《俄藏黑水城文献》第一〇册，第4、5、19页。
⑩ 史金波、黄振华、聂鸿音：《类林研究》卷四，第87、89、92页。

◇，意"军"。如，《掌中珠》"◇◇◇"作"统军司"。① 夏译《类林》卷三晋文公"◇◇"译"国军"，"◇◇"译"楚军"。②

◇，意"主"。夏译《类林》卷三赵整条"◇◇"译"国主"。③

◇◇，字面意思"军主"，◇◇◇[遏足尼啰]监军司。④ 这里指监军司的大人，相当于汉语的监军使。西夏天盛年间共设有 17 个监军司，依设置官员的多少分为两类，一类 12 个，一类 5 个。

[9] ◇◇：意"同判"。

◇，音"棠"、"大"、"驼"、"堂"、"他"、"铜"。如，《掌中珠》海棠花[◇◇◇]、骆驼[◇◇]、栈棚堂[◇◇◇]、大人嗔怒[◇◇◇◇]、嫁与他人[◇◇◇◇]、⑤大麦[◇◇]⑥等等。夏译《类林》卷七"◇◇◇"音"铜雀台"。⑦

◇，意"盘"，音"盘"、"判"等。如，《掌中珠》盂盘[◇◇]、通判[◇◇◇]、案检判凭[◇◇◇◇]、都案判凭[◇◇◇◇]，⑧又◇◇◇◇(菩提涅盘)中的"盘"标音"◇"。⑨

◇◇，应区别于"◇◇(通判)"。史金波、白滨《莫高窟榆林窟西夏文题记研究》中将此官名音译为"通判"，而《掌中珠》所载"◇◇(通判)"为意译，且认为"通判"一词有时意译，有时用汉字注音。⑩ ◇◇，《掌中珠》中的西夏语读音为[莆彭破]，与◇◇不同。◇◇在汉译本《天盛律令》中一般译为"同判"，设置在监军司、军、郡、县等地方官僚机构中。

[10] ◇◇：意"习判"。

◇，意"习"、"勤"。如，《掌中珠》"◇◇◇◇"作"学习圣典"⑪等。夏译《类林》卷四孟康条"◇◇◇◇◇◇◇◇◇◇"译"遣类中人劝勤于课农养桑"，邓攸条"◇◇◇◇"译"决断政事"。⑫

◇，意"判断"。夏译《类林》卷四"◇◇◇"译"断狱篇"，邴吉条"◇◇◇◇◇◇◇"译

---

① 《番汉合时掌中珠》(乙种本)，《俄藏黑水城文献》第一〇册，第 33 页。
② 史金波、黄振华、聂鸿音：《类林研究》卷三，第 36 页。
③ 史金波、黄振华、聂鸿音：《类林研究》卷三，第 57 页。
④ 《番汉合时掌中珠》(乙种本)，《俄藏黑水城文献》第一〇册，第 33 页。
⑤ 《番汉合时掌中珠》(乙种本)，《俄藏黑水城文献》第一〇册，第 25、27、34 页。
⑥ 《番汉合时掌中珠》(甲种本)，《俄藏黑水城文献》第一〇册，第 8 页。
⑦ 史金波、黄振华、聂鸿音：《类林研究》卷七，第 155 页。
⑧ 《番汉合时掌中珠》(乙种本)，《俄藏黑水城文献》第一〇册，第 30、33、34 页。
⑨ 《番汉合时掌中珠》(甲种本)，《俄藏黑水城文献》第一〇册，第 19 页。
⑩ 史金波、白滨：《莫高窟榆林窟西夏文题记研究》，《考古学报》1982 年第 3 期，第 367—386 页。
⑪ 《番汉合时掌中珠》(乙种本)，《俄藏黑水城文献》第一〇册，第 32 页。
⑫ 史金波、黄振华、聂鸿音：《类林研究》卷四，第 84、88、94 页。

"郡守不能判断"。①

《天盛律令》卷一《失义门》又译作"司判"。② 是监军司所设官职,次于正、副、同判。监军司习判可派遣为沿边检校者。③

[11] 𗤙𗰔:意"州主"、"城主"。

𗤙,意"墙"、"城"。如,《掌中珠》"𗤙𘜔"作"墙圈"。④ 夏译《类林》"𗤙𗾞"译"城门"、"𗤙𘈩"译"城中"。⑤

𗰔,《掌中珠》"𗤙𗰔"作"州主"。⑥ 夏译《类林》"𗤙𗰔"译"太守"。如,"𗥰𘄒𗤙𗰔"译"临淮郡守"、"𘟂𗖊𗤙𗰔"译"颍川太守"等。⑦ 汉译本《天盛律令》一般译为"城主"。

[12] 𗥔𗤊:意"通判"。《掌中珠》作"通判"。⑧

𗥔,意"同"。《掌中珠·序》:"𗥔𗥰𗆐𘝯𗤋𗧠𗫊𗆐𗟭𗠁𗣼𗗙𗥔"译"番汉文字者,论末则殊,考本则同"。⑨

𗤊,意"判"、"断"。如,《掌中珠》"𘒣𘊝𗤊𘗽"作"案检判凭"、"𗤀𘉋𗤊𘗽"作"都案判凭"⑩等等。

通判,设于监军司、鸣沙军、大都督府等 20 个地边城司,地位仅次于城主、副。

[13] 𗤙𘏞:意"城守"。

𘏞,意"看"、"观"。西夏文辞书《文海宝韵》中解释"𘏞"字,与"𗤙𘏞"、"𗨳𘏞"、"𘉋𘏎"同义。⑪ 𘉋,意"看"、"观"。如《掌中珠》"𘈩𘉋𘗽𗗙"作"医人看验"。⑫ 夏译《孟子》"𗥺𗄊𘉋𘓄"译"四方来观"。⑬

𘉋𘏎,意"提举"、"检验"。如《凉州重修护国寺感通塔碑》西夏文碑铭"𗥲𗝱𘉋𘏎𗁬𗖳𗇋𘉋𗆟𘎑",译"圣赞提举学士曰:'所显足信'"。⑭ 夏译《类林》卷八王章条"𘗠𘖑𗅲𗤋𘄡

---

① 史金波、黄振华、聂鸿音:《类林研究》卷四,第 79、80 页。
② 史金波、聂鸿音、白滨译注:《天盛改旧新定律令》卷一《失义门》,第 128 页。
③ 史金波、聂鸿音、白滨译注:《天盛改旧新定律令》卷四《边地巡检门》,第 211 页。
④ 《番汉合时掌中珠》(乙种本),《俄藏黑水城文献》第一〇册,第 30 页。
⑤ 史金波、黄振华、聂鸿音:《类林研究》卷三,第 37 页。
⑥ 《番汉合时掌中珠》(乙种本),《俄藏黑水城文献》第一〇册,第 33 页。
⑦ 史金波、黄振华、聂鸿音:《类林研究》卷四,第 84 页。
⑧ 《番汉合时掌中珠》(乙种本),《俄藏黑水城文献》第一〇册,第 33 页。
⑨ 《番汉合时掌中珠》(乙种本),《俄藏黑水城文献》第一〇册,第 20 页。
⑩ 《番汉合时掌中珠》(乙种本),《俄藏黑水城文献》第一〇册,第 34、35 页。
⑪ 《文海宝韵》(甲种本),《俄藏黑水城文献》第七册,第 148 页。
⑫ 《番汉合时掌中珠》(甲种本),《俄藏黑水城文献》第一〇册,第 16 页。
⑬ 彭向前:《西夏文〈孟子〉整理与研究》,第 148—149 页。
⑭ 陈炳应:《西夏文物研究》,宁夏人民出版社,1985 年,第 165 页。

󰀀󰀀󰀀󰀀󰀀󰀀"译"狱官每夜打鼓检验王章"。①

󰀀󰀀,汉译本译"城守"。西夏文《天盛律令》中又作"󰀀󰀀"。󰀀,意"观"、"视"。如,《掌中珠》"󰀀󰀀󰀀󰀀"作"修行观心"。② 夏译《类林》卷三陆纳条"󰀀󰀀󰀀󰀀󰀀󰀀󰀀󰀀󰀀󰀀󰀀󰀀󰀀󰀀󰀀󰀀󰀀󰀀"译"迁转时,乘车马庄严过西亭视察吏属"。③ 故此,󰀀与󰀀同义。

[14] 󰀀󰀀:意"都案"。

󰀀󰀀,意"都案"。如,《掌中珠》"󰀀󰀀󰀀󰀀"作"都案判凭"。④ 是西夏中央与地方各司机构设置的官员之一。宋神宗元丰四年(1081)十月,种谔奏言:"捕获西界伪枢密院都案官麻女吃多革"。⑤

[15] 󰀀󰀀:意"禁夜"、"夜禁"。

󰀀,意"夜"。"󰀀󰀀"作"夜间"。⑥ 夏译《类林》卷三苏武条"󰀀󰀀󰀀󰀀󰀀󰀀󰀀󰀀󰀀󰀀󰀀󰀀"译"苏武夜间往汉遣使李陵处"。⑦

󰀀,西夏文辞书《文海宝韵》中解释"󰀀","󰀀󰀀󰀀󰀀",⑧故,󰀀与󰀀同义。󰀀,意"留"、"止"。如,夏译《孟子》"󰀀󰀀󰀀󰀀󰀀󰀀󰀀󰀀"译"有欲为王往使之留者"。⑨ 夏译《类林》卷三晏婴条"󰀀󰀀󰀀󰀀󰀀󰀀󰀀󰀀󰀀"译"景公大惭,乃止杀人"。⑩ 故,󰀀有"留"、"禁止"意。

󰀀󰀀,意"夜禁",按照西夏语的习惯,也可译为"禁夜"。在此处指的是执行夜禁的官吏。《唐律疏议·杂律·犯夜》:"诸犯夜者,笞二十;有故者,不坐。"⑪元代有"夜禁之法",《元史·兵志四》:"一更三点,钟声绝,禁人行;五更三点,钟声动,听人行。"⑫

[16] 󰀀󰀀:意"铸铁"。

󰀀,意"铁"、"冶"。如,《掌中珠》"󰀀󰀀"作"锡铁"⑬等。夏译《类林》卷四薛安条"󰀀󰀀

---

① 史金波、黄振华、聂鸿音:《类林研究》卷八,第202页。
② 《番汉合时掌中珠》(甲种本),《俄藏黑水城文献》第一〇册,第19页。
③ 史金波、黄振华、聂鸿音:《类林研究》卷三、卷四,第70、90、104页。
④ 《番汉合时掌中珠》(乙种本),《俄藏黑水城文献》第一〇册,第34页。
⑤ [宋]李焘:《续资治通鉴长编》卷三一八,元丰四年十月丙寅,第7680页。
⑥ 《番汉合时掌中珠》(乙种本),《俄藏黑水城文献》第一〇册,第24页。
⑦ 史金波、黄振华、聂鸿音:《类林研究》卷三,第45页。
⑧ 《文海宝韵》(甲种本),《俄藏黑水城文献》第七册,第135页。
⑨ 彭向前:《西夏文〈孟子〉整理与研究》,第139页。
⑩ 史金波、黄振华、聂鸿音:《类林研究》卷三,第53页。
⑪ [唐]长孙无忌撰,刘俊义点校:《唐律疏议》卷二六《杂律》,中华书局,1983年,第489页。
⑫ [明]宋濂等:《元史》卷一〇一《兵志四》,第2594页。
⑬ 《番汉合时掌中珠》(甲种本),《俄藏黑水城文献》第一〇册,第7页。

𘂆𘃡𘊝"译"又烧铁令赤"。① 夏译《孟子》"𘊝𘂆𘟣"意"陶冶"。②

𘂆,意"投"、"散"。夏译《类林》卷三夏统条"𘊝𘂆𘄴𘊝𘄡 𘜶𘕕"译"自动投水中"。③ 卷四田单条"𘋣𘊬𘕕𘊝𘂆𘊝𘂡𘗐𘟣𘝞"译"燕军大乱生畏",④其中"𘂆"意"散"。

𘊝𘂆,汉译本为"铸钱",而𘊝无"钱"意,应译为"铸铁"。《天盛律令》卷九有"𘊝𘜊",包括𘊝𘂆与𘞨𘂆,分别译为铸铁与铸钱。⑤

[17]𘙰𘜮𘅎:意"言过处"、"提点"。

𘙰,《掌中珠》该字表"言"、"话"等意。如,"𘙰𘄴𘞃𘅎""不说实话"、"𘙰𘝠𘜮𘝡"作"听我之言"、"𘝶𘝾𘙰𘊬"作"我闻此言"⑥等等。

𘜮,《掌中珠》该字标"流"意。如,"𘊝𘞴𘜮𘕕"作"三界流转"⑦等。

𘅎,语助词。可作为动词词缀,构成表示动作发生的地点,或表示可能发生与进行的动作。如,"𘔌𘅎𘞧𘚔"作"立便断止"。⑧

𘙰𘜮𘅎,直译"言过处",意"提点"。

[18]𘝶𘜶:意"渠水"。

𘝶,意"渠"。如,《掌中珠》"𘝶𘚃"作"渠井"、⑨"𘝶𘂆"作"开渠"。⑩

𘜶,意"水"。如,《掌中珠》"𘜶𘕉"作"水涨"、"𘜶𘜊"作"洪水"、"𘜶𘙸"作"水星"、"𘜶𘝾"作"水泊"。⑪

《天盛律令》卷十五有《春开渠事门》、《渠水门》,是对渠水事务的专门规定。"大都督府至定远县沿诸渠干当为渠水巡检、渠主百五十人。"⑫可见,西夏的渠水指的是大都督府至定远县境内,主要利用黄河水灌溉农田。设有专门的官吏管理渠水的开、关、灌溉等事务。

[19]𘟙𘂆:意"捕盗"。

---

① 史金波、黄振华、聂鸿音:《类林研究》卷四,第93页。
② 彭向前:《西夏文〈孟子〉整理与研究》,第157页。
③ 史金波、黄振华、聂鸿音:《类林研究》卷三,第66页。
④ 史金波、黄振华、聂鸿音:《类林研究》卷四,第78页。
⑤ 史金波、聂鸿音、白滨译注:《天盛改旧新定律令》卷九《事过问典迟门》,第319页。
⑥ 《番汉合时掌中珠》(乙种本),《俄藏黑水城文献》第一〇册,第34、35页。
⑦ 《番汉合时掌中珠》(乙种本),《俄藏黑水城文献》第一〇册,第36页。
⑧ 《番汉合时掌中珠》(乙种本),《俄藏黑水城文献》第一〇册,第35页。
⑨ 《番汉合时掌中珠》(甲种本),《俄藏黑水城文献》第一〇册,第7页。
⑩ 《番汉合时掌中珠》(乙种本),《俄藏黑水城文献》第一〇册,第25页。
⑪ 《番汉合时掌中珠》(甲种本),《俄藏黑水城文献》第一〇册,第5、7页。
⑫ 史金波、聂鸿音、白滨译注:《天盛改旧新定律令》卷十五《渠水门》,第499页。

𘉞，意"贼"、"盗"。如，夏译《类林》卷二鲍山条载："𘉞𘜶𘃪𘟣𘉞𘋨𘟣"译"鲍山持刀追贼"。①卷三张刚条"𘊱𘟣𘋨𘄬𘉞𘟣𘉞𘃪𘄠𘟣𘜹𘎳𘟣𘟣"译"时广陵地方贼张婴杀太守"。②符融条"𘁒𘄠𘋛𘜶𘉞𘊱𘉞𘟣𘆧𘉞"译"时长安市人遇盗"。③

𘉞，意"捕"。夏译《类林》卷三师经条"𘉞𘊱𘜶𘜶𘆧𘉞𘉞𘋨𘉞𘟣"译"文侯怒，使人捕师经"。④屈原条"𘉞𘉞𘟣𘉞𘟣"译"渔父见之"。⑤

𘉞𘉞，意"捕盗"，此处应指专司捕盗的官。金代设有捕盗司，专掌捕盗，设于诸府下。元《吏学指南》："谓失盗去处当该之官也。"另元代有巡捕官，"谓不分地面，包括巡捕之官也"。⑥

[20] 𘉞𘉞：意"巡检"。

𘉞，意"察"。如夏译《类林》卷四范邵条"𘉞𘟣𘉞𘉞𘉞𘉞𘉞𘉞𘟣𘉞𘟣"译"令复遣人随二人后秘察"。⑦

𘉞，意"出行"。夏译《类林》"𘉞𘉞"译"出游"、"巡游"。⑧卷四孟康条"𘉞𘋛𘃪𘉞𘄠"译"夏日出行"。⑨

𘉞𘉞，意"巡检"。如，《掌中珠》"𘉞𘉞𘟣"作"巡检司"。⑩夏译《类林》卷十"𘉞𘉞𘄬𘋨𘉞𘃪𘉞𘟣"译"巡检逐之"。⑪𘉞，原文模糊，汉译本漏译，根据字形补。

[21] 𘉞𘉞：意"前检"。

𘉞，意"前"、"望"。如，夏译《类林》夏统条载："𘁒𘉞𘋨𘜶𘎳𘟣𘟣𘆧𘋨𘉞𘟣"译"夏统在船中曝药，男女为之不前"。⑫卷四皇甫嵩条"𘊱𘜶𘟣𘋨𘎳𘉞𘄬𘜶𘉞𘟣"译"父子互不养，夫妻各自望"。⑬

𘉞，意"察"。夏译《类林》卷四范邵条"𘟣𘉞𘉞𘉞𘉞𘉞𘉞𘟣𘉞𘟣"译"令复遣人随二人后秘察"。⑭"𘉞𘊱𘉞𘉞𘉞𘃪𘉞𘟣𘉞𘎳𘉞𘉞𘉞𘟣𘉞"译"我是司徒所使，故来察君治

---

① 史金波、黄振华、聂鸿音：《类林研究》卷三，第33页。
② 史金波、黄振华、聂鸿音：《类林研究》卷三，第42—43页。
③ 史金波、黄振华、聂鸿音：《类林研究》卷四，第82页。
④ 史金波、黄振华、聂鸿音：《类林研究》卷三，第39页。
⑤ 史金波、黄振华、聂鸿音：《类林研究》卷三，第56页。
⑥ [元]徐元瑞著、杨讷点校：《吏学指南》，第24页。
⑦ 史金波、黄振华、聂鸿音：《类林研究》卷四，第81—82页。
⑧ 史金波、黄振华、聂鸿音：《类林研究》卷三，第57、77页。
⑨ 史金波、黄振华、聂鸿音：《类林研究》卷四，第84页。
⑩ 《番汉合时掌中珠》(乙种本)，《俄藏黑水城文献》第一〇册，第33页。
⑪ 史金波、黄振华、聂鸿音：《类林研究》卷十，第237页。
⑫ 史金波、黄振华、聂鸿音：《类林研究》卷三，第65—66页。
⑬ 史金波、黄振华、聂鸿音：《类林研究》卷四，第89页。
⑭ 史金波、黄振华、聂鸿音：《类林研究》卷四，第81—82页。

迹耳"。①

☒橪,汉译本作"前检",本书沿用。

汉译本：

　　一诸司大小任职三年完毕,续转与否,依以下所定实行。

　　一等三年已满当续转：

　　　　中书、枢密承旨、诸司大人承旨,

　　　　边中刺史、监军、②同判、习判,

　　　　边中诸城主、通判、城守,

　　　　边中诸司都案、夜禁铸铁③等提点、渠水、捕盗、巡检、④□□、前检。

39－2 右面：

杨	叕	散级	穀	蘾蘱	耕	慨蠿	
一	等	三年	毕	续转	中	以外	

祁ë	绵嬪	蝶	庞屺	襁芇[1]	屺猎[2]	
中书	枢密	大人	诸司	案头	司吏	

杨	叕	祁蒚	绵嬪	杨濂	敖	岚蒇[3]	庞屺	杨濂
一	等	中书	枢密	都案	及	京师	诸司	都案

鞁	散	级	穀	秘	蘾蘱	缪	慨	缪	嬪赢[4]	蘱
等	三	年	毕	上	续转	应	不	应	时节	依

彩	皴	姚	旎							
〈 〉	告	依	行							

---
① 史金波、黄振华、聂鸿音：《类林研究》卷四,第85页。
② 汉译本作"军主",本书作"监军"。
③ 汉译本作铸钱,本书作"铸铁"。
④ 汉译本作"检□",本书补作"巡检"。

𘕿	𘟣𘏲	𗤋	𘒞	𗼕	𗤶	𘕿	𗎸	𘟣	𘚢	𗷄𗊰[5]	𗂧	𘜶𘕿
一	诸司	职	位	任	人	三	年	毕	上	住滞	无	虚杂

𘊝	𘚢	𘞄	𘃡	𗧘	𗅋𘟙	𗂸𘏚	𗟛𗣼[6]	𗐱	𘕿	𗣼	𗤷
不	入	〈〉	牢	则	中书	枢密	经略	等	官	赏	别

𗤋	𗥤𘊝[7]	𗅲	𗏁	𘃡	𘏚	𘕿	𗤶	𗳘	𗣼	𘕿	𗣩	𘄠
计	其余	次	中	下	末	四	等	人	之	赏	官	赐	依

𘃡	𗅲	𘕿	𘃡	𘕿	𘗣	𗵀𗐱	𘟙𗑱[8]	𗣼	𗰔	𗘂	𘟣
者	次	品	一	官	升	锦大	大氅	一	十	五	两银

注释：

[1] 𘟣𘏲：又作"𘟣𘏲"，意"案头"。

𘏲与"𘏲"为异体字，意"头"。如，《掌中珠》"𘟣𘏲"作"馒头"、"𘎳𗎸𘟣𘏲"作"都案案头"。① 《天盛律令》中有时写作"𘟣𘏲"，有时写作"𘟣𘏲"。黑水城出土西夏时期社会文书《三司设立法度》载"书密院案头"一职。② 书密院，显然是枢密院的误写。

[2] 𘕿𘎳："司吏"。

𘕿，意"司"。《掌中珠》"𘟣𘕿𗗚𗳾"作"诸司告状"。③ 《文海》释"𘕿"："𘕿𗤋𗏴𗀔𘕿𘊝𘕿𗤋𘕿……𗏴𗀔、𘊝，意"律法"。④ 可见，𘕿，有司法、公正执法的意思，与汉文中的司吏含义相近。元《吏学指南》中吏员条载："职掌曰司，治人曰吏。《周礼》曰掌官法以治民者。宋曰手分，金曰司吏。"⑤

𘎳，《掌中珠》该字表"吏"意。如，"𘕿𘎳𗧘𗢳"作"司吏都监"、"𘕿𘎳𗣼𗦎"作"司吏行遣"。⑥

𘕿𘎳，意"司吏"，在夏译《类林》中对应汉文"吏下"。⑦ 俄藏 Инв.No.1158BV 号文书，

---

① 《番汉合时掌中珠》(乙种本)，《俄藏黑水城文献》第一〇册，第33页。
② 《俄藏黑水城文献》第六册，第299页。
③ 《番汉合时掌中珠》(乙种本)，《俄藏黑水城文献》第一〇册，第34页。
④ 《文海宝韵》(甲种本)，《俄藏黑水城文献》第七册，第162页。
⑤ [元]徐元瑞著，杨讷点校：《吏学指南》，第25页。
⑥ 《番汉合时掌中珠》(乙种本)，《俄藏黑水城文献》第一〇册，第33页。
⑦ 史金波、黄振华、聂鸿音：《类林研究》卷四，第91页。

有"司吏"字样。①

[3] 󰀀󰀁：意"京师"。

󰀀，意"世"。如，《掌中珠》"不晓世事"作"󰀀󰀂󰀃󰀄"、②"世间扬名"作"󰀀󰀅󰀆󰀇"、"世人"作"󰀀󰀈"③等等。

󰀁，意"界"。如，《掌中珠》"三界流转"作"󰀉󰀁󰀊󰀋"④等。

󰀀󰀁，意"世界"、"世间"、"京师"、"京城"等。另外，󰀌󰀁，直译中界，但对应汉语"京师"意，泛指京畿。⑤《天盛律令》卷十四规定："京师界：中兴府、南北二县、五州各地县司。"⑥

[4] 󰀍󰀎：意"时节"。

󰀍，意"时"。如《掌中珠》"󰀍󰀏󰀐󰀑󰀒"作"合时掌中珠"、"󰀍󰀓"作"时雨"。⑦ 夏译《类林》卷三朱云条"󰀔󰀍"译"其时"。⑧

󰀎，意"节"。如，《掌中珠》"󰀕󰀎"作"八节"、⑨"󰀖󰀎"作"骨节"⑩等等。夏译《类林》卷四谢方明条"󰀗󰀎"译"季节"。⑪

󰀍󰀎，意"时节"。⑫

[5] 󰀘󰀙：意"住滞"。

󰀙，意"留"、"遗"。如，夏译《类林》卷四符融条"󰀚󰀈󰀂󰀙󰀏󰀛󰀜󰀝󰀞󰀟"译"盗者迟而被擒获罪"。⑬

󰀘󰀙，意"住滞"，如《掌中珠》"󰀠󰀡󰀘󰀙"作"莫要住滞"。⑭

[6] 󰀢󰀣：音"经略"。

󰀢，音"经"。《掌中珠》标"肩"、"经"、"敬"、"检"等音，如，《掌中珠》肩背[󰀢󰀤]、⑮经

---

① 《俄藏黑水城文献》第六册，第 290 页。
② 《番汉合时掌中珠》(甲种本)，《俄藏黑水城文献》第一〇册，第 18 页。
③ 《番汉合时掌中珠》(乙种本)，《俄藏黑水城文献》第一〇册，第 32、36 页。
④ 《番汉合时掌中珠》(乙种本)，《俄藏黑水城文献》第一〇册，第 36 页。
⑤ 史金波、黄振华、聂鸿音：《类林研究》卷三，第 68 页。
⑥ 史金波、聂鸿音、白滨译注：《天盛改旧新定律令》卷十四《误殴打争斗门》，第 485 页。
⑦ 《番汉合时掌中珠》(甲种本)，《俄藏黑水城文献》第一〇册，第 5 页。
⑧ 史金波、黄振华、聂鸿音：《类林研究》卷三，第 40 页。
⑨ 《番汉合时掌中珠》(乙种本)，《俄藏黑水城文献》第一〇册，第 24 页。
⑩ 《番汉合时掌中珠》(甲种本)，《俄藏黑水城文献》第一〇册，第 10 页。
⑪ 史金波、黄振华、聂鸿音：《类林研究》卷四，第 87 页。
⑫ 《番汉合时掌中珠》(乙种本)，《俄藏黑水城文献》第一〇册，第 24 页。
⑬ 史金波、黄振华、聂鸿音：《类林研究》卷四，第 82 页。
⑭ 《番汉合时掌中珠》(乙种本)，《俄藏黑水城文献》第一〇册，第 33 页。
⑮ 《番汉合时掌中珠》(甲种本)，《俄藏黑水城文献》第一〇册，第 10 页。

略司[𘎧𗩴𘊆]、国人敬爱[𗧊𘜶𘎧𗤋]、巡检司[𗗽𘎧𘊆]、案检判凭[𗾴𘎧𘜶𗤋]①等等。又夏译《类林》"𗭛𘎧"音"师经"。②

𘎧,音"六"、"略"。如,《掌中珠》六弦[𘎧𗩴]、③六害[𘎧𗦀]、六趣轮回[𘎧𗤁𗦎𗵃]④等等。

𘎧𘎧,音"经略"。《掌中珠》记其音"京六啰",意"经略司"。⑤ 汉文本《杂字》之《司分部十八》中有"经略"。⑥《中国藏西夏文献》编号为 G.21.024[15536]的西夏汉文文书,残存两行有"经略司、计料官通判"等字样。⑦ 俄藏 Инв. No.866 号告谍文书中残存有"𗭛𘎧𘎧𘊆([府]经略司)"。⑧

经略司不在五等司之列,西夏设有两个经略司,《天盛律令》记为西北经略司与东南经略司,又作东、西经略司。《金史·交聘表》中有"东经略使苏执礼",⑨《天盛律令·颁律表》中有东经略副使。东经略使当是东南经略司。

[7] 𘗝𘉝:译"尔后"、"而后"。

𘗝,意"争"、"尔"。如《掌中珠》"𘗝𘌜𗖶𘈷"作"争如自悔"。⑩ 夏译《类林》卷三季札条"𘗝𗫻"译"尔时"、卷四鲁恭条"𘗝𘉝"译"尔时"。⑪

𘉝,意"并"、"后"。如《掌中珠》"𘉝𘋩𗤇𗤉"作"并诸亲戚"。⑫ 夏译《类林》卷二鲍山条"𗤿𗰖𗩈𘉝"译"弟见后"。⑬

[8] 𗗔𘊳:意"大氅"。

𗗔,意"上"。如,夏译《类林》卷三"𘓯𗗔"译"项上"、"𘂴𗗔"译"马上"。⑭

西夏文辞书《同音》中有"𗗔𘊳",作"斗篷、大氅"。⑮ 在汉译本中全部漏译。本文暂译为"大氅"。此处汉译本将"𗋒𗬩𗗔𘊳𗢳"译为"大锦一匹",漏译"𗗔𘊳"一词,故译为"大锦大氅一"。

---

① 《番汉合时掌中珠》(乙种本),《俄藏黑水城文献》第一〇册,第32、33页。
② 史金波、黄振华、聂鸿音:《类林研究》卷三,第38、39页。
③ 《番汉合时掌中珠》(乙种本),《俄藏黑水城文献》第一〇册,第35页。
④ 《番汉合时掌中珠》(甲种本),《俄藏黑水城文献》第一〇册,第4、19页。
⑤ 《番汉合时掌中珠》(乙种本),《俄藏黑水城文献》第一〇册,第33页。
⑥ 汉文本《杂字》,《俄藏黑水城文献》第九册,第145页。
⑦ 杜建录主编:《中国藏西夏文献》第一六册,第271页。
⑧ 《俄藏黑水城文献》第一二册,第141页。
⑨ [元]脱脱等:《金史》卷六一《交聘表中》,第1437页。
⑩ 《番汉合时掌中珠》(甲种本),《俄藏黑水城文献》第一〇册,第19页。
⑪ 史金波、黄振华、聂鸿音:《类林研究》卷三、四,第34—35、85页。
⑫ 《番汉合时掌中珠》(乙种本),《俄藏黑水城文献》第一〇册,第36页。
⑬ 史金波、黄振华、聂鸿音:《类林研究》卷三,第33页。
⑭ 史金波、黄振华、聂鸿音:《类林研究》卷三,第39—40、41—42页。
⑮ 《同音》(甲种本),《俄藏黑水城文献》第七册,第26页。

汉译本：

一等三年毕不在续转中：

> 中书、枢密大人、诸司案头、司吏。

一等中书、枢密都案及京师诸司都案等，三年完毕应不应续转，依时节奏报实行。

一诸司任职位人三年完毕，无住滞，不误入轻杂，则中书、枢密、经略等别计官赏，

> 其余依次赐次、中、下、末四等人得官赏：次等升一级，大锦大氆①一，银十五两。

39－2 左面：

蘳	貪	猐	豭	豥	揚	骸	隦	兪	蠨	秘毇	羽	猐	枕
茶	绢	十	中	品	一	官	升	锦	大	大氆	一	十	两

銀	散	葏	貪	緔	疘[1]	蘳	潵	豥	揚	骸	隦	祓	粂	兪
银	三	匹	绢	四	饼	茶	下	品	一	官	升	杂	花	锦

秘毇[2]	羽	蒼	枕	銀	散	疘	蘳	梮	葏[3]	貪	緛	豥	揚
大氆	一	七	两	银	三	饼	茶	二	匹	绢	末	品	一

骸	隦	兪 跳[4]	秘毇	羽	恆	枕	銀	蘳	貪	梮	靹	羊
官	升	紧丝	大氆	一	五	两	银	茶	绢	二	等	当

糭	彸蓩	娣藮	揚濑	緵	潵磰毤	靹	憪	藼
得	中书	枢密	都案	者	下等司正	等	法	依

骸	祃	羊	糭
官	赏	当	得

散	繡砮	赘	席	鞿	牫	散	豭	膗	毀	能倅[5]	蘢燚	紁	糍
一	前述	职	位	任	人	三	年	期	毕	以内	住滞	词	中

---

① 秘毇，汉译本未译，本书作"大氆"。

〔西夏文〕	〔西夏文〕	〔西夏文〕[6]	〔西夏文〕	〔西夏文〕	〔西夏文〕[7]	〔西夏文〕	〔西夏文〕	〔西夏文〕	〔西夏文〕
官	降	罚马	遭	者	文武	依次	中书	枢密	〈 〉

〔西夏文〕	〔西夏文〕	〔西夏文〕	□	□	□	〔西夏文〕	〔西夏文〕	〔西夏文〕	〔西夏文〕
引送	升薄	〈 〉	□	□	□	索	时	局分	处功

注释：

［1］〔西夏文〕：意"饼"。

〔西夏文〕，意"土"、"垒"。如夏译《类林》卷五由余条载"〔西夏文〕"译"臣国宫殿土阶上下三尺"。① 辛益条"〔西夏文〕"译"如垒弈是也"。② 又意"编"，夏译《孟子》"〔西夏文〕"译"皆衣褐，捆屦、织席以易食"。③

〔西夏文〕，根据上述释文，可译为"饼"，汉译本译为"坨"。与西夏同时代的宋朝，在提到茶时，用"饼"作单位。如《归田录》卷二载："茶之品，莫贵于龙凤，谓之团茶，凡八饼重一斤。"后有一种茶名"小龙团茶"，二十饼重一斤。十分难得，均为贡茶。"每因南郊致斋，中书、枢密院各赐一饼，四人分之。"④

［2］〔西夏文〕：意"杂花锦大氅"。

〔西夏文〕，意"杂"。如，《文海宝韵》"〔西夏文〕"作"文海杂类"。⑤

〔西夏文〕，意"花"。如，《掌中珠》"〔西夏文〕"作"金钱花"、⑥"〔西夏文〕"作"莲花"、"〔西夏文〕"作"水红花"、"芍药花"作"〔西夏文〕"、"〔西夏文〕"作"折花戴花"。⑦

〔西夏文〕，意"锦"。如，《掌中珠》"〔西夏文〕"作"绣锦"。⑧《凉州重修护国寺感通塔碑》西夏文碑铭"〔西夏文〕"，对应汉文碑铭中"黄金一十五两，白金五十两，衣着罗帛六十，罗锦杂幡七十对，钱一千缗"。⑨

〔西夏文〕，意"杂花锦"。此处汉译本译为"杂花锦一匹"，漏译"〔西夏文〕"二字，故暂译为"杂花锦大氅"。

---

① 史金波、黄振华、聂鸿音：《类林研究》卷五，第112页。
② 史金波、黄振华、聂鸿音：《类林研究》卷三，第68页。
③ 彭向前：《西夏文〈孟子〉整理研究》，第154页。
④ ［宋］欧阳修：《归田录》卷二，《宋元笔记小说大观》，上海古籍出版社，2001年，第619页。
⑤ 《文海宝韵》（甲种本），《俄藏黑水城文献》第七册，第166页。
⑥ 《番汉合时掌中珠》（甲种本），《俄藏黑水城文献》第一〇册，第7页。
⑦ 《番汉合时掌中珠》（乙种本），《俄藏黑水城文献》第一〇册，第25、26、35页。
⑧ 《番汉合时掌中珠》（乙种本），《俄藏黑水城文献》第一〇册，第31页。
⑨ 史金波：《西夏佛教史略》，宁夏人民出版社，1988年，第243、244、252页。

[3] 󱩸：意"匹"。

意"匹"。如，夏译《类林》卷四范邵条"󰀀󰀁󰀂󰀃󱩸󰀄󰀅󰀆󰀇"译"令断之，各分绢半匹。"① 卷六皇甫规妻条"󰀈󰀉󱩸󰀊"译"绢帛五千匹"。② 东方朔条"󰀋󰀌󰀍󰀎󰀏󰀐󱩸󰀊󰀑󰀒"译"赐东方朔帛二十匹"。③

西夏语量词，汉译本作"段"，本文作"匹"。

[4] 󱨇󱨈：意"紧丝"。

如，《掌中珠》"󱨇󱨈"作"紧丝"。④ 又"󱨇󰀓󰀔󰀕󱨈󰀖󰀗"译"丝名汉语紧丝之谓"。⑤ 此处漏译"󰀘󰀙"二字，故暂译为"紧丝大氅"。大锦、杂花锦、紧丝是三种不同的织锦品种，是西夏用来奖励官员的物品。

[5] 󱨉󱨊：意"内"、"以内"。

󱨉，意"圆"、"院"、"国"等。《掌中珠》"󱨉󰀚󰀛󰀜"作"能圆能方"，⑥ "󰀝󱨉"作"工院"。⑦ 《六韬》"󰀞󰀟󰀠󰀡󰀢󱨉󰀣󰀤󰀥"译"今日畋于汝阳地方"。⑧

󱨊，意"内"、"中"。如，夏译《孟子》"󱨊󰀦󰀧󰀨󰀩󰀪󰀫󰀬"译"内则父子，外则君臣"。⑨ 夏译《类林》卷三"󰀭󰀮󰀯󰀰󰀱󱨊󰀲"译"常宿水边一室中"。⑩

󱨉󱨊，二字连用表"内"、"以内"等时间限制的意思。如，夏译《类林》卷三郭文条"󰀳󰀴󱨊󰀵󰀶󰀷󱨉󱨊󰀸󰀹"译"后果以十五日终"。⑪ 卷四王吉条"󰀺󰀻󱨉󱨊"译"四年内"。⑫

[6] 󱨋󱨌：意"罚马"。

󱨋，意"罚"。如夏译《类林》卷三比干条"󰁀󱨋󰁁󰁂"译"赏罚不明"。⑬ 卷四严延年条"󰁃󰁄󱨋󰁅"译"酷律重罚"。⑭

󱨌，意"马"。如，《掌中珠》"󱨌󰁆"作"马牛"。⑮

---

① 史金波、黄振华、聂鸿音：《类林研究》卷四，第81—82页。
② 史金波、黄振华、聂鸿音：《类林研究》卷六，第120页。
③ 史金波、黄振华、聂鸿音：《类林研究》卷六，第130页。
④ 《番汉合时掌中珠》（乙种本），《俄藏黑水城文献》第一○册，第31页。
⑤ 韩小忙：《〈同音文海宝韵合编〉整理与研究》，中国社会科学出版社，2008年，第190页。
⑥ 《番汉合时掌中珠》（甲种本），《俄藏黑水城文献》第一○册，第18页。
⑦ 《番汉合时掌中珠》（甲种本），《俄藏黑水城文献》第一○册，第15页。
⑧ 贾常业：《西夏文译本〈六韬〉解读》，第60页，《西夏研究》2011年第2期。
⑨ 彭向前：《西夏文〈孟子〉整理研究》，第122页。
⑩ 史金波、黄振华、聂鸿音：《类林研究》卷三，第65页。
⑪ 史金波、黄振华、聂鸿音：《类林研究》卷三，第67页。
⑫ 史金波、黄振华、聂鸿音：《类林研究》卷四，第92页。
⑬ 史金波、黄振华、聂鸿音：《类林研究》卷三，第47页。
⑭ 史金波、黄振华、聂鸿音：《类林研究》卷四，第91页。
⑮ 《番汉合时掌中珠》（乙种本），《俄藏黑水城文献》第一○册，第27页。

此为西夏刑罚之一。《天盛律令》规定:"诸人因罪受罚马者,自驯旧马至有好齿马当交。"如果无马,可折交二十缗钱,或可从俸禄中减除折交钱数,或可降官,或可换受杖刑。如罚一马折算降官一级,罚一马受十三杖。所罚之马,一般交予经略处,经殿前司注册成为官马,无马士卒可申领,或交予附近官牧场,群牧司当注册管理。①

[7] 𗼇𗼂:意"文武"。

𗼇,意"文"。如,《掌中珠》"𗼇𘃎𗉛𗖻"作"搜寻文字"。②

𗼂,意"武"、"斧"、"剑"。如,《掌中珠》"𗖻𗼂"作"玄武"、③"𘊙𗼂"作"斤斧"。④ 夏译《类林》卷三季札条"𘊤𗼂"译"宝剑"。⑤

𗼇𗼂,指文武官,《宋史·职官志》:"大凡一品以下,谓之'文武官'。"⑥《天盛律令》中常常出现诸事文官经由中书,武官经由枢密,可见中书、枢密之下统称为文武官。

汉译本:

茶绢十。中等升一级,大锦大氆⑦一,银十两,绢三匹、⑧茶四饼。⑨ 下等升一级,杂花锦大氆⑩一,银七两、茶三饼、⑪绢二匹。⑫ 末等升一级,紧丝大氆⑬一,银五两,茶绢一。中书、枢密都案依下等司正法则得官赏。

一前述任职位人三年期满时,期间住滞词中遭降官、罚马者,依文武次第引送中书、枢密,当入升册。日毕索功⑭时,局分处功⑮

39－3 右面:

𘀗	𘃡	𗓦𘟽[1]	𗟲	𘊝	𘍞	𘍴	𘊱	𘟣	𘊝	𗣼	𗰔	𗼋	𗍳
罪	〈〉	磨 勘	为	官	降	一	种	者	官	赏	皆	不	得

---

① 史金波、聂鸿音、白滨译注:《天盛改旧新定律令》卷二十《罪则不同门》,第 601、602 页。
② 《番汉合时掌中珠》(乙种本),《俄藏黑水城文献》第一〇册,第 32 页。
③ 《番汉合时掌中珠》(甲种本),《俄藏黑水城文献》第一〇册,第 4 页。
④ 《番汉合时掌中珠》(乙种本),《俄藏黑水城文献》第一〇册,第 30 页。
⑤ 史金波、黄振华、聂鸿音:《类林研究》卷三,第 34 页。
⑥ [元] 脱脱等:《宋史》卷一六一《职官一》,第 3769 页。
⑦ 𗣼𗰔,汉译本未译,本书作"大氆"。
⑧ 汉译本原作"段",译为"匹"。
⑨ 汉译本原作"坨",译为"饼"。
⑩ 𗣼𗰔,汉译本未译,本书作"大氆"。
⑪ 汉译本原作"坨",本书作"饼"。
⑫ 汉译本原作"段",译为"匹"。
⑬ 𗣼𗰔,汉译本未译,本书作"大氆"。
⑭ 原图版缺"日毕"、"功"等三字,汉译本与后文的"𘚿"作"日毕索功"。
⑮ 𘟽𗗙及下文的"𘟽",汉译本未识。

𘃨	𗨩	𗼃	𘉋	𗧠	𗨩	𗴺	𗉘	𗋕	𘊐	𗧠	𘊐	𘞌
罚	马	遭	则	一	遍	遭	者	官	当	得	赏	不	得	二

𗧠	𗨩	𘊐	𗉘	𘅂	𗈪	𘉋	𗴺	𗧠	𘊐	𗧠	𗨩	𗉘	𘊐
遍	遭	赏	〈〉	半	天	为	官	不	得	三	遍	遭	官	赏

𗤋	𗧠	𘊐	𗤋	𗉘	𗢳	𘃨	𗨩	𗴺	𘉋𘟣	𘓺𗥤	𗤋
皆	不	得	若	官	降	罚	马	遭	有	中书	枢密	不

𘍦[2]	𗎫	𘍦	𗎫	𘟣𘊐	𗤋	𗟲	𗤋	𘟣𘊐[3]	𗤋	𘟣𘊐	𘟣𘊐
引送	〈〉	引送	升薄	不	行	后	寻觅	来	上	仔

𘟣𘊐	𗧠	𘟣	𘟣𘊐	𗈪	𗈪	𗉘	𘟣𘊐[4]	𘟣	𘉋	𗧠𘟣	𘟣𘊐
细	莫	后	寻觅	等	时	贿	人情	无	则	局分	小

𘟣	𗈪	𘟣	𘟣	𗉘	𗈪	𘃨	𗨩	𘟣	𘟣𘊐[5]	𗈪	𗈪
大	所	住滞	有	处	官	有	罚马	一	庶人	十	三

𘟣	𗤋	𗉘	𗢳	𘃨	𗨩	𘟣	𗨩	𗎫	𘟣	𗎫	𗨩	𘉋
杖	若	官	降	罚	马	〈〉	遭	后	后	罪	恶	〈〉	不	为

𘟣	𗧠𘟣	𗧠𘟣	𗈪	𗉘	𗤋	𘍦	𗎫	𘍦	𗤋
愿	局分	大小	与	知	不	引送	〈〉	引送	不

注释：

[1] 𗧠𘟣：意"磨勘"。

𘟣，意"集结"。如，夏译《类林》卷三"𘟣𗧠"译"集结"。①

𗧠𘟣，意"磨勘"。如，《掌中珠》"𗧠𘟣𗤋 [赤克啰]"意"磨勘司"。②

---

① 史金波、黄振华、聂鸿音：《类林研究》卷三，第66页。
② 《番汉合时掌中珠》(乙种本)，《俄藏黑水城文献》第一〇册，第33页。

上篇 《天盛律令》职官门整理与译释

［2］𗖰𗸯：意"引送"。

𗖰，意"从"、"宾"。如，夏译《类林》卷三魏文侯条"𗖰𘝯"译"从人"。① 卷三严颜条"𗖰𗥤"译"宾客"。② "𗖰𗖰"译"巡游"。③

𗸯，意"送"。《掌中珠》"𗦎𗥤𘕕𗸯"作"奉送贵宾"、"𗲲𘄿𗸯𗖻"作"送与洞房"。④ 夏译《类林》卷三"𘕕𗸯"译"奉送"，⑤范式条"𗢳𘝯𗫔𗖰𘊝𘎪𘉘𗹏"译"二人相随拜母"。⑥

𗖰𗸯，意"引送"。

［3］𗼇𘃡：意"推寻"。

𗼇，意"寻"、"检"。如《掌中珠》"𗧓𘕤𗼇𘞪"作"搜寻文字"、⑦"𘕎𗼇𘏞𘄑"作"案检判凭"。⑧ 夏译《类林》卷三鲍山条"𘟣𘞛𘊳𗧓𗗙𗼇𘞪𗫉𘟀𘘽𗴺"译"每日皆寻山阴凉处令母坐"。⑨

𘃡，意"寻"。根据《文海》"𗼇𘢳𗼇𘃡𗖟"的记载，⑩𗼇与"𗼇𘃡"同义，故"𘃡"也有"寻"意。

"𗼇𘃡"，在汉译本中一般译作"推寻"。

［4］𗭡𘏨：意"人情"。

𘏨，意"面"。如《掌中珠》"𘕕𗰗𗒹𘏨"作"三十七面"、"𘏨𗪊"作"面额"。夏译《类林》卷三董宣条"𗋒𘊝𘏨𘋤"译"血流被面"。⑪ 卷五赵炳条"𗰜𘏨𗑗"作"水面上"。⑫

𗭡𘏨，意"人情"。如，《掌中珠》"𗭡𘏨𗵯𗖻"作"休做人情"，⑬根据上下文，𗭡𘏨可译为"徇情"。

［5］𗩱𘝯：意"庶人"、"凡人"。

𗩱，夏译《类林》"𗩱𗩱"作"白衣"，又作"凡人"意，如"𗩱𗩱𗍫𘏚𗩱𘝯𘈷𘛛𘎪𘂂"译"我终不作凡人妻"。⑭

夏译《类林》有"𘒀𗉣"译作百姓、民庶。① 《掌中珠》有"𘒀𗉣 𘃽𗤋"作"恤治民庶"。② 在《天盛律令》中，"𗉣𗤋"与"有官人"相对，是西夏量刑的重要标准之一。

汉译本：

罪当磨勘。降一官者，官赏皆 不得 ，③遭罚马则罚一次者可得官，不得赏，罚二次者得半赏，不得官，罚三次官赏皆不得。若有遭降官、罚马，不引送中书、枢密，或已引送而不入升册，后推寻时未仔细推寻，无受贿徇情，则局分大小有所住滞者有官罚马一，庶人十三杖。若遭降官、罚马后，愿不再为错恶，与局分大小故意而不引送，已引送而不

39－3 左面：

𗼃𗷅	𗗙	𘜶	𘏒	𘏞	𘃡	𗫂	𘒏	𗪙	𗉗	𘗠	𘏒
升薄	等	时	官	赏	赐	求	者	职	管	处	未	告	官

𘏞	𗉗	𗴭	𘝯	𗍫𗏁𗼑[1]	𗵃	𗑠	𗼃𗷅	𗗚	𗢳	𗥤	𗿒
赏	未	索	则	三个月	若	典	升薄	上	有	中	日

𘝨	𗦻	𘏒	𘏞	𗴭	𘟙	𘃡𗉗	𗦾𘆚	𗿭	𗘺	𘒏	𘓶	𘃡𗰔
毕	上	官	赏	索	谓	局分	大小	处	知	觉	徇	情

𘃡	𘊳𗅢	𘏒	𗍊𘝯[2]	𘟙	𗴷𘝌[3]	𗦅	𘃡	𗕿	𘜶	𘏒	𘃡
为	住滞	未	曾经	谓	掩饰	以	为	行	时	官	求

𗫂	𗐫	𗩇	𗣼	𗥃	𘟂	𗫂	𗗙	𘒣𗑊[4]	𗎬	𘗠	𘝯	𗰗
者	及	爱	乐	得	令	者	等	一律	校	中	出	则	六

𗼑	𗍫	𘝯	𗟲	𘞂	𗼃	𘏒	𘝯	𗗙	𘜶	𗍫𗦎	𘝯	𘃡	𗍊
月	个	告	所	〈〉	为	未	告	出	则	二年	〈〉	告	一

---

① 史金波、黄振华、聂鸿音：《类林研究》卷四，第86、88页。
② 《番汉合时掌中珠》(乙种本)，《俄藏黑水城文献》第一〇册，第33页。
③ 𘃡𗉗 ，汉译本未识，补译"不得"。

𘄒	𘄥	𘄦	𘄧	𘄨	𘄩	𘄪	𘄫	𘄬	𘄭	𘄮	𘄯	𘄰[5]
及	断	而	未	任	则	〈〉	五	年	任	则	八	年长期

𘅀	𘅁	𘅂	𘅃	𘅄	𘅅	𘅆	𘅇	𘅈	𘅉	𘅊	𘅋	𘅌
上	因	库	中	〈〉	分	则	请	者	分	令	者	等罪与

𘅍𘅎[6]	𘅏	𘅐	𘅑	𘅒	𘅓	𘅔	𘅕	𘅖	𘅗	𘅘	𘅙
偷盗	法	判	断	后	前述	贿	徇情	无	抵	校	不牢

注释：

[1] 𗧊𗢳𗢴：意"三个月"。

𗧊，汉语借词，音"桑"，意"三"。《掌中珠》"𗧊𗨁"作"三刑"、"𗧊𗨂"作"三丘"、"𗧊𗨃𗨄𗨅"作"远离三途"、①"𗧊𗨆𗨇𗨈"作"三界流传"。②

𗢳，意"月"。《掌中珠》"𗢳𗢴"作"正月"、"𗢳𗢵"作"腊月"、"𗢳𗢶"作"闰月"。③

𗢴，意"月"。如《掌中珠》"𗢷𗢳𗢴"作"一个月"。④

𗧊𗢳𗢴，字面意思"三月月"，译为"三个月"。在此处表示"徒三个月"之意。

[2] 𘕕𘕖：意"曾经"。

𘕕，意"尝"、"曾"。如，夏译《孟子》中"𘕗𘕕"连用，表示"未尝"之意。⑤"𘕘𘕙𘕚𘕛，𘕜𘕝𘕞𘕕"译"吾虽未学，然吾尝闻之"。⑥

𘕖，意"用"。如，夏译《类林》卷三朱云条"𘕟𘕠𘕡𘕢𘕣𘕤𘕥𘕦𘕖𘕧𘕨𘕩"译"勿修，用以旌直臣也"。⑦"𘕪𘕖"，字面意思"显用"，对应"旌"。卷四简雍条"𘕫𘕬𘕖𘕭"，字面意思"盛酒用器"，对应"酒器"。⑧

[3] 𘖀𘖁：意"掩饰"、"遮掩"。

𘖀，意"头"。如，《掌中珠》"𘖀𘖂"作"头目"、"𘖀𘖃"作"头发"⑨等等。

---

① 《番汉合时掌中珠》(甲种本)，《俄藏黑水城文献》第一〇册，第4、19页。
② 《番汉合时掌中珠》(乙种本)，《俄藏黑水城文献》第一〇册，第36页。
③ 《番汉合时掌中珠》(甲种本)，《俄藏黑水城文献》第一〇册，第6页。
④ 《番汉合时掌中珠》(甲种本)，《俄藏黑水城文献》第一〇册，第6页。
⑤ 彭向前：《西夏文〈孟子〉整理与研究》，第130—131页。
⑥ 彭向前：《西夏文〈孟子〉整理与研究》，第146页。
⑦ 史金波、黄振华、聂鸿音：《类林研究》卷三，第40页。
⑧ 史金波、黄振华、聂鸿音：《类林研究》卷三，第77页。
⑨ 《番汉合时掌中珠》(甲种本)，《俄藏黑水城文献》第一〇册，第10页。

𘟣,意"遮掩"。西夏文《文海宝韵》载"𘟣𗥤𘝯𗼃𘟣𗼃",①故"𘟣"与"𘝯"、"𘟣"字同义。
𘟣,意"笼"、"罩"、"盖"。如《掌中珠》"𗟠𘟣"作"笼床"、"𗴺𘟣"作"纱罩"、"𘎺𘟣"作"铠盖"、"𘃎𘟣"作"华盖"。②

𗖵𘟣,字面意思"头盖",故此𗖵𘟣可以理解为在某物上遮盖,引申为"掩饰"的意思。

[4] 𗏁𗟲：意"一律"。

𗏁,数词,意"一"。如,《掌中珠》"𗏁𗋒"作"一日"、③"𗏁𘒯"作"一寸"。④

𗟲,意"礼"、"法"、"律"。《掌中珠》"𗪘𗢳𗟲𗽀"作"君子有礼"、"𗟲𗉛𗑠"作"大恒历院"。⑤

𗏁𗟲,意"一律"。

[5] 𗧓𘟀：意"长期"。

𗧓,意"己"、"自"。如,《掌中珠》"𗧓𘘦𗊣𘂀"作"不累于己"、"𗧓𗑗𘏨𗧓"作"自受用佛"、"𗅁𗫒𗧓𘟀"作"争如自悔"。⑥

𘟀,意"朝"、"时"。如,夏译《类林》卷三周昌条"𘟭𘟀"译"汉朝"。⑦ 魏文侯条"𗙴𗊢𘟀𗦇𗴴"译"六国时人也"。⑧ 晋文公条"𗠁𗯩𗪈𘟀𗦇𗴴"译"周襄王时人也"。⑨

𗧓𘟀,字面意思"自朝",此处译为"长期",与"𘅞𘌄"引申为"八年长期徒刑",是西夏三种重刑之一。《天盛律令》规定"诸人犯种种罪时,依五刑义轻重不同次第,各自名事当明之"。⑩ 西夏刑罚依据五刑,有短期、长期、无期等三种徒刑。短期自七八杖开始,有十杖、十三杖,劳役三个月、六个月、一年至六年等刑罚。《天盛律令》卷二十《罪责不同门》载"自八年以上名为长期",长期有八年、十年、十二年等三种。⑪ 此外,还有一种无期徒刑。唐代五刑指笞、杖、徒、流、死。⑫ 西夏的五刑有笞、杖、长期徒刑、无期徒刑、死刑等。

[6] 𗖆𗖆𘅤：意"偷盗"。

𗖆𗖆,意"悄悄"、"秘"、"暗"。如,夏译《类林》卷三锄倪条"𗖆𗖆𗄊𗫒𗉺𗵒𗙇𗦇𘕕𗍳𗥤

---

① 《文海宝韵》(甲种本),《俄藏黑水城文献》第七册,第 148 页。
② 《番汉合时掌中珠》(甲种本),《俄藏黑水城文献》第一〇册,第 4 页。
③ 《番汉合时掌中珠》(乙种本),《俄藏黑水城文献》第一〇册,第 24 页。
④ 《番汉合时掌中珠》(甲种本),《俄藏黑水城文献》第一〇册,第 14 页。
⑤ 《番汉合时掌中珠》(乙种本),《俄藏黑水城文献》第一〇册,第 33 页。
⑥ 《番汉合时掌中珠》(甲种本),《俄藏黑水城文献》第一〇册,第 19 页。
⑦ 史金波、黄振华、聂鸿音：《类林研究》卷三,第 40 页。
⑧ 史金波、黄振华、聂鸿音：《类林研究》卷三,第 34 页。
⑨ 史金波、黄振华、聂鸿音：《类林研究》卷三,第 36 页。
⑩ 史金波、聂鸿音、白滨译注：《天盛改旧新定律令》卷二十《罪则不同门》,第 605 页。
⑪ 史金波、聂鸿音、白滨译注：《天盛改旧新定律令》卷十《司序行文门》,第 370 页。
⑫ [唐]李林甫等撰、陈仲夫点校：《唐六典·尚书刑部》卷六,第 185 页。

𗧹𗧹𗘺"译"乃阴使锄倪往赵盾家杀之"。周昌条"𗤀𘃪𗤀𘃪𗤀𘃪𗤀𘃪𗤀"译"高祖常与戚夫人密戏"。伍员条"𗧹𗧹𗧹𗧹𗧹"译"暗欲思报吴仇"。①

𘃪,意"贼"、"盗"。如,夏译《类林》卷二鲍山条载:"𘃪𘃪𘃪𘃪𘃪𘃪"译"鲍山持刀追贼"。② 卷三张刚条"𘃪𘃪𘃪𘃪𘃪𘃪𘃪𘃪𘃪𘃪𘃪𘃪"译"时广陵地方贼张婴杀太守"。③ 卷四符融条"𘃪𘃪𘃪𘃪𘃪𘃪𘃪"译"时长安市人遇盗"。④

𗧹𗧹𘃪,字面意思"悄悄盗",意"偷盗"。

汉译本:

升入册等时,求官赏赐者未告职管处,未索官赏,则徒三个月。若典册上有者期满索官赏,局大小知闻徇情,曰"未曾住滞"以为遮掩时,求官者及使得爱乐者等,一律校中出徒六个月,所奏已成,未奏成,则徒二年,虽断而未到位则徒五年,已任则徒八年 长期 徒刑。⑤ 因自得赏已出库中,则请者、使出者等罪 与 ⑥依偷盗法判断。又无受贿徇情,抵校 不牢 ⑦

39-4右面:

𗧹	𗧹	𗧹	𗧹	𗧹	𗧹𗧹	𗧹	𗧹	𗧹	𗧹	𗧹𗧹[1]	𗧹
以	官	赏	得	令	者 前述	贿	徇	情	有	之 各种	罪

𗧹	𗧹	𗧹[2]	𗧹	𗧹	𗧹	𗧹	𗧹	𗧹	𗧹	𗧹	𗧹	𗧹
状	显	比	二	品	〈 〉	当	减	为	不	应	官	赏	得	数	皆	当

𗧹	𗧹	𗧹	𗧹	𗧹	𗧹	𗧹	𗧹	𗧹	𗧹	𗧹	𗧹	𗧹
还	其中	贿	有	者	违	法	贿	罪	与	其	〈 〉	重	上	判	断

---

① 史金波、黄振华、聂鸿音:《类林研究》卷三,第38、39—40、54 页。
② 史金波、黄振华、聂鸿音:《类林研究》卷三,第33 页。
③ 史金波、黄振华、聂鸿音:《类林研究》卷三,第42—43 页。
④ 史金波、黄振华、聂鸿音:《类林研究》卷四,第82 页。
⑤ 𗧹𗧹,长期,汉译本未译,本书作"长期徒刑"。
⑥ 𗧹,汉译本未识,本书作"与"。
⑦ 𗧹𗧹,汉译本未识,本书暂作"不牢"。

𘓺	𗦇	𘏒	𗤻	𘓺	𗤼	𘓺	𘃡	𘓺	𘒛	𘓺	𗩂	𗷲	𗫡	𗋒	𘝯	𘏒	𘐏	𘐆
一	诸	职	任	种	种	三	年	毕	上	续	转	应	中	中书	枢密	职	得	重

𘏒	𗒘	𗤻	𗩂	𘄊	𗤼	𘋢𘝯𘉒	𘓺	𘈩𗍳[3]	𘐀𗷎	𗀔
职	旧	任	应	有	及	牒密案	其	公事	军马	等

𗊢𘉞[4]	𘓺	𗍳	𗧘	𘓺	𗎝	𗀔	𘐆	𗤼	𗩂	𘉞	𗎫	𗴿	𗳌
头项	职	事	行	〈〉	知	等	重	遣	应	则	〈〉	告	官

𘝞	𗊢𗥤[5]	𗱈	𗤓	𗰞	𗹙	𗙷	𗤓
敕	头字	何	赐	应	依	当	赐

𘓺	𗦇	𘔶𘎫[6]	𗁅𗢳	𘓺	𗤻	𘋢	𘒌	𘕰	𗎫𗊢	𗊢𗀔	𘓺	𘓺
一	诸	臣僚	大小	职	任	中	年	老	病患	有后	职	无

𘎜	𘐀𗷎	𗇋	𗀔	𘠷	𗐱	𗭪	𗼃	𗈪	𗎫𗊢	𘃈𘏒[7]
得	续转	索	等	告	者	有	者	年	况病患	轻重

注释:

[1] 𘓺𘓺:意"各种"、"各自"。

𘓺𘓺,意"悉"、"一一"。如,夏译《类林》田单条"𘓺𘓺𗱙𗃬𘆄𗸔𘊴"译"悉以彩绢衣之"。① 卷六管辂条"𘓺𘓺𘊴𗥢"译"一一名之"。②

根据上下文意,在此译为"各种"。

[2] 𘈩:意"与……相比"。

意"如"、"胜"。如,《掌中珠》"𗙴𘈩𗣼𗭪[姪酥盈力]"作"争如自悔"。③ 夏译《类林》卷五张裔条"𗗚𘑮𘒾𘄡𘈩𗄈𘓺𗷎"译"犹胜于买臣之妻"。④

𘈩,意"如",附加在比较的对象后面,意思是"与……相比"。⑤ 此处译为比较。

---

① 史金波、黄振华、聂鸿音:《类林研究》卷四,第78—79页。
② 史金波、黄振华、聂鸿音:《类林研究》卷六,第130页。
③ 《番汉合时掌中珠》(甲种本),《俄藏黑水城文献》第一〇册,第19页。
④ 史金波、黄振华、聂鸿音:《类林研究》卷五,第106页。
⑤ 聂鸿音:《西夏文〈新集慈孝传〉研究》,宁夏人民出版社,2009年,第126页。

[3] 𘟙𘊄：意"公事"。

𘟙，意"习"、"勤"。如，《掌中珠》"𘃎𘏚𘆄𘟙"作"学习圣典"①等。夏译《类林》卷四孟康条"𘅍𘞐𘟄𘜛𘊚𘜓𘖊𘅎𘟙𘏚𘈩"译"遣类中人劝勤于课农养桑"。②

𘊄，意"事"。如，《掌中珠》"不晓世事"作"𘚣𘊄𘜓𘊢"。③夏译《类林》卷三周昌条"𘅍𘚛𘊄𘉓𘉛𘊮𘐊𘊠𘘣𘚛𘘥"译"周昌有奏事来高祖处，奏毕"。④夏译《孟子》"𘟪𘜓𘊄𘖚"译"然后行事"。⑤

𘟙𘊄，意"公事"、"政事"。夏译《类林》卷四邓攸条"𘟙𘊄𘗾𘈩"译"决断政事"。⑥

[4] 𘓺𘜚：意"头项"。

𘓺，意"头"。见"𘓺𘞐（遮掩）"条。

𘜚，意"项"。如，《掌中珠》"𘜚𘐀"作"项胸"。⑦夏译《类林》卷三周昌条"𘜚𘗴𘛱𘘣𘟄𘚑"译"乃骑项上曰"。⑧

𘓺𘜚，意"头项"。与前文"军马"放在一起，似乎为军事头领。又《金史》："初，禹山战罢，有二骑迷入营，问之，知北兵凡七头项，大将统之。"⑨此处，头项表示军事单位。

[5] 𘟀𘅍：意"头子"、"头字"。

𘟀，又作"𘟁"，意"头"。如，《掌中珠》"𘟀𘅍𘒔𘏚 𘖭𘐜𘏛𘈩"作"出与头子，令追知证"⑩等。𘟁，表"程"、"领"等意，如，"𘗵𘟁"作"地程"、⑪"𘟁𘛮"作"领襟"⑫等等。

𘅍，意"字"、"子"。如，《掌中珠》"𘎢𘅍𘀦𘅔"作"搜寻文字"、"𘟀𘅍𘒔𘏚"作"出与头子"。⑬夏译《类林》卷四东方朔条"𘎡𘅍"译"枣字"，杨修条"𘘍𘓺𘛑𘊡𘅍𘋩"译"碑头有八字"。⑭

"宋初，令枢密院给券，谓之'头子'。"太平兴国三年（978），罢枢密院券。"端拱中，以使臣护边兵多遗失，又罢银牌，复给枢密院券。"⑮宋代，枢密院掌管全国军政大事，"头子"

---

① 《番汉合时掌中珠》（乙种本），《俄藏黑水城文献》第一〇册，第32页。
② 史金波、黄振华、聂鸿音：《类林研究》卷四，第84页。
③ 《番汉合时掌中珠》（甲种本），《俄藏黑水城文献》第一〇册，第18页。
④ 史金波、黄振华、聂鸿音：《类林研究》卷三，第43页。
⑤ 彭向前：《西夏文〈孟子〉整理与研究》，第146页。
⑥ 史金波、黄振华、聂鸿音：《类林研究》卷四，第94页。
⑦ 《番汉合时掌中珠》（甲种本），《俄藏黑水城文献》第一〇册，第10页。
⑧ 史金波、黄振华、聂鸿音：《类林研究》卷三，第39—40页。
⑨ [元]脱脱等：《金史》卷一一二《移剌蒲阿传》，第2472页。
⑩ 《番汉合时掌中珠》（乙种本），《俄藏黑水城文献》第一〇册，第34页。
⑪ 《番汉合时掌中珠》（乙种本），《俄藏黑水城文献》第一〇册，第25页。
⑫ 《番汉合时掌中珠》（甲种本），《俄藏黑水城文献》第一〇册，第13页。
⑬ 《番汉合时掌中珠》（乙种本），《俄藏黑水城文献》第一〇册，第32、34页。
⑭ 史金波、黄振华、聂鸿音：《类林研究》卷四，第74、99页。
⑮ [元]脱脱等：《宋史》卷一五四《舆服六》，第3594页。

即是一种由枢密院所发驿马的凭证。《天盛律令》卷六有条文规定:"比邻各首领发大小军头字来时,当依次相传告。"①因此,西夏的"头字"应该与宋头子作用相同。

[6] 𗧚𗧚:意"官吏"、"臣"。

𗧚,意"臣"。夏译《类林》卷三锄倪条"𗧚𗧚𗧚𗧚𗧚𗧚𗧚𗧚𗧚𗧚"译"臣赵盾数忠谏灵公"。②朱云条"𗧚𗧚𗧚𗧚𗧚𗧚𗧚𗧚"译"时大臣辛庆忌谏曰"。③

𗧚𗧚,意"官吏"、"臣",如夏译《类林》卷七阮宣条"𗧚𗧚𗧚𗧚𗧚"译"大臣与官吏"。④

[7] 𗧚𗧚:意"轻重"。

𗧚,意"重"。如,夏译《类林》卷三王猛条"𗧚𗧚𗧚𗧚𗧚"译"卿既病重死"。⑤卷四刘宽条"𗧚𗧚𗧚𗧚𗧚"译"不为重罚"。⑥

𗧚,意"轻"。如,夏译《类林》卷四张堪条"𗧚𗧚𗧚𗧚"译"断判从轻"。⑦

𗧚𗧚[勒盈]重轻。⑧又夏译《孟子》:"𗧚𗧚𗧚𗧚𗧚𗧚𗧚,𗧚𗧚𗧚𗧚"译"麻缕丝絮轻重同,则价皆同"。⑨

汉译本:

> 而使得官赏者,比前述受贿徇情之各种罪状减二等,无理得官赏数皆当还。其中受贿者与枉法贪赃罪比较,从其重者判断。
>
> 一诸种种任职三年期满应续转时,能得职,应重持旧职及牒密案,其余公事军马等头项职事已知,应重遣则当奏,依官敕头字应何赐当赐。
>
> 一诸大小臣僚任职中,年高、有疾病及未能任职求续转等,有告者,视其年纪、疾病重轻,

39-4 左面:

𗧚	𗧚	𗧚	𗧚	𗧚𗧚[1]	𗧚	𗧚	𗧚	𗧚𗧚	𗧚	𗧚	𗧚
职	无	得	实	是非	等	上	〈〉	量	〈〉	告	依	行

---

① 史金波、聂鸿音、白滨译注:《天盛改旧新定律令》卷六《发兵集校门》,第246页。
② 史金波、黄振华、聂鸿音:《类林研究》卷三,第38页。
③ 史金波、黄振华、聂鸿音:《类林研究》卷三,第40页。
④ 史金波、黄振华、聂鸿音:《类林研究》卷七,第185页。
⑤ 史金波、黄振华、聂鸿音:《类林研究》卷三,第58页。
⑥ 史金波、黄振华、聂鸿音:《类林研究》卷四,第86页。
⑦ 史金波、黄振华、聂鸿音:《类林研究》卷四,第88页。
⑧ 《番汉合时掌中珠》(甲种本),《俄藏黑水城文献》第一〇册,第14页。
⑨ 彭向前:《西夏文〈孟子〉整理研究》,第162页。

注释：

[1] 𘜶𘞩：意"是否"。

𘜶，意"此"、"是"。《掌中珠》"虽然如此"作"𘂆𘃎𘉋𘜶"。① 夏译《类林》"𘓺𘟣𘅤𘉋𘜶"译"六国朝人是"。

𘞩，意"非"、"否"。夏译《类林》"𘅟𘄴𘉋𘄬𘉋𘜶𘉋𘅜𘕚𘞩𘏚"译"巨卿者，有信人也，非失信者"。②

汉译本：

是否实为未能任职等衡量，奏报实行。

---

① 《番汉合时掌中珠》（乙种本），《俄藏黑水城文献》第一〇册，第36页。
② 史金波、黄振华、聂鸿音：《类林研究》卷三，第37—38页。

失职宽限变告门

39-4 左面：

			职失	宽限	变	告	门		

一	诸司	大人	承旨	习判	都案	案头	等	职	上	不	往

及	宽限	日超	后	职位	得	官	敕	谕文[1]	〈〉	任

司	职	上	不	往	等	一律	一	二日	五	斤	铁	三	四

日	十	斤	铁	五	日	十	三	杖	六	日	自	十	日	至

三个月	十	一	日	自	十	五	日	至	六个月	十

六	日	自	二	十	日	至	一年	二	十	日	以上[2]	二

𗋅	𗷲	𗀔	𘀄	𘒺	𗏁	𘒺	𗋅	𗼑	𗀔	𗥃	𘊑 𗖵 𘊴	𘀄
十	五	日	至	二	年	二	十	六	日	自	一 个 月	至

注释：

[1] 𘒺𘀄：意"谕文"。

𘒺，意"士"、"辞"。如，夏译《类林》卷五秦宓条"𘒺𘒺𘒺𘒺𘒺𘒺𘒺𘒺𘒺"译"此益州学士也"。① 夏译《孟子》中"𘒺𘒺"译"辞曰"。②

𘀄，意"节"。《掌中珠》"𘒺𘒺𘒺𘀄"作"四季八节"，③"𘀄𘀄"作"时节"、④"𘒺𘀄"作"骨节"。⑤《德行集》中"𘀄𘒺"译"节亲"。⑥

𘒺𘀄，二字连用，表示下行公文中的谕文。

[2] 𘒺𘀄：意"之上"、"以上"。

𘀄，意"高"。如《掌中珠》"𘒺𘀄"作"高下"、⑦"𘒺𘒺𘀄𘒺"作"人有高下"。⑧ 夏译《类林》卷三辛谧条"𘒺𘒺𘒺𘒺𘒺𘀄𘒺𘒺"译"时人以此为高才"。⑨

𘒺𘀄，意"以上"。如，夏译《类林》卷六卢医条"𘒺𘒺𘒺𘒺𘀄𘒺𘒺𘒺𘒺𘒺𘒺"译"若居心之上及心之下"。⑩《圣立义海》"𗋅𗷲𘒺𘀄𘒺𘒺𘒺𘒺"译"逾十五，为求精神"。⑪ 𘒺𘀄在句子中同"𘒺𘒺"一起出现，组成"𘒺𘀄……，𘒺𘒺……"句式，表示范围限定"……以上，……以下"。

汉译本：

失职宽限变告门

一诸大人、承旨、习判、都案、案头等不赴任上及超出宽限期，又得职位官敕谕文已发而不赴任等，一律超一二日罚五斤铁，三四日十斤铁，五日十三杖，六日起至十日

---

① 史金波、黄振华、聂鸿音：《类林研究》卷五，第106页。
② 彭向前：《西夏文〈孟子〉整理研究》，第126页。
③ 《番汉合时掌中珠》（甲种本），《俄藏黑水城文献》第一〇册，第24页。
④ 《番汉合时掌中珠》（乙种本），《俄藏黑水城文献》第一〇册，第24页。
⑤ 《番汉合时掌中珠》（甲种本），《俄藏黑水城文献》第一〇册，第10页。
⑥ 聂鸿音：《西夏文德行集研究》，第42、43页。
⑦ 《番汉合时掌中珠》（甲种本），《俄藏黑水城文献》第一〇册，第7页。
⑧ 《番汉合时掌中珠》（乙种本），《俄藏黑水城文献》第一〇册，第33页。
⑨ 史金波、黄振华、聂鸿音：《类林研究》卷三，第68页。
⑩ 史金波、黄振华、聂鸿音：《类林研究》卷六，第127页。
⑪ （俄）Е.И.克恰诺夫、李范文、罗矛昆：《圣立义海研究》，宁夏人民出版社，1995年，第70页。

徒三个月,十一日起至十五日徒六个月,十六日起至二十日徒一年,二十日以上至二十五日徒一年,二十六日起至一个月徒

39－5 右面：

散级	扬猴猎	陇尾	扬憾	娑	羊	秘	骸	娑	挼
三 年	一个月	以上	一律	职	当	革	官	不	降

靴	娑	挼	懈
马	不	夺	滞

散	帆织	帆	娑	秘	恍	蕉	娑	刁	靴	能	倪	靴	织	散	倪
一	司吏	司	职	上	不	往	时	一	日	自	五	日	至	十	五

瓣[1]	娑	靴	能	赢	靴	织	散	蕉[2]	赢	刁	靴	能	赢	倪
答	六	日	自	十	日	至	十	杖	十	一	日	自	十	五

靴	织	散	散	蕉	赢	娑	靴	能	桷	散	倪	靴	织	散
日	至	十	三	杖	十	六	日	自	二	十	五	日	至	三

猴	猎	桷	散	娑	靴	能	扬猴猎	织	娑猴猎	扬
月	个	二	十	六	日	自	一个月	至	六个月	一

猴	猎	陇尾	散猴猎	织	扬级	散猴猎	陇尾
月	个	以上	三个月	至	一年	三个月	以上

散猴猎	织	桷级	散猴猎	陇尾	扬憾	散级
十个月	至	二年	十个月	以上	一律	三年

散	蕉戕[3]	葭织[4]	刁	桷	靴	娑	秘	恍	恍	散	倪	瓣	散	纲
一	使人	都监	一	二	日	职	上	不	来	十	五	答	三	四

注释：

[1] 𘟪：意"拷"、"击"、"挞"。

𘟪，与"𘜶"连用，表"打拷"。如，《掌中珠》"𘜳𘜶𘜶𘟪"作"凌持打拷"、"𘟛𘟓𘜶𘟪"作"如此打拷"。① 夏译《类林》卷四刘宽条"𘜶𘠽𘟫𘠾𘟪𘜶𘝀𘠿"译"但以蒲鞭击之令愧耻"。② 夏译《孟子》"𘜴𘟫𘟪𘟫𘠨𘠩"译"则日挞而求齐"。③

𘟪，此处意"笞"。《唐律疏议·名例》载："笞者，击也。又训为耻，言人有小愆，法须惩诫，故加捶挞以耻之。""笞击之刑，刑之薄者也。"④ 宋笞刑共五种，即一十、二十、三十、四十、五十。西夏笞刑应该有九种，《天盛律令》卷二十《罪责不同门》中出现了七种笞刑，即三十、四十、五十、六十、七十、八十、一百等，⑤ 根据其他史料来看，西夏笞刑最高限于一百，最低应为十五，其后便是二十。⑥ 因此，可知西夏的笞刑自十五到一百共有九种。并且，大杖可换成小杖执行，"诸军卒季校及行军时，其各种坚甲、马、武器、杂物等校验短缺，按罪状高下，所承大杖一杖可代以笞五，以小杖行之"。⑦ 小杖即为执行笞刑的工具。

[2] 𘠪：意"杖"。

如，夏译《类林》卷六东方朔条"𘟙𘟛𘟪𘠪𘠫"译"吃一百拷杖"。⑧《孙子兵法》"𘠪𘟓𘠬𘜶𘟫𘠭"对应汉文本"杖而立者饥饿也"。

宋依旧制规定了杖的形制："（长三）⑨尺五寸，大头阔不得过二（寸），（厚）不得过九分，小头径不得过九分，依次行用。"有脊杖和臀杖两种。⑩ 西夏规定大杖上当有官字烙印，"杖以柏、柳、桑木为之，长三尺一寸。头宽一寸九分，头厚薄八分，杆粗细皆为八分，自杖腰至头表面应置皮筋若干，一共实为十两，当写新年日"。⑪ 可见，西夏对杖的形制的规定比宋较为细致。

杖刑，重于笞刑，是西夏五刑之一。"本罪初始时为大杖七八杖始，依次续加一等，十杖及十三杖，劳役三个月、六个月、一年，其上以一等论，短期所至为六年。"⑫《唐律疏议》

---

① 《番汉合时掌中珠》（乙种本），《俄藏黑水城文献》第一〇册，第34页。
② 史金波、黄振华、聂鸿音：《类林研究》卷四，第86页。
③ 彭向前：《西夏文〈孟子〉整理研究》，第177页。
④ [唐]长孙无忌等撰、刘俊文点校：《唐律疏议》卷一《名例》，第3页。
⑤ 史金波、聂鸿音、白滨译注：《天盛改旧新定律令》卷二十《罪则不同门》，第601页。
⑥ 史金波、聂鸿音、白滨译注：《天盛改旧新定律令》卷十《失职宽限变告门》，第351页。
⑦ 史金波、聂鸿音、白滨译注：《天盛改旧新定律令》卷五《军持兵器供给门》，第239页。
⑧ 史金波、黄振华、聂鸿音：《类林研究》卷六，第130页。
⑨ 《宋刑统》中的记载有缺失，根据《宋史》卷一九九《刑罚》补。
⑩ [宋]窦仪等撰、薛梅卿点校：《宋刑统》卷一《名例律》，法律出版社，1999年，第2、3、4页。
⑪ 史金波、聂鸿音、白滨译注：《天盛改旧新定律令》卷九《行狱杖门》，第324页。
⑫ 史金波、聂鸿音、白滨译注：《天盛改旧新定律令》卷二十《罪则不同门》，第605页。

载唐时共有五种杖刑,即六十、七十、八十、九十、一百。其遵循汉制,"累决笞、杖者,不得过二百"。①《天盛律令》规定:"诸人无上谕,不许于内宫行大杖。若违律时无论有官、庶人,一律当罚交三缗。"②"获罪人中行大杖,因是大人而受细杖者时,大杖一杖而换受五细杖。"③

𘟠,与"𘟠"的构字极为相似,是西夏执行杖刑所使用的工具,有𘟠𘟠(大杖)、𘟠𘟠(小杖)。《唐律疏议》记载"舜之事父,小杖则受,大杖则走"。④ 西夏的杖刑共有七种,即七杖、八杖、十杖、十三杖、十五杖、十七杖和二十杖。当节亲主犯罪时,大杖应换为小杖,"应受七杖者笞三十,八杖笞四十,十杖笞五十,十三杖笞六十,应受十五杖者笞七十,十七杖笞八十,二十杖笞一百"。⑤

[3] 𘟠𘟠:意"使人"。

𘟠,意"使"。如,夏译《类林》卷三董宣条"𘟠𘟠𘟠𘟠𘟠𘟠 𘟠𘟠𘟠𘟠𘟠𘟠"译"帝令侍者小黄门持董宣"。⑥ 卷四东方朔条"𘟠𘟠𘟠𘟠𘟠𘟠"译"帝使人往视之"。⑦《金光明经》卷九"𘟠𘟠𘟠𘟠"对应汉文本"奴婢仆使"。⑧《德行集》中"𘟠𘟠𘟠𘟠𘟠"译"吾使人往视之"。⑨

𘟠,意"人"。如,《掌中珠》"𘟠"作"人"、"𘟠𘟠"作"圣人"、"𘟠𘟠𘟠𘟠"作"追干连人"、"𘟠𘟠𘟠𘟠"作"愚蒙小人"⑩等等。

𘟠𘟠,意"使人",依法持有战具。《天盛律令》卷六载:"各个部类有战具者:臣僚、下臣、各种匠、主簿、使人、真独诱……诸司使人。"⑪卷十规定了使人未赴任的种种惩罚措施。

[4] 𘟠𘟠:意"都监"。

𘟠,意"囚"。如,夏译《类林》卷三苏武条"𘟠𘟠𘟠𘟠𘟠𘟠𘟠𘟠𘟠"译"匈奴囚苏武置深窖中"。⑫ 卷四虞延条"𘟠𘟠𘟠𘟠𘟠𘟠𘟠"译"囚皆念虞延仁德"。⑬

𘟠,意"守"、"见"。如,夏译《类林》卷三王祥条"𘟠𘟠𘟠𘟠𘟠"译"乃使王祥守

---

① [唐]长孙无忌等撰、刘俊文点校:《唐律疏议》卷一《名例》,第4页。
② 史金波、聂鸿音、白滨译注:《天盛改旧新定律令》卷二十《罪则不同门》,第607页。
③ 史金波、聂鸿音、白滨译注:《天盛改旧新定律令》卷二十《罪则不同门》,第609页。
④ [唐]长孙无忌等撰、刘俊文点校:《唐律疏议》卷一《名例》,第4页。
⑤ 史金波、聂鸿音、白滨译注:《天盛改旧新定律令》卷二十《罪则不同门》,第601页。
⑥ 史金波、黄振华、聂鸿音:《类林研究》卷三,第41页。
⑦ 史金波、黄振华、聂鸿音:《类林研究》卷四,第75页。
⑧ 王静如:《金光明最胜王经卷九夏藏汉合璧考释》,《西夏研究》第三辑,第266—267页。
⑨ 聂鸿音:《西夏文德行集研究》,甘肃文化出版社,2002年,第89页。
⑩《番汉合时掌中珠》(乙种本),《俄藏黑水城文献》第一〇册,第21、27、34页。
⑪ 史金波、聂鸿音、白滨译注:《天盛改旧新定律令》卷五《军持兵器供给门》,第224页。
⑫ 史金波、黄振华、聂鸿音:《类林研究》卷三,第44页。
⑬ 史金波、黄振华、聂鸿音:《类林研究》卷四,第86页。

之"。① 戴途条"𘓺𘟪𘃸𘟪𗤶"译"如妙色见"。② 夏译《孟子》"𘟪𘝯𗼨𗧘"译"守望相助"。③ 𘡊𘟪,字面意思"监守",意"都监"。如,《掌中珠》"𗕑𘊱𘡊𘟪"作"司吏都监"。④

汉译本:

三年,一个月以上一律当革职,官 莫降 ⑤ 马勿失。

一司吏不赴司职时,一日起至五日笞十五,六日起至十日十杖,十一日起至十五日十三杖,十六日起至二十五日徒三个月,二十六日起至一个月徒六个月,一个月以上至三个月徒一年,三个月以上至十个月徒二年,十个月以上一律徒三年。

一使人、都监未赴任上,一二日笞事务,三四日

39-5 左面:

𘓐	𗅋	𗧘	𗏁	𘊳	𘓐	𗰖	𗴴	𘓐	𘏨	𗧘	𗰖	𘓐	𗎘
日	二	十	笞	五	日	自	十	日	至	十	杖	十	日	以

𗰜	𘃡𘟪𗣼	𘟪	𘕿𘟪𗣼	𘃡	𘟪	𗎘𗰜	𘕿𘟪𗣼
上	一个月	至	三个月	一	月	以上	三个月

𘟪	𘕽𘟪𗣼	𘕿𘟪𗣼	𘎚𗰜	𗧘𘟪𗣼	𘟪	𘃡𗳦
至	六个月	三个月	以上	十个月	至	一年

𗧘𘟪𗣼	𘎚𗰜	𘃡𘊳	𗧘𗳦				
十个月	以上	一律	三年				

𗧘	𘊳	𗏺	𘟪	𘉐	𘊳	𘕣	𘡊𘟪	𗕑𘃡	𘎧𘟪	𘈧	𘓐	𗰖
一	京师	〈〉	属	诸	司	大人	承旨	宽限	依者	一	日	自

---

① 史金波、黄振华、聂鸿音:《类林研究》卷三,第 62 页。
② 史金波、黄振华、聂鸿音:《类林研究》卷三,第 70 页。
③ 彭向前:《西夏文〈孟子〉整理研究》,第 153 页。
④ 《番汉合时掌中珠》(乙种本),《俄藏黑水城文献》第一〇册,第 34 页。
⑤ 𘟪𘊳,汉译本未识,本书暂作"莫降"。

𘓺	𗥃	𘆚	𗗙𗖰𘄒[1]	𗅋	𘓺	𗥃	𘋢𗹰	𗤳	𘃨𗗙	𘒣
十	日	至	阁门司	及	十	日	以上	则	一律	中

𗰗	𗯿	𗧘	𗴴𗴴[2]	𗤓	𘓯	𘈩	𗤳𗦻	𗗙𗦻	𘆄𗤳
书	内	等	分别	〈 〉	告	以	当	宽限	诸司

𘃨𘄒	𘝯	𗢸	𗰗	𗥃	𘋢𗯿	𗷅𘈍	𗤳	𗅋	𘋢𗹰	𘒣
都案	者	二	十	日	以内	属依	司	及	其	以上

𗰗	𗤓	𘓯	𘒣𗰗	𘃨𗴴	𘃨𘄒	𗹬	𘃨	𘄒𗰗	𘒣𗰗	𘃨𗴴
书	〈 〉	告	中书	枢密	都案	与	一	依	中书	枢密

注释：

[1] 𗗙𗖰𘄒：[顶疾啰]阁门司。①

𗗙，意"则"、"礼"。如，《掌中珠》"𗿒𘊲𗗙𗖰"作"万人取则"、"𘒏𗖰𗗙𘆚"作"君子有礼"②等等。

𗖰，意"诵"、"读"。如，夏译《类林》卷四"𗣼𘝞……𗷲𘓐𗯿𘆄𘏞𗖰𘄒"译"班固……年九岁善诵文"。③

𘄒，"司"意。

阁门司属于次等司，《天盛律令》卷十二规定阁门分抄时转入御使内外侍等中，革职者转下官。阁门等有袭抄时，应依文武报中书、枢密，由宰相依据所定条件判断是否应袭抄。设有四名奏知、四名都案、四案头，还有阁门奏副、阁门巡检等官职。《天盛律令·颁律表》载"阁门告知（奏知）"、"奏副"等官名。④

[2] 𗴴𗴴：意"分别"。

𗴴，意"异"。如，夏译《孟子》"𗴴𗦃𘈩𗴴"译"何异于是"。⑤ 夏译《类林》卷五秦宓条"𘒏𘒣𘕕𗴴𗦻𘘤𘊐𘃛"译："父子岂有异姓乎?"⑥卷六息夫人条"𘊐𘐝𘒣𗴴𘃔𘟣𗾆𘘣"译"生

---

① 《番汉合时掌中珠》（乙种本），《俄藏黑水城文献》第一〇册，第33页。
② 《番汉合时掌中珠》（乙种本），《俄藏黑水城文献》第一〇册，第32、33页。
③ 史金波、黄振华、聂鸿音：《类林研究》卷四，第95页。
④ 史金波、聂鸿音、白滨译注：《天盛改旧新定律令·颁律表》，第108页。
⑤ 彭向前：《西夏文〈孟子〉整理研究》，第133页。
⑥ 史金波、黄振华、聂鸿音：《类林研究》卷五，第107页。

则异室,死则同穴"。①

𘋨𘋨,二字重叠意"分别"、"差异"。《新集锦合辞》有"𗋽𗟲𘊝𗴺𗤋𘋨𘋨",②译"做毡扬糜天差异"。③《金光明经》卷十"𗋅𘁂𗼃𘋨𘋨𘐯𘊲𘅜"对应汉文本"见其骨骸随处交横"。④

汉译本:

> 日笞二十,五日起至十日十杖,十日以上至一个月徒三个月,一月以上至三个月徒六个月,三个月以上至十个月徒一年,十个月以上一律徒三年。

> 一京师所属诸司大人、承旨宽限期次第者,一日起至十日于阁门司,十日以上则一律于中书等分别奏报,当以为宽限期。诸司都案二十日期间当报属司、及其⑤以上⑥当报中书、枢密都案,⑦与一依⑧中书、枢密

39－6 右面:

𘌰	𗧘	𘉌	𘊐	𗙏𗠢	𗋔	𗧘𘈧	𘌜𘉐	𗩱𘉋	𗙏𗖵
大人	〈 〉	量	当	宽限	令	其后	案头	司吏	役

𗢳[1]	𘉐	𘃽	𘕕	𗙏𗦻	𗧘	𗧘	𘉌	𗓽	𘊐	𗙏𗠢
使	所	等	自	司内	〈 〉	告	大人	量	应时	当 宽限

𗍫	𗉣𗾞	𘝯𘐧𘋨[2]	𘋩𘒏	𗓺𗐱	𗋀𗋔	𗧘	𗣛𘉐	𘒯	𗊢
一	边中	正副统	刺史	监军	习判	其	职位	任	小

𘌰	𘉐	𗙏𗠢[3]	𘕕	𘃎	𗧘	𗤋	𘊐	𗍥	𗦛	𘊒
大	等	期限	时	二	十	日	及	至	以内	者 属 依

---

① 史金波、黄振华、聂鸿音:《类林研究》卷六,第 121 页。
② [西夏] 梁养德:《新集锦合辞》(乙种本),《俄藏黑水城文献》第一〇册,第 331 页。
③ 陈炳应:《西夏谚语》,山西人民出版社,1993 年,第 10 页。
④ 王静如:《金光明最胜王经卷十夏藏汉合璧考释》,《西夏研究》第三辑,第 344 页。
⑤ 𗙏,汉译本作"期",本书作"其"。
⑥ 𗓽𗦛,汉译本作"□上",本书作"以上"。
⑦ 𗦛𗢳𘊒 汉译本未译,本书作"枢密都案"。后文表明,指中书、枢密大人。都案与大人相对。
⑧ 𘝊𘊐,汉译本未识,本书作"与一"。

𗿒𗊱	𘒣	𗊮	𘇂	𗾊	𗥫	𘗠𗟻	𗐫	𗊮	𘆖	𗳦
经略	处	〈 〉	量	应	时	当	期限	二	十	日	比

𘃡	𗅋	𘗠𗟻	𗋽	𗹢	𘜶	𘏨𘈩[4]	𗿒	𗜪	𘕘	𗆫
以	上	期限	者	有	则	谕文	〈 〉	有	文武	依

𘋩	𗗚𘓄	𘒏𗫡	𗊱	𗊱	𗧠	𗜩	𗿒	𘊝	𗿒	𘗺	𗥫
次	中书	枢密	所	职	管	处	〈 〉	告	〈 〉	告	当

𘗠𗟻
期限

𗆧	𗒶𘓄[5]	𘝯𘓄[6]	𗖽𘓄[7]	𗢳𘟀𘗠[8]	𘝶	𗩱𗧠[9]	𘘍𗭘	𘆀
一	国师	法师	禅师	功德司	大人	副判	承旨	道

注释：

[1] 𘓺𗱈：意"驱使"。

𘓺，意"使"。见"使人"条。

𘓺𗱈，意"使"、"驱使"。《文海宝韵》"𘓺𗱈𘓺𗱈𗱈"，①"𘓺"与"𘓺𗱈"同义。如，西夏文《添品妙法莲华经》卷二信解品第四"𗐯𗤆𗳒𗹢𗊱𗖽𘞅𗽅𘓺𗱈𘘄𘘄"②对应汉文本"我若久住，或见逼迫，强驱使作"。③

[2] 𘟙𗊴𗥢：意"正副统"。

𘟙，意"将"、"统"。如，《掌中珠》"𘟙𗵒"作"将星"、④"𗊴𘟙𘗠"作"正统司"、"𗤒𘟙𘗠"作"统军司"作"统军司"⑤等等。

𗊴，音"正"，意"正"。如，《掌中珠》"𗊴𘟙𘗠"作"正统司"、"𗊴𘓵"作"正听"、"𗊴"标"正"音。⑥

---

① 《文海宝韵》(甲种本)，《俄藏黑水城文献》第七册，第 129 页。
② 西夏文《添品妙法莲华经》卷二，《中国藏西夏文献》第六册，第 184 页。
③ 《大正新修大藏经》第九册，法华部《妙法莲华经》，大正一切经刊行会印行，1934 年。
④ 《番汉合时掌中珠》(甲种本)，《俄藏黑水城文献》第一〇册，第 4 页。
⑤ 《番汉合时掌中珠》(乙种本)，《俄藏黑水城文献》第一〇册，第 32、33 页。
⑥ 《番汉合时掌中珠》(乙种本)，《俄藏黑水城文献》第一〇册，第 32、33 页。

𘊂,意"助"、"辅"、"副使"。如,《掌中珠》"𗧢𗤋𘊂𗡮"作"诸天祐助"。① 夏译《类林》卷三孟陋条"𗧢𗹬𘊂𗡮",字面意思"国土祐助",对应汉文"辅助国家"。② 卷五陈琳条"𗼨𘊂𗤋𘊂𗵐"译"欲辅佐汉帝"。③《孟子》"王使盖大夫王欢为辅行"译为"𗼨𗾧𗩴𗅋𗧢𗧊𗩱𘊂𗩱"。辅行对应"𘊂"字,赵注:"辅,副使也。"④

𗵔𗒛𘊂,意"正副统",西夏有战事时,正副统驻扎在军中。

[3] 𘊯𘈢:意"宽限"。

𘊯,意"禁"、"坦"。如,夏译《类林》卷四廉范条"𘈰𗧊𗤁𗾞𗩱𗼫𘊯𘈰"对应汉文"乃皆禁人夜作"。⑤ 夏译《孟子》"𘊯𘊯𗩱𗫡𘈰𗤁𗰔𗴊"译"荡荡乎民无能名焉"。⑥

𘈢,意"限"、"第"。如,《掌中珠》"𘊺𘈢"译"日限"。⑦ 夏译《类林》卷四蔡琰条"𗹬𘈢𗴺𗟲𗾲"译"第二弦也"。⑧ 卷四末尾有"𗟲𗟭𘅄𘈢𘑘",译"类林第四卷"。⑨

𘊯𘈢,意"宽限"。

[4] 𗧓𗥤:意"谕文"。

𗧓,意"言"、"语"、"曰"。《掌中珠》"𗧓𗼫𘘦𗠁"作"听我之言";"𗧓𗎫𘊯𗵐"作"不说实话";⑪"𘄙𗠁𗧓𗱕"作"我闻此言"。⑫ 夏译《类林》卷三师经条"𗵿𗧓𗥨𗾞𗵐𗾞𗼨𗜠𘄏"译"经曰:'臣撞桀纣之君'"。⑬

𗥤,意"节"。如,《掌中珠》"𗰗𗥤"作"八节"、"𘙊𗥤"作"时节"、⑭"𘊧𗥤"作"骨节"⑮ 等等。

𗧓𗥤,字面意思"言节"。《天盛律令》中又有"𗴭𗥤",字面意思与"𗧓𗥤"相同。两个词语在汉译本中均译为"谕文"。

[5] 𗅆𗪉:意"国师"。

---

① 《番汉合时掌中珠》(甲种本),《俄藏黑水城文献》第一〇册,第17页。
② 史金波、黄振华、聂鸿音:《类林研究》卷四,第67页。
③ 史金波、黄振华、聂鸿音:《类林研究》卷五,第111页。
④ 彭向前:《西夏文〈孟子〉整理研究》,第17页。
⑤ 史金波、黄振华、聂鸿音:《类林研究》卷四,第88—89页。
⑥ 彭向前:《西夏文〈孟子〉整理研究》,第160页。
⑦ 《番汉合时掌中珠》(乙种本),《俄藏黑水城文献》第一〇册,第24页。
⑧ 史金波、黄振华、聂鸿音:《类林研究》卷四,第95—96页。
⑨ 史金波、黄振华、聂鸿音:《类林研究》卷四,第105页。
⑩ 《番汉合时掌中珠》(甲种本),《俄藏黑水城文献》第一〇册,第16页。
⑪ 《番汉合时掌中珠》(甲种本),《俄藏黑水城文献》第一〇册,第16页。
⑫ 《番汉合时掌中珠》(甲种本),《俄藏黑水城文献》第一〇册,第16页。
⑬ 史金波、黄振华、聂鸿音:《类林研究》卷三,第39页。
⑭ 《番汉合时掌中珠》(乙种本),《俄藏黑水城文献》第一〇册,第24页。
⑮ 《番汉合时掌中珠》(甲种本),《俄藏黑水城文献》第一〇册,第10页。

󰀀,意"国"。如,《掌中珠》"󰀀󰀀󰀀󰀀"作"国人敬爱"。① 夏译《类林》卷三"󰀀󰀀󰀀󰀀󰀀"译"六国时人也","󰀀󰀀󰀀󰀀"译"齐国人"。②

󰀀,意"师"。如,夏译《类林》卷三"󰀀󰀀"译"师"。③ 夏译《孟子》"󰀀󰀀󰀀󰀀󰀀󰀀󰀀"译"子背师而学之"。④ "夫子若有不豫色然"译"󰀀󰀀󰀀󰀀󰀀󰀀󰀀"。⑤ 󰀀󰀀,对应"夫子"。《唐律疏议》卷六载:"师,谓于寺观之内,亲承经教,合为师主者。"⑥

󰀀󰀀,意"国师",为皇帝之师,地位相当于上等司。西夏文《官阶封号表》中属于"师位",在"枢密位"之上。《圣观自在大悲心总持功能依经录》记"天竺大般弥他怛五明显密国师"拶也阿难捺。⑦《佛说圣大乘三归依经》卷首题款:"兰山智昭国师沙门德慧奉诏译。"⑧此外,还有"兰山觉行国师沙门德慧奉勅译",⑨"兰山通圆国师沙门智冥集"。⑩

[6] 󰀀󰀀:意"法师"。

󰀀,意"法"。如,《掌中珠》"󰀀󰀀󰀀󰀀"作"或做佛法"、"󰀀󰀀"作"法鼓"、"󰀀󰀀󰀀󰀀"作"坐司主法"、"󰀀󰀀󰀀󰀀"作"莫违条法"、"󰀀󰀀󰀀󰀀"作"依法行遣"、⑪"󰀀󰀀"作"法报"⑫等等。夏译《类林》卷四"󰀀󰀀󰀀󰀀"译"峻律酷法"。⑬

󰀀󰀀,意"法师"。《大乘要道密集》载"北山大清凉寺沙门慧忠译,中国大乘玄师玄密帝师传,西番中国法师禅八集"。⑭

[7] 󰀀󰀀:意"禅师"。

󰀀,意"定"。如,《掌中珠》"󰀀󰀀󰀀󰀀"作"入定诵咒"、"󰀀󰀀󰀀󰀀"作"方得心定"⑮等等。

󰀀󰀀,字面意思"定师"。定,指的就是入定,即进入禅定。禅师,古代指有德望的和

---

① 《番汉合时掌中珠》(乙种本),《俄藏黑水城文献》第一〇册,第32页。
② 史金波、黄振华、聂鸿音:《类林研究》卷三,第34、35页。
③ 史金波、黄振华、聂鸿音:《类林研究》卷三,第40页。
④ 彭向前:《西夏文〈孟子〉整理研究》,第161页。
⑤ 彭向前:《西夏文〈孟子〉整理研究》,第23页。
⑥ [唐]长孙无忌撰、刘俊义点校:《唐律疏议》卷六《名例》,第144页。
⑦ TK164《圣观自在大悲心总持功能依经录》,《俄藏黑水城文献》第四册,第30页。
⑧ TK122《佛说圣大乘三归依经》,《俄藏黑水城文献》第三册,第53页。
⑨ TK128《佛说圣佛母般若波罗蜜多纪》,《俄藏黑水城文献》第三册,第73页。
⑩ TK150《四分律行事集要显用记卷第四》,《俄藏黑水城文献》第三册,第282页。
⑪ 《番汉合时掌中珠》(乙种本),《俄藏黑水城文献》第一〇册,第29、32、33页。
⑫ 《番汉合时掌中珠》(甲种本),《俄藏黑水城文献》第一〇册,第19页。
⑬ 史金波、黄振华、聂鸿音:《类林研究》卷四,第91页。
⑭ 陈庆英:《西夏及元代藏传佛教经典的汉译本》,《西藏大学学报》2005年第5期,第42页。
⑮ 《番汉合时掌中珠》(乙种本),《俄藏黑水城文献》第一〇册,第29、36页。

尚，在《善住意天子所问经》中解释为比丘能得禅定波罗蜜者为禅师。

[8] 𘒏𘊝𘊴：意"功德司"。

𘒏，意"德"、"正"。如，《掌中珠》"𘕕𘟣𘒏𘜶"作"行行禀德"、"𘋠𘍦𘜔𘒏"作"如此清正"，①"𘒬𘒏"作"天德"，②等等。

𘊝，意"用"、"功"。如，《掌中珠》"𗉅𘊝𗓽"作"地用下"。③ 夏译《类林》卷五魏武曹操条载"𘅝𘕾𘊝𘅒𘆡"译"灭贼以成功"。④

𘒏𘊝𘊴，意"功德司"，专管宗教事务的机构。西夏主要的宗教有佛教与道教。因此，西夏设有僧人功德司专管僧人及寺院，又分为在家功德司与出家功德司两个机构。又设道士功德司专管道士及道观等宗教事务。

[9] 𘈧𘅞：意"副判"。

𘈧，意"副"、"助"。《掌中珠》"𗗙𘂖𘋢𘈧"作"诸天佑助"。⑤《德行集》中"𘒬𗧚𘋢𘈧𗅁𗦇𗥻𘊟𘟀"译"有指教辅翼之正人故也"。⑥《贞观玉镜将》"𘈧𘠶𘓑𘅒𗤒𗭊𗴿"译"副将获人马甲胄"。⑦《金光明经》卷六"𗥤𘓞𘋢𘈧"对应汉文本"互相资助"。⑧

𘅞，意"判"、"断"。如，《掌中珠》"𘉐𘟂𘅞𗴛"作"案检判凭"、"𘚭𘕘𘅞𗴛"作"都案判凭"⑨等等。

汉译本：

　　大人酌计限期。其余案头、司吏、役使⑩等当报于本司中大人，应酌计给予宽限。

一边中正副统、刺史、监军、习判及任其余大小职位等完限期时，至二十日以内者，所属经略应酌计宽限期。有二十日以上宽限期者，则当有谕文，当以文武次第奏报中书、枢密所职管处定宽限期。

一国师、法师、禅师、功德司大人、副判、承旨、道

---

① 《番汉合时掌中珠》（乙种本），《俄藏黑水城文献》第一〇册，第32、35页。
② 《番汉合时掌中珠》（甲种本），《俄藏黑水城文献》第一〇册，第4页。
③ 《番汉合时掌中珠》（乙种本），《俄藏黑水城文献》第一〇册，第21页。
④ 史金波、黄振华、聂鸿音：《类林研究》卷五，第113页。
⑤ 《番汉合时掌中珠》（乙种本），《俄藏黑水城文献》第一〇册，第35页。
⑥ 聂鸿音：《西夏文德行集研究》，第50、51页。
⑦ 陈炳应：《〈贞观玉镜将〉研究》，宁夏人民出版社，1995年，第67页。
⑧ 王静如：《金光明最胜王经卷六夏藏汉合璧考释》，《西夏研究》第三辑，第60页。
⑨ 《番汉合时掌中珠》（乙种本），《俄藏黑水城文献》第一〇册，第34、35页。
⑩ 𗸕，汉译本未识，本书作"役"。

39-6 左面：

士功德司			大人	承旨	司内	职	事	管	中	有

期限		者	一	日	自	十	日	至	及	众检校[2]	僧监[3]

众主[4]	二	十	日	以	内	等	属	依	功德司		〈〉	告

当	期限	令	彼	〈〉	以上	则	〈〉	告	变	为	国师

法师	禅师	等	中	司内	不	管	者	径直[5]	中书	

〈〉	告	一	依	〈〉	告	何	〈〉	应	依	当	期限

一	前述	边	中	职位	任	人	期限	依	前	依	别	明

以外[6]	其中	若	自己[7]	病患	染	职	上	往	所	不

堪	若	父母[8]	叔姨[9]	兄[10]	妻子[11]	子[12]	侄孙[13]	则	等	疾

注释：

[1] 道士功德司：意"道士功德司"。

𘀄，意"救"。夏译《类林》卷三"𘀄𗖻"译"往救"。① 《六韬》中"𘓺𗵽，𗤦𗋢𗖑𘀄"意"粝梁之饭，藜藿之羹救济"。②

𘓺，意"法"。如，《掌中珠》"𗼪𘄒𘓺𗓨"作"或做佛法"、"𘓺𗟻"作"法鼓"、"𗃛𗠷𘓺𗾞"作"坐司主法"、"𗦇𘓺𗯨𗣼"作"莫违条法"、"𘓺𘟣𗱦𗊢"作"依法行遣"、③"𘓺𗧠"作"法报"。④ 等等。夏译《类林》卷四"𗦇𘈩𘓺𘊝"译"峻律酷法"。⑤

𘀄𘓺，字面意思"救法"，意"道士"。《天盛律令》规定："道士行童中有能诵条下所示十四卷经，则依出家变道法量其行，能诵无碍，则可奏为道士。"⑥道士功德司，次等司，设一正、一副、一判、二承旨、二都案、二案头等官吏。

[2] 𗦇𗥤𗄈：意"众检校"。

𗦇，音"中"、"忠"、"钟"。如，《掌中珠》天相中[𘊟𗤻𗦇]、仁义忠信[𗌭𘊃𗦇𗏁]、磬钟[𗦳𗦇]等。⑦ 夏译《类林》"𗅆𗦇𗹦𗜢"译"太中大夫"、"𗦇𗩈𗨁𗘰"译"中书侍郎"、"𗉺𗨁𗦇𗖎"译"御史中丞"等等。⑧

𗥤，意"口"。如，《掌中珠》"𗥤𘀎"作"口唇"。⑨ 夏译《类林》卷四曹操条"𗌭𗥤𗈪𘊝𗦛𘑙"译"皆口中出水"。⑩

𗄈，意"使"、"令"、"用"、"检校"。《孙子兵法》"𘈚𗢑𗿼𗥤𗄈𘋨𗡔"对应汉译本"军马中未得行令"。《金光明经》卷九"𗟻𗛝𗄈𗩈"对应汉文本"奴婢仆使"。⑪《德行集》中"𘟪𘄡𗄈𗙏𗍟"译"吾使人往视之"。⑫夏译《类林》卷三晏婴条"𘀄𘙇𗋚𗌭𗛼𗗙𗄈"译"上无礼，何以使下"。⑬

𗥤𗄈，意"检校"。𗦇𗥤𗄈，意"众检校"，汉译本作"寺检校"。《天盛律令》卷十一规定了出家众检校的派遣办法："实量常住自一千缗至三万缗遣一人，实量三万缗以上至五万缗遣二人，五万缗以上一律当遣三人。其所遣人常住不欠，能办职务，尊老人堪任□刚□肯得执法中，当奏而派遣。"⑭

---

① 史金波、黄振华、聂鸿音：《类林研究》卷三，第36页。
② 贾常业：《西夏文译本〈六韬〉解读》，《西夏研究》2011年第2期，第63页。
③ 《番汉合时掌中珠》（乙种本）《俄藏黑水城文献》第一○册，第29，32、33页。
④ 《番汉合时掌中珠》（甲种本）《俄藏黑水城文献》第一○册，第19页。
⑤ 史金波、黄振华、聂鸿音：《类林研究》卷四，第91页。
⑥ 史金波、聂鸿音、白滨译注：《天盛改旧新定律令》卷十一《为僧道修寺庙门》，第405页。
⑦ 《番汉合时掌中珠》（乙种本）《俄藏黑水城文献》第一○册，第21，29页。
⑧ 史金波、黄振华、聂鸿音：《类林研究》卷三、六，第57、63、129页。
⑨ 《番汉合时掌中珠》（甲种本）《俄藏黑水城文献》第一○册，第10页。
⑩ 史金波、黄振华、聂鸿音：《类林研究》卷四，第73页。
⑪ 王静如：《金光明最胜王经卷九夏藏汉合璧考释》，《西夏研究》第三辑，第266—267页。
⑫ 聂鸿音：《西夏文德行集研究》，第89页。
⑬ 史金波、黄振华、聂鸿音：《类林研究》卷三，第52页。
⑭ 史金波、聂鸿音、白滨译注：《天盛改旧新定律令》卷十一《为僧道修寺庙门》，第405页。

［3］𘞪𗴪：意"僧监"。

𘞪，意"合"、"和"、"僧"。如，《掌中珠》"𘞪𘞪"作"月合"、①"𘞪𘞪𘞪𘞪"作"阴阳和合"、"𘞪𘞪𘞪𘞪"作"六亲和合"②等等。夏译《类林》卷六"𘞪𘞪𘞪𘞪"译"阴阳调和"。③

𘞪𗴪：意"和尚"、"僧"。如，夏译《类林》卷六傅毅条载"𘞪𘞪𗴪"，译"胡僧"。④ 夏译《类林》有另一种表达僧人之意的词语"𗴪𘞪"，译"沙门"。⑤

𗴪，意"监"、"头监"。如，夏译《类林》卷四杨修条"𘞪𘞪𘞪𘞪𘞪𗴪𘞪"译"为魏曹操主簿"。𘞪𘞪𗴪对应汉文"簿头监"，意"主簿"。⑥ 薛安条"𘞪𘞪𘞪𗴪"译"监狱头监"。⑦ 又《文海宝韵》"𗴪𘞪𘞪𗴪𘞪"，𗴪，意"𘞪𗴪"。⑧

𘞪𗴪，可以理解为主管和尚事务的头监，故译僧监。

［4］𗴪𘞪：意"众主"。

𗴪，意"众"、"群"。如，夏译《类林》卷三任座条"𘞪𘞪𗴪𘞪𘞪𘞪"译"文侯问群臣"。⑨ 晏婴条"𗴪𘞪𘞪𘞪𘞪𘞪"译"众人皆去朝服"。⑩ 谢敷条"𗴪𘞪𘞪𘞪"译"众人爱之"。⑪

𘞪，意"主"。如，夏译《妙法莲花经观世音菩萨普门品》"𘞪𘞪𘞪𘞪𘞪𘞪𘞪"⑫对应汉文本"有一卖主，将诸商人，赍持财宝"。⑬ 又《六韬》中"𘞪𘞪𘞪𘞪，𘞪𘞪𘞪𘞪"意"君国主民者，其所以失之者"。⑭

𗴪𘞪，直译众主，是西夏僧官。

［5］𘞪𘞪：意"径直"。

𘞪，意"真"、"直"。如，《掌中珠》"𘞪𘞪"作"真正"。⑮ 夏译《孟子》"𘞪𘞪𘞪𘞪𘞪"译"非直为观美也"。⑯ 又"𘞪𘞪𘞪𘞪𘞪"译"不直则道不显"。⑰《德行集》"𘞪𘞪𘞪𘞪"译"正

---

① 《番汉合时掌中珠》(甲种本)，《俄藏黑水城文献》第一〇册，第4页。
② 《番汉合时掌中珠》(乙种本)，《俄藏黑水城文献》第一〇册，第28、29页。
③ 史金波、黄振华、聂鸿音：《类林研究》卷六，第122页。
④ 史金波、黄振华、聂鸿音：《类林研究》卷六，第137页。
⑤ 史金波、黄振华、聂鸿音：《类林研究》卷五，第114页。
⑥ 史金波、黄振华、聂鸿音：《类林研究》卷四，第75页。
⑦ 史金波、黄振华、聂鸿音：《类林研究》卷四，第93页。
⑧ 《文海宝韵》(甲种本)，《俄藏黑水城文献》第七册，第125页。
⑨ 史金波、黄振华、聂鸿音：《类林研究》卷三，第43页。
⑩ 史金波、黄振华、聂鸿音：《类林研究》卷三，第52页。
⑪ 史金波、黄振华、聂鸿音：《类林研究》卷三，第70页。
⑫ 西夏文《妙法莲华经观世音菩萨普门品》，《中国藏西夏文献》第一六册，第52页。
⑬ 汉文《妙法莲花经》卷七《观世音菩萨普门品》，《俄藏黑水城文献》第一册，第260页。
⑭ 贾常业：《西夏文译本〈六韬〉解读》，《西夏研究》2011年第2期，第66页。
⑮ 《番汉合时掌中珠》(乙种本)，《俄藏黑水城文献》第一〇册，第27页。
⑯ 彭向前：《西夏文〈孟子〉整理研究》，第132页。
⑰ 彭向前：《西夏文〈孟子〉整理研究》，第164页。

直之疏"。① 《孙子兵法》"𘜶𘜶𘋙𘆝 𘋚𘋚"对应汉文本"直走大梁"。②

𘜶𘜶,二字重叠意"径直"、"直接"。夏译《类林》卷六东方朔条"𗉖𗕿 𗎼𗖵𗮏𗫡𗉞𘜶𘜶"译"东方朔偶中"。③ 𘜶𘜶,直译为"正确"。

[6] 𗤋𘅫：意"除……之外"。

𗤋𘅫,字面意思"不有"。"𘅫"为存在动词,如夏译《类林》中"𘜶𗤋𗤻 𗷐𗐱𘎪𗖵𘅫"意"周文王有四友"。④ 此处的"𗤋𘅫",应理解为排除在外,又《金光明最胜王经》中"𘝯𗖵𗤋𘅫𗫉"意"此中没有说"。⑤

[7] 𗇋𗇋：意"自己"。

𗇋,意"自己"。《掌中珠》"𗇋𘃡𗤋𗍥"作"不累于己","𗁬𗐱𗇋𗌽"作"争如自悔",⑥ "𗇋𘖑𗂧𘄚"作"自受用佛"。⑦ 《德行集》中"𗇋𘋽𗍱𗟻𘃡𘅘𗢳"译"行慎独之法"。⑧

𗇋𗇋,意"自己"。"𗇋"作为词根,可以重叠,构成复合词。夏译《类林》中多次出现"𗇋𗇋𗍦",字面意思"自己杀",意"自杀"。⑨

[8] 𗼨𗫡：意"父母"。

𗼨,意"父"。如,夏译《类林》卷四皇甫嵩条"𗧘𗼨𘏚𗤋𗤙"译"父子互不养"。⑩ 《金光明经》卷六"𘟙𗼨𘓐𗅆𗥃"对应汉文本"请唤我父"。⑪

𗫡,意"母"、"娘"。如,《掌中珠》"𗨁𗪁𗨁𗫡"作"阿耶阿娘"、"𘜶𗂧𗫡𘋨"作"爹爹娘娘"。⑫ 夏译《类林》卷二鲍山条"𗟻𗧘𘋗𗉝𗫡𗥃𘢌𘋚"译"使弟执归与母"。⑬

𗼨𗫡,意"父母"。如,《掌中珠》"𗼨𗫡𘁞𗴺"作"孝顺父母"、"𗼨𗫡𗼅𗣼"作"父母发身"。⑭ 夏译《类林》"𗼨𗫡𘃡𗌽𗛱𘅘𘃞𗗡𘜶"译"父母埋藏日之后日"。⑮ 夏译《孟子》"𗼨𗫡𘓑𘍞𘈩

---

① 聂鸿音：《西夏文德行集研究》,第114、115页。
② 《孙子兵法三注》(甲种本)卷下,《俄藏黑水城文献》第一一册,第182页。
③ 史金波、黄振华、聂鸿音：《类林研究》卷六,第130页。
④ 史金波、黄振华、聂鸿音：《类林研究》,第48页。
⑤ 王静如：《金光明最胜王经卷八夏藏汉合璧考释》,《西夏研究》第三辑,第158页。
⑥ 《番汉合时掌中珠》(乙种本),《俄藏黑水城文献》第一〇册,第36、37页。
⑦ 《番汉合时掌中珠》(甲种本),《俄藏黑水城文献》第一〇册,第19页。
⑧ 聂鸿音：《西夏文德行集研究》,第58、59页。
⑨ 史金波、黄振华、聂鸿音：《类林研究》卷三,第36页。
⑩ 史金波、黄振华、聂鸿音：《类林研究》卷四,第89页。
⑪ 王静如：《金光明最胜王经卷六夏藏汉合璧考释》,《西夏研究》第三辑,第56—57页。
⑫ 《番汉合时掌中珠》(乙种本),《俄藏黑水城文献》第一〇册,第29页。
⑬ 史金波、黄振华、聂鸿音：《类林研究》卷三,第33页。
⑭ 《番汉合时掌中珠》(乙种本),《俄藏黑水城文献》第一〇册,第29、34页。
⑮ 史金波、黄振华、聂鸿音：《类林研究》卷五,第115页。

䩾𗂧𗠁𗆢𘃪𗊏𗩾"对应汉文本"养父母不得，又称贷而足之"。① 《德行集》中"𗍊𗤋𗅃，𗤔𗨻𗟻𗴂𘃞𗟻"意"父母者，犹子之天地也"。②

[9] 𗋚𗎧：意"叔姨"。

𗋚，意"叔"。如，夏译《类林》卷三董宣条"汝𗋚𘛛𘃾𗗙𗂧𘐒"译"汝叔贫穷布衣时"。③ 比干条"𗎮𘞪𘋢𗤋𘋙𗋚𗆫𘈬"译"比干，纣王亲叔也"。④

𗎧，意"母"、"叔"。如，夏译《类林》卷三王祥条"𗧙𗎧𗤋𗥛𘃭𗎧𗆫𗤋𘈬"译"事后母嫡母"。⑤ 𗧙𗎧，意"后母"；𘃭𗎧，意"嫡母"。卷六罗含条"𗎧𗥛𗆫𘝵𗁅𗒀𗆫𗖵𗿒𘓡"对应汉文"叔母解此义曰"。⑥

𗋚𗎧，意"叔姨"。如，《掌中珠》"𗋚𗎧𗷨𘅫"作"叔姨姑舅"。⑦

[10] 𗒀：意"兄"、"弟"。

如，《掌中珠》卷二鲍山条"𗒀𗧟𘏨𗤻"作"兄弟女妹"。⑧ 夏译《类林》"𗒀𗧟□□𘡦𘋢𘏩"译"兄弟三人鲍山最长"，"𗒀𘓞𘝵𗋧𗥛𗆫𗸰𘈵"译"使弟执归与母"。⑨

𗒀𘓞，意"小弟"。赵孝宗条"𗊡𗒀𘓞𘞶𘒑𘖔𗆫𗘲𗻕"译"弟礼为贼所捕"。⑩

[11] 𘊲𘂬：意"妻子"、"妻眷"。

如，《掌中珠》"𘊲𘂬𘅥𗢷"作"妻眷男女"、"𘊲𘂬𘋽𘖄"作"索与妻眷"。⑪ 夏译《类林》卷六苻坚妻子条"𗥄𗩻𘊲𘂬𘋣𗠁𘗗"译"苻坚妻子，毛氏女"。⑫

[12] 𗤋：意"子"。

如，《掌中珠》"𗧟𗤋"作"君子"。⑬ 夏译《类林》卷二"𗊏𗤻𗂥𘛛𗤋𘓔𘝵𘓨𘐝"译"此事《孝子传》中说"。⑭ 夏译《孟子》"𗊡𗤋𗋕𗐱𘂬𘃞𘓡𘓨"译"弟子敬斋而后敢言"。⑮

[13] 𘃺𗅼：意"侄"、"孙"。

---

① 彭向前：《西夏文〈孟子〉整理研究》，第150页。
② 聂鸿音：《西夏文德行集研究》，第62、63页。
③ 史金波、黄振华、聂鸿音：《类林研究》卷三，第42页。
④ 史金波、黄振华、聂鸿音：《类林研究》卷三，第47页。
⑤ 史金波、黄振华、聂鸿音：《类林研究》卷三，第62页。
⑥ 史金波、黄振华、聂鸿音：《类林研究》卷六，第143页。
⑦ 《番汉合时掌中珠》(乙种本)，《俄藏黑水城文献》第一〇册，第29页。
⑧ 《番汉合时掌中珠》(乙种本)，《俄藏黑水城文献》第一〇册，第29页。
⑨ 史金波、黄振华、聂鸿音：《类林研究》卷二，第33页。
⑩ 史金波、黄振华、聂鸿音：《类林研究》卷三，第63页。
⑪ 《番汉合时掌中珠》(乙种本)，《俄藏黑水城文献》第一〇册，第29、36页。
⑫ 史金波、黄振华、聂鸿音：《类林研究》卷六，第151页。
⑬ 《番汉合时掌中珠》(甲种本)，《俄藏黑水城文献》第一〇册，第10页。
⑭ 史金波、黄振华、聂鸿音：《类林研究》卷二，第33页。
⑮ 彭向前：《西夏文〈孟子〉整理研究》，第140页。

𗖰,意"孙"。如夏译《类林》卷四杨修条"𘝯𗖰𘙎𘕰𗖲"译"外孙者,女之子"。① 《类林》卷七杨宝条"𗖲𗖰𘕿𘕿𘜶𘃡𘄒𗤋"译"子孙相继为三公"。②

𗖱,意"侄"。如,西夏文《新集慈孝传》"𗱲𘊆𘟁𗖱"(婆媳章)、𗖰𗖱𗖱(叔侄章)、𗍳𘊰𗖱(姑妹章)。③

汉译本:

士功德司大人、承旨等司中有职管事期限④者一日起至十日,众检校、⑤僧监、众主二十日期间当报所属功德司,使定宽限度,二十日⑥以上则当告变。
国师、法师、禅师等司内不管者,径直当报中书,依所报次第限之。
一前述边中任职位人宽限期分别依前以外,其中或自身染疾病而不堪赴任上,或父母、叔姨、兄弟、妻子、子侄、孙⑦等病

39－7 右面:

𘜶	𘁂	𘊱	𘒣𘟣[1]	𘁂	𗤋	𗾞	𘕰	𘃡	𗗙	𗟭	𗦇	𘆪
病	〈〉	重	死生	不	明	及	若	〈〉	死	等	是	实	十

𗏁	𗥃	𘊴𗐱	𘕿	𘀰𘀰	𘁂	𗊢	𗉘	𘊲	𗟲	𘏚𗦇	𘕰
五	日	以内	者	自己	职	共	相	处	当	期限	若

𘁂	𗊢	𗉘	𘟂	𗵙𗉘[2]	𘚵	𗧘	𘁂	𗫡	𘒏𘐏𘊐[3]	𘊲
职	共	相	无	儿童	〈〉	遣	职	管	经略使	处

𘆪	𗏁	𗦇	𘀤	𗥃	𗢳	𘏚𗦇	𘊰𘋠[4]	𗤋	𘕰	𘏚𗦇
十	五	二	十	日	何	期限	告状	当	持	当	期限

---

① 史金波、黄振华、聂鸿音:《类林研究》卷四,第98—99页。
② 史金波、黄振华、聂鸿音:《类林研究》卷七,第176页。
③ 聂鸿音:《西夏文〈新集慈孝传〉研究》,第104页。
④ 汉译本作"限度",本书作"期限"。
⑤ 汉译本作"寺检校",本书作"众检校"。
⑥ 二十日,原图版无此三个字,汉译本在翻译时根据前后意思所加。
⑦ 汉译本作"子孙",本书译做子侄、孙。子、侄为同一辈。

𘟛	𗧘	𗃛	𘈈𗅲	𘈈𗫻	𗭘	𗧓	𗥃	𗣼𘃎[5]	𗧓	𗜈	𘏞	𘕕
一	边	中	京师	诸司	大人	不	在	立便	语	有	者	承

𘏞	𘟣	𗅲	𘊝	𗧓	𘕂	𘊲	𘟣𘝦	𗧓𗧓[6]	𗧓	𗜈	𗧓
旨	习	判	等	〈〉	告	变	公事	大小	其	言	种

𗣼	𗧘	𘊲	𗧓	𗭘	𘊲	𘊲	𗥃	𘊲	𘕂	𗧘	𗮐	𗫻𘃎
种	缓	事	是	大人	待	应	不	待	告	变	时	官有罚马

𘕕	𘏞𗧓	𗧓	𗧓	𘜶
一	庶人	十	三	杖

𘟛	𗧓𗧓	𘗽	𗧓	𗽃𘃎[7]	𗧘𘟣	𗥃	𗧓	𗧓	𗽃𘃎	𗧘𘟣
一	局分	任	人	醉酒	司内	来	及	他人	醉酒	司内

注释:

[1] 𘊲𘟣: 意 "死生"。

𘊲, 意 "死"。如, 夏译《类林》卷三温序条 "𗧓𘟣𘏞𘏞𘊲𗥃" 译 "大丈夫死时"。① 夏译《孟子》"𘜶𘊲𗯨𗧓𗧓" 译 "师死而急背之"。②

𘟣, 意 "生"。如, 夏译《类林》卷三严颜条 "𗧓𘜶𘏞𘏞𘟣𘟣𗧓𘊲𗅲" 译 "并令生擒严颜"。③ 又翟阳条 "𘟣𘊲□𘏞" 译 "杀生害命"。④

如, 《掌中珠》"𘊲𘟣" 作 "死生"。⑤

[2] 𗒐𘏞: 意 "儿童"。

𘏞, 意 "童"、"小儿"。如, 夏译《孟子》"𗒐𗧓𘏞𗒐𗣼𘏞, 𗣽𗗟𘏞𘃎" 译 "五尺之童适市, 亦无欺者"。⑥ "𗒐𘏞𘊲𘟣𘏞𗋚" 译 "古之治人赤子"。⑦ "𘏞𗒐𗧓𗧓𘟣𘏞, 𘏞𗣼𗣼" 译 "有童子持

---

① 史金波、黄振华、聂鸿音:《类林研究》卷三, 第 38 页。
② 彭向前:《西夏文〈孟子〉整理研究》, 第 161 页。
③ 史金波、黄振华、聂鸿音:《类林研究》卷三, 第 46 页。
④ 史金波、黄振华、聂鸿音:《类林研究》卷三, 第 67 页。
⑤ 《番汉合时掌中珠》(乙种本),《俄藏黑水城文献》第一〇册, 第 28 页。
⑥ 彭向前:《西夏文〈孟子〉整理研究》, 第 162 页。
⑦ 彭向前:《西夏文〈孟子〉整理研究》, 第 164 页。

黍肉往,杀而夺之"。① 夏译《类林》卷三郭伋条"𗧊𗖰𗟲𗬩𗆧𗅲𘃨𗡪𗴺"译"吾与小儿期"。②

[3] 𘊝𘂜𘊵：音"经略使"。

𘊝𘂜,音"经略"。如《掌中珠》[京六啰]经略司。③

𘊵,音"时"、"事"、"狮"、"柿"、"匙"、"史"、"恃"、"示"。如,《掌中珠》合时掌中珠[𗧃𘊵𗤒𘂤𘃩]、人事下[𗤒𘊵𗅲]、柿子[𘊵𘆂]、碗匙[𘄏𘊵]、御史[𗵘𘊵]、恃强凌弱[𘊵𘈷𗍺𗤋]、④狮子[𘊵𘆂]、时雨[𘊵𗅆]、指示寂知[𘆚𘊵𘄿𘄿]⑤等等。夏译《类林》"𘊗𘊱𘊵𘉹"作"中书侍郎",⑥人名"𘊵𘊝"音"师经",⑦官名"𘈩𗗚𘊵𘊵"音"青州刺史"。⑧

𘊝𘂜𘊵,音"经略使"。《司序行文门》中记载经略司不属于五等司,"比中书、枢密低一品,然大于诸司"。⑨ 经略使当为经略司最高长官。

[4] 𗟻𗧞：意"状告"。

𗟻,意"告"。如,《掌中珠》"𗙨𗟻𗵒"作"陈告司"、"𗟻𘇺𗷅𗓈"作"与告者同"。⑩ 夏译《类林》卷四邴吉条"𗵒𗤮𘇻𗟻"译"乃告于有司"。⑪《贞观玉镜将》"𘕿𗷅𗅋𘊝𗟻𘉋"译"其罪要报告京师"。⑫

𗧞,意"状"、"歌"。如,《掌中珠》"诸司告状"作"𘃡𗵒𗧞𗙨"、⑬"𗧞𗆧𘇏𗣼"作"接状只关"、"𘕿𘜶𗧞𘜶"作"伏罪入状"。⑭ 夏译《类林》卷三夏统条"𘇂𘕕𗧞𘉑𗣫𘕕𘕋𘅝𗟻𗧞"译"为歌《河女》之章"。⑮

𗟻𗧞,意"状告"。

[5] 𗴱𘋩：意"立便"。

𗴱,意"急"、"速"。如,夏译《孟子》"𘇂𘙌𗫨𘃅𘋤𘕦𘊞,□𘈒𗴱𘆦"译"三月无君则吊,不

---

① 彭向前：《西夏文〈孟子〉整理研究》,第174页。
② 史金波、黄振华、聂鸿音：《类林研究》卷三,第37页。
③ 《番汉合时掌中珠》(乙种本),《俄藏黑水城文献》第一〇册,第33页。
④ 《番汉合时掌中珠》(乙种本),《俄藏黑水城文献》第一〇册,第21、26、30、33页。
⑤ 《番汉合时掌中珠》(甲种本),《俄藏黑水城文献》第一〇册,第4、5、19页。
⑥ 史金波、黄振华、聂鸿音：《类林研究》卷三,第57页。
⑦ 史金波、黄振华、聂鸿音：《类林研究》卷三,第38、39页。
⑧ 史金波、黄振华、聂鸿音：《类林研究》卷四,第87页。
⑨ 史金波、聂鸿音、白滨译注：《天盛改旧新定律令》卷十《司序行文门》,第364页。
⑩ 《番汉合时掌中珠》(乙种本),《俄藏黑水城文献》第一〇册,第33、34页。
⑪ 史金波、黄振华、聂鸿音：《类林研究》卷四,第79—80页。
⑫ 陈炳应：《贞观玉镜将研究》,第81页。
⑬ 《番汉合时掌中珠》(乙种本),《俄藏黑水城文献》第一〇册,第34页。
⑭ 《番汉合时掌中珠》(甲种本),《俄藏黑水城文献》第一〇册,第16、35页。
⑮ 史金波、黄振华、聂鸿音：《类林研究》卷三,第66页。

以急乎"，①又"𗪊𗎫𗏹𗧊𗾺"译"予心犹以为速"。②

𗾺，意"急"。如，夏译《孟子》"𗢳𘃡𗏴𗼻𘃡𘟛，𘟛𗯨𘐇𗷓𗾺𘓺𗹏𗇋𗙴"译"晋国亦仕国也，吾未尝闻仕如此急者"。③

𘓺𗾺，意"立便"。如，夏译《类林》卷三屈原条"𗨞𗾺𘊂𘀝𘉞𘄿𗤀𘅤𗙴𗟭"译"遂投汨罗江而死"。④卷四东方朔"𗏾𗑱𘃛𘓺𗾺𘛛𗼕𘞎𗙴𘊏𘈗"作"东方朔立便来前面至时"。⑤

[6] 𗯨𗎭：意"大小"。

𗯨，意"小"、"寡"。《掌中珠》"𘅡𗊢𗧓𗯨"作"愚蒙小人"。⑥《六韬》中"𗯨𗊢𗎭𗧊𘏿，𘓄𘉰𘇂𘐅𗐺"意"以小击大，则必日暮"。⑦夏译《类林》"𗯨𗊢"译"寡人"。⑧

𗎭，意"大"。《掌中珠》"𗎭𗤬"作"大地"。夏译《类林》卷三"𗢳𗤌𘘚𗎭𗇋𘕰𘐗𗦊𗯨"译"晋献公用大夫荀息之计"。⑨

𗯨𗎭，字面意思"小大"，意"大小"。

[7] 𗠝𗋚：意"醉酒"。

𗋚，意"酒"。如，《掌中珠》"𗊢𗤀𗋚𗏁"作"取乐饮酒"。⑩夏译《孟子》"𘉞𗊢𗆧𗋚𗈂𗊢"译"截其有酒食黍稻者"。⑪

𗠝，意"醉"。如，夏译《类林》卷三屈原条"𘜘𗤌𗤁𗠝𘃡𘄿𗭴𗧓𘉄"译"众人皆醉，唯我独醒"。⑫又卷五赵炳条"𗊢𗊢𗾔𗠝𗾔𘝞"译"二人皆醉饱"。⑬

𗠝𗋚，意"醉酒"。

汉译本：

重而死生不明及已死等是实，⑭则十⑮五日期间者，于自身相共职处为宽限期。

---

① 彭向前：《西夏文〈孟子〉整理研究》，第170页。
② 彭向前：《西夏文〈孟子〉整理研究》，第142页。
③ 彭向前：《西夏文〈孟子〉整理研究》，第171页。
④ 史金波、黄振华、聂鸿音：《类林研究》，第55页。
⑤ 史金波、黄振华、聂鸿音：《类林研究》，第74页。
⑥ 《番汉合时掌中珠》(甲种本)，《俄藏黑水城文献》第一〇册，第34页。
⑦ 贾常业：《西夏文译本〈六韬〉解读》，《西夏研究》2011年第2期，第78页。
⑧ 史金波、黄振华、聂鸿音：《类林研究》，第35页。
⑨ 史金波、黄振华、聂鸿音：《类林研究》，第49页。
⑩ 《番汉合时掌中珠》(乙种本)，《俄藏黑水城文献》第一〇册，第35页。
⑪ 彭向前：《西夏文〈孟子〉整理研究》，第174页。
⑫ 史金波、黄振华、聂鸿音：《类林研究》卷三，第55页。
⑬ 史金波、黄振华、聂鸿音：《类林研究》卷五，第116页。
⑭ 𘞪𗉞，汉译本未译，本书作"是实"。
⑮ 𗰭，汉译本未识，本书作"十"。

若无相共职，则当遣子告主职经略使，以十五、二十日为宽限期，当携状而限之。

一边中京师诸司大人不在，立便有言者，当报承旨、习判等告变。若公事大小及其余言种种是缓事，应待大人而不待，以告变时，有官罚马一，庶人十三杖。

一主局分人酒醉来司中，及他人酒醉于司中

39－7 左面：

𘚜𘝞[1]	𘟪	𘗠	𘊱	𘏨	𘋢	𘊱	𘝢	𘎑		
争斗	声	高	大	闻	等	时	八	杖		

注释：

[1] 𘚜𘝞：意"斗争"。

𘝞，意"战"。如，夏译《孟子》"𘏨𘋢𘊱𘝞，𘝞𘗠𘊱𘏨"译"故君子不战，战必胜矣"。①

𘚜𘝞，意"斗争"。如，《掌中珠》"𘏨𘊱𘚜𘝞"作"与人斗争"。② 夏译《类林》卷六管辂条"𘊱𘏨𘊱𘊱𘚜𘝞𘋢"译"碓上鸠相斗争"。③

汉译本：

斗争，闻其声高时，八杖。

---

① 彭向前：《西夏文〈孟子〉整理研究》，第119页。
② 《番汉合时掌中珠》(乙种本)，《俄藏黑水城文献》第一○册，第33页。
③ 史金波、黄振华、聂鸿音：《类林研究》卷六，第126页。

官军敕门

39-7 左面：

			官	军	敕	门				

一	国内	中	官	军抄[1]	等	子孙	中	大姓	〇	袭	小姓

之	袭	赐	许	不	若	违	律	小姓	袭	时	官	有	罚	马

一	庶人	十	三	杖	官	军抄	大姓	之	当	赐	为	大

姓	情愿[3]	则	抄	共	不	共	等	中	父	叔	兄	侄	孙	等

五亲[4]	之	赐	许	有

一	诸人	侄妇	大小	与房[5]	混	子	生	时	抄	官	军	袭

□	□	□	□	□	□	□	□			
令	许	不	自	子	亲	〈 〉	袭			

注释：

［1］□□：意"军抄"。

□，意"军"、"兵"。《掌中珠》"□□□"作"监军司"，①《十二国》中"□□□□□□□"作"楚国举兵攻打齐国"。②

□：《同音文海宝韵合编》"□"释"□□□□□□□"军抄：军中正辅集之谓也。③《文海》将"□（抄）"解释为：□，□□□□，□□□□□□□。译为"抄，军上全全。军中正辅集之共名"。也就是说"军抄"由"正军"和"辅主"组成。④

《宋史·夏国传》："其民一家号一帐，男年登十五为丁，率二丁取正军一人。每负赡一人为一抄。负赡者，随军杂役也。四丁为两抄，余号空丁。"⑤负赡，即西夏文文献中的辅主。

［2］□□：意"大姓"。

□，意"大"。如，《掌中珠》"□□□□"作"亲戚大小"，"□□□□"作"局分大小"。⑥《凉州重修护国寺感通塔碑铭》西夏文有"□□□□□□□□"作"大小头监、匠人种种等"。⑦

□，意"族"、"姓"。如，夏译《类林》"□□□□□□□"译"屈原与楚国同姓"。⑧夏译《孟子》卷五《滕文公章句上》："□□□□□□□□"译"百官族人可，谓曰知"。⑨"□□□□"译"百姓亲睦"。⑩

后文有"□□（小姓）"。《隋书》载："党项羌者，三苗之后也……每姓别为种落，大者五千余骑，小者千余骑。"⑪"党项自同光（923—926）以后，大姓之强者各自来朝贡。"⑫党项

---

① 《番汉合时掌中珠》（乙种本），《俄藏黑水城文献》第一〇册，第33页。
② （俄）索罗宁著，粟瑞雪译：《十二国》，宁夏人民出版社，2012年，第36页。
③ 韩小忙：《〈同音文海宝韵合编〉整理与研究》，第247页。
④ 陈炳应：《贞观玉镜将研究》，第90页。
⑤ ［元］脱脱等：《宋史》卷四八六《夏国传下》，第14028页。
⑥ 《番汉合时掌中珠》（乙种本），《俄藏黑水城文献》第一〇册，第29、33页。
⑦ 陈炳应：《西夏文物研究》，第171页。
⑧ 史金波、黄振华、聂鸿音：《类林研究》卷三，第55页。
⑨ 彭向前：《西夏文〈孟子〉整理研究》，第33页。
⑩ 彭向前：《西夏文〈孟子〉整理研究》，第153页。
⑪ ［唐］魏徵等：《隋书·党项传》，中华书局，1973年，第1845页。
⑫ ［宋］薛居正等：《旧五代史》卷一三八《党项传》，第1845页。

"部有大姓而无君长"。① "乜埋,党项之大姓,世居河右,有捍边之功"。② 因此,大姓也可以指较大的部落。而史金波在《西夏的职官制度》一文中认为大姓指长门,嫡长子。③《天盛律令》卷六中规定:"一种种臣僚、待命者、军卒、独诱等,正军有死、老、病、弱时,以其儿子长门者当为继抄。"④长门,对应的就是"𘂤𘂤",而后文有"幼门",对应的是"𘂤𘂤"。

[3] 𘂤𘂤:意"情愿"。

𘂤,意"乐意"、"愿意"。如,夏译《志公大师十二时歌》"𘂤𘂤𘂤𘂤𘂤𘂤"⑤对应汉译本"乐愿日出复日落"。⑥

𘂤𘂤,表"情愿"、"同意"的意思。

[4] 𘂤𘂤:意"五亲"。

𘂤,意"五"。如,《掌中珠》"𘂤𘂤"作"五墓"、"𘂤𘂤"作"五谷"、⑦"𘂤𘂤"作"五行"、"𘂤𘂤𘂤𘂤"作"五常六艺"。⑧ 夏译《类林》卷三屈原条"𘂤𘂤𘂤𘂤𘂤𘂤𘂤𘂤𘂤𘂤"译"屈原以五月五日投江自尽"。⑨

𘂤,意"物"、"见"、"亲"。如,《掌中珠》"𘂤𘂤"作"作物"、"𘂤𘂤𘂤𘂤"作"踪迹见有"。⑩ 夏译《类林》卷三比干条"𘂤𘂤𘂤𘂤𘂤𘂤𘂤𘂤"译"比干,纣王亲叔也"。⑪

𘂤𘂤,意"五亲",在《天盛律令》中指的是某人的父母、叔姨、兄弟、子侄、孙等五种亲属。在西夏社会中,某人担任某军职或属于某抄,死后这五种亲属中的男性,即父、伯叔、兄弟、侄、孙可以袭其军职或抄。

[5] 𘂤𘂤:意"大小"。

𘂤,意"小"、"少"、"幼"。夏译《类林》卷二鲍山条"𘂤𘂤𘂤𘂤𘂤𘂤𘂤𘂤"译"使弟执归与母"。⑫ 夏译《类林》卷三任座条"𘂤𘂤𘂤𘂤𘂤𘂤𘂤 𘂤𘂤𘂤𘂤𘂤𘂤"译"君得中山之地,应令君之弟主"。⑬

---

① [宋]欧阳修等:《新五代史》卷七四《党项传》,中华书局,1974年,第912页。
② [元]脱脱等:《宋史》卷四九一《党项传》,第14138页。
③ 史金波:《西夏的职官制度》,《历史研究》1994年第2期,第65页。
④ 史金波、聂鸿音、白滨译注:《天盛改旧新定律令》卷六《抄分合除籍门》,第261页。
⑤ 西夏文《志公大师十二时歌注解》,《中国藏西夏文献》第一六册,第519页。
⑥ 杜建录、于光建:《武威藏西夏文〈志公大师十二时歌〉译释》,《西夏研究》2013年第2期,第19—26页。
⑦ 《番汉合时掌中珠》(甲种本),《俄藏黑水城文献》第一〇册,第4、8页。
⑧ 《番汉合时掌中珠》(乙种本),《俄藏黑水城文献》第一〇册,第24、29页。
⑨ 史金波、黄振华、聂鸿音:《类林研究》卷三,第56页。
⑩ 《番汉合时掌中珠》(乙种本),《俄藏黑水城文献》第一〇册,第30、34页。
⑪ 史金波、黄振华、聂鸿音:《类林研究》卷三,第47页。
⑫ 史金波、黄振华、聂鸿音:《类林研究》,第33页。
⑬ 史金波、黄振华、聂鸿音:《类林研究》,第43、44页。

緂緂,意"大小"。如,《掌中珠》"䏆䏆緂緂"作"亲戚大小","䚟䚟緂緂"作"局分大小"。①

汉译本:

官军敕门

一国内官、军抄②等子孙中,大姓可袭,小姓不许袭。若违律小姓袭时,有官罚马一,庶人十三杖。官、军抄当赐大姓,大姓情愿,则允许于共抄不共抄中赐亲父、亲伯叔、亲兄弟、亲子侄、③亲孙等五亲。④

一诸人与大小侄妇混房生子时,不许袭抄、官、军,当以自亲子袭。

39－8右面:

一	诸	人	自	子	有	则	姓	同	不	同	嗣子[1]	为	一	种

当	许	不	若	自	子	不	有	姓	同	是	则	族[2]	同

中	内	同	不	同	一	样	及	族	不	同	中	亦	边

中	军	职	重	任	等	职	轻	中	来	许	不	以	外

其后	待命[3]	独诱[4]	种种	中	叔	亲	兄	亲	子

亲	孙	亲	父	弟	子	兄	亲	等	嗣子	为	许	有

---

① 《番汉合时掌中珠》(乙种本)、《俄藏黑水城文献》第一〇册,第29、33页。
② 汉译本作军、抄,本文作军抄。
③ 稠,汉译本作"子",本意为"侄",但是考虑到《天盛律令》中有的条款中将子、侄并举,故作"子侄"。
④ 汉译本作"五种",本文作"五亲",指亲父、亲伯叔、亲兄弟、亲子侄、亲孙。

𘟪𘓐	𘗌𘏒	𘁨	𘙰	𘑵	𘞪	𘒂	𘈀	𘓐𘕕	𘌍	𘍦	𘓐	𘜗	𘀄	𘕕
嗣子	〈 〉	为	后	〈 〉	自	子	生	子孙	等	及	子	死	亦	孙

𘝞	𘌍	𘞅	𘘣	𘌺	𘘣	𘑵	𘓐𘕕	𘌍	𘚔𘜶	𘞃	𘜣
遗	等	时	抄	官	军	自	子孙	等	大姓	〈 〉	袭

𘟪𘓐	𘍬	𘖅𘛇[5]	𘒂𘎮	𘜚	𘞅	𘛁	𘌍	𘙃	𘙇	𘏍	𘙇
嗣子	之	宝物	多少	应	时	一	分	当	赐	别	当

注释：

[1] 𘟪𘓐：意"嗣子"。

𘟪，意"索"、"养"、"求"。如，《掌中珠》"𘛺𘕣𘟪𘏒"作"索与妻眷"。① 夏译《类林》卷三季札条"𘜼𘗊𘖅𘛇𘟪𘐢"译"徐君欲索季礼宝剑"。卷四褚瑶条"𘚔𘛻𘙁𘍬𘙃𘙰𘗊𘙰𘙰𘜾𘟪"译"故太子之庶弟羊衡求特产"。② 《过去庄严劫千佛名经考释》"𘊴𘙰𘝨𘉙𘞪𘟪𘉙𘝨𘍬𘉙𘞪𘓐𘉙"对应汉文译本"恃势不还，或自贷还，或贷他人，或换或贷"。③ 《孙子兵法》"𘟔𘜼𘞪𘟪𘒂𘙸𘘢"对应汉文本"无约而求和者谋也"。④

𘓐，意"男"、"儿"、"胤"。如，《掌中珠》"𘛺𘕣𘜣𘓐"作"妻眷男女"、"𘜣𘓐𘛱𘏒"作"儿女了毕"、"𘜣𘓐𘒂𘙇"作"男女长大"。⑤ 夏译《类林》卷四郗吉条"𘚔𘓐𘛻𘕳𘙰𘍬𘜫𘌺𘏍"译"此子非吾父之胤"。⑥ 胤，即后代、后嗣。

𘟪𘓐，意"嗣子"，指有继承权的嗣子。

[2] 𘚔：意"类"、"部"、"族"、"部曲"。

如，《掌中珠》"𘂾𘚔𘟥□"作"三类化□"。⑦ 夏译《类林》卷三张刚条"𘚔𘖕𘉙𘕣𘜗𘎮"对应汉文"部内肃清"。卷四黄霸条"𘚔𘛻𘌺𘚔𘌺𘛻𘚔𘛑𘏍𘏍"对应汉文"此非为人类，与禽兽同"。⑧ 卷六张茂妻子条"𘚔𘛻𘌺𘙇𘛻𘗊𘙴𘊁"对应汉文"发部曲以报前怨"。⑨

---

① 《番汉合时掌中珠》（乙种本），《俄藏黑水城文献》第一○册，第36页。
② 史金波、黄振华、聂鸿音：《类林研究》卷三、四，第34、90页。
③ 王静如：《〈过去庄严劫千佛名经〉考释》，《西夏研究》第一辑，第138页。
④ 《孙子兵法三注》甲种本卷中，《俄藏黑水城文献》第一一册，第167页。
⑤ 《番汉合时掌中珠》（乙种本），《俄藏黑水城文献》第一○册，第29、36页。
⑥ 史金波、黄振华、聂鸿音：《类林研究》卷四，第80页。
⑦ 《番汉合时掌中珠》（甲种本），《俄藏黑水城文献》第一○册，第19页。
⑧ 史金波、黄振华、聂鸿音：《类林研究》卷三、四，第43、80、81页。
⑨ 史金波、黄振华、聂鸿音：《类林研究》卷六，第150页。

汉译本《天盛律令》译作类。"▫▫▫▫▫▫▫▫▫▫▫▫▫（同者一父也，一种也，父子同类似之谓也）。"①前文提到同姓的问题，这里译作"族"或许较为恰当。

[3] ▫▫：意"待命"。

▫，意"指挥"，见"▫▫（承旨）"条。

▫，意"流"、"待"、"候"。如，《掌中珠》"▫▫▫▫"作"不许留连"。②夏译《类林》卷二鲍山条"▫▫▫▫▫▫"译"张弓箭待贼"。③卷四伍员条"▫▫▫▫▫▫▫▫▫"译"至边邑，为候人捕获"。④夏译《孟子》"▫▫▫▫▫▫"译"使数人待于路"。⑤

▫▫，意"待命"，是西夏供奉内廷的人。如，出土西夏时期的"▫▫▫▫（防守待命）"、"▫▫▫▫（内宿待命）"等敕牌。⑥▫▫又有"事"意，夏译《类林》卷九张飞条"▫▫▫▫▫▫"译"事蜀王刘备"。⑦

内宫待命来自京师界附近乡里，⑧主要有以下几种：内宿承旨（▫▫▫▫）、医人（▫▫）、帐门末宿（▫▫▫▫）、内宿（▫▫）、神策（▫▫）、官守护（▫▫▫）、外内侍（▫▫▫）、阁门（▫▫）、前内侍（▫▫▫）、内侍承旨（▫▫▫▫）等。⑨其中，帐门末宿、内宿守护、神策、内外侍等一个月一当值，其他门楼主、内提举等当为三班，十五日一当值，一律不论日夜，住宿于宫中。⑩

[4] ▫▫：意"独诱"。

▫，意"独"，《文海》释"▫"，"▫▫▫▫▫▫▫▫（独者孤独也，自另居之谓）"。⑪

▫，意"诱"，如"▫▫"作"引诱"。⑫

西夏军事职官名称。《同音》"▫▫[刀阿]独特、特差"。⑬

[5] ▫▫：意"宝物"。

▫，意"宝"。如，《掌中珠》"▫▫"作"宝瓶"。⑭夏译《类林》卷三季札"▫▫▫▫▫▫

---

① 史金波、白滨、黄振华：《文海研究》，中国社会科学出版社，1984年，第260、495页。
② 《番汉合时掌中珠》（乙种本），《俄藏黑水城文献》第一〇册，第33页。
③ 史金波、黄振华、聂鸿音：《类林研究》卷二，第33页。
④ 史金波、黄振华、聂鸿音：《类林研究》卷三，第71页。
⑤ 彭向前：《西夏文〈孟子〉整理研究》，第121页。
⑥ 罗福成：《西夏宿卫牌、西夏守御牌》，《国立北平图书馆馆刊》1932年第4期，插图。
⑦ 史金波、黄振华、聂鸿音：《类林研究》卷九，第223页。
⑧ 史金波、聂鸿音、白滨译注：《天盛改旧新定律令》卷十二《无理注销诈言门》，第437页。
⑨ 史金波、聂鸿音、白滨译注：《天盛改旧新定律令》卷十二《无理注销诈言门》，第426页。
⑩ 史金波、聂鸿音、白滨译注：《天盛改旧新定律令》卷十二《无理注销诈言门》，第437页。
⑪ 史金波、白滨、黄振华：《文海研究》，第298页。
⑫ 韩小忙：《〈同音文海宝韵合编〉整理与研究》，第168页。
⑬ 李范文：《同音研究》，宁夏人民出版社，1986年，第283页。
⑭ 《番汉合时掌中珠》（甲种本），《俄藏黑水城文献》第一〇册，第4页。

𘞔𘜶𘗁"译"徐君欲索季札宝剑"。①

𘜶,意"物"。如,《掌中珠》"𘜶𘟂𘜲𘟂"作"不失于物"、"𘜶𘜲𘞵𘚘"作"逐物心动"。②

𘞵𘜶,意"宝物"、③"珍宝"、"财宝"。如夏译《类林》卷三费仲条"𘚘𘙲𘟂𘜲𘞵𘜶𘟂𘜶"译"文王献珍宝于纣"。④ 卷四邴吉条"𘚊𘞲𘜱𘞔𘞵𘜶𘞖𘟁𘜼"译"前妻女因贪财宝"。⑤

汉译本:

一诸人有己子,则不许以同姓不同姓嗣子⑥为一种。⑦ 若无己子,是同姓,则同⑧类中同与不同一样,不允不同类边中出任重军职者来任轻职。此外,种种待命独诱中,亲伯叔、亲兄弟、亲子、亲孙允许为嗣子于亲⑨父弟、亲子兄弟。已为嗣子而后生己子,及子死而遗孙等时,抄、官、军当由己子孙大姓袭,当赐嗣子宝物多少一分而使别

39-8 左面:

𘝯[1]	𘞵	𘟃	𘟂𘜲	𘞖	𘟁	𘚊	𘚘	𘟄	𘙸	𘙩	𘞔	𘚘
食	若	自	子孙	等	不	其	有	则	抄	官	军	皆	嗣

𘟂	𘝜	𘟃	𘜶𘜲[2]	𘜵	𘞔 𘟂𘜲	𘚎	𘚋	𘞵	𘞴	𘝓	𘞔 𘟂𘜲
子	⟨⟩	袭	畜物	亦	嗣子	当	持	若	违	律	嗣子

𘝯	𘜲	𘝓	𘝺	𘞔 𘟂𘜲	𘝯	𘚘	𘚊	𘞖	𘜲	𘞴	𘞷 𘝯
为	不	应	中	嗣子	为	时	院	转	法	依	判断

---

① 史金波、黄振华、聂鸿音:《类林研究》卷三,第 34 页。
② 《番汉合时掌中珠》(乙种本),《俄藏黑水城文献》第一〇册,第 36 页。
③ 《番汉合时掌中珠》(甲种本),《俄藏黑水城文献》第一〇册,第 7 页。
④ 史金波、黄振华、聂鸿音:《类林研究》卷三,第 48 页。
⑤ 史金波、黄振华、聂鸿音:《类林研究》卷四,第 79 页。
⑥ 汉译本作"继子",本书作"嗣子",后文均同此。
⑦ 杨梭,汉译本未识,本书作"一种"。
⑧ 汉译本未识,本书作"同"。
⑨ 汉译本未译,本书补作"亲",后文为"亲子"。

			[3]			[4]				[5]	
一	诸	人	幼童	随	意	抛弃	寡	寡	收	为	养子	为

许	不	若	律	违	时	院	转	法	依	判断

										[6]			
一	诸	人	之	妻子	他	与	杂	子	生	者	丈夫	之	抄	官

									[7]	
军	袭	许	不	畜谷	宝物	不	得	其	依	辅主	中

[8]											
〈 〉	注册	若	律	违	抄	官	军	袭	时	院	转	法	依

判断

注释：

[1] 𘉗𘟩𘏐：意"当分居"、"当分家"。

𘉗，意"分"、"别"。《掌中珠》"人有高下"，"知证分白"。①
西夏文《新集慈孝传·兄弟章》"一日昼间各自心欲分居"。②

𘟩，意"当"。《贞观玉镜将》"举告当得赏"。③

𘏐，意"食"、"服"。夏译《类林》卷六扁鹊条"𘏐𘎑𘒊"对应汉文"饮药可愈也"。④
夏译《孟子》"𘕕𘏐𘉒𘉗𘏐，𘉗𘉒𘉒𘉘𘒊，𘉒𘎝𘖃𘝵𘟭"，对应汉文"治于人者食人，治人者受食于人，天下之通义也"。⑤

𘉗𘟩𘏐，字面意思"当别食"。又"𘉗𘕕"，意"分居"。夏译《类林》卷七田真条

---

① 《番汉合时掌中珠》（乙种本），《俄藏黑水城文献》第一〇册，第33、34页。
② 聂鸿音：《西夏文〈新集慈孝传〉研究》，第134页。
③ 陈炳应：《〈贞观玉镜将〉研究》，第70页。
④ 史金波、黄振华、聂鸿音：《类林研究》卷六，第125页。
⑤ 彭向前：《西夏文〈孟子〉整理研究》，第158页。

𗏁𗏁𗹏𗁦𗖻𘂬"对应汉文"二亲没，遂欲分居"。①

[2] 𗵘𗖻：意"畜物"，包括畜谷与宝物。

𗖻，意"物"、"财"。如，《掌中珠》"𗖻𘝯𗏁𘁂"作"不失于物"，②"𗖻𗏁𘂬𗤻"作"逐物心动"。③ 夏译《类林》中有"𗷅𘄴𗖻𗙴𘔼𗦨𘃸𘁂"，对应汉文本"盗人物属者诬陷我属"。④

𗵘𗖻，意"畜物"，根据下文，包括"𗵘𗽻（畜谷）"与"𘒣𗖻（宝物）"。指西夏法律中人的私有财产的种类。

[3] 𗔇𗦗：幼童。

𗔇，意"童"、"小儿"，见"𗖞𗔇"条。

意"赤子"。如，夏译《孟子》"𗔇𗦗𗆐𗩨𘕕"译"非赤子之罪也"。⑤

[4] 𘊝𗵘：意"抛弃"。

𘊝𗵘，意"弃"、"投掷"、"抛弃"。夏译《类林》卷六张茂妻子条"𘉋𘓐𘖑𗅏𗧿𘚶𘊝𗵘"对应汉文"陆氏抛弃家室财产"。卷六慕容垂条"𘊝𗆟𗹙𗪉𗧿𘊝𗵘𗊢𗪉𘗽𘉒"对应汉文"慕容垂于是弃原道"。卷七欧默条"𘜀𗅋𗴛𗧊𘊝𗵘𘄡"对应汉文本"投掷南海中矣"。⑥

[5] 𗴺𗧊：意"养子"。

𗴺，意"养"、"育"。如，《掌中珠》"𘖑𘄴𗴺𗪚"作"畜养家宅"。⑦ 夏译《类林》卷四邴吉条"𘛢𘕕𘄴𗧠𘟣𗴺𘌽𘜴𘅝𗴺"译"后老翁死，妻育子数年"。孟康条"𘝵𗣈𘘂𘓘𗴺𘄴𘕕𘔜𘓫𘕰𘅝𗔪"译"遣类中人劝勤于课农养桑"。⑧ 夏译《孟子》"𘟄𘔥𗴺𘗈𗾽𘝆𗁅𘋤𘙇𘅝𘌽"对应汉文本"养父母不得，又称贷而足之"。⑨

𗧊，意"男"、"儿"。《掌中珠》"𘊝𘎪𗦗𗧊"作"妻眷男女"、"𗦗𗧊𗆐𘊍"作"男女长大"、"𗦗𗧊𗣫𘌽"作"儿女了毕"。⑩ 西夏文《孟子》中"𗧊𘄴𗀔𗊢𘒂𗅔𘃡"意"男子生而愿为之室"。⑪

[6] 𗄼𘄴：意"丈夫"、"婿"。

𗄼，意"夫"。如，夏译《类林》卷四张举条"𗆐𘝤𘝵𗢳𗀔𗄼𘄴𘆄𘄴"译"时有一女杀夫"。⑫ 卷

---

① 史金波、黄振华、聂鸿音：《类林研究》卷七，第163、164页。
② 《番汉合时掌中珠》（甲种本），《俄藏黑水城文献》第一〇册，第18页。
③ 《番汉合时掌中珠》（甲种本），《俄藏黑水城文献》第一〇册，第18页。
④ 史金波、黄振华、聂鸿音：《类林研究》卷四，第82页。
⑤ 彭向前：《西夏文〈孟子〉整理研究》，第165页。
⑥ 史金波、黄振华、聂鸿音：《类林研究》卷六、七，第144、150、164页。
⑦ 《番汉合时掌中珠》（乙种本），《俄藏黑水城文献》第一〇册，第29页。
⑧ 史金波、黄振华、聂鸿音：《类林研究》卷四，第79、84页。
⑨ 彭向前：《西夏文〈孟子〉整理研究》，第150页。
⑩ 《番汉合时掌中珠》（乙种本），《俄藏黑水城文献》第一〇册，第29、36页。
⑪ 彭向前：《西夏文〈孟子〉整理研究》，第171页。
⑫ 史金波、黄振华、聂鸿音：《类林研究》卷四，第81页。

四皇甫嵩条"𘟙𗋒𘟙𗰔𘟙"译"夫妻各自望"。①

𘟙，是𘟙的异体字。夏译《类林》卷九"𗧓𘊞𘜶𘟙𗋒𘏞𗏴𗋒𘟙𗹦𘎑𘝞"译"河内地方妻子食丈夫"。②

𗋒𘟙，意"夫"、"婿"。如，夏译《类林》卷六皇甫规妻条"𗋒𘟙𘍦𘝠𘊃𗾟𗳒𘍞"译"夫甫规（应为规）为辽度将军"。③ 卷四南蛮条"𗣼𗐱𗋒𘟙𘐯𗬻𘐊"译"妇先聘婿"。④

[7] 𘟙𘏨：意"辅主"。

𘟙，音"板"、"巴"、"班"。如，《掌中珠》拍板[𗏴𘟙]、攀胸鞦[𘟙𘏚𗾉]，⑤夏译《类林》卷三严颜条"𗴭𘒏𘟙𗐱𘜶𘊃𗐱𗏆"译"严颜，巴郡地方人也"。⑥ 卷四"𘟙𗊲"音"班固"。⑦

𘏨，意"主"。如，夏译《类林》卷三孟子条"𘒣𗓱𗟻𘜴𗷖𘊈𘏨𘜴𗷖𗽎"译"自家东边邻舍主人杀猪"。⑧ 卷四陈平条"𘊪𘏨𘕥𗫡𗧓𘜶𘎨𗾔𗘂"译"船主见其为美丈夫"。⑨ 𘏨𗘂，意"主人"，𘊪𘏨，意"船主"。

𘟙𘏨，意"辅主"。《文海》有"𘟙𘏨𘏚𘟙𗏼𘏞𗷖𘐯𗘂（辅主也，正军之佑助者也）"。⑩《宋史・夏国传》记为"负赡"。"负赡者，随军杂役也……愿隶正军者，得射他丁为负赡，无则许射正军之疲弱者为之。故壮者皆习战斗，而得正军为多。凡正军给长生马、驼各一。"⑪

[8] 𘝰𘏨：意"注册"。

𘝰，意"准备"、"供给"。《掌中珠》"𘝰𘅣"作"三司"、"𗜀𘝰𘋠"作"皇城司"、"𗵒𗟣𘝰𘟞"作"准备食馔"、"𘟛𗜀𘝰𘟞"作"尽皆准备"。⑫《金光明最胜王经》"𗡝𘜚𘝎𗩼𘟛𘝰𘟞"对应汉文本"车乘财物皆供给"。⑬ 夏译《类林》卷五杨氏子条"𗙼𗙼𘜶𗧠𘝰𘟞"对应汉文"孔君备有果品"。⑭

---

① 史金波、黄振华、聂鸿音：《类林研究》卷四，第89页。
② 史金波、黄振华、聂鸿音：《类林研究》卷九，第237页。
③ 史金波、黄振华、聂鸿音：《类林研究》卷六，第120页。
④ 史金波、黄振华、聂鸿音：《类林研究》卷四，第105页。
⑤ 《番汉合时掌中珠》（乙种本），《俄藏黑水城文献》第一〇册，第35页。
⑥ 史金波、黄振华、聂鸿音：《类林研究》卷三，第46页。
⑦ 史金波、黄振华、聂鸿音：《类林研究》卷五，第95页。
⑧ 史金波、黄振华、聂鸿音：《类林研究》卷三，第35页。
⑨ 史金波、黄振华、聂鸿音：《类林研究》卷四，第72页。
⑩ 史金波、白滨、黄振华：《文海研究》，第192页。
⑪ [元] 脱脱等：《宋史》卷四八六《夏国传下》，第14028页。
⑫ 《番汉合时掌中珠》（乙种本），《俄藏黑水城文献》第一〇册，第33、35、36页。
⑬ 王静如：《金光明最胜王经卷十夏汉合璧考释》，《西夏研究》第三辑，第330页。
⑭ 史金波、黄振华、聂鸿音：《类林研究》卷五，第110页。

𘚶,意"取"。如,《掌中珠》"𘚶𗤙𗤻"作"接状只关"、𗧓𘊄𘉑𘚶作"万人取则"。① 夏译《孟子》"𗵆𘊱𗼇𗧓𗵆𘚶𘞽𘃡𘆄𘚶𗧓𘚶"译"丰年谷余时多取虐不为中少许取"。②

𗩾𘚶,汉译本译为"注册"。

汉译本:

居。若未有己子孙,则抄、官、军皆以养子袭,畜物亦由养子掌,若违律不应为养子而为养子时,依转院法判断。

一诸人抛弃幼子于郊,不许特殊收为养子。若违律时,依转院法判断。

一诸人妻子与他人通而生杂子者,不许袭丈夫之抄、官、军,勿得畜谷宝物,依次辅主③注册。若违律袭抄、官、军时,依转院法判断。

39-9 右面:

𘓐	𗾧	𗩈	𘕤𘟣	𗵆𘅫[1]	𗧓𗙵[2]	𗢳	𗋽	𘊳	𗦫	𗴂	𘆐	𗧘
一	诸	族	种种	死绝	人根	绝	断	抄	官	军	袭	者

𗦻	𘟣	𗩈	𗏁	𗏹	𗵆𘚶[3]	𗤙	𘟪	𗤙	𘓐	𗾧
无	者	族	司	院	首领	同	不	同	中	五

𗹙𘟛[4]	𘟞	𗫡	𗉘𘏨	𘉋	𘈧	𗦣	𗦎	𗧘𗒹
节亲	依	职	轻重	依	〈〉	明	令	以下

𘀗𗼷	𘉋𘟞	𗷖
所定	依次	行

𘓐	𘟣	𗤙𗗙	𘉞𗥤	𗵆	𘟣	𗾫	𘟣	𗩈	𗏁	𗤙	𗾫	𗧘	𘉋
一	等	待命	独诱	种	种	等	者	族	院	同	等	中	父

---

① 《番汉合时掌中珠》(乙种本),《俄藏黑水城文献》第一〇册,第34、31页。
② 彭向前:《西夏文〈孟子〉整理研究》,第18页。
③ 汉译本作"板□",本书作"辅主"。

| 叔 | 兄 | 侄 | 孙 | 亲 | 等 | 五 | 等 | 人 | 〈〉 | 袭 | 若 | 族 | 内 |

| 同 | 中 | 袭 | 者 | 不 | 则 | 待 | 命 | 等 | 职 | 轻 | 是 | 依 | 族 |

| 司 | 内 | 首 | 领 | 等 | 不 | 同 | 中 | 亦 | 父 | 叔 | 兄 | 侄 | 孙 |

| 亲 | 有 | 则 | 彼 | 人 | 〈〉 | 袭 |

注释：

[1] 𗼎𗼅：意"死"。

𗼎，意"死"。《掌中珠》"𗼎𗼅"作"生死"。① 夏译《类林》卷三温序条"𗼆𗼋𗽱𗽷𗼎𗼅"对应汉文"大丈夫死时"。②

𗼎𗼅，相当于汉语"绝嗣"。

[2] 𗆐𘃞：意"人根"。

𘃞，意"典"。如，《掌中珠》"学习圣典"作"𗧠𘃞𗽷𘟂"。③ 又表示植物的根茎。如，"芍药花"作"𘟂𘃞𘟂"、"蔓菁"作"𘏚𘃞"、④"干姜"作"𘝙𘃞"⑤等。夏译《孟子》"𘃞"作《书》。⑥

𗆐𘃞，字面意"人根"，引申为血统、出身之意。《天盛律令》卷十《官军敕门》中规定选择宫廷护卫人员时要考虑人根是否洁净。⑦ 西夏文《维摩诘经》"𗼃𗼋𘉋𘒏𗆐𘃞𗹙𗾞，𘕕𗦤𘒏𘏨𘟄𘟂，𘓆𗊢𗿢𘇂𗫡𗖵"，对应汉文为"我今声闻者人根不观，法说不应念因，是故彼处疾问往不能谓"。⑧

---

① 《番汉合时掌中珠》（甲种本），《俄藏黑水城文献》第一〇册，第10页。
② 史金波、黄振华、聂鸿音：《类林研究》卷三，第38页。
③ 《番汉合时掌中珠》（乙种本），《俄藏黑水城文献》第一〇册，第32页。
④ 《番汉合时掌中珠》（乙种本），《俄藏黑水城文献》第一〇册，第25、26页。
⑤ 《番汉合时掌中珠》（甲种本），《俄藏黑水城文献》第一〇册，第8页。
⑥ 彭向前：《西夏文〈孟子〉整理研究》，第145页。
⑦ 史金波、聂鸿音、白滨译注：《天盛改旧新定律令》卷十《官军敕门》，第356页。
⑧ 王培培：《西夏文〈维摩诘所说经〉研究》，中国社会科学院博士学位论文，2010年。

［3］𘟪𗄊：意"首领"。

𘟪，意"头"。如，《掌中珠》"𘟪𗗙"作"头目"，"𘟪𗗀"作"头发"。①

𗄊，意"牵"、"领"。如，夏译《类林》卷四邓哀王条"□□𗄊𘟙𗉞𗄊𗇋"译"牵象于船上"。② 邓攸条"𗼻𗗙𗋐𘟙𗄊𘃡𘟂"译"牵渡水船不放"。卷六张华条"𘊳𗙏𗷖𘅮𗔀𗄊𘜶"对应汉文"三皇五帝朝语引领"。③

𘟪𗄊，字面意思"领头"，意"首领"。《西夏官印汇考》收录一枚"𘟪𗄊𗋕𘒏（乙亥六年）"的首领印，李范文判断其时间为夏崇宗天祐民安六年（1095）。西夏有小首领、大首领、正首领、权首领等名称，《天盛律令》卷五规定："正首领不论有官无官，一律箭一百五十枝，小首领、舍监、末驱等当依军卒法办。"④

［4］𗗿𘏞：意"节亲"。

𗗿，意"节"。如，《掌中珠》"𘝯𗗿"作"八节"、"𗱪𗗿"作"时节"、⑤"𘟪𗗿"作"骨节"⑥等等。

𘏞，意"亲"。如，《掌中珠》"𗰗𘏞𗃛𗩾"作"六亲和合"、"𘏞𘏞𘒏𘋨"作"亲戚大小"、"𗋐𗿨𘏞𘏞"作"并诸亲戚"⑦等等。夏译《类林》卷七田真条"𗄛𘏞𘟙𗊏"译"双亲没"。⑧

𗗿𘏞，意"节亲"，《天盛律令》有"节亲门"，专门详细记载了各种亲戚关系。分为族亲和姻亲两种，族亲是本人同族人，姻亲是本族人以婚姻结成的亲戚。又意"族"、"近亲"。如，夏译《类林》卷八司马相如条"𗼲𗊏𗚩𗊏𗗿𘏞𗎫𗊏𗚩𗊏𘄡𘕚"译"卓王孙之族谓王孙曰"。⑨ 卷九田横条"𗎫𘏵𗆐𘝠𘅮𗷾𗎫𘏵𗆐𘐚𗗿𘏞𘕞"译"田横，六国人也，齐王为田横之近亲"。⑩

又有"节亲主"，《天盛律令》中提到节亲主时，在宰相之上。可知此节亲主为西夏的皇族。节亲主地位高于有官位的党项人，《天盛律令》卷十规定："节亲主、番人等职相当、名事同者，于司坐次、列朝班等中，当以节亲主为大。"《天盛律令》规定，节亲主犯罪时可以享受各种减免之法。如，应受大杖当转为受小杖，劳役类的能赎的可赎。⑪

---

① 《番汉合时掌中珠》（甲种本），《俄藏黑水城文献》第一○册，第10页。
② 史金波、黄振华、聂鸿音：《类林研究》卷四，第76页。
③ 史金波、黄振华、聂鸿音：《类林研究》卷四、六，第88，147页。
④ 史金波、聂鸿音、白滨译注：《天盛改旧新定律令》卷五《军持兵器供给门》，第228页。
⑤ 《番汉合时掌中珠》（乙种本），《俄藏黑水城文献》第一○册，第24页。
⑥ 《番汉合时掌中珠》（甲种本），《俄藏黑水城文献》第一○册，第10页。
⑦ 《番汉合时掌中珠》（乙种本），《俄藏黑水城文献》第一○册，第29，36页。
⑧ 史金波、黄振华、聂鸿音：《类林研究》卷七，第165页。
⑨ 史金波、黄振华、聂鸿音：《类林研究》卷八，第196页。
⑩ 史金波、黄振华、聂鸿音：《类林研究》卷九，第215—216页。
⑪ 史金波、聂鸿音、白滨译注：《天盛改旧新定律令》卷二十《罪责不同门》，第601页。

汉译本：

一诸部种种死绝，人根已断，无人袭抄、官、军者，部司院首领同不同中，依 五① 节亲顺序袭，②职轻重分明，依下所定判断。

　　一等种种待命独诱等者，同部院中亲 父 、③伯叔、兄弟、侄、孙④等五等人可袭。若同部院中无袭者，则依待命等是轻职，部司院首领等不同中，亦有亲父、亲伯叔、亲兄弟、亲子、亲孙，⑤则可袭之。

39-9 左面：

𘝵	𘞅	𘞐	𘟃	𘜶	𘟑	𘟠	𘟜	𘟞	𘝼	𘟌	𘝸	𘟋	𘟎
一	等	边	中	军	及	职	重	任	种	种	等	前述	待命

𘟊	𘟞	𘟜	𘟋	𘜶	𘟠	𘟑	𘝵	𘞅	𘟃	𘝼	𘟌
独诱	种	种	等	中	人根	绝	断	处	抄	袭	往

𘝸	𘞅	𘟃	𘟐	𘟑	𘟠	𘟜	𘟎	𘟞	𘝼	𘟌	𘟋
许	不	自	共	族	同	依次	院	同	不	同	等	中

𘜶	𘞅	𘟋	𘞐	𘟊	𘜶	𘟃	𘟌
五	等	人	有	则	抄	官	军	袭

𘝵	𘞅	𘟌	𘟊	𘟞	𘟜	𘟑	𘝶	𘝵	𘞐	𘟃	𘞅	𘟑
一	等	待命	独诱	种	种	职	轻	任	人	处	中	军	职

𘝵	𘞐	𘟋	𘟠	𘟑	𘟎	𘞅	𘟜	𘟌	𘟊	𘞐	𘟌
彼	任	中	绝	断	〈〉	节亲	品	及	袭	欲	则	袭

---

① 汉译本未识，因意义未明断句时放在前面，本书作"五"，与"节亲"相连。
② 汉译本作"依五节亲袭顺序"，本书作"依五节亲顺序袭"。
③ 汉译本未识，本书作"父"。
④ 汉译本作"侄孙"，因后文提到五种，本书作"侄、孙"。
⑤ 汉译本只有父前有亲字，本书作"亲伯叔、亲兄弟、亲子、亲孙"。

祥	役	蔬											
当	许	有											

扬	双	纖	拜	燚	骸	蘲	俨	疏	释	燚	疹	绵	绛	庞
一	等	前	述	〈〉	示	依	五	节	亲	袭	者	无	则	诸

縋	骸	蘲	蘲蘲[1]	祀	祼 燚[2]		俨	敖	骸	新	靯
族	种	种	铠甲	马	校	口	缺	及	其	罪	等

注释：

[1] 蘲蘲：意"铠甲"。

蘲，汉译本作"披"，指马铠。《宋史·仪卫志》记载："甲，人铠也；具装，马铠也。宋有南北作坊，岁造甲铠具装。"①

蘲，"甲"。如，夏译《类林》卷三王猛条"𗏁𗧓𗅳𘟂𗡞𗅳𘔼𗾔𗇻𗟼𗟙𗅆𘈧𘊄𘈧𗠁𗄓"译"苻主不受，仍放兵引九万戴甲兵"。② 卷四肃慎氏条"𗉘𗾔𗠁𗎳"译"以皮骨为甲"。③

[2] 祼燚：意"校口"。

祼，意"经"。《金光明经》卷七"𘟂𗾔𘇂𗄓𗅆𘟂𘔼𗾔"对应汉文本"若不遂意经三月"。④

燚，音"口"。如，《掌中珠》口唇[燚𗱕]。⑤ 夏译《类林》卷五赵炳条"𘂪𗾔𗂪𘊄𗅆𗞞𗱕𗟼𗟙"译"临河水，寻船不得"。⑥

"祼燚"一词直译为"验口"。《天盛律令·译文对照表》中汉译文为"校口"，即"检校、检验"。

汉译本：

一等诸边中军及任种职种种等，前述待命独诱种种等中人根已断者，不许往袭抄。依自身同部次第内同不同院中有五等人，则可袭抄、官、军。

---

① [元]脱脱等：《宋史》卷一四八《仪卫志》，第3470页。
② 史金波、黄振华、聂鸿音：《类林研究》卷三，第59页。
③ 史金波、黄振华、聂鸿音：《类林研究》卷四，第102页。
④ 王静如：《金光明最胜王经卷十夏藏汉合璧考释》，《西夏研究》第三辑，第134页。
⑤ 《番汉合时掌中珠》（甲种本），《俄藏黑水城文献》第一〇册，第10页。
⑥ 史金波、黄振华、聂鸿音：《类林研究》卷五，第116页。

一等待命独诱种种任轻职人,诸边中任重军、职中袭断,各节亲及品者欲袭,则当允
  许袭。
一等依前述所示五节亲无袭者,则诸部种种披、甲、马校口缺①以其罪等。②

39-10 右面:

繼	發	秕	藂	秘	牧	教	溯	慨	磣	耗	僧	縫	兹
因	职	失	军	上	人	遣	依	五	第	上	别	明	与

彡	秕
〈〉	同

扬	殁	牧	祇	彼	拔	俯	蠢	能	緜	耕	藏	绸	绢	祢
一	等	人	根	绝	断	之	抄	院	共	中	父	叔	兄	子

诵	戟	慨	绮	轆	疏	精	羲	薐	蔬	繼	骸	藂	敖
孙	等	五	亲	比	节	弓	〈〉	远	有	者	官	军	及

辮 瓣 羲[1]	慨 牧	縢 穀 獅 疏[2]	蠢	戟	燧	形	狗
前 内 侍	阁 门	帐 门 末 宿	抄	等	袭	许	不

蠢	效	能	溯	縫	死	彡	能	孖 慨	巌 龍	龜
抄	分	入	依	明	各	〈〉	入	其 后	独 诱	族

骸	緋	蠢	扬	骸	慨	獅	彡	燧	龘 巌	祇	蔬	术
种	种	抄	一	种	法	依	〈〉	袭	铠 甲	马	有	亦

翎	戟	瓩										
名	〈〉	记										

---

① 恨,汉译本作"碍",本书作"缺"。
② 汉译本未识,本书作"其罪等"。

𘟪	𘑛	𘟣	𗳱	𘊲	𘑨	𗮔	𗹦	𘟣	𗥤	𘊳	𗳱	𗌮	𘊆	𘟛	𗖊	𘊲
一	诸	人	一	户	下	死	绝	人	根	绝	〈〉	断	属	畜	谷	宝

注释：

[1] 𗿒𗣼𘂤：意"前内侍"。

𗿒，意"前"，音"与"。如，《掌中珠》"𗴂𗿒𗟲𗢳"[出与头子]、𗿒𗐱𘅫𗖻𗾞[与告者同]，①"𗢳𗿒𗪘"作"殿前司"。② 夏译《孟子》"𗰞 𗿒𗼕𗤶𘟩"作"不敢言于王前"。③

𗣼，意"内"。如，《掌中珠》"𗣼𗠁𗪘"作"内宿司"。④ 夏译《类林》卷六"𗣼𗪘"译"内宫"。⑤

𘂤，意"侍"、"事"。夏译《类林》卷三"𘂤𗋈"译"侍者"，"𘂤𗦞"译"侍奉"。⑥ 夏译《孟子》"𘊒，𗧌𘋞𘂤"作"生，事以礼"。⑦

𗿒𗣼𘂤，意"前内侍"，汉文本《杂字》、《掌中珠》等俱不载。汉译本译"前宫侍"，是将"𗣼"字译为"宫"，此字在《掌中珠》"𗣼𗠁𗪘"中为"内"意。故而，本文将"𗿒𗣼𘂤𗪘"译为"前内侍司"。位于中等司，设六承旨、二都案、二案头。

[2] 𗤓𘊲𗣼𗦇：意"帐门末宿"。

𗤓，意"舍"、"帐"、"室"。如，《掌中珠》"𗤶𗤓𗴞𗦇"作"修盖寺舍"、"𗨻𗠁𗤓𘈷"作"楼阁帐库"、"𗤓𘊲"作"门帘"、"𗤓𗂸"作"天窗"、"𗤓𗑉"作"帐毡"、"𗤓𘋄𗳱𗦞"作"室女长大"。⑧ 夏译《类林》卷四西戎条"𗤓𗦞𘊛𗪘𗏇"译"以帐为室屋"。⑨

𘊲，意"门"。如，《掌中珠》"𘐺𘊲𘊲𘊳"作"演说法门"。⑩《类林》"𘊲𘋨𗛈𘂤"作"守门监"，"𘊲𘋨"作"守门"。⑪

𗣼，意"尾"。如，夏译《类林》卷四田单条"𗹦𗣼𗄻𗢊𗮔𗠁𗏇"译"束芦苇于牛尾"。⑫

𗦇，意"卧具"、"敷具"。夏译《金光明最胜王经》卷十中"𘋞𗦇𘒀𘑺𘆝𘕢𘈷𘉞𘊲𘚢𗞂𘊳

---

① 《番汉合时掌中珠》(乙种本)，《俄藏黑水城文献》第一〇册，第34页。
② 《番汉合时掌中珠》(乙种本)，《俄藏黑水城文献》第一〇册，第33页。
③ 彭向前：《西夏文〈孟子〉整理研究》，第123页。
④ 《番汉合时掌中珠》(乙种本)，《俄藏黑水城文献》第一〇册，第33页。
⑤ 史金波、黄振华、聂鸿音：《类林研究》卷六，第122、128页。
⑥ 史金波、黄振华、聂鸿音：《类林研究》卷三，第51、62页。
⑦ 彭向前：《西夏文〈孟子〉整理研究》，第161页。
⑧ 《番汉合时掌中珠》(乙种本)，《俄藏黑水城文献》第一〇册，第29、30、36页。
⑨ 史金波、黄振华、聂鸿音：《类林研究》卷四，第103页。
⑩ 《番汉合时掌中珠》(甲种本)，《俄藏黑水城文献》第一〇册，第19页。
⑪ 史金波、黄振华、聂鸿音：《类林研究》卷七，第165、169页。
⑫ 史金波、黄振华、聂鸿音：《类林研究》卷四，第78—79页。

蕹蔓",①在汉文本对应"供给敷具并衣食,象马车乘及珍财"。②"蕹"意"敷具"。《十诵律·比丘戒本》"我今当以少白氎羊毛杂黑氎羊毛作敷具。"又《十诵律·比丘尼戒本》"若二比丘尼共一敷具卧"。③ 可知,"敷具"为坐卧之具。在该词组中,引申为值宿。

𘟂𘃎𘀄𘟍,意"帐门末宿"。王静如《西夏文木活字版佛经与铜牌》提到一篇铜牌拓片"𘟂𘃎𘀄𘟍𘚋𘐐",并译为"宫门后寝待命"。④《天盛律令·颁律表》中有"𘟣𘊴𘟂𘃎𘟍",译为"御前帐门官"。⑤ 史金波先生认为御前帐门官是守卫皇宫御帐的统领,同时兼殿前司的最高长官。⑥

汉译本:

　　因,失职、军上遣次第与第五卷上分别相同。
一等人根已断之抄,有比同院中亲父、亲伯叔、亲兄弟、亲子、亲孙等五种节亲远者,官、军及前内侍、阁门、帐门末宿不许袭抄等,当入分抄次第,然后军独诱种种部抄一种依法可袭,有披、甲、马亦当寄名。
一诸人一户下死绝,人根已断,所属畜、谷、宝

39-10 左面:

𗤓	𘊝[1]	𘋠𘞽[2]	𘟛	𘓞	𘅝	𘏱	𘝞	𘟪𘜘	𘖑	𘃎𘏇
物	屋舍	田地	有	数	死	者	之	妻子	及	户下

𘂤𘜔[3]	𘓞	𘍯	𘟨[4]	𘜶	𘋨	𘃵	𘆧	𘃎	𘏱	𘟌
住女	姊	又	〈〉	嫁	亦	未	嫁	往	等	有	者	畜物

𗤓	𘓞	𘟪𘜘	𘋮	𘒷𘟫	𘃎	𘏇	𘂤𘜔	𘖑	𘝞	𘝯
物	数	妻子	〈〉	敛集	户	下	住女	等	之	律

---

① 西夏文《金光明最胜王经》卷十,《中国藏西夏文献》第四册,第 14 页。
② 《大正新修大藏经》第一六册,No.0665,《金光明最胜王经》卷十,大正一切经刊行会,1934 年。
③ 《大正新修大藏经》第 23 册,No.1435,《十诵律》,大正一切经刊行会印行,1934 年。
④ 王静如:《西夏文木活字版佛经与铜牌》,《文物》1972 年第 11 期,第 8—18 页。
⑤ 史金波、聂鸿音、白滨译注:《天盛改旧新定律令·颁律表》,第 108 页。
⑥ 史金波:《西夏社会》,上海人民出版社,2008 年,第 319 页。

骸	瓛	疆	飢 [5]	燚	繆	跛	羊	㕟	殂	㥛	毧	鶧	毅	耗
令	依	嫁	妆	〈〉	应	时	当	赐	其	后	畜	谷	宝	物

纞	繏	萢	悰	瓶	燚	形	缁	僦	賻	俶	忨	燚	睪	苁
妻	子	处	妄	用	分	许	不	别	食	人	根	〈〉	亲	人

兹	緟	毅	肵	纀	毤	疆	俶	僦	㣲	敕	椛	靰	縦	㥛 [6]
与	共	愿	牧	监	彼	妇	人	改	嫁	及	死	等	然	后

燚	慫	毅	耗	梠	靺	毅	形	扬	靺	毅	㣲	绖	臝	燚
〈〉	遗	宝	物	二	分	愿	为	一	分	户	下	住	女	姊

倄	繡	纟	骸	瓛	疆	飢	㕟	㧊	繎	毪	縰	珹	蔪	郱
之	前	律	令	依	嫁	妆	赐	依	多	数	明	上	〈〉	增

形	扬	靺	毅	㣲 [7]	㥛	毸	毧	耗	㥛	緟	耕	燚	蘿	蕊
为	一	分	户	口	不	同	畜	物	不	共	中	祖	父	母

注释:

[1] 𥕛㥛: 意"屋舍"。

𥕛,汉语借词,音译"田"、"殿"、"廷"、"天"、"钿"、"电"。如,《掌中珠》"碧钿珠[纤𥕛禔]"、①"闪电[藪𥕛]"、②"天蝎[𥕛禛]"、"天秤[𥕛燚]"、"天河[𥕛虢]"。③《掌中珠》"𥕛燚"作"泥舍"。④

㥛,意"城"、"州"等。如,《掌中珠》"㥛繎"作"州主"。

𥕛㥛,二字组合,意"舍屋",如,《掌中珠》"𥕛㥛瓶燚"作"修造舍屋"。⑤

[2] 缁罻: 意"田畴"、"地畴"。

---

① 《番汉合时掌中珠》(甲种本),《俄藏黑水城文献》第一〇册,第7页。
② 《番汉合时掌中珠》(甲种本),《俄藏黑水城文献》第一〇册,第5页。
③ 《番汉合时掌中珠》(甲种本),《俄藏黑水城文献》第一〇册,第4页。
④ 《番汉合时掌中珠》(甲种本),《俄藏黑水城文献》第一〇册,第12页。
⑤ 《番汉合时掌中珠》(甲种本),《俄藏黑水城文献》第一〇册,第11页。

󰀀,意"地"。如,《掌中珠》"󰀀󰀁"作"地坤","󰀂󰀀"作"大地"。①

󰀃,意"田"。如,《掌中珠》"󰀄󰀀󰀃󰀅"作"更卖田地"。②

󰀀󰀃,二字连用意"田畴"。如,《掌中珠》"󰀀󰀃"作"地畴"。③ 夏译《类林》卷二鲍山条"󰀆󰀇󰀈󰀀󰀃󰀉"对应汉文本"兄弟在田畴中"。④

[3] 󰀊󰀋󰀌󰀍:意"户下住女",即"在室女"。

󰀊,意"户"、"家"、"门"。《掌中珠》"󰀎󰀊󰀏󰀐"作"管勾家计"。⑤ 夏译《类林》卷六"󰀋󰀑󰀊󰀋󰀄󰀐󰀒"译"夜宿城门之下"。⑥

󰀋,意"下"。《六韬》"󰀓󰀋󰀔󰀕,󰀖󰀗󰀘󰀙󰀋"对应汉文本"天下安定,国家无事"。⑦ 夏译《孟子》"󰀚󰀓󰀋󰀀󰀛󰀜󰀝󰀞󰀟󰀌󰀠"作"今天下地类德匹相绝不能"。⑧

󰀌,意"在"、"住"。如,夏译《类林》卷二鲍山条"󰀆󰀇󰀈󰀀󰀃󰀉󰀌"译"兄弟在田畴中",卷三"󰀡󰀑󰀊󰀢󰀄󰀣󰀋󰀤󰀌"译"而不进城门,于外住"。⑨

󰀍,意"女"。《掌中珠》"󰀃󰀍󰀥󰀁"作"室女长大"。⑩

󰀊󰀋󰀌󰀍,字面意思"户下住女",即我国古代律法中的"在室女"、"室女",指住在家中没有出嫁的女子。

[4] 󰀦:意"嫁"。如,《掌中珠》"󰀧󰀨󰀦󰀩"作"嫁与他人"。⑪ 夏译《类林》卷六"󰀂󰀪󰀫󰀬󰀍󰀦󰀭󰀮󰀧󰀯"作"大人本适女与吕纂",⑫ "󰀦"对应"适",古汉语指女子出嫁。

又意"卖"、"市"。如,夏译《类林》卷三夏统条"󰀰󰀱󰀑󰀀󰀗󰀲󰀳󰀦󰀴"译"自诣洛阳地方市药"。⑬ 卷四符融条"󰀵󰀶󰀷󰀑󰀦󰀸󰀪󰀹󰀺󰀻󰀨"译"时长安市人遇盗"。⑭ 王充条"󰀧󰀦󰀼󰀽󰀾󰀿󰁀󰀂󰀑󰀌󰁁󰀑"译"他人所卖书诵一遍而不忘"。⑮

---

① 《番汉合时掌中珠》(甲种本),《俄藏黑水城文献》第一○册,第 6 页。
② 《番汉合时掌中珠》(甲种本),《俄藏黑水城文献》第一○册,第 14 页。
③ 《番汉合时掌中珠》(甲种本),《俄藏黑水城文献》第一○册,第 7 页。
④ 史金波、黄振华、聂鸿音:《类林研究》卷二,第 33 页。
⑤ 《番汉合时掌中珠》(乙种本),《俄藏黑水城文献》第一○册,第 36 页。
⑥ 史金波、黄振华、聂鸿音:《类林研究》,第 123 页。
⑦ 贾常业:《西夏文译本〈六韬〉解读》,《西夏研究》2011 年第 2 期,第 71 页。
⑧ 彭向前:《西夏文〈孟子〉整理研究》,第 16 页。
⑨ 史金波、黄振华、聂鸿音:《类林研究》卷二、三,第 33、37 页。
⑩ 《番汉合时掌中珠》(乙种本),《俄藏黑水城文献》第一○册,第 36 页。
⑪ 《番汉合时掌中珠》(乙种本),《俄藏黑水城文献》第一○册,第 36 页。
⑫ 史金波、黄振华、聂鸿音:《类林研究》卷六,第 153 页。
⑬ 史金波、黄振华、聂鸿音:《类林研究》卷三,第 65 页。
⑭ 史金波、黄振华、聂鸿音:《类林研究》卷四,第 82 页。
⑮ 史金波、黄振华、聂鸿音:《类林研究》卷四,第 95 页。

又意"价"。如，夏译《孟子》"𗏵𘜔𗤻𗏵𗆣，𘃡𘊳𗜈𗯻"译"五谷多寡同，则价皆同"。①

𘊳，意"嫁"、"市"、"卖"、"价"等，这表明西夏的婚姻的买卖性质。

[5] 𗖊𘅣：意"嫁妆"。

𗖊，意"女"、"妇"，多指已婚妇女。如，《掌中珠》"𗖊𗓱𗫲𗐱"作"送与洞房"。② 夏译《类林》卷三尾生条"𘄒𗖟𗖊𘊳𗧚𘝯𘞁𘜔𗠘𘅣"译"尾生与一女子期于桥下"。③ 伍员条"𗖊𘘄𘏒𘐆"译"美女宝物"。④ 卷四田单条"𗏵𗖊𘊳𘟣𗭪𘉑𗵙𘘒𘅣"译"又令妇人登城上"。⑤ 张举条"𘏒𘟣𗆣𗖊𗖴𘊳𘗄𗳒𘝴"译"时有一女杀夫"。⑥

𘅣，意"悟"。"𘅣𘟣"作"悟解"。⑦

汉译本作嫁妆。《天盛律令》卷八《为婚门》规定为婚需议定婚价，娶媳时须有嫁妆，还规定了婚价和嫁妆的数目与种类。⑧

[6] 𗤻𗏵：意"然后"。

𗤻，意"然"、"恐"。如，夏译《类林》卷三吴猛条"𗊲𘟣𘟃𘐆𘏒𘘄𗤻𗫒𗑱𘊳𗨛𗃹"译"因恐蚊虫啮母故也"。⑨

与"𗏵"连用，表示"然后"的意思。夏译《类林》卷三吴起条"𘉖𘘥𗤻𗏵𘖄𘟣𘜔"译"友至，然后共饮之"。⑩ 夏译《孟子》"𘟣𘝯𘘒𗤻𗏵𗅋𘞁𘟣𘅣𘞁"译"公事毕，然后敢治私事"。⑪

[7] 𗆣𗨁：意"户口"。

𗆣，意"门"、"家"。《掌中珠》"𗧓𗆣𘈧𗈧"作"演说法门"，"𗏵𗆣𘘒𗈁"作"畜养家宅"。⑫

𗨁，音"口"。如，《掌中珠》口唇[𗨁𘃽]。⑬

汉译本：

物、房舍、地畴等，死者之妻子及户下住有女、姊妹，及已嫁而未嫁来媳者，妻子可敛集

---

① 彭向前：《西夏文〈孟子〉整理与研究》，第162页。
② 《番汉合时掌中珠》（乙种本），《俄藏黑水城文献》第一〇册，第36页。
③ 史金波、黄振华、聂鸿音：《类林研究》卷三，第35页。
④ 史金波、黄振华、聂鸿音：《类林研究》卷三，第53—54页。
⑤ 史金波、黄振华、聂鸿音：《类林研究》卷四，第78—79页。
⑥ 史金波、黄振华、聂鸿音：《类林研究》卷四，第81页。
⑦ 韩小忙：《〈同音文海宝韵合编〉整理与研究》，第159页。
⑧ 史金波、聂鸿音、白滨译注：《天盛改旧新定律令》卷八《为婚门》，第306—312页。
⑨ 史金波、黄振华、聂鸿音：《类林研究》卷三，第64页。
⑩ 史金波、黄振华、聂鸿音：《类林研究》卷三，第34页。
⑪ 彭向前：《西夏文〈孟子〉整理与研究》，第153页。
⑫ 《番汉合时掌中珠》（甲种本），《俄藏黑水城文献》第一〇册，第19、29页。
⑬ 《番汉合时掌中珠》（甲种本），《俄藏黑水城文献》第一〇册，第10页。

畜、谷、宝物,门下住女等依律令应得嫁妆时当予,其余畜、谷、宝物不许妻子妄用,与别房人根所近者共监守。① 其妇人改嫁及死亡时,所遗宝物二分之一依前律令予门下住女、姊妹嫁妆,比总数数目当增多;另一份当予门户不同、畜物不共之祖父

39－11 右面:

母	父	母	叔	姨	兄	侄	孙	谁	〈 〉	遗	中	人根	〈 〉

亲	当	持	若	女	嫁	往	有	亦	户	下	住	女	持	应

一	分	以外	户口	不同	节亲	人	得	应	一	分

者	三	分	〈 〉	为	中	一	分	嫁	往	女	当	得	〈 〉	未

祖父	祖母	父母	叔姨	子侄	子孙	等	无	则

畜谷	宝物	所有[1]	户下	住女	未嫁	及	〈 〉	嫁

未	娶	往	等	当	持	若	户	下	住	女	无	则	结婚	娶

往	女	处	当	持	彼	亦	无	则	畜粮	宝物	姓	同

---

① 汉译本作监牧,本书作"监守"。

𗥦𗵘𗥺[2]	𘂤	𘞌	𗡞	𗡞	𘘂	𗉘	𘔊	𗡱	𗺉𗼕	𗡞	𗡞
五服丧	中	何	〈 〉	〈 〉	亲	人	当	持	畜物	分	持

注释：

[1] 𗡞𗡞：意"所有"。

𗡞，意"有"，多能存在动词，主要表现一般事物或现象的存在。① 如，夏译《类林》卷三周昌条"𗩾𘗻𘉋𘓺𗡞𘓊𘊝𘟙𘊱"译"周昌有奏事来高祖处"。② 西夏文《孟子》"继而有师命"在夏译本《孟子》作"𗥦𘊱𗉌𘉋𗡞𘓊"。③

𗡞𗡞，意"所有"。如，《华严经》卷第十一"𘘂𗡞𗡞𘟙𘟝"对应汉文本"共集所有人"。

[2] 𗥦𗵘𗥺：意"五服丧"。

𗥦，意"五"。《掌中珠》"𗥦𘔞𘐞𘕕"作"五常六艺"。④

𗥺，意"衣"、"服"。如，夏译《类林》卷三董宣条"𘝞𘙇𗜩𘜶𘊱𗥺𘗽"译"汝叔贫穷布衣时"。⑤ 晏婴条"𘈩𘈩𗤁𘉋𗥺𘏨𗵒𗨳"译"晏婴穿朝服而至"。⑥

指西夏的五种服丧法。具体是应服三年、一年、九个月、五个月、三个月丧，此与中原五服不同。汉文化地区五服以服饰为区分，斩衰、齐衰、大功、小功、缌麻。《汉书》卷七十三《韦贤传》载颜师古注："五属谓同族之五服，斩衰、齐衰、大功、小功、缌麻也。"⑦《通典》卷四十一《礼一》讲述唐代的五服制度，包括斩衰、齐衰、大功、小功、缌麻五种，且每一类都有时间限制。⑧《唐故药府君墓志铭并序》："服期轸悼，腮麻哀伤。"⑨

汉译本：

> 母、父母、伯叔、姨、子、侄、孙所遗人根近者。若有女出嫁者，则门下住女应取一份之外，门户不同节亲人应得一份者，三分之一为已嫁女得。无祖父母、父母、叔、姨、子、侄、孙等，则所有畜、谷、宝物当由未嫁之门下住女及嫁而未成婚者取。

---

① 李范文：《西夏语比较研究》，宁夏人民出版社，2004年，第72页。
② 史金波、黄振华、聂鸿音：《类林研究》卷三，第39页。
③ 彭向前：《西夏文〈孟子〉整理研究》，第143页。
④ 《番汉合时掌中珠》（乙种本），《俄藏黑水城文献》第一〇册，第29页。
⑤ 史金波、黄振华、聂鸿音：《类林研究》卷三，第42页。
⑥ 史金波、黄振华、聂鸿音：《类林研究》卷三，第51页。
⑦ [汉]班固：《汉书》卷七三《韦贤传》，中华书局，1964年，第3123页。
⑧ [唐]杜佑：《通典》卷四一《礼一》，中华书局，1992年，第1143—1144页。
⑨ 康兰英主编：《榆林碑石》，三秦出版社，2003年，第231页。

若无门下住女,则已出嫁女当取。其亦无,则畜粮、宝物由同姓五服中所近人取,分取畜物

39－11 左面：

者	处	死	绝	人	之	共	依	死	当	葬	为	彼	亦	无

然后	官	依	当	持

一	前内侍	帐门末宿	中	升	职	位	得	臣僚	中	入

时	又	主	子	兄	前内侍	等	抄	续	故	留	许	不

一	依	臣僚	中	〈〉	入	若	律	违	时	抄	袭	不	应

抄	袭	与	等	令	判断

一	前内侍	阁门	等	抄	袭	者	有	时	职管	者	人

告	变	状	与	〈〉	记	人	实	当	遣	文武	依次	中

书	枢密	职管	处	当	来	宰相[1]	处	目	前	文字

注释：

[1] 󰀀󰀀：意"宰相"。

󰀀，意"议"、"谋"。如，夏译《类林》卷三夏统条"󰀀󰀀󰀀󰀀󰀀󰀀󰀀󰀀󰀀󰀀󰀀"译"天下太平之时，当与元凯评议各事"。① 卷六符融条"󰀀󰀀󰀀󰀀󰀀󰀀󰀀󰀀󰀀󰀀󰀀󰀀"译"先与彼妻游，语议同谋欲杀书生"。②

󰀀，意"判"、"断"等。《掌中珠》中"󰀀󰀀"作"通判"，"󰀀󰀀󰀀󰀀"作"案检判凭"，③"󰀀󰀀󰀀󰀀"作"都案判凭"，"󰀀󰀀󰀀󰀀"作"立便断止"。④

󰀀󰀀，西夏语常用词语，意"宰相"、"议判"、"上卿"、"丞相"。夏译《类林》卷三王猛条"󰀀󰀀……󰀀󰀀󰀀󰀀󰀀󰀀󰀀"译"王猛……为秦王符主时大丞相"。⑤ 卷四邴吉条"󰀀󰀀……󰀀󰀀󰀀󰀀󰀀󰀀󰀀"译"邴吉……为汉宣帝时丞相"。⑥ "󰀀󰀀󰀀󰀀󰀀󰀀󰀀"译"尹吉甫，周国上卿"。⑦

汉译本：

畜物者当共同安葬死绝人。其亦无，然后当由官取。

一前内侍、帐门末宿中得高职位而入臣僚时，后主子、兄弟不许留袭前内侍等抄，一齐入臣僚中。若违律时，与不应袭抄而袭抄同等判断。

一前内侍、⑧阁门等有袭抄者时，当与管事人上奏呈状。人实可遣，当依文武次第来中书、枢密管事处，宰相面视其

39－12 右面：

腾	缓	既	慨	旅	󰀀	馆	淮	够能	扬赐	狱	藏	辗
知	张	射	法	行	能	相	好	人根	洁净	明	巧	信

绢	龘	燧	缪	散	绛	㒿	腾	辗	宸狻[1]	纵雕[2]	彦	祥
能	抄	袭	应	是	实	知	觉	信	只关	担保	者	当

---

① 史金波、黄振华、聂鸿音：《类林研究》卷三，第 65—66 页。
② 史金波、黄振华、聂鸿音：《类林研究》卷六，第 134 页。
③ 《番汉合时掌中珠》(乙种本)，《俄藏黑水城文献》第一〇册，第 33 页。
④ 《番汉合时掌中珠》(乙种本)，《俄藏黑水城文献》第一〇册，第 34,35 页。
⑤ 史金波、黄振华、聂鸿音：《类林研究》卷三，第 58 页。
⑥ 史金波、黄振华、聂鸿音：《类林研究》卷四，第 79 页。
⑦ 史金波、黄振华、聂鸿音：《类林研究》卷八，第 193 页。
⑧ 汉译本作"前内宿"，本书作"前内侍"。

𗼃	𗥤	𘊝	𗦇	𘆀	𗤓	𗢛	𘋨	𗧘	𗩩	𗋚	𗰜 𘟙	𗿒
寻	令	行	〈〉	量	为	〈〉	告	抄	〈〉	袭	若	文字	张

𗪘	𗇠	𗥤	𗦲	𗤋	𗒹	𘓺	𗠇	𘊴	𗦀 𗉘	𗦀 𗂧	𗦲
射	法	行	等	不	能	愚	昧	谋	巧	人 根	洁 净	等

𗇋	𗋕	𗨁	𗙴 𘟂[3]	𗦲	𗦻	𗤓	𗢛	𗤓	𗒹	𗄈	𗅋	𗇠
非	相	亦	丑 陋	等	是	实	抄	分	时	入	依	明	法

𘄿	𗤓	𗒹	𗉘	𗥤 𘟀							
依	〈〉	入	当	注 册							

𗀔	𘄡	𘓺	𗤋	𗧘	𗦲	𗦀	𘄿	𗦲	𗩩	𗦲	𗋚 𗦲	𗰜 𘟙
一	诸	人	官	袭	官	求	官	依	官	赐	等	文 官	中 书

𘝏 𗦲	𘞙 𗉘	𗒺	𗦲	𗤋 𗤋	𗤓	𘄍	𗪘	𗤓	𗢛	𗐯	𗼃
武 官	枢 密	中	等	分 别	〈〉	过	皆	〈〉	告	当	得

𗀔	𗇠	𘝏	𗦲	𗤋	𘝯	𘎑	𗄈	𗒹	𗉘	𗥤 𘟀	𗤓
一	法	依	官	求	者	边	中	一	种	〈〉	属	监 军 司	〈〉

注释：

[1] 𗤓𘊝：音、意"只关"。

𘊝，音"关"。如，夏译《类林》卷三关龙逢条"𘊝𗥼𗤓𗧯𗫡𘟙𗦲𗠇𗠇"译"关龙逢，夏桀朝大臣也"。①

𗤓𘊝，音"只关"，意"只关"。如《掌中珠》"𘎑𗦲𗤓𘊝"作"接状只关［𗣒𘔼𗤓𘊝］"。② 《吏学指南》载唐制"诸司相质问曰关。谓开通其事也"。③

[2] 𘟀𘝯：意"担保"。

---

① 史金波、黄振华、聂鸿音：《类林研究》卷三，第47页。
② 《番汉合时掌中珠》（甲种本），《俄藏黑水城文献》第一〇册，第16页。
③ ［元］徐元瑞著、杨讷点校：《吏学指南》，第35页。

"𘞃𘟂[字蛙]检查、边防"。① "𘞃𘟂𘟛𘟜𘝞𘝟𘝠𘝡(担保：变换不信用之持)"。② 不信任的典当需要担保，才可完成契约，这是西夏典当契约比较成熟的表现。

[3] 𘝢𘝣：意"丑陋"。

𘝢，与"𘝤"是异体字，丑陋。"𘝤𘝣(丑陋)"。③《掌中珠》"𘝥𘝦𘝤𘝧"作"以贫为丑"。④ 夏译《类林》卷六韩凭妻子条"𘝨𘝩𘝪𘝤"作"女身贱丑"。⑤

汉译本：

> 知文字、晓张射法、貌善、人根清洁、明巧可用，是应袭抄，则当令寻知情只关担保者，度其行而奏报袭抄。若不晓文字、张射法等，愚闇少计，非人根清洁，貌亦丑陋，则按分抄时顺序依法而入，当注册。
>
> 一诸人袭官、求官、由官家赐官等，文官经报中书，武官经报枢密，分别奏而得之。
>
> 一依法求官者，当报边中一种所属监军司，

39－12 左面：

告	经略使	处	〈〉	过	依次	〈〉	变	经略	上	不
系	属	京师界	等	与	一	起	文武	依	中书	枢密
分别	〈〉	告	局分	〈〉	典	升	簿	上	当	推寻	前
得	中	不	其	有	则	〈〉	属	案	中	官	名	人	名	〈〉

---

① 李范文：《同音研究》，第 245 页。
② 韩小忙：《同音背隐音义整理与研究》，中国社会科学出版社，2011 年，第 151—152 页。
③ 李范文：《同音研究》，第 390 页。
④ 《番汉合时掌中珠》(甲种本)，《俄藏黑水城文献》第一〇册，第 18 页。
⑤ 史金波、黄振华、聂鸿音：《类林研究》卷六，第 121 页。

上篇 《天盛律令》职官门整理与译释

𘓺	𘃞	𘄴	𘗂	𗉿	𗧘	𗸕	𘂳	𗂴	𗖒	𗔅	𗋽	𘟪	𘜔
记	为	板	簿	上	〈〉	升	册	〈〉	告	得	依	〈〉	明	时

𗤺𘊝[1]	𗾖	𗥤	𘎑	𗉣	𗢳	𗉫	𘂳	𗤺𘊝	𗗙	𗯆
宣徽	当	行	内	管	当	赐	〈〉	谓	宣徽	中	处

𗜓	𗸕	𘂳	𗧘	𗟲	𘎑	𗉣	𗧘	𘝯	𗗙	𗭡	𗈪	𗐾𗗅[2]
典	升	册	〈〉	行	内	管	〈〉	结	中	〈〉	头	上	勘	同

𘓺	𗷖	𗼃	𘎑	𗉣	𗦻	𗷖	𗼃	𗸕	𘂳	𗉿	𗂴	𘂳	𘋨	𘋢	𘓐
者	一	半	内	管	及	一	半	升	册	上	等	〈〉	著	外	后

𘎑	𗉿	𗐾𗗅	𗢣	𘋨	𗶷	𘎳	𘃞	?	𘎑	𗉣	𘓺	𘈾[3]
末	尾	坎	图	全	等	记	〈〉	为	?	内	管	者	信牌

注释：

[1]𗤺𘊝：[暮讹]宣徽。①

𗤺，意"赏"。夏译《类林》卷三"𗤺𗧆𘈾𗇸"译"赏罚不明"。②《德行集》中"𗌘𘟣𗤺𘈾𗢳𘎪𘟣𘈾𗋃𗏴"意"有功不赏,有罪不诛"。③

𘊝，意"院"、"方"，音"原"。如，《掌中珠》"𗵐𘊝"作"工院"、"𗤺𘊝"作"马院"，④夏译《类林》卷三"𘐗𘊝"意"地方","𗹏𘊝"音"太原"。⑤

宣徽院属于次等司,不见于元昊初建官制。汉文本《杂字》卷十八《司分部》有"宣徽"一词。清人吴广成认为,西夏韡都六年（宋嘉祐七年,1062）,谅祚新设南北宣徽使。⑥ 现有资料表明,宋嘉祐八年（1063）,西夏谅祚所派遣的进奉人石方,就任"南院宣徽使"一职。⑦ 西

---

① 《番汉合时掌中珠》(乙种本)，《俄藏黑水城文献》第一〇册,第33页。
② 史金波、黄振华、聂鸿音：《类林研究》卷三,第47页。
③ 聂鸿音：《西夏文德行集研究》,第120、121页。
④ 《番汉合时掌中珠》(乙种本)，《俄藏黑水城文献》第一〇册,第33页。
⑤ 史金波、黄振华、聂鸿音：《类林研究》卷三,第36、38页。
⑥ [清]吴广成：《西夏书事》,《续修四库全书》,上海古籍出版社,2001年,第458页。
⑦ [宋]李焘：《续资治通鉴长编》卷一九八,嘉祐八年正月癸丑,中华书局,1992年,第4789页。

夏文《碎金》的编者"宣徽正息齐文智"。①《金史·交聘表》卷六二载"南院宣徽使",②西夏陵 M182 碑亭出土汉文残碑也有"南院宣徽使"的记载。③

［2］𗷅𘑨:音"勘同"。

𗷅,音"坎"、"看"、"堪"。如,《掌中珠》乾坎艮艮［𘕕𗷅𗸜𘒢］、④堪为叹誉［𗷅𗼃𗀔𗉘］、磨勘司［𗳆𗷅𗗚］、医人看验［𗯿𘞗𗷅𗦀］。⑤ 夏译《类林》卷四张堪条"𘚻𗷅𘛞𗉔𘁂𗤋𗖵𗤋"译"张堪,南阳地方人也"。⑥

𘑨,音"土"、"兔"、"同"等。如,《掌中珠》土沙［𘑨𗘂］、腹肚［𗎱𘑨］、⑦尘土［𗼅𘑨］、兔［𘑨］⑧等等。夏译《孟子》"𘡄𘑨𘡊𘟪𗤂𗊢"作"沈同以其私问曰"。⑨

𗷅𘑨,音"坎图"、"堪同"。汉译本作"坎图",联系上下文,音译成"勘同"较为恰当。勘同,勘合时所用的符契。

［3］𘕿:意"信牌"。

《文海研究》释"𘕿𗾈","𘕿𗾈𘗽𗑱𗠋𗬩𗤋𗉢𘒣𘕕𘊲𗅁𘈷𗢭𗐯𗅁𗤪𗔸𗘊𘝢𘊞𘕿𘞶(此者官语执者,诸人所姓名显用,迅速紧急之燃马上用,故名信牌也)"。⑩《同音》"𗬫𘕿[查迷]敕牌"。⑪ 应该是西夏用来传送消息的一种符牌。有银牌、铁牌、木牌等各种材质的信牌,用处也不一样。"𗬫𘕿(火符)"的背隐内容为"𗋀𗐯(宫殿符牌)"。⑫《吏学指南》"刻木为验曰印"。⑬

唐宋辽时期都有信牌,是使用驿传的凭证。"唐有银牌,发遣驿使,则门下省给之。其制,阔一寸半,长五寸,面刻隶字曰'敕走马银牌',凡五字。首为窍,贯以韦带。其后罢之。"⑭北宋与辽作战时,"行阵间有所号令,则遣人驰告,多失详审,复虞奸诈"。大将石普"请令将帅破钱而持之,遇传令则合而为信。"直至宋真宗咸平六年(1003)九月,才有军中传信牌。其"漆木为牌,长六寸,阔三寸,腹背刻字而中分之,置凿枘令可合,又穿二窍容笔

---

① 聂鸿音、史金波:《西夏文本〈碎金〉研究》,《宁夏大学学报(社会科学版)》1995 年第 2 期。
② [元]脱脱等:《金史》卷六二《交聘表》,第 1468、1487 页。
③ 杜建录主编:《中国藏西夏文献》第一九册,第 313 页。
④ 《番汉合时掌中珠》(甲种本),《俄藏黑水城文献》第一〇册,第 6 页。
⑤ 《番汉合时掌中珠》(乙种本),《俄藏黑水城文献》第一〇册,第 32、33、34 页。
⑥ 史金波、黄振华、聂鸿音:《类林研究》卷四,第 88 页。
⑦ 《番汉合时掌中珠》(甲种本),《俄藏黑水城文献》第一〇册,第 7、10 页。
⑧ 《番汉合时掌中珠》(乙种本),《俄藏黑水城文献》第一〇册,第 25、27 页。
⑨ 彭向前:《西夏文〈孟子〉整理与研究》,第 133 页。
⑩ 史金波、白滨、黄振华:《文海研究》,第 161、416 页。
⑪ 李范文:《同音研究》,第 203 页。
⑫ 韩小忙:《同音背隐音义整理与研究》,第 22 年。
⑬ [元]徐元瑞著、杨讷点校:《吏学指南》,第 35 页。
⑭ [元]脱脱等:《宋史》卷一五四《舆服六》,第 3594 页。

墨,其上施纸札,每临阵则分而持之,或传令则署其言而系军吏之颈,至彼合契,乃署而复命焉"。[1] 金"穆宗之前,诸部长各刻信牌,交互驰驿,讯事扰人"。收国二年(1116)九月,"始制金牌,后又有银牌、木牌之制,盖金牌以授万户,银牌以授猛安,木牌则谋克、蒲辇所佩者也"。[2]

《宋史·夏国传》载西夏"铁骑三千,分十部。发兵以银牌召部长面受约束"。[3] 史料中出现西夏带银牌天使、带牌天使,宋元符元年(1098)五月,"诏鄜延经略司详问两蕃带牌伪天使,如知得西界事,宜令乘传赴阙"。[4]

汉译本:

经经略使处,依次变转,与不属经略之京师界等一起依文武分别报告中书、枢密。局分处于升册上当推寻,前所得中除外,则所属案中官名人名当寄,并增著于板簿上,当奏告以明时,当行宣徽,给内管。宣徽中人当增著典册,内管当结中头上勘同[5]者,一半内管及一半升册上当著以外,末尾上全勘同当放置□,内管者牌、

39-13 右面:

𘟁𘟤[1]	𘛛𘉋	𘃛𘈞𘍦	𘂳	𘅍	𘏞	𘋨	𘊱	?
铁箭	局分	前内侍	处	之	当	赐	〈〉	告	?

𘗩	𘟣	𘉋	𘙌	𘟩	𘉋	𘉋	𘅍	𘛛	𘌄𘚱𘖑[2]
印	〈〉	置	为	宣徽	局分	人	处	当	取	大恒历院

𘗲	𘉃𘑠	𘄡	𘋣	𘕿	𘞫	𘍦	𘌄𘚱𘖑	𘂳𘋨	𘖑
当	引送	贵	言	〈〉	终	〈〉	谓	大恒历院	处升	册

𘋣	𘛺	𘉋	𘈞	𘊱	𘗲	𘗴	𘉋	𘗲	𘍉	𘉃
〈〉	行	职	本	等	上	当	量	官	当	请	御

---

[1] [宋]李焘:《续资治通鉴长编》卷五五,咸平六年六月戊寅,第1215页。
[2] [元]脱脱等:《金史》卷五八《百官四》,第1336页。
[3] [元]脱脱等:《宋史》卷四八五《夏国传上》,第13995页。
[4] [宋]李焘:《续资治通鉴长编》卷四九八,元符元年五月辛酉,第11850页。
[5] 𘌄𘚱,汉译本音译为"坎图",本书音译为"勘同"。

𘕕𘏒𘂤	𘉋	𗼑	𗣼	𗃛	𘏒	𗼻	𘟂	𗦲	𗆤	𗤋	𘃵	𘟣	𘉋
印	未	及	官	者	彼	〈〉	墨	印	官	板	〈〉	置	为	内	管

𘉋	𘟂	𗦲	𘏒	𗣼	𗃛	𗼑	𘎳	𘝞	𗅳	𘂤	𗤋
官	等	中 书	枢 密	前	典	置	〈〉	当	赐	头	〈〉	举

𘃵	𗼻𘕕𘏒[3]	𘉋	𘟂	𗣼	𘏒	𘉋	𗤋	𗅳	𗦳𘉋[4]	𘟂	𘕕
为	及 御 印	官	一	种	内	管	与	〈〉	结 合	信	铁

𗦲	𘏒	𘕕	𗤋	𗃛	𗣼	𘏒 𘎳	𘏒	𘉋	𗊱	𘕕	𘃵
箭	内	侍	处	之	当	赐	前 述	内	管	法	依	印	中

𘕕	𗤋	𗣼	𗼻	𗼻𘕕𘏒[5]	𘉋	𘟂	𘕕	𘎳	𘅞	𘕕
〈〉	入	当	取	未 及 御 印	官	者	印	手	记	〈〉

注释：

[1] 𘕕𗦲：意"铁箭"。

𘕕，意"铁"、"冶"。如，《掌中珠》"𘃛𘕕"作"锡铁"①等。夏译《类林》卷四薛安条"𘓄𘕕𘊝𘏒"译"又烧铁令赤"。② 夏译《孟子》"𗐱𘕕𗊱"意"陶冶"。③

𗦲，意"弓"、"箭"。如，夏译《类林》卷二"𗊱𗬆𘏒𗦲𗖵𗼻"译"张弓箭待贼"。④ 卷四褚瑶条"𗊽𗼑 𘑨𗤲𘝞𘏒𘒢𗦲𘏒"译"东南之美者，唯此竹箭矣"。⑤ 卷五陈琳条"𗦲𘏒𘃛𘎳 𗊱𗊱𗊱𗤋"译"矢在弦上，不得不发"。⑥ 𗔇𗦲，意"弓箭"。

𘕕𗦲，意"铁箭"。是西夏内宫中当值人员使用的一种信符。《天盛律令》规定"待命者内宫当值，不许于持铁箭过后放弃职事而往他处"。⑦

《长编》卷五十三载：咸平五年（1002）冬十月"丙寅，西凉府六谷首领潘啰支遣使上言

---

① 《番汉合时掌中珠》（甲种本），《俄藏黑水城文献》第一〇册，第7页。
② 史金波、黄振华、聂鸿音：《类林研究》卷四，第93页。
③ 彭向前：《西夏文〈孟子〉整理与研究》，第157页。
④ 史金波、黄振华、聂鸿音：《类林研究》卷二，第33页。
⑤ 史金波、黄振华、聂鸿音：《类林研究》卷四，第90页。
⑥ 史金波、黄振华、聂鸿音：《类林研究》卷五，第111页。
⑦ 史金波、聂鸿音、白滨译注：《天盛改旧新定律令》卷十二《失藏典门》，第429页。

'李继迁送铁箭诱臣部落'"。① 咸平"五年十月,罗支又言贼迁送铁箭诱臣部族"。② 虽作铁箭,但在此处应该也是一种类似牌一样的信物。吐蕃有铁箭,"其驿以铁箭为契,其箭长七寸;若急驿膊前加着一银鹘"。③ 可见,铁箭在吐蕃也是一种信物。

[2] 𘚔𗘅𗥤:[顶赤啰]大恒历院。④

𘚔,意"礼"。如,《掌中珠》"𗧘𗤒𘚔𘕕"作"君子有礼"。⑤

𗘅,意"典"。如,《掌中珠》"学习圣典"作"𘊝𗘅𗡺𗖅"。⑥ 又表示植物的根茎。如,"芍药花"作"𗱰𗘅𘃳"、"蔓菁"作"𘓺𗘅"、⑦"干姜"作"𘆄𗘅"⑧等。

大恒历院掌国之大典及一切礼仪。汉文本《杂字》记有"典礼"。汉译本《天盛律令》或译为"大恒历司"、"大恒历院"、"典礼司",设有四正、四承旨、二都案、四案头等官职。《重修护国寺感通塔碑》载"顶直啰正",⑨顶直啰与顶赤啰读音相近,故此"顶直啰正"指的是大恒历院正。

[3] 𗼃𗵘𗤊:意"及御印"。

𗼃,意"贤"。如,《掌中珠》"𗼃𗼕"作"贤人"。⑩ 夏译《类林》卷七朱亥条"𗼃𗼕"译"贤人"。⑪

𗵘,意"印"。如,夏译《类林》第四卷末"𗣼𗥝𘊲𗰔𗾟𗊢𗳌𗖻𗊢𗖵𘕤𘊲𗘅𗵘"译"乾祐癸丑十二年六月二十日刻字司印"。⑫

𗤊,意"及"。如,夏译《类林》张堪条"𘊐𗘅𗧘𗤒𗡞𗸕𗤊𗼃𗳇"译"张堪真君子,断事不可及"。⑬

𗼃𗵘𗤊,意"及御印"。西夏官阶分为三种,及授、及御印、未及御印等。《天盛律令》卷二《八议门》论及八议:"六者尊上。有'及御印'以上官之谓。"⑭

[4] 𗴂𘟣:意"结合"。

意"结合"。如,夏译《类林》卷四东方朔条"𘓺𘓺𗴂𘟣𗤋𗰜𗊢𘄿𗅲𗊢"译"七七相配则为

---

① [宋]李焘:《续资治通鉴长编》卷五三,咸平五年十月丙寅,第1155页。
② [元]脱脱等:《宋史》卷四九二《吐蕃传》,第14156页。
③ [唐]杜佑:《通典》卷一九〇《边防六》,第5171页。
④ 《番汉合时掌中珠》(乙种本),《俄藏黑水城文献》第一〇册,第33页。
⑤ 《番汉合时掌中珠》(甲种本),《俄藏黑水城文献》第一〇册,第16页。
⑥ 《番汉合时掌中珠》(乙种本),《俄藏黑水城文献》第一〇册,第32页。
⑦ 《番汉合时掌中珠》(乙种本),《俄藏黑水城文献》第一〇册,第25、26页。
⑧ 《番汉合时掌中珠》(甲种本),《俄藏黑水城文献》第一〇册,第8页。
⑨ 重修护国寺感通塔碑,《中国藏西夏文献》第一八册,第93页。
⑩ 《番汉合时掌中珠》(乙种本),《俄藏黑水城文献》第一〇册,第27页。
⑪ 史金波、黄振华、聂鸿音:《类林研究》卷七,第165页。
⑫ 史金波、黄振华、聂鸿音:《类林研究》卷四,第105页。
⑬ 史金波、黄振华、聂鸿音:《类林研究》卷四,第88页。
⑭ 史金波、聂鸿音、白滨译注:《天盛改旧新定律令》卷二《八议门》,第134页。

四十九也"。① 杨修条"𘟙𘟙𘟙𘟙𘟙𘟙𘟙𘟙𘟙𘟙𘟙𘟙"译"此字者,'人'、'一'、'口'三字结合成字也"。②

[5] 𘟙𘟙𘟙𘟙：意"未及御印"。

𘟙,意"不"。如,《掌中珠》"𘟙𘟙𘟙𘟙"作"不敢不听"、"𘟙𘟙𘟙𘟙"作"不肯招承"、"𘟙𘟙𘟙𘟙𘟙"作"不敢毁伤也"。③

𘟙𘟙𘟙𘟙,意"未及御印"。

汉译本：

铁箭、局分前宫人当给,并奏□,当置印。宣徽局分当取,导送大恒历院,贵言④当结说。大恒历司人当行升册,计量职级、本功,官当请。⑤ "未及御印"官者,其处墨印、官板当置。内管官等当还于中书、枢密原置典处,当过问,"及御印"官一种与内官当总合,牌、铁箭当还内侍。前述内管当依法印中当入取。有"未及御印"官者,当著印于

39-13 左面：

𘟙	𘟙	𘟙	𘟙	𘟙	𘟙	𘟙	𘟙	𘟙	𘟙𘟙𘟙	𘟙	𘟙
〈〉	则	官	名	寄	人	当	任	内	管	大恒历司	处	之

𘟙	𘟙	𘟙	𘟙	𘟙	𘟙	𘟙	𘟙	𘟙	𘟙	𘟙	𘟙	𘟙
当	回	为	〈〉	藏	分	别	升	册	板	簿	上	一	毕	〈〉

𘟙	𘟙	𘟙	𘟙	𘟙	𘟙	𘟙	𘟙	𘟙	𘟙	𘟙	𘟙
谓	若	局	分	人	处	不	应	官	过	令	时	三	年	住

𘟙[1]	𘟙	𘟙	𘟙	𘟙	𘟙	𘟙	𘟙	𘟙	𘟙	𘟙	𘟙	𘟙
滞	曾	中	未	曾	谓	官	得	令	之	推	寻	时	何	至

---

① 史金波、黄振华、聂鸿音：《类林研究》卷四,第75页。
② 史金波、黄振华、聂鸿音：《类林研究》卷四,第75页。
③ 《番汉合时掌中珠》(乙种本),《俄藏黑水城文献》第一〇册,第33、34页。
④ 𘟙𘟙,汉译本作"□言",本书作"贵言"。
⑤ 𘟙,汉译本未识,本书作"请"。

𗾖	𗫨	𘋩	𘅣	𗅉𗅉	𗦀	𗼃	𗐱	𗋎	𘅣	𗗚𘐉	𘝞	𗧬
往	依	前	顺	一一	罪	状	明	法	依	判断	所	官

𗤄	𗟲	𗤳	𗉅	𗗚𘝞[2]	𗧇	𗥃	𗤒	𗧬	𗥩	𘒏	𘄡	𗧘	𗢭
得	应	是	典	判凭	及	有	〈 〉	官	过	升	册	不	行	时

𗧬	𘜶	𘝞𗉅	𘉑	𗦪𘓺	𗅉	𗧭	𗡞	𗐱	𗤒	𘕘	𗧬
官	有	罚马	一	庶人	十	三	杖	内	管	未	毕	官

𗫼	𘊐	𘝞	𘒏	𘒏𘄡	𗧇	𘛝	𗅉	𗨁	𘃝	𗦀	𗜏	𘉞
竟	赐	为	时	二年	及	贿	有	则	律	法	罪	等	何

𗤒	𗜐	𘟙	𗗚𘝞
〈 〉	重	上	判断

注释：

[1] 𗾖𗫨：意"住滞"。

𗾖，意"停止"。《文海》中释"𗾖"，"𗾖𗫨𗟲𗪩𗥩𗾖𗫨𗎊𘒏"，①意"做，做造不停止之谓"，"𗾖𗫨"为常用词语，《掌中珠》有"𘝞𗧇𗾖𗫨"作"莫要住滞"。②

[2] 𗗚𘝞：意"判凭"。

𗗚，意"判断"。

𘝞，意"写"、"书写"。如，夏译《类林》东方朔条"𗓦𗵒𗫨𗥼𗵒𗣛𗾖𗩾𗵒𗢭𘝞𗥩𗡞𗆧𗵒𘌽𗅉𘒏"译"'叱'字为口旁加七"。③ 杨修条"𘃡𘅣𗴭𗦀□𘒎𘝞𗧇𗥩𗵒𘉑𗫲𘝞"译"曹操乃于器纸盖上书一'合'字"。④

𗗚𘝞，意"判凭"。如，《掌中珠》"𘓺𗦀𗗚𘝞"作"案检判凭"、"𘘤𗥹𗗚𘝞"作"都案判凭"。⑤ 又

---

① 《文海宝韵》（甲种本），《俄藏黑水城文献》第七册，第134页。
② 《番汉合时掌中珠》（乙种本），《俄藏黑水城文献》第一〇册，第33页。
③ 史金波、黄振华、聂鸿音：《类林研究》卷四，第75页。
④ 史金波、黄振华、聂鸿音：《类林研究》卷四，第75页。
⑤ 《番汉合时掌中珠》（乙种本），《俄藏黑水城文献》第一〇册，第33、34页。

《文海》"𗤊𗼇𗤊𘂧𗤻"。① 检,《唐律疏议》卷五"检者,谓发辰检稽失,诸司录事之类"。② 案检,"谓诸司判官判断其是者是也"。③

汉译本:

记,则官寄名人当掌,当还内管大恒历司,当回④分别 藏⑤升册、板簿上已毕后,若勾管人无理使官过时,徒三年。曾有住滞说未住滞,使得官之推寻,节何□⑥往,依前一一罪状明,依法判断。若是应得官,虽有判凭,然官过不著升册时,有官罚马一,庶人十三杖,内管未竟,赐官阶时,徒二年。受贿则与枉法贪赃罪比,从其重者判断。

39-14 右面:

			[1]										
一	诸	人	诈	官	为	时	属	者	〈〉	任	则	诈	〈〉	告

[2]												
圣旨	行	法	依	判断	若	诈	言	一	用	行	〈〉	为

属	者	未	任	则	一	品	当	减	为

一	诸	人	官位	得	者	官	敕	头字	则	不	任	此	〈〉

文字	上	有	及	列	班	中	以上	班	等	许	不	律	违

---

① 史金波、白滨、黄振华:《文海研究》,第338、548页。
② [唐]长孙无忌撰,刘俊义点校等:《唐律疏议》卷五《名例》,第113页。
③ [唐]长孙无忌撰,刘俊义点校等:《唐律疏议》卷六《名例》,第139页。
④ 𗤊,汉译本未识,本书作"回"。
⑤ 𘂧,汉译本未识,本书作"藏"。
⑥ 𘂧,汉译本未识,本书作"奏"。𘂧𗤊𗼇𗤻,汉译本作"节何□往",本书作"何时往奏"。

𗆐	𗩾	𗫩	𘕿	𗾖	𘋨	𗍳	𗕴	𗗿	𗉛				
时	官	有	罚	马	一	庶	人	十	三	杖			

𗍫	𗴂	𘋨	𗆐	𗕅	𗵘𘁂[3]	𘒏	𗩾	𗋕	𗫩	𗩾	𗨛	𗼂	𘒏	𗃛
一	诸	人	罪	为	分析	上	官	不	有	官	有	我	谓	及

𗩾	𗘅	𗫩	𗩾	𗢳	𗟲	𗎅	𗆐	𗺉	𘒏	𗽴	𘉍𗫨[4]	𗞔	𗕅	𗆐
官	低	有	官	高	有	等	时	九	第	上	口供	诈	罪	

𗍨	𘒏	𗣼	𗀀	𗋕𘕿					
种	明	法	依	判断					

注释：

[1] 𗞔：意"诈"。

𗞔，意"诈"、"谄"、"伪"。如，夏译《类林》卷四曹操条"𗆐𗽋𘈧𘕿𗞔𗭤𗃛𗵘𗥤"译"曹操即诈惊起"。① 夏译《孟子》卷六《滕文公章句下》"𘞽𗩾𗞔𘒣𗕈𗫨𘐗𘝣"译"胁肩谄笑，病于夏畦"。② 又"𘟩𗞬𗞔𗗋"译"国中无伪"。③

𗞔，意"诈"。与"𗞔"为异体字。

[2] 𘉍𗫨：意"圣旨"。

𘉍，意"贤"。如，《掌中珠》"𘉍𗫩"作"贤人"。④ 夏译《类林》卷七朱亥条"𘉍𗫩"译"贤人"。⑤

𗫨，意"指挥"、"旨"。如，《掌中珠》"𗾈𘋨𗫨𗥤"作"尽皆指挥"、"𘈧𗩾𗫨𗥤"作"指挥局分"、⑥"𘝣𗫨𗥤𘟥"作"大人指挥"等等。夏译《类林》卷七陈思王条"𘝣𗫨𘟪𗵒𗍳𗥤𗨻𘋏𘃡"对应汉文"子建依兄旨作诗"。⑦

汉译本《天盛律令》译作上谕。

---

① 史金波、黄振华、聂鸿音：《类林研究》卷四，第73页。
② 彭向前：《西夏文〈孟子〉整理与研究》，第57页。
③ 彭向前：《西夏文〈孟子〉整理与研究》，第162页。
④ 《番汉合时掌中珠》（乙种本），《俄藏黑水城文献》第一〇册，第27页。
⑤ 史金波、黄振华、聂鸿音：《类林研究》卷七，第165页。
⑥ 《番汉合时掌中珠》（乙种本），《俄藏黑水城文献》第一〇册，第33、34页。
⑦ 史金波、黄振华、聂鸿音：《类林研究》卷七，第157页。

[3] 𘄡𘟣：意"分析"。

"布"、"列"。如，夏译《类林》卷六东方朔条"𘟣𘟣𘟣𘟣𘟣𘄡𘟣𘟣"译"于是布卦于地"。① 如《掌中珠》"𘟣𘟣𘄡𘟣"作"彼人分析"。②《文海研究》"𘄡𘟣𘄡𘟣𘟣𘟣𘟣𘟣𘟣𘟣𘟣（分析者分析也，使语言分明用也）"。③

[4] 𘟣𘟣：意"口供"。

𘟣，意"问"。如，夏译《类林》卷三孟子条"𘟣𘟣𘟣𘟣𘟣𘟣"译"孟子问母曰"。④ 郭伋条"𘟣𘟣𘟣𘟣𘟣𘟣𘟣𘟣"译："遂问之：何日欲还？"⑤ 张刚条"𘟣𘟣𘟣𘟣𘟣𘟣𘟣𘟣𘟣𘟣𘟣𘟣"译"豺狼仍在，安问狐狸"。⑥

𘟣，音"口"。如，《掌中珠》口唇[𘟣𘟣]。⑦

𘟣𘟣，直译问口，汉译本《律令》译作口供。

汉译本：

一诸人诈而为官时，属者已任，则许己奏，按上谕⑧依法判断。若诈语成而属者未任，则当减一等。

一诸人得官位者，实不执官敕头字，虽有文书而不许立列班上。违律时有官罚马一，庶人十三杖。

一诸人为罪分析时，无官曰我有官及低官曰高官等时，依第九卷口供虚诈罪状法判断。

39-14 左面：

𘟣	𘟣	𘟣	𘟣𘟣	𘟣	𘟣	𘟣	𘟣	𘟣	𘟣	𘟣𘟣	𘟣	𘟣	𘟣
一	诸	人	职位	得	官	未	得	及	军	独诱	种	种	牧

𘟣𘟣𘟣[1]	𘟣	𘟣	𘟣𘟣	𘟣𘟣	𘟣	𘟣	𘟣	𘟣	𘟣
农待命	者	等	中	首领	大小	官	不	有	人	等

---

① 史金波、黄振华、聂鸿音：《类林研究》卷六，第129—130页。
② 《番汉合时掌中珠》（乙种本），《俄藏黑水城文献》第一〇册，第33页。
③ 史金波、白滨、黄振华：《文海研究》，第221、463页。
④ 史金波、黄振华、聂鸿音：《类林研究》卷三，第35页。
⑤ 史金波、黄振华、聂鸿音：《类林研究》卷三，第37页。
⑥ 史金波、黄振华、聂鸿音：《类林研究》卷三，第42页。
⑦ 《番汉合时掌中珠》（甲种本），《俄藏黑水城文献》第一〇册，第10页。
⑧ 汉译本作上谕，本书作圣旨。

新	祇	蘈	羰	繎骸	耗	骸	羰	溯	緃	辦	瓏	骸
罪	犯	有	时	律令	上	官	得	依	明	中	末	品 官

羰	繆	秕	牧	儵	骸	纞	憨	黐	靠祇		
得	应	上	当	算	官	有	法	依	判断		

骸	厐	敫	瞵	繆	骸	骸	瞵	新	祇	羰	研	溯	緃	茲	骸
一	诸	人	袭	应	官	未	袭	罪	犯	时	减	依	明	与	〈〉

黐	殍	祇	瞵	繆	秕	新	繎	牧	儵	殍
抵	为	所	袭	应	上	罪	因	当	算	为

骸	厐	敫	骸轆	繎	繖	巍骳[2]	繖羖[3]	靫	骸	殍	秕	轆
一	诸	人	官印	请	者	威臣	帽主	等	官	为	上	印

牧	繎	眪	敕	厐肌	羰繆	靫	秕	羊	斾	羌	糒	骸
当	请	簿	及	诸司	告状	等	上	当	行	彼	比	官

缡	敫	骸	轆	繎	殍	絹
小	人	官	印	请	许	不

注释：

[1] 斋 燹 秪 殍：意"牧农待命"。

斋，意"牧"。如，夏译《类林》卷三苏武条"縦繖巟巤殍祇繆纞夎覈骸巍磮死癵斋祇"译"匈奴欲令为臣，出苏武北海处牧羊"。①

燹，意"农"、"耕"、"种"。如，《掌中珠》"燹毪"作"农器"、"燹莸"作"耕牛"。② 夏译《类林》卷三伍员条"茲狒蕴膦羊榭扸 羲絓骸燹燚巍劦"译"虽克齐，犹石田也，不可种之"。③

---

① 史金波、黄振华、聂鸿音：《类林研究》卷三，第44页。
② 《番汉合时掌中珠》(乙种本)，《俄藏黑水城文献》第一〇册，第32页。
③ 史金波、黄振华、聂鸿音：《类林研究》卷三，第54页。

卷四黄霸条"󰀀󰀁󰀂󰀃󰀄󰀅󰀆󰀇󰀈"译"野外不耕,嘉禾自生"。①

󰀉󰀊,意"待命"。

󰀋󰀈󰀉󰀊,意"牧农待命"。西夏的牧主、农主配备战具,《天盛律令》卷五有所规定。②

[2] 󰀌󰀍:意"威臣"。

󰀌,意"威"。如,夏译《类林》卷三董宣条"󰀎󰀏󰀐󰀌□󰀑󰀒󰀓󰀔󰀕󰀖"译"公主纵奴而杀良人"。③

󰀍,意"臣"。如,夏译《类林》卷七阮宣条"󰀗󰀘󰀙󰀚󰀍"译"大臣与官吏"。④《类林》卷三朱云条"󰀍󰀛󰀜󰀝󰀞󰀟󰀠󰀡󰀢󰀣"对应汉文本"臣欲请敕剑斩佞臣一人"。⑤

󰀌󰀍,西夏阶官名称。

[3] 󰀤󰀥:意"帽主"。

󰀤,意"帽"、"冕"、"笠"。如,《掌中珠》"󰀦󰀤"作"毡帽"、"󰀧󰀤"作"暖帽"、"󰀨󰀤"作"冠冕"、"󰀩󰀤"作"凉笠"。⑥又音"争"、"筝"。如《掌中珠》与人斗争[󰀪󰀫󰀬󰀤]、筝[󰀤]、争名趋利[󰀤󰀭󰀮󰀯]⑦等等。

󰀥,意"主"。如,夏译《类林》卷三孟子条"󰀰󰀱󰀲󰀳󰀴󰀵󰀥󰀶󰀷󰀸"译"自家东边邻舍主人杀猪"。⑧卷四陈平条"󰀹󰀥󰀺󰀻󰀼󰀤󰀽󰀾󰀿"译"船主见其为美丈夫"。⑨󰀥󰀶,意"主人",󰀹󰀥,意"船主"。

󰀤󰀥,意"帽主"。西夏阶官名称。《天盛律令》卷二又译作"头主"。⑩

汉译本:

一诸人得职位而未得官及军独诱种种牧农待命者中,大小首领无官之人犯罪时,当以律令上得官次第中应得末等官论,依有官法判断。

一诸人应袭官未袭而犯罪时,与减罪次第相抵,以所应袭上论其罪。

一诸人请官印者,为"威臣"、"帽主"等官可请封印,当用于簿册及诸司告状中。比其官小者不许请官印。

---

① 史金波、黄振华、聂鸿音:《类林研究》卷四,第84—85页。
② 史金波、聂鸿音、白滨译注:《天盛改旧新定律令》卷五《军持兵器供给门》,第225页。
③ 史金波、黄振华、聂鸿音:《类林研究》卷三,第41页。
④ 史金波、黄振华、聂鸿音:《类林研究》卷七,第185页。
⑤ 史金波、黄振华、聂鸿音:《类林研究》卷三,第40页。
⑥ 《番汉合时掌中珠》(甲种本),《俄藏黑水城文献》第一〇册,第13页。
⑦ 《番汉合时掌中珠》(乙种本),《俄藏黑水城文献》第一〇册,第33、35、36页。
⑧ 史金波、黄振华、聂鸿音:《类林研究》卷三,第35页。
⑨ 史金波、黄振华、聂鸿音:《类林研究》卷四,第72页。
⑩ 史金波、聂鸿音、白滨译注:《天盛改旧新定律令》卷二《罪情与官品当门》,第140页。

39－15 右面：

一	诸	寺僧监	司	者	印	当	请	变道[1]	中	印	请	许

不	若	律	违	时	官	有	罚	马	一	庶人	十	三	杖

一	诸司	文字	行	上	司印[2]	官印[3]	等	金	银	实	及

铜上银蔽[4]	铜	等	四	种	司	位	官	品	等	依

斤两[5]	高低		明	令	以下	所定	依	当	为

司印

皇太子[6]	金	纯	一	百	两

中书	枢密	之	银	纯	五	十	两

经略司	之	银	纯	二	十	五	两

注释：

[1] 变道：音"变道"、"偏袒"。

𗧹，音"弁"。夏译《类林》卷四马韩条"𗧹𗧁"音"弁韩"。①

𗤼，音"粪"、"桃"、"道"、"踏"、"叹"、"他"、"大"、"毯"、"贪"。如，《掌中珠》粪灰[𗤼𘊱]、葫桃[𗢳𗤼]、葡桃[𘊲𗤼]、樱桃[𘊲𗤼]、行道求修[𗾖𗤼𘄴𘊱]、踏床[𗤼𗦀]、立身行道[𗷻𘓺𗾖𗤼]、堪为叹誉[𗉘𗫡𗤼𗩱]、伤害他人[𘅞𗫻𗤼𗟱]、大鼓[𗤼𗓷]、马毯[𗘅𗤼]、起贪嗔痴[𗵒𗤼𘊐𘊮]，②得达圣道[𘜶𗤼𘃽𗤻]③等等。

𗧹𗤼，有证道的意思，前文提及诸寺僧监可请印，变道中不许请印。④ 俄藏 Инв. No. 598 号西夏文《圣胜慧到彼岸功德宝集偈》题记中出现一僧官名"𘝞𘄴𗧹𗤼𘟨𘄴𘊱"，对应汉文本题记为"偏袒都大提点"。"𗧹𗤼"是"偏袒"的音译。

[2] 𗢳𘆝：意"司印"。

𗢳，意"司"。《掌中珠》"𗢳𘄰𘜶𘟙"作"司吏行遣"，⑤"𗏇𗣠𗢳"作"统军司"、"𗿢𗤳𗢳"作"殿前司"、"𘏚𗗔𗢳"作"陈告司"等诸司。⑥

𘆝，意"印"。夏译《类林》卷四末尾有记"𘊱𘗠𗢳𘆝"，对应汉文"刻字司印"，说明夏译《类林》是刻字司印制的官刻本。⑦

𗢳𘆝，意"司印"。《天盛律令》卷十共记载了九种司印，并规定了印的大小尺寸、斤两和材质。

[3] 𘕕𘆝：意"官印"。

𘕕，意"官"。《掌中珠》"𗾈𘓲𘕕𗗙"作"因此加官"。⑧ 夏译《类林》卷六郭贺条"𘈧𘙰𘕕𘞙 𘃽 𘙇𘕕"对应汉文"大殿，官位之形"。⑨

𘕕𘆝，意"官印"，西夏共有五种官印。

[4] 𗣼𗮮𘉳𘙇：意"铜镀银"。

𗣼，意"铜"。如，《掌中珠》"𗣼𗩱"作"铜鍮"、⑩"𗣼𗤼"作"铜鼓"。⑪ 夏译《类林》卷四南蛮条"𗘅𘜶𘓲𗣼𘉳𘝘𘅀𘟙"译"马援令立铜柱"。⑫

---

① 史金波、黄振华、聂鸿音：《类林研究》，第 101 页。
② 《番汉合时掌中珠》(乙种本)，《俄藏黑水城文献》第一〇册，第 25、26、29、31、32、33、35、36 页。
③ 《番汉合时掌中珠》(甲种本)，《俄藏黑水城文献》第一〇册，第 19 页。
④ 史金波、聂鸿音、白滨译注：《天盛改旧新定律令》卷十"官军敕门"，第 358 页。
⑤ 《番汉合时掌中珠》(甲种本)，《俄藏黑水城文献》第一〇册，第 16 页。
⑥ 《番汉合时掌中珠》(乙种本)，《俄藏黑水城文献》第一〇册，第 33 页。
⑦ 史金波、黄振华、聂鸿音：《类林研究》卷四，第 105 页。
⑧ 《番汉合时掌中珠》(乙种本)，《俄藏黑水城文献》第一〇册，第 32 页。
⑨ 史金波、黄振华、聂鸿音：《类林研究》卷六，第 138 页。
⑩ 《番汉合时掌中珠》(甲种本)，《俄藏黑水城文献》第一〇册，第 7 页。
⑪ 《番汉合时掌中珠》(乙种本)，《俄藏黑水城文献》第一〇册，第 29 页。
⑫ 史金波、黄振华、聂鸿音：《类林研究》卷四，第 104—105 页。

𗼃,意"上"。如,夏译《类林》卷三周昌条"𗽀𗼃𗶍𗏇𗋽𗉘"译"乃骑项上曰"。① 仲叔圉条"𗧀𗆈𗧜𗖻𗼖𗼃𗶍"译"卫灵公坐重华台上"。②

𗽃,意"银"。如,《掌中珠》"𗯙𗽃"作"金银"。③ 夏译《类林》卷四大秦国条"𗗉𗧓𗐾𗯙𗽃𗐁𘊆𗉘𗗙"译"其国中不仅多有金银明珠"。④

𘊝,意"遮"、"画"。如,夏译《类林》卷四田单条"𗵆𗵆𘊋𗵆𗤋𘊝𗩭"译"悉以彩绢衣之"。⑤ 此处的"𘊝"对应"衣",表"遮掩"意。又卷四倭人条"𗋽𗬃𗵆𘊋𘊌𘉋𘀗𘊝"译"男子皆于身上画字"。⑥

𘅫𗼃𗽃𘊝,字面意思"铜上遮银",意"铜镀银"。

西夏的官印、司印均有金、银、铜镀银、铜四种材质,而自汉以来,官印有金、银、铜印。"唐制,诸司皆用铜印,宋因之",而司印,"惟尚书省印不涂金,余皆涂金"。⑦

[5] 𘁂𘂆:意"斤两"。

𘁂,意"斤"。如,夏译《六韬》中卷军义用篇"𗼃𘕿𘟨𘟗𘎂𘁂𘀃𘅞𘗠𘊢"对应汉文本"大橹刀,重八斤,柄长七尺"。⑧

𘂆,意"两"。然而,夏译《类林》卷四黄霸条"𘋳𘐵𗽃𗗉𘓝𘈖𗠁𘂆𗭪𘗠𘊢"译"宣帝以为能,赐金四十斤"。⑨ 此处"𘂆"对应汉文"斤"。在《天盛律令》中,提到官印、司印时,其重量一般为"𘂆",意"两"。故而,《类林》黄霸条中的"斤"应译为"𘁂"。

𘁂𘂆,意"斤两"。是西夏重量单位。如,夏译《类林》卷四邓哀王条"𗨙𗺌𘊢𘉋𘁂𘂆𘂆𘉎"译"曹操欲知其斤两"。⑩

[6] 𘓐𗩦𗡝:意"皇太子"。

𘓐,意"皇"、"天"。如,《掌中珠》"𘓐𗎘"作"皇天"、⑪"𘓐𘈖𗲴𘏲"作"天一贵神"、"𘓐𘊉"作"天德"、"𘓐𗾺"作"天杀"⑫等等。夏译《类林》"𘓐𘈖"译"皇帝"。⑬

---

① 史金波、黄振华、聂鸿音:《类林研究》卷三,第39—40页。
② 史金波、黄振华、聂鸿音:《类林研究》卷三,第51页。
③ 《番汉合时掌中珠》(甲种本),《俄藏黑水城文献》第一〇册,第7页。
④ 史金波、黄振华、聂鸿音:《类林研究》卷四,第104页。
⑤ 史金波、黄振华、聂鸿音:《类林研究》卷四,第78—79页。
⑥ 史金波、黄振华、聂鸿音:《类林研究》卷四,第103页。
⑦ [元]脱脱等:《宋史》卷一五四,《校勘记》,第3950页。
⑧ 贾常业:《西夏文译本〈六韬〉解读》,《西夏研究》2012第2期,第58—81页。
⑨ 史金波、黄振华、聂鸿音:《类林研究》卷四,第85页。
⑩ 史金波、黄振华、聂鸿音:《类林研究》卷四,第76页。
⑪ 《番汉合时掌中珠》(乙种本),《俄藏黑水城文献》第一〇册,第21页。
⑫ 《番汉合时掌中珠》(甲种本),《俄藏黑水城文献》第一〇册,第4页。
⑬ 史金波、黄振华、聂鸿音:《类林研究》卷三,第56、57页。

󰀀󰀁,意"太子"。如,夏译《类林》卷三"󰀂󰀃󰀄󰀅󰀆󰀇󰀈󰀉󰀀󰀁󰀊󰀋󰀌󰀍󰀎"译"高祖欲废吕后及亲太子盈",卷四褚瑶条"󰀏󰀐󰀑󰀀󰀁󰀌󰀒󰀓󰀔󰀕󰀖󰀗󰀘󰀙󰀚󰀛󰀜"译"故太子之庶弟羊衡求特产",卷七燕太子条"󰀝󰀀󰀁"译"燕太子"。①

"󰀞󰀀󰀁"作"皇太子"。汉文本《杂字》卷十七《官位部》有载。②《中国藏西夏文献》第十九册收录7号陵东碑亭出土汉文残碑中有载。③《官阶封号表》(甲种本)"󰀞󰀀󰀁(皇太子)"在"󰀞󰀟(皇帝)"之下,"󰀠󰀡(上品)"之上。④《长编》卷一六二载:"次宁令哥,曩霄(夏景宗李元昊)以貌类己,特爱之,以为太子。"⑤

汉译本:

一诸寺僧监司者可请印,变道中不得请印。若违律时,有官罚马一,庶人十三杖。

一诸司行文书时,司印、官印等纯金、纯银及铜镀银、铜等四种,依司位、官品等,分别明其高下,依以下所定为之。

司印:

皇太子金重一百两。

中书、枢密银重五十两。

经略司银重二十五两。

39-15左面:

󰁀 󰁁[1]	󰁂	󰁃 󰁄 󰁅 󰁆	󰁇	󰁈	󰁉			
正统	之	铜镀银	二	十	两			

󰁊 󰁋 󰁌	󰁃 󰁄 󰁅 󰁆	󰁈	󰁍	󰁉				
次 等 司	铜镀银	十	五	两				

󰁎 󰁋 󰁌	󰁃 󰁄 󰁅 󰁆	󰁈	󰁇	󰁉				
中 等 司	铜镀银	十	二	两				

---

① 史金波、黄振华、聂鸿音:《类林研究》卷三、四、七,第56、57、90、164、165页。
② 汉文本《杂字》卷一七,《俄藏黑水城文献》第九册,第16左页。
③ 杜建录主编:《中国藏西夏文献》第一九册,第231、312页。
④《官阶封号表》甲种本,《俄藏黑水城文献》第九册,第368页。
⑤ 李焘:《续资治通鉴长编》卷一六二,庆历八年正月辛未,第3901、3902页。

𗧓𗣼𘓐	𗣼	𘀄	𘈖	𘃡			
下 等 司	铜	纯	十一	两			

𗧓𗣼𘓐	𗣼	𘀄	𘃡				
末 等 司	铜	纯	十	两			

𗧓𗣼	𗐴	𘓐	𗫡𘈖	𘟀	𗉛	𗣼	𘀄	𘃡
僧 监	副	判	首 领	权	印	等	铜 纯	九 两

𘓐𘈖							
官 印							

𗾑𗣼[2]	𘓐𘈖[3]	𘀄	𘃡	𗾑	𘀄	𘃡	
三 公	诸 王	银	纯	二	十	五 两	

𗾑𗣼𘓐[4]	𘃡	𘃡𘈖	𘃡	𘃡	𗣼	𘀄	𘓐
及 授 官	有	中	宰 相	处	之	铜 上	银

注释：

[1] 𗧓𗣼：意"正统"，此处为正统司的省称。

𗧓，音"正"，意"正"。《掌中珠》"𗧓𗣼𘓐"作"正统司"、"𗧓𘃡"作"正听"，"𗧓"标"正"音。①

𗣼，意"统"、"军"。《掌中珠》"𗣼𗾑"作"将星"、②"𗾑𗣼𘓐"作"统军司"③等等。

𗧓𗣼𘓐，作"正统司"。《番汉合时掌中珠》、《天盛律令》中有载，但不在五等司之列。正统司设置时间不确定，在文献中作为机构名称出现的时间最早在天盛初年。在《官阶封号表》(乙种本)有权位，位于枢密位之下，卜师位之上，与谏师位并列，下有两个官名，"𗾑𗣼（统军）"、"𘓐𘈖（差遣）"。④

---

① 《番汉合时掌中珠》(乙种本)，《俄藏黑水城文献》第一○册，第32、33页。
② 《番汉合时掌中珠》(甲种本)，《俄藏黑水城文献》第一○册，第4页。
③ 《番汉合时掌中珠》(乙种本)，《俄藏黑水城文献》第一○册，第32、33页。
④ 《官阶封号表》(乙种本)，《俄藏黑水城文献》第九册，第368页。

[2] 𗴂𗂧：音"三公"。

𗴂，音"三"、"珊"。如，《掌中珠》三丘[𗴂𗯴]、珊瑚[𗴂𘆄]、远离三涂[𗂧𗊩𗴂𗤋]、①三司[𗴂𗣼]、三弦[𗴂𘑶]、三界流转[𗴂𗰜𗤋𗢳]②等等。

𗂧，音"工"、"翁"、"公"。如，《掌中珠》体工[𗾞𗂧]、亲家翁[𘋑𘊄𗂧]③等等。夏译《类林》卷三"𘋑𗮬𗂧"音"晋文公"、"𘋑𘊗𗂧"音"晋献公"。④

𗴂𗂧，音"三公"。如，夏译《类林》卷七杨宝条"𗵒𗤓𗦇𗦇𗬩𗬩𗴂𗂧𗤨"译"子孙相继为三公"。⑤《德行集》中"𗴂𗂧𗖵𗤨𘌤𘉋𘑲𘒣𘒣𘐊𗤓𗤨"意"三公固明孝仁礼义以习之也"。⑥

《宋史•职官志》："宋承唐制，以太师、太傅、太保为三师，太尉、司徒、司空为三公，为宰相、亲王使相加官，其特拜者不预政事，皆赴上于尚书省。凡除授，则自司徒迁太保，自太傅迁太尉；检校官亦如之。"⑦金"太尉、司徒、司空各一员，皆正一品，论道经邦，燮理阴阳"。⑧

《天盛律令》卷十《司序行文门》规定，皇太子的兄弟可任三公，⑨故而，西夏的三公也是名誉官称。西夏有太尉的记载，并无司徒、司空等名称。但是有太师这个官名，俄藏 TK124 号西夏汉文佛经《金刚般若波罗密经》末尾提款："天盛十九年（1167）五月日，太师上公总领军国重事秦晋国王谨愿。"⑩

[3] 𗂧𗵒：意"诸王"。

𗂧，意"诸"。如，《掌中珠》"𗂧𘟀𗮜𗵽"作"诸佛菩萨"、"𗂧𘉋𘟂𘟃"作"诸司告状"、"𗂧𗖵𗫦𗫘"作"诸天祐助"、"𗂧𗂧𘒣𗬩"作"诸处为婚"、"𘑾𗂧𘌜𗕑"作"并诸亲戚"⑪等等。

𗵒，音"刚"、"王"。如，《掌中珠》金刚杵[𘏒𗵒𘊻]⑫等。夏译《类林》卷三"𘊴𗵒"音"楚王"，"𗴂𗵒"音"宋王"，"𘋑𗵒"音"晋王"。⑬

𗂧𗵒，意"诸王"、"诸侯"。夏译《类林》卷七欧默条"𗣴𗼑𗂧𗵒𗦇𘓞𘍞𘎳"译"各自嫁

---

① 《番汉合时掌中珠》（甲种本），《俄藏黑水城文献》第一〇册，第7、19页。
② 《番汉合时掌中珠》（乙种本），《俄藏黑水城文献》第一〇册，第33、35、36页。
③ 《番汉合时掌中珠》（乙种本），《俄藏黑水城文献》第一〇册，第30、36页。
④ 史金波、黄振华、聂鸿音：《类林研究》卷三，第34、49页。
⑤ 史金波、黄振华、聂鸿音：《类林研究》卷七，第176页。
⑥ 聂鸿音：《西夏文德行集研究》，第46、47页。
⑦ ［元］脱脱等：《宋史》卷一六一《职官一》，第3771页。
⑧ ［元］脱脱等：《金史》卷五五《百官一》，第1218页。
⑨ 史金波、聂鸿音、白滨译注：《天盛改旧新定律令》卷十《司序行文门》，第365页。
⑩ 俄藏 TK124 号《金刚般若波罗密经》，《俄藏黑水城文献》第三册，第71页。
⑪ 《番汉合时掌中珠》（乙种本），《俄藏黑水城文献》第一〇册，第29、34、35、36页。
⑫ 《番汉合时掌中珠》（乙种本），《俄藏黑水城文献》第一〇册，第29页。
⑬ 史金波、黄振华、聂鸿音：《类林研究》卷三，第35、36页。

上篇　《天盛律令》职官门整理与译释

诸侯"。①

《官阶封号表》有"󱁏󱁏󱁏（诸王位）"，下有四种名称："󱁏󱁏󱁏（南院王）"、"󱁏󱁏󱁏（北院王）"、"󱁏󱁏󱁏（西院王）"、"󱁏󱁏󱁏（东院王）"，在"󱁏󱁏󱁏（公主位）"之下，"󱁏󱁏（师位）"之上。②

《宋史·夏国传》中记载的西夏诸王名称有楚王任得敬、广惠王野利仁荣、南平王嵬名晛、清平郡王（嵬名晛之父）、镇夷郡王嵬名安全、齐国忠武王嵬名彦宗、越王嵬名仁友等。③ 这些诸王名称出现在西夏仁宗及其以后时期，有一字、二字王、郡王等。除了野利仁荣、任得敬，其余均为皇亲。史载任得敬于宋绍兴三十年（1169）被封为楚王，而TK124号佛经末尾提款表明，天盛十九年（1167）时为秦晋国王，这表明在西夏二字王比一字王地位高。《天盛律令》卷十："皇帝之子，年幼时曰皇子，长成时依次升顺：国王、太子等应令取何名，依时节朝廷计行。"④这表明西夏诸王的名号均在成年后所得。

[4]󱁏󱁏󱁏：意"及授官"。

󱁏，即"󱁏"，意"持"、"执"、"受"等。《掌中珠》"󱁏󱁏󱁏󱁏"作"自受用佛"，⑤󱁏󱁏󱁏󱁏，坐司主法。⑥ 夏译本《志公大师十二时歌》"󱁏󱁏󱁏󱁏󱁏󱁏"对应汉文本"若持物，入迷津"。⑦

󱁏，意"及"。见"及御印官"。

󱁏，意"官"。如，《掌中珠》"󱁏󱁏󱁏󱁏"作"天官贵神"、"󱁏󱁏󱁏󱁏"作"因此加官"。⑧ 夏译《类林》夏统条"󱁏󱁏󱁏󱁏󱁏󱁏 󱁏󱁏󱁏 󱁏󱁏󱁏󱁏󱁏"译"我先公为官时惟寓稽山"。⑨ 卷六郭贺条"󱁏󱁏󱁏󱁏 󱁏󱁏󱁏"译"大殿，官位之形"。⑩ 周宣条"󱁏󱁏󱁏󱁏󱁏󱁏󱁏󱁏󱁏󱁏󱁏 󱁏󱁏󱁏󱁏"译"言未已，黄门奏宫人相杀"。⑪ 󱁏󱁏，字面意思"内官"，指"黄门"。

󱁏󱁏󱁏，意"及授官"。

---

① 史金波、黄振华、聂鸿音：《类林研究》卷七，第164页。
② 《俄藏黑水城文献》第九册，第368页。
③ [元]脱脱等：《宋史》卷四八六《夏国传下》，第14025—14028页。
④ 史金波、聂鸿音、白滨译注：《天盛改旧新定律令》卷十《司序行文门》，第365页。
⑤ 《番汉合时掌中珠》（甲种本），《俄藏黑水城文献》第一〇册，第19页。
⑥ 《番汉合时掌中珠》（乙种本），《俄藏黑水城文献》第一〇册，第32页。
⑦ 西夏文《志公大师十二时歌注解》，《中国藏西夏文献》第一六册，第516页。
⑧ 《番汉合时掌中珠》（甲种本），《俄藏黑水城文献》第一〇册，第3、14页。
⑨ 史金波、黄振华、聂鸿音：《类林研究》卷三，第66页。
⑩ 史金波、黄振华、聂鸿音：《类林研究》卷六，第138页。
⑪ 史金波、黄振华、聂鸿音：《类林研究》卷六，第141页。

汉译本：

> 正统司铜上镀银二十两。
>
> 次等司铜上镀银十五两。
>
> 中等司铜上镀银十二两。
>
> 下等司铜重十一两。
>
> 末等司铜重十两。
>
> 僧监、副、判、权首领印等铜重九两。

官印：

> 三公诸王银重二十五两。
>
> 有"及授"官中宰相铜上

39－16 右面：

[西夏文]	[西夏文]	[西夏文]	[西夏文]	[西夏文]	[西夏文]	[西夏文]	[西夏文]	[西夏文]	[西夏文]	[西夏文]	[西夏文]
蔽	纯	二	十	两	其余	数	铜	十	五	两	〈 〉

[西夏文]	[西夏文]	[西夏文]	[西夏文]	[西夏文]	[西夏文]
及御印官	有	之	铜纯	十二	两

[西夏文][1]	[西夏文][2]	[西夏文]	[西夏文]	[西夏文]	[西夏文]	[西夏文]	[西夏文]
慧臣	柱趣	官	有	之	铜	纯	十两

[西夏文]	[西夏文]	[西夏文]	[西夏文]	[西夏文]	[西夏文]	[西夏文]	[西夏文]
威臣	帽主	官	有	之	铜	纯	九两

[西夏文]	[西夏文]	[西夏文]	[西夏文]	[西夏文]	[西夏文]	[西夏文]	[西夏文]	[西夏文]	[西夏文]
一	前述	司印	官印	等者	上等司	中书	枢密	之长	

[西夏文]	[西夏文]	[西夏文]	[西夏文]	[西夏文]	[西夏文]	[西夏文]	[西夏文]	[西夏文]	[西夏文]	[西夏文]
宽	均	二	寸	半	〈 〉	及	经略司	二寸	三分	正统

□□□	□	□	□	□	□	□	□□□	□	□	□	□
及授官	有	等	二	寸	二	分	次等司	二	寸	一	分

□□□	□	□□□□	□	□	□	□	□□□		
中等司	及	及御印官	有	等	二	寸	下等司		

□	□□	□□	□	□	□	□	□	□	□□□	□
及	威臣	帽主	等	官	有	等	一	寸	九 分 末等司	一

注释：

[1] □□：意"慧臣"。

□，意"慧"。如，夏译邓哀王条《类林》"□□□□□□"译"年九岁有智慧"。① 夏译《金光明最胜王经》"□□□□"对应汉文本"多闻智慧"。② 音"曰"。如，《掌中珠》日限[□□]、百日[□□]。③

□，意"臣"。

□□，意"慧臣"。是西夏阶官名称。

[2] □□：意"柱趣"。

□，意"撑"。夏译《类林》卷七朱亥条"□□□□□□□□"对应汉文"朱亥大怒，发立冲冠"。④

□，意"灵"。"□□"意"灵中"，"□□"意"灵轻"。⑤

汉译本：

镀银重二十两，其余铜十五两。

有"及御印"官者铜重十二两。

有"惠臣"、"柱趣"官者铜重十两。

---

① 史金波、黄振华、聂鸿音：《类林研究》卷四，第 76 页。
② 王静如：《金光明最胜王经卷五夏藏汉合璧考释》，《西夏研究》第三辑，第 228 页。
③ 《番汉合时掌中珠》（乙种本），《俄藏黑水城文献》第一○册，第 24 页。
④ 史金波、黄振华、聂鸿音：《类林研究》卷七，第 166 页。
⑤ 韩小忙：《〈同音文海宝韵合编〉整理与研究》，第 125 页。

有"威臣"、"帽主"官者铜重九两。

一前述司印、官印者,上等中书、枢密之长宽各二寸半,经略司二寸三分,正统、有"及授"官等二寸二分,次等司二寸一分,中等司及有"及御印"官等二寸,下等司及有"咸臣"、"帽主"官等一寸九分,末等司一

39-16 左面：

寸	八	分	诸	僧	监	副	判	首	领	权	印	等	一	寸	七

分	等	当	为

一	臣僚	大小	中	军	有	人	别	职	任	军	马	上	检校	无

暇[1]	首领	若	小	等	变	〈〉	权检校	遣	许	有	彼

权检校	遣	者	权	印	〈〉	面	当	请	军	有	人	如

自	军	上	来	年	少	及丁礼[2]	等	时	自	处	印	〈〉

行	权检校	印	〈〉	纳	令	彼	职	任	人	军	上	检校

簿	纳	缓	及	远	住	者	权检校	印	勿	请	军	有

𘜶	𘕘	𘓐	𗰔	𗧘						
人	自	印	〈 〉	行						

注释：

[1] 𗗚𗆨，意"未及"、"无暇"。

𗗚，意"不"、"未"、"无"。如，《掌中珠》"𗧢𘟙𗗚𘙌"作"不敢不听"、"𘘰𗃀𗗚𗁈"作"不肯招承"、"𘔼𗡌𗗚𘙌𘋩"作"不敢毁伤也"。① 夏译《孟子》"𘘚𗗚𗗚𘞽𘘚𗅆𘉐𘟂"对应汉文本《孟子》卷五《滕文公章句上》"夫物之不齐，物之情也"。② 《金明王经》卷一"𗗚𘓞𗗚𗵒𗏹、𗗚𘓞𘊚𘖨𘈖"对应汉文本"当于无量劫、当获斯功德"。③

𗆨，意"暇"，与"𗆩"为异体字。如，夏译《孟子》有"《𗋦》𘝯：'𘓯𗆨𗢆𗰔，𗧢𘔄𘊛𗊘。'"译"《诗》云：'昼暇取茅，宵闲索绹。'"④ "𗗚𗭴𘟂，𗴂 𗆦𘟄"译"虽欲耕，亦暇乎"。⑤

𗗚𗆨，意"未及"、"不及"、"无暇"。如，夏译《类林》卷五吴王孙权条"𘟀𘘚𘖽𗇋𘇚𗺉𘈎𗭴𗗚𗆨"译"座众皆失色，帝悔不及"。⑥

[2] 𘉒𘊊𘘦：意"及丁礼"。

𘉒，意"强"、"壮"。如，《掌中珠》"𘉒𘖥𗅋𘘦"作"恃强凌弱"。⑦ 夏译《类林》卷三朱云条"𘙌𗰔𗁅𘉒𗗚𗅋𘊊𗈦𘘦"译"遂令壮士拽殿前"。⑧

𘊊，意"礼"。如，《掌中珠》"𗧘𗥓𘊊𗰣"作"君子有礼"。⑨

𘘦，意"及"。

𘉒𘊊𘘦，意"及丁礼"。"𘉒"具有丁的意思，而汉语丁也具有强壮的意思。及丁实际上指的就是男子成年，"男子十七岁出幼，二十已上成丁，谓可以力役也"。⑩ 及丁礼指男子成年时举行的一种仪式。《天盛律令》卷六："诸转院各种独诱年十五当及丁，年至七十入老人中。"⑪ 与史籍记载相印证，"其（指西夏）部族一家号一帐，男年十五以上为丁"。⑫ 正

---

① 《番汉合时掌中珠》（乙种本），《俄藏黑水城文献》第一〇册，第33、34页。
② 彭向前：《西夏文〈孟子〉整理研究》，第162页。
③ 王静如：《金光明最胜王经》卷一〈夏藏汉合璧考释〉，《西夏研究》第二辑，第20页。
④ 彭向前：《西夏文〈孟子〉整理研究》，第149页。
⑤ 彭向前：《西夏文〈孟子〉整理研究》，第158页。
⑥ 史金波、黄振华、聂鸿音：《类林研究》卷五，第110页。
⑦ 《番汉合时掌中珠》（乙种本），《俄藏黑水城文献》第一〇册，第33页。
⑧ 史金波、黄振华、聂鸿音：《类林研究》卷三，第40页。
⑨ 《番汉合时掌中珠》（甲种本），《俄藏黑水城文献》第一〇册，第16页。
⑩ [元] 徐元瑞著、杨讷点校：《吏学指南》，第86页。
⑪ 史金波、聂鸿音、白滨译注：《天盛改旧新定律令》卷六《抄分合除籍门》，第262页。
⑫ [宋] 曾巩著、王瑞来校证：《隆平集校证》卷二十，中华书局，2012年，第603页。

军与负赡均为丁。

唐、宋时期成丁年龄多有变化。唐朝神龙元年(705)五月"丙申,皇后(武则天)表请天下士庶为出母为三年服,年二十二成丁,五十九免役"。① 天宝三载(744)规定"百姓十八已上为中男,二十三已上成丁"。② 宋朝"诸州岁奏户帐,具载其丁口,男夫二十为丁,六十为老"。③ 可见,虽然唐朝男子成丁年龄有所变化,但一般都在二十岁以上,宋朝为二十,西夏为十五,在以成丁为纳税标准的时代来说,西夏男子负担较重。

另外,根据《天盛律令》卷三《盗赔偿返还门》,西夏人十岁以下为幼,七十以上者为老。"价格:大男人七十缗,一日出价七十钱;小男人及大妇等五十缗,一日五十钱;小妇三十缗,一日三十钱算偿还。"④这里的大男人、小男人、大妇人、小妇人均是按照不同的年龄段来区分劳役的价值。卷十三《逃人门》中提及男女逃匿在外时,"若违律一个月期间不告,他人举时,男人十岁以上七十钱,妇人十五以上五十钱,当计工价,由住处予属者"。⑤ 工价一日七十钱的是大男人,即十岁以上;一日五十钱的是大妇人,即十五岁以上。据此推测,十岁以下有劳动能力的男子为小男人,一日的工价为五十钱;十五岁以下有劳动能力的女子为小妇人,一日的工价为三十钱。

西夏与契丹、女真等游牧民族的习惯相近。辽"凡民年十五以上,五十以下,隶兵籍"。⑥ "金制,男女二岁以下为黄,十五以下为小,十六为中,十七为丁,六十为老。"⑦游牧民族成丁年龄均低于中原王朝,入老的年龄也不尽相同。西夏人七十才入老,可见其负担军役比较重。

汉译本:

寸八分,僧监、副、判、权首领印一寸七分。

一大小臣僚中有军之人任他职,军马上未暇检校,首领年少等变换处,允许遣权检校。

彼遣权检校可请权印,有军之人本人来于军,年少及丁礼时,自当用印,当令予权检校印。彼任职人军上交检校用册,迟缓及远住者,勿请权检校印,由有军之人自行施印。

---

① [后晋]刘昫等:《旧唐书》卷七《中宗本纪》,中华书局,1975年,第139页。
② [后晋]刘昫等:《旧唐书》卷九《玄宗本纪》,第218页。
③ [元]脱脱等:《宋史》卷一七四《食货上二》,第4203页。
④ 史金波、聂鸿音、白滨译注:《天盛改旧新定律令》卷三《盗赔偿返还门》,第174页。
⑤ 史金波、聂鸿音、白滨译注:《天盛改旧新定律令》卷十三《逃人门》,第463页。
⑥ [元]脱脱等:《辽史》卷三四《兵卫志上》,中华书局,1975年,第397页。
⑦ [元]脱脱等:《金史》卷四六《食货一》,第1032页。

39-17 右面：

一	臣僚	大小	官印	请	簿	者	自	〈 〉	簿	〈 〉	纳	官	印
请	未	及	〈 〉	官	不	有	等	自	〈 〉	中	地边	地中[1]	境
内	近	就	〈 〉	结合	三	十	抄	上	自	以上	盈能[2]	一	
人	〈 〉	〈 〉	遣	簿	〈 〉	纳	案头	司吏	主簿[3]	盈能	与		
一	依	印	当	请	彼	盈能	中	别	职	上	使	死	其弱
转	等	时	后	子	及	境	下	人	等	何	〈 〉	勇健[4]	刚
健[5]	当	区别[6]	人	堪	事	得	〈 〉	一	人	〈 〉	〈 〉	遣	
一	职	重	任	种种	□	□	□	臣僚	中	入	彼	处	之	姓
不	同	辅主	□	□	□	五	丧	服	未	至	者	皆		

注释：

[1] 𘜘𘄩、𘜘𘎧：意"地边、地中"。

这是西夏人对自己国家区域的划分。《天盛律令》卷十五记录了西夏人将全国居民划分为两个区域,即京畿地区,包括中兴府、南北二县、五州各地县司;边中,包括经略司、府、军、郡、县、刺史、监军司、城、寨、堡等。边中指地中与地边。地中又分为南地中、北地中,设有南、北地中监军司。① 地边有真武县、西宁、银州、河西县、富清县等 21 个州、县、城、寨、堡。②

[2] 𘟩𘗽:音"盈能"。

𘗽,意"等"。夏译《类林》卷三魏文侯条"𘟩𘗽𘟩𘗽𘟩𘗽𘟩𘗽"对应汉文"从人等劝曰莫往"。③

𘟩𘗽,是军溜所设军职,又有牧盈能,专掌协助大校校验官畜事宜。

[3] 𘟩𘗽:意"主簿"。

𘟩,意"簿"。如,夏译《类林》卷四杨修条"𘟩𘗽𘟩𘗽𘟩𘗽𘟩𘗽𘟩𘗽𘟩𘗽",译"杨修少有令名,为魏曹操主簿"。④ 此处的"𘟩𘗽𘟩"直译作"簿头监",对应汉语"主簿"。

𘗽,意"持"。《类林》"𘟩𘗽𘟩𘗽𘟩𘗽"对应汉文本"鲍山持刀后追盗贼"。⑤《掌中珠》"𘟩𘗽𘟩𘗽"作"自受用佛",⑥"𘟩𘗽𘟩𘗽"作"坐司主法"。⑦

𘟩𘗽,意"主簿"。如,《类林》卷三郭伋条"𘟩𘗽𘟩𘗽𘟩𘗽"译"主簿问郭伋"。⑧ 宋置主簿"掌出纳官物、销注簿书,凡县不置丞,则簿兼丞之事。凡批销比亲书押,不许用手记仍不许差出,以防销注"。⑨ 西夏主簿的主要职责是管理、记录、磨勘军籍。《天盛律令》卷六:"国中各种部类主簿派遣法:一百抄以内遣一人,一百抄以上一律当遣二人。"⑩

[4] 𘟩𘗽:意"勇健"。

意"勇"、"果"。如,夏译《类林》卷三严颜条"𘟩𘗽𘟩𘗽𘟩𘗽𘟩𘗽"译"张飞知其忠勇"。⑪"𘟩𘗽𘟩𘗽"译"行果篇十四"。⑫

𘟩𘗽,意"勇健"。如,夏译《类林》卷四马韩条"𘟩𘗽𘟩𘗽𘟩𘗽"译"国中调勇健者"。⑬

---

① 史金波、聂鸿音、白滨译:《天盛改旧新定律令》卷十《司序行文门》,第 364 页。
② 史金波、聂鸿音、白滨译:《天盛改旧新定律令》卷十《司序行文门》,第 370 页。
③ 史金波、黄振华、聂鸿音:《类林研究》卷三,第 34 页。
④ 史金波、黄振华、聂鸿音:《类林研究》卷四,第 75、76 页。
⑤ 史金波、黄振华、聂鸿音:《类林研究》卷二,第 33 页。
⑥ 《番汉合时掌中珠》(甲种本),《俄藏黑水城文献》第一〇册,第 19 页。
⑦ 《番汉合时掌中珠》(乙种本),《俄藏黑水城文献》第一〇册,第 32 页。
⑧ 史金波、黄振华、聂鸿音:《类林研究》,第 37 页。
⑨ [元] 脱脱等:《宋史》卷一六七《职官七》,第 3979 页。
⑩ 史金波、聂鸿音、白滨译注:《天盛改旧新定律令》卷六《纳军籍磨勘门》,第 257 页。
⑪ 史金波、黄振华、聂鸿音:《类林研究》,第 46 页。
⑫ 史金波、黄振华、聂鸿音:《类林研究》,第 63 页。
⑬ 史金波、黄振华、聂鸿音:《类林研究》,第 101—102 页。

[5] ▨▨：意"刚强"。

▨，意"刚"、"强"。如，夏译《类林》卷三董宣条"▨▨▨▨▨▨▨▨▨▨▨▨"译"遂命为'性刚臣'"。① 范蠡条"▨▨▨▨"译"以弱凌强"。② 卷四褚瑶条"▨▨▨▨▨▨▨▨"译"刚中有节，不知岁寒"。③

▨▨，《德行集》中"▨▨▨▨▨▨▨▨▨▨"译"武者，非杀伐勇健之谓"。④

[6] ▨▨：意"分别"。

如，夏译《类林》卷二"▨▨▨▨▨▨▨▨▨▨▨"译"分别，自抱石投水中而死"。⑤

汉译本：

一大小臣僚请得官印者，当各自用册，未得请官印及无官等，本人中地边、地中境内就近结
    合，自三十抄起以上各遣，当予册，与案头、司吏、主簿、盈能等一同请印。其盈能中使
    他职、死，彼转弱时，可遣其子及境下人中勇健刚强堪独立主事者一人。
一任重职种种□□□入臣僚中；其人之姓不同 辅主 ⑥ □□□□未至五服者，皆

39－17左面：

▨	▨	□	□	□	□	□	□	□	▨	▨	▨	▨	▨	▨
后	〈〉	□	□	□	□	□	□	□	姓	同	五	丧	〈〉	至 者

▨	▨	▨	▨	□	□	□	□	▨	▨	▨	▨	▨	▨	▨
七	丁	及	自	□	□	□	□	至	八	丁	及	自	以上	住

▨	▨	▨	▨	▨	□	▨	▨	▨	▨	▨	▨	▨	▨	▨
则	抄	当	分	实	□	依	四	〈〉	当	合	其后	职	重	任

▨	▨	▨	▨	▨	▨	▨	▨	▨	▨	▨	▨	▨	▨
中	抄	何	当	留	其中	八	以上	议	倍	住	亦	其后	留

---

① 史金波、黄振华、聂鸿音：《类林研究》，第42页。
② 史金波、黄振华、聂鸿音：《类林研究》，第60—61页。
③ 史金波、黄振华、聂鸿音：《类林研究》，第70页。
④ 聂鸿音：《西夏文德行集研究》，甘肃文化出版社，2002年，第123页。
⑤ 史金波、黄振华、聂鸿音：《类林研究》卷二，第33页。
⑥ 汉译本未识，本书作"辅主"。

𗼃	𘀗	𗷖	𗾞𘐒	𗟲	𘟀	𗂧	𗤊	𗼃	𗴂	𗰔	𗼃	𘄒	𗋕
中	〇	入	前述	抄	何	留	应	中	内	外	语	中	〇	役

𘄴	𗖲	𗂯	𘂜	𗎫	𗾟	𗾟	𗟲	𗣼	𗐪	𘄴	𘄒	𗤋	𗉔
使	智	与	不	同	职	做	办	得	别	功	大	〇	为	以

𘒏𗵒[1]	𗾈	𗈪	𘊝	𗏁	𘛛	𗦣	𗫨	𗟲	𘀗	𗂯	𗈪	𗢳	𘒏
职位	得	等	者	一	依	皆	过	及	抄	何	留	等	其	〇

𗼕	𘊝𗉛	𘊐	𘀗	𗥫	𘛛	𗏮							
应	时节	依	〇	告	次	行							

𘓺	𗒘	𗁅	𗵘𗵘	𗼃	𗓃	𘟀	𘒏𗵒	𗾈	𘁗	𘂜	𗣼	𗐬
一	诸	族	种种	中	升	拔	职位	得	死	之	后	主	臣

注释：

[1] 𘒏𗵒：意"职位"。

𘒏，意"事"、"管理"、"局"、"务"。《掌中珠》"𘒏𗢳𗂧𗐰"作"局分大小"，"𘒏𗢳𗦺𗽰"作"指挥局分"，"𗿀𗋅𗣼𘒏"作"管勾家计"。① 《德行集》中有"𘟙𗴴𗀔𗀔𘒏𗵒，𘂯𗢳𗜓𘒘𘐒"译"故天子之职，在于用一臣"。②

𗵒，意"位"。夏译《类林》卷三"𗸜𘓞𗒘𗧘𘒏𗴂𗵒𘋊𘁫"译"后重耳返归本国，继帝位"。③ 《六韬·盈虚》中"𗣼𗵒𗣼𗤋"意"尊其位"。④

汉译本：

再□□□□□□□□至五服者自七丁起□□□□至，自八丁以上在，则当分抄，实□顺当合为四。此后，任重职中，应留何抄，其中超过八以上在，亦入于此

---

① 《番汉合时掌中珠》(乙种本)，《俄藏黑水城文献》第一〇册，第33、34、36页。
② 聂鸿音：《西夏文德行集研究》，第104、105页。
③ 史金波、黄振华、聂鸿音：《类林研究》卷三，第36页。
④ 贾常业：《西夏文译本〈六韬〉解读》，《西夏研究》2011年第2期。

后所留中。前述应留何抄中，内外言时所役 使① 与其余不像，能任职成事，另已有大功而得职位等，一起皆过，及 其 应留何抄等，②当依时节奏告实行。

一诸种种部中抽官得职位，死之后有续主、臣

39－18右面：

僚	抄	袭	者	有	时	彼	职	位	得	者	人	敕	谕	文
得	指挥[1]	〈〉	至	及	若	敕	谕	文	未	得	指挥	未	至	
亦	局	分	〈〉	应	上	〈〉	过	〈〉	告	圣旨	谕	文	典	
判凭	有	又	御	劄	子[2]	〈〉	出	敕	谕	文	一	得	为	
君	臣	共	知	局	分	明	后	亦	抄	袭	因	一	年	以内
告	则	又	主人	入	过	〈〉	分	明	依	当	过	臣僚	中	
〈〉	入	□	□	□	御	劄	子	典	判凭	等	无	若	当	
有	亦	□	□	□	□	□	□	□	年	有	超	等	是	

---

① 汉译本作"使□"，本书作"役使"。
② 汉译本未识，本书作"其"。为了语顺，将译文略作调整。

𗥢	□	□	□	□	□	□	□	□	𗧓	𗫨	𗈪	𘊴	𗫨
则	□	□	□	□	□	□	□	□	本	及	何	簿	上

注释：

[1] 𗫨𘊴，意"指挥"。

如，《掌中珠》"𗫨𘊴𗫨𘊴"作"尽皆指挥"、"𗫨𘊴𗫨𘊴"作"指挥局分"、"𗫨𘊴𗫨𘊴"作"大人指挥"等等。《吏学指南》有："示意曰指，戒敕曰挥。犹以指披斥事务也。"②

[2] 𗫨𘊴𗫨：音"御札子"。

𗫨，音"玉"、"狱"等，如《掌中珠》"玉花"音"𗫨𘊴"、"枷在狱里"音"𗫨𘊴𗫨𘊴"。③ 又音"御"，如夏译《类林》卷三周昌条"𗫨𘊴𗫨𘊴𗫨𘊴𗫨𘊴𗫨"译"汉高祖时为御史大夫"。④

𘊴，音"爪"、"盏"、"札"。《掌中珠》"指爪"音"𗫨𘊴"，⑤"灯盏"音"𘊴𘊴"。⑥ 又音札，夏译《类林》蔡琰条"𗫨𘊴𘊴𘊴𘊴𘊴"对应汉文"昔吴季札听乐"。⑦ 其中，𘊴𘊴音"季札"。

𗫨，音"子"。《掌中珠》"褥子"音"𘊴𗫨"，"燕子"音"𘊴𗫨"，"雀子"音"𘊴𗫨"⑧等。

汉译本译为"御差也"，将"𘊴𗫨"误译。汉译本在书后的《译名对照表》中将"𘊴𗫨 𘊴"译为"白札子"。⑨ 𘊴，意"白"，如《掌中珠》"𘊴𘊴"作"白虎"、"𘊴𘊴"作"白羊"。⑩ 𘊴𗫨，音"札子"。因此，𗫨𘊴𗫨，音译为"御札子"。

御札子，指皇帝的手诏。《旧五代史·唐书·庄宗纪七》："出御札示中书门下。"⑪《宋史·职官志一》："凡命令之体有七……曰御札，布告登封、郊祀、宗祀及大号令，则用之。"⑫

汉译本：

僚、抄等者时，其得职位者敕谕文，指挥所至，及若得敕谕文指挥未至，亦应局分

---

① 《番汉合时掌中珠》（乙种本），《俄藏黑水城文献》第一〇册，第33、34页。
② ［元］徐元瑞著、杨讷点校：《吏学指南》，第36页。
③ 《番汉合时掌中珠》（乙种本），《俄藏黑水城文献》第一〇册，第25、34页。
④ 史金波、黄振华、聂鸿音：《类林研究》卷三，第39—40页。
⑤ 《番汉合时掌中珠》（甲种本），《俄藏黑水城文献》第一〇册，第10页。
⑥ 《番汉合时掌中珠》（乙种本），《俄藏黑水城文献》第一〇册，第30页。
⑦ 史金波、黄振华、聂鸿音：《类林研究》卷四，第96页。
⑧ 《番汉合时掌中珠》（乙种本），《俄藏黑水城文献》第一〇册，第31、27页。
⑨ 史金波、聂鸿音、白滨译注：《天盛改旧新定律令·译名对照表》，第619页。
⑩ 《番汉合时掌中珠》（甲种本），《俄藏黑水城文献》第一〇册，第4页。
⑪ ［宋］薛居正等：《后五代史》卷三十三《唐书·庄宗纪七》，第461页。
⑫ ［元］脱脱等：《宋史》卷一六一《职官一》，第3783页。

处上已过已奏,圣旨谕文①有判凭,后御札子②已出,敕谕文有,帝臣共知,局分明后亦续抄,一年以内告,则后按入过主人序分别当过,入臣僚中□□□御札子③判凭典等无有,若当得□□□□□□□□一年已超,则□□□□□□□□□原本何册上……

39-18 左面：

狍											
有											

䑃	隋	舵	□	□	□	□	瀧	纖	蘲蘲[1]	發	絾
一	国	内	□	□	□	□	头	者	使军	职	任

靮	慨剗	□	□	蠚龒	核纖	耩	薿	資	耺	訛	
等	以外	□	□	独诱	种种	中	年	七	岁	上自	

桶	䑃	舵	䘜	耺	織	牧	羰巍[2]	剅	䊗	徽	祝
二	十	以内	中	上	至	当	选拔	业〈〉	学	为	令

徽	叕	發	䊤	□	禒	虤	㪅緣[3]	靮	徽形[4]	䠙	形
学	不	职	管	□	正	副	教习	等	学资	取	许

绢	蔂	緕	䘜	□	嚴	楸	䠙	緣	慨	秕	薹耕	懧
不	若	律	违	□	何	〈〉	取	数	律	不	情贿	罪法

巍	菲	祇	徽	彦	牫	耩	剅	貏	㑳菥[5]	耩	舵	㲋	骸
依	判	断	学	者	人	中	行	贡	学士	中	入	时	官

---

① 㞢虉,汉译本作"谕□",本书作"谕文"。
② 㠪蓆浙,汉译本作"御差也",本书作"御札子"。
③ 㠪蓆浙,汉译本作"御亦",本书作"御札子"。

[illegible]	[illegible]	[illegible]	[illegible]	[illegible]	[illegible]	[illegible]	[illegible]	[illegible]	[illegible]	[illegible]	[illegible]	[illegible]	[illegible]
高 低	所	无	自	〈〉	簿	〈〉	纳	臣 僚	中	〈〉	入	全	抄

[illegible]	[illegible]	[illegible]	[illegible]	[illegible]	[illegible]	[illegible]	[illegible]	[illegible][6]	[illegible]	[illegible]	[illegible]	[illegible]
全	当	过	辅 主	才	名	得	亦	正 军	彼	又	当	随

注释：

［1］[illegible]：意“使军”。

[illegible]，意“使”、“令”、“用”、“检校”。《孙子兵法》“[illegible]”对应汉译本“军马中未得行令”。《金光明经》卷九“[illegible]”对应汉文本“奴婢仆使”。①《德行集》中“[illegible]”译“吾使人往视之”。② 夏译《类林》卷三晏婴条“[illegible]”译“上无礼，则何以使下”。③

[illegible]，《掌中珠》“[illegible]”作“监军司”，④《十二国》中“[illegible]”作“楚国举兵攻打齐国”。⑤

使军地位较低，与所属人有较强的人身依附关系。《天盛律令》卷十一：“诸人所属使军，属者头监情愿纳入于辅主而外，不许令为僧人、道士。”⑥“诸人所属使军、奴仆唤之不来，不肯为使者，徒一年。”⑦

［2］[illegible]：意“选拔”。

[illegible]，意“选”。《文海》92.212 [illegible]译为“选者选举也，挑也，择也，区分好坏也”。《同音》31B7 [illegible]译为“择选”。

[illegible]，意“伏”、“放”、“拔”等。《掌中珠》“[illegible]”作“伏罪入状”。⑧ 夏译《类林》卷四中“[illegible]”译“王必定剖汝腹而取珠”。⑨ 卷六苻坚妻子条“[illegible]”对应汉文“毛氏犹弯弓放箭”。⑩ 夏禹条“[illegible]”对应汉

① 王静如：《金光明最胜王经卷九夏藏汉合璧考释》，《西夏研究》第三辑，中研院史语所，1933 年，第 266—267 页。
② 聂鸿音：《西夏文德行集研究》，第 89 页。
③ 史金波、黄振华、聂鸿音：《类林研究》卷三，第 52 页。
④《番汉合时掌中珠》(乙种本)，《俄藏黑水城文献》第一〇册，第 33 页。
⑤ (俄) 索罗宁著、粟瑞雪译：《十二国》，第 36 页。
⑥ 史金波、聂鸿音、白滨等：《天盛改旧新定律令》卷十一《为僧道修寺庙门》，第 403 页。
⑦ 史金波、聂鸿音、白滨等：《天盛改旧新定律令》卷二十《罪则不同门》，第 606 页。
⑧《番汉合时掌中珠》(乙种本)，《俄藏黑水城文献》第一〇册，第 35 页。
⑨ 史金波、黄振华、聂鸿音：《类林研究》卷四，第 72 页。
⑩ 史金波、黄振华、聂鸿音：《类林研究》卷六，第 151 页。

文"遂拔剑往斩,龙掉尾而去"。①

汉译本《天盛律令》译作选择,此处应译作选拔。

[3] 󰀀󰀁:意"教习"。

󰀀,意"习"、"学"、"教"等。"󰀂󰀃󰀄󰀀"作"学习文业"。②《德行集》中"󰀅󰀆󰀃󰀇󰀈󰀉󰀊󰀊󰀋󰀀󰀀"意"三公固明孝仁礼义以习之也"。③ 夏译《孟子》"󰀌󰀍󰀎󰀃󰀏󰀐󰀋󰀀󰀀"对应《孟子》卷五《滕文公章句上》:"设为庠序学校以教之。"又以"󰀑󰀒󰀓󰀔󰀐󰀕󰀖󰀗"译"许子必织布然后衣乎","󰀑󰀒󰀘󰀔󰀐󰀙󰀁"译"许子奚为不自织"。④

󰀁,意"恋"、"行"、"教"、"戒"等。夏译《类林》卷四皇甫嵩条"󰀚󰀛󰀜󰀝󰀀󰀞󰀁󰀟"对应汉文"因习恋百姓之道"。⑤《德行集》中"󰀠󰀡󰀢󰀁󰀃󰀣󰀤"译"行慎独之法"。⑥ 夏译《孟子》"󰀥󰀦󰀧,󰀨󰀁󰀩󰀪"对应汉文"在薛时,予有戒心"。⑦

󰀀󰀁,字面意思"教戒",意译"教习"。有正副教习。

[4] 󰀫󰀬:"学资"。

󰀫,意"学"。《掌中珠》"󰀂󰀃󰀫󰀀"作"学习文业"、⑧"󰀭󰀮󰀫󰀯"作"学习圣典"。⑨《德行集》中"󰀫󰀯󰀰󰀱󰀲"译"学习奉师章"。⑩《类林》卷八王章条"󰀳󰀴󰀬󰀵󰀶󰀂󰀫"对应汉文本"后王章学京师"。⑪

󰀬,音译"宜",在《同音》牙音三品中,"󰀬"与"󰀁"在同属一组。《掌中珠》"󰀷󰀁[我宜]"作"君子","󰀁"音"宜",⑫故"󰀬"音"宜",意"赏"。《贞观玉镜将》"󰀸󰀬󰀹󰀺"作"举告当得赏"。⑬

[5] 󰀻󰀼:意"学士"。

󰀻,意"才"、"儒"。如,夏译《类林》卷三赵整条"󰀽󰀂󰀻󰀾"译"无汝文才",孟陋条"󰀻󰀿󱀀󱀁"译"儒学宗种",卷七管辂条"󱀂󱀃󱀄󰀻󱀄󰀶󱀅"译"府君汝召儒生"。⑭

---

① 史金波、黄振华、聂鸿音:《类林研究》卷六,第 163 页。
②《番汉合时掌中珠》(乙种本),《俄藏黑水城文献》第一〇册,第 28 页。
③ 聂鸿音:《西夏文德行集研究》,第 46、47 页。
④ 彭向前:《西夏文〈孟子〉整理与研究》,第 27、155、156 页。
⑤ 史金波、黄振华、聂鸿音:《类林研究》卷四,第 89 页。
⑥ 聂鸿音:《西夏文德行集研究》,第 58、59 页。
⑦ 彭向前:《西夏文〈孟子〉整理与研究》,第 126 页。
⑧《番汉合时掌中珠》(甲种本),《俄藏黑水城文献》第一〇册,第 10 页。
⑨《番汉合时掌中珠》(乙种本),《俄藏黑水城文献》第一〇册,第 32 页。
⑩ 聂鸿音:《西夏文德行集研究》,第 44、45 页。
⑪ 史金波、黄振华、聂鸿音:《类林研究》卷八,第 202 页。
⑫《番汉合时掌中珠》(甲种本),《俄藏黑水城文献》第一〇册,第 15 页。
⑬ 陈炳应:《〈贞观玉镜将〉研究》,第 70 页。
⑭ 史金波、黄振华、聂鸿音:《类林研究》卷三、七,第 58、67、183 页。

夏译《类林》卷五秦宓条"𗼹𗾊𗼻𗳾𗉋𗴂𘕿𗊴"译"此益州学士也"。①《天盛律令·颁律表》记有"𘟂𗖻𗅲𗗚𗴂（合汉文者学士）"一位。此门中有"𗴂𘕿𗿷𘟂𗐼𗌰"，为选拔学士、官赏等专门规定，可惜此条全部残缺。

[6] 𗿷𗥢：意"正军"。

𗿷，意"军"。如，《掌中珠》"𗿷𘃸𘌑"作"监军司"。②

𗥢，音"正"，意"正"，汉语借词。《掌中珠》"𗥢𘎑"作"正听"。③《德行集》"𗥢𘃍𗧊𗖵"译"正直之疏"。④

𗿷𗥢，二字连用，意为"正军"，是西夏军队中直接应征参战的士兵，也是西夏军队中最基层编制单位，与"辅主"共同组成"抄"，《同音文海宝韵合编》"𗿷"释"𗿷𘘥𗥢𘝞𗰜𗌰𘂤"，军抄：军中正辅集之谓也。⑤ 史载空丁"愿隶正军者，得射它丁为负担，无则许射正军之疲弱者为之"。⑥ 在《俄藏黑水城文献》中有"第五毛克下正军"等。⑦ "凡正军给长生马、駞各一。"⑧

汉译本：

> 有。
>
> 一国内中⑨□□□头者使军⑩任重军职等以外，□□种种独诱中，七岁以上至二十岁以内中⑪上当选拔，⑫应令学业，学处职管□□正副教习等不允取学资。若违律□，何所取数，按不枉受贿罪判断，学者人中入行贡学士时，官⑬无所高下，各自当交册，应当入臣僚中，⑭全当过，辅主⑮得才名亦正军，其后当……

---

① 史金波、黄振华、聂鸿音：《类林研究》卷五，第106页。
② 《番汉合时掌中珠》（乙种本），《俄藏黑水城文献》第一〇册，第33页。
③ 《番汉合时掌中珠》（乙种本），《俄藏黑水城文献》第一〇册，第33页。
④ 聂鸿音：《西夏文德行集研究》，甘肃文化出版社，2002年，第114、115页。
⑤ 韩小忙：《〈同音文海宝韵合编〉整理与研究》，第247页。
⑥ [宋]曾巩著、王瑞来校证：《隆平集校证》卷二十《夏国》，第603页。
⑦ Инв.No.4484《毛克下正军编册》，《俄藏黑水城文献》第一一册，第308页。
⑧ [宋]曾巩著、王瑞来校证：《隆平集校证》卷二十《夏国》，第604页。
⑨ 𗼹𗊴，汉译本未识，本书作"内中"。
⑩ 𗉋𗼻𘕿𗿷，汉译本未识，本书作"头者使军"。
⑪ 汉译本未识，本书作"中"。
⑫ 汉译本作选择，本书作选拔。
⑬ 𗥢、𘕿、𗴂𘟂，汉译本未识，本书作"者"、"贡"、"时官"。此句语顺略有调整。
⑭ 𗐼𗼹，汉译本未识，本书作"应入"。
⑮ 汉译本作板主，本书作辅主。

39-19 右面：

一	诸	人	官	得	中	功	官	河洲[1]	官	等	□	□	□

中	〈〉	竞	为	取	者	有	则	当	赐	□	□	□

者	家	住	〈〉	当	持	令	若	日	超	□	□	□

何	〈〉	误	〈〉	庶	人	十	三	杖	官	有	罚马	一

求	官	许	赐	续	官	等	贵言	□	□	一	月

个	以内	官	属	者	近边[2]	则	〈〉	□	□	□

头字	当	持	令	日	以内	当	持	□	□	□

不	任	则	得	官	中	一	官	当	降	罚	□

未	报	告	任	者	未	知	则	罪	勿	治

注释：

[1] ：意"河内"、"全境"。

▨，意"河"。如《掌中珠》"▨▨"作"天河"，①"▨▨"作"江河"。②

▨，意"院"、"圆"、"境"。如《掌中珠》"▨▨▨▨"作"能圆能方"，③"▨▨"作"工院"，"▨▨"作"马院"。④ "▨▨▨▨▨▨▨▨▨▨▨"作"大白高国境凉州感通塔之碑铭"。⑤

[2]▨▨，直译近亲，译作近边。

▨，意"边"。如，夏译《类林》卷四曹操条"▨▨▨▨▨▨▨▨▨▨"译"白书卧时，佯装睡，弃衣旁边"。⑥ 夏译《孟子》卷五《滕文公章句上》有为神农之言者许行章"▨▨▨▨"，对应汉文本"筑室于墓旁"。⑦

▨，意"亲"。如，夏译《孟子》："▨▨▨▨，▨▨。▨▨▨▨，▨▨。"译："齐卿位者不小，齐滕路者不近。"⑧

▨▨，二字连用，意"近于"、"近处"。如，夏译《孟子》卷五《滕文公章句上》有为神农之言者许行章"▨▨▨▨▨"，对应汉文本"则近于禽兽"。⑨

汉译本：

一诸人得官中功官全境官等□□□□中当做，有取者则应给□□□□者当令持住家处，
若超期□□□□有何误处，庶人十三杖，有官罚马一⑩求赐许官，续官等贵言⑪□□
一⑫个月以内，有官者近边，则官□□□□令持头字，日期以内当任□□□□不任则
所得官中当降一官□□□未报告任者，不晓则不治罪□□□□未

39－19 左面：

▨	▨	▨	▨	▨	▨	▨	▨	▨	▨	▨		
告	因	官	有	罚	马	一	庶	人	十	三	杖	

---

① 《番汉合时掌中珠》(乙种本)，《俄藏黑水城文献》第一〇册，第24页。
② 《番汉合时掌中珠》(甲种本)，《俄藏黑水城文献》第一〇册，第7页。
③ 《番汉合时掌中珠》(甲种本)，《俄藏黑水城文献》第一〇册，第18页。
④ 《番汉合时掌中珠》(乙种本)，《俄藏黑水城文献》第一〇册，第33页。
⑤ 陈炳应：《西夏文物研究》，第110页。
⑥ 史金波、黄振华、聂鸿音：《类林研究》卷四，第73页。
⑦ 彭向前：《西夏文〈孟子〉整理研究》，第161页。
⑧ 彭向前：《西夏文〈孟子〉整理研究》，第131页。
⑨ 彭向前：《西夏文〈孟子〉整理研究》，第159页。
⑩ ▨▨▨，汉译本未识，本书根据上下文补。
⑪ 汉译本作"势谕"，本书根据前文调整为"贵言"。
⑫ ▨，汉译本未识，本书补作"一"。

一	诸	司	职	任	位	因	官	得	者	后	年	老	技	能	弱	等
上	至	位	低	为	告老[1]		等	时	官	勿	失					
一	诸	人	官	袭	中	降	及	未	及	依	以	下		明	令	依
未	其	降	为	律	违	时	告	者	局	分	人	喜	乐			
寻	者	等	贿	情	徇	有	无	官	袭	〈〉	为	行	时			
何	至	往	〈〉	任	未	任	等	罪	时	前	依	司	位			
任	三年	以内		住滞	曾	官	赏	得	不	应	官					
赏	得	令	依	罪	种	高低		明	法	依	判断					

注释：

[1] 𗪁𗖅：意"告老"。

𗪁，意"老"、"长"。如夏译《孟子》"𗫡𘅍𘄒𗉳𘝞𘕕𘘣𗪁𘟪𗯨𗠝"对应汉文本《孟子》卷四《公孙丑章句下》孟子之平陆章"凶年饥岁，子之民老羸（转于）沟壑"。① 𘚷𗪁，字面意思为幼长，译为"长幼"。②

---

① 彭向前：《西夏文〈孟子〉整理研究》，第127页。
② 彭向前：《西夏文〈孟子〉整理研究》，第177页。

𘟙,意"纳"。如,"𘟙𘟙𘟙"作"受纳司"。①

𘟙𘟙,意告老,宋代称为"致仕",即归还官职。宋代沿袭唐制实行官员70岁退休致仕。

汉译本:

告,有官罚马一,庶人十三杖。

一诸司任职因位得官者,后年高才弱等而为低位,告老时官不失。

一诸人袭官中及降、未及降法依以下所示:未降而违律时,奏者、局分人、寻安乐者等,视有无贪污徇情,行袭官次第所至,前往已任未任等,依前罪情,任司位三年期间曾住滞,不应得官赏而使得官赏,依罪情高低法判断,

39－20 右面:

𘟙	𘟙	𘟙	𘟙	𘟙	𘟙	𘟙	𘟙	𘟙	𘟙	𘟙	𘟙
降	应	官	法	依	降	为	降	应	不	应	以下

𘟙	𘟙	𘟙
所定	依次	行

𘟙	𘟙	𘟙	𘟙	𘟙	𘟙	𘟙[1]	𘟙	𘟙	𘟙	𘟙	𘟙
低	十	一	十	二年	及	杂官	等	不	降	为	〈〉续

𘟙	𘟙	𘟙	𘟙	𘟙	𘟙	𘟙	𘟙	𘟙	𘟙	𘟙	𘟙
十	品	九	八	品	等	三年	中	一年	〈〉	当	降 为

𘟙	𘟙	𘟙	𘟙	𘟙	𘟙	𘟙	𘟙	𘟙	𘟙	𘟙	𘟙
七品	六品	末品	下品	等	四品	中	二品	〈〉

𘟙	𘟙	𘟙	𘟙	𘟙	𘟙	𘟙	𘟙	𘟙
上	次	中	末	品	者	〈〉	告	别 量

---

① 《番汉合时掌中珠》(乙种本),《俄藏黑水城文献》第一〇册,第33页。

𘝰	𘃪	𗫉	𗣼	𗤒	𗡞	𗡺𗗚	𗾔𗭩	𗤓𗖊𗏁𘟙	𗎘	𘞪
一	上	次	中	三	品	大人	承旨	习判	下等司正	等敕

𘊝	𗉘	𗫡𘜶	𘃡𘉋	𗥤𗪺	𘒏𘗣	𘝰	𘝞	𗐱	𗡞	𗡡
当	赐	文武	依次	中书	枢密	何	职	管	处	分

注释：

[1] 𘝰𘝞：意"杂官"。

𘝰，意"杂"、"乱"等。如，西夏文蒙书《𗧛𘝰》译"杂字"。①《六韬》中"𗧁𗤋𘟛𘝰，𘟛𗠱𘟛𗣼"意"无乱行业，无乱其族"。②

𘝞，意"官"。

𘝰𘝞，即杂官，指不入十二品阶官的其他低级官。

汉译本：

应降依官法降。应不应降，依以下所定实行。

下十一、十二品及杂官等勿降，使续。③

十品、九品、八品等三品中当降一品。

七品、六品、末品、下品等四品中当降二品。

上、次、中三品④当奏别论。

一上、次、中三等大人、承旨、习判、下等司正等当赐敕，依文武次第，由中书、枢密所管事处

39‐20 左面：

𗡞	𗫉	𘝰	𘃡	𗤓𗖊𗏁	𗾔𗭩	𗐱𗖊𗏁	𗡞	𗎘	𘓣
别	〈〉	竞	为	下等司	承旨	末等司	大人	等	头

---

① 聂鸿音、史金波：《西夏文〈三才杂字〉考》，《中央民族大学学报》1995第6期，第81—88页。王静如、李范文：《西夏〈杂字〉研究》，《西北民族研究》1997第2期，第66—86页。
② 贾常业：《西夏文译本〈六韬〉解读》，《西夏研究》2011年第2期，第67页。
③ 𗏁𘟙，汉译本作"当革之"，本书作"使续"。
④ 汉译本作三等，本书作三品。

𘂳	𘊝	𘊴								
字	当	赐								

汉译本：

分别办理。下等司承旨、末等司大人等当赐头字。

司序行文门

司	序	文	行	门							

一	上	次	中	下	末	五	小	大	低	高	条	下	〈〉

列	为	依	次	行						

上等司	中书	枢密						

次等司	殿前司[1]	御史[2]	中兴府[3]	三司[4]			

僧人功德司[5]	出家功德司[6]	大都督府[7]				

皇城司[8]	宣徽	内宿司	道士功德司				

123

注释：

[1] 𘜶𘒣𘑨：[北与啰]殿前司。①

𘜶，意"宫"、"殿"。夏译《类林》卷三"𘜶𘒣"译"宫前"、"殿前"，"𘜶𘊝"译"修殿"。②

𘒣，意"前"。夏译《类林》卷三"𘐠𘒣"译"阶前"，"𘅛𘒣"译"马前"，"𘟥𘒣𘊝"译"墓前面"，"𘂝𘒣"译"门前"。③

𘑨，意"司"，音"啰"。《掌中珠》中还有"𘞎𘡝𘑨"作"统军司"、"𘜶𘒣𘑨"作"殿前司"、"𘡽𘟦𘑨"作"皇城司"等。④

属于次等司，次于中书、枢密。元昊初建官制时，无此机构。《掌中珠》、汉文本杂字等文献中均有载。《金史·交聘表》载有殿前太尉和殿前马步军太尉等官名。

[2] 𘟂𘟁：[卒尼讹]御史。⑤

𘟂，意"判"、"决"。夏译《类林》卷四"𘐢𘔴𘟂𘑨"译"决断政事"，"𘟂𘑨"译"断判"，"𘟂𘑨𘕺𘗏"译"断判不正"。⑥

御史，御史台的简称。设于西夏显道二年（宋明道二年，1033），是西夏最高的监察机构。公元1146年的西夏汉文刻本《妙法莲华经》发愿文第9行有"以上殿宗室御史台正直本为结缘之首，命工镂板"。⑦《类林》中的御史作"𘞂𘗏"，为音译。史籍中载有"𘞂𘗏𘞻𘟱（御史大夫）"、"𘞂𘗏𘠗𘣴（御史中丞）"等官名。⑧ 宋哲宗元符元年（1098），西夏大臣仁多楚清归宋，"云为西界御史中丞，官在宰相、枢密之下"。⑨

[3] 𘒔𘟎𘟱：音"中兴府"。

𘒔，音"中"、"忠"、"钟"等音。如，《掌中珠》天相中[𗼀𘕚𘒔]、仁义忠信[𗟲𗥔𘒔𗆄]、磬钟[𘤊𘒔]等。⑩

𘟎，与"𘎧"、"𗀀"同音。《掌中珠》中该字标"房"音，如房宿[𘟎𘐨]。⑪ 夏译《类林》"𘞡𗾟𘟎"音译"关龙逢"，"𗐴𘟎𘕎"音译"东方朔"，"𘟎𘐨"音译"风俗"，"𘟎𘟱"音译"匈奴"，"𘠨

---

① 《番汉合时掌中珠》（乙种本），《俄藏黑水城文献》第一〇册，第33页。
② 史金波、黄振华、聂鸿音：《类林研究》卷三，第39、40、41页。
③ 史金波、黄振华、聂鸿音：《类林研究》卷三，第38、41、63、67页。
④ 《番汉合时掌中珠》（甲种本），《俄藏黑水城文献》第一〇册，第15页。
⑤ 《番汉合时掌中珠》（乙种本），《俄藏黑水城文献》第一〇册，第33页。
⑥ 史金波、黄振华、聂鸿音：《类林研究》卷四，第87、88、94页。
⑦ 《俄藏黑水城文献》第一册，第270页。
⑧ 史金波、黄振华、聂鸿音：《类林研究》卷三，第39、56、63页。
⑨ [宋]李焘：《续资治通鉴长编》卷五〇三，元符元年十月丙戌条，第11977页。
⑩ 《番汉合时掌中珠》（甲种本），《俄藏黑水城文献》第一〇册，第3、20、21页。
⑪ 《番汉合时掌中珠》（甲种本），《俄藏黑水城文献》第一〇册，第5页。

上篇　《天盛律令》职官门整理与译释

[西夏文]"音译"宁封子",[西夏文]译"扶风",[西夏文]音译"冯昌"。① 可见,"[西夏文]"字没有"兴"音。

然而,在《同音》中,此字与"[西夏文]"、"[西夏文]"同属上声喉音第49韵。② [西夏文],音"香"、"胸"、"向"。如,《掌中珠》香菜[西夏文]、③项胸[西夏文]、四向四果[西夏文]④等等。而香、胸、向与兴声母相同。

中兴府是西夏的首都。初为怀远镇,宋天禧四年(1020),"德明城怀远镇为兴州以居"。元昊袭封后仍居兴州,并设十六司于兴州。⑤ "后升为兴庆府,又改中兴府。"⑥ 又称为"衙头"。《北山集》卷一三载:"夏国主兴州,谓之衙头。"⑦ 属于次等司,设有八正、八承旨、八都案、二十六案头等官职。《天盛律令·颁律表》载"中兴府正"、"中兴府副"等官职,⑧《金史·交聘表》记"中兴尹"、"知中兴府"、"知中兴府事"、"知中兴府通判"等官名。⑨

[4] [西夏文]：[尼则割]三司。⑩

[西夏文],意"准备"。如,《掌中珠》"[西夏文]"作"准备食馔"、"[西夏文]"作"尽皆准备"。⑪

[西夏文],意"秤"。《掌中珠》"[西夏文]"作"天秤"。⑫

次等司,设有四正、八承旨、八都案、二十案头等官职。《天盛律令·颁律表》载"三司正",⑬《重新护国寺感通塔碑》载"三司正"、"行宫三司正"等官职。⑭ 俄藏黑水城文书载"所契勘今下三司……右仰三司使"。⑮ 另外,三司下设十种仓库,每库各设二小监(头监)、二出纳、一库监。⑯

[5] [西夏文]：意"僧人功德司"。

[西夏文],意"和尚"、"僧"。夏译《类林》卷六傅毅条载"[西夏文]",译"胡僧"。⑰ 夏译《类

---

① 史金波、黄振华、聂鸿音:《类林研究》卷三、四、五、六,第47、71、73、82、105、114、119、134页。
② 李范文:《同音研究》,第411页。
③ 《番汉合时掌中珠》(乙种本),《俄藏黑水城文献》第一〇册,第26页。
④ 《番汉合时掌中珠》(甲种本),《俄藏黑水城文献》第一〇册,第10、19页。
⑤ [元]脱脱等:《宋史》卷四八五《夏国传上》,第13993—13995页。
⑥ [明]宋濂等:《元史》卷六〇《地理三》,第1451页。
⑦ [宋]郑刚中撰,郑良嗣编:《北山集》文渊阁四库本,卷一三,上海古籍出版社,1987年,第147页。
⑧ 史金波、聂鸿音、白滨译注:《天盛改旧新定律令·颁律表》,第108页。
⑨ [元]脱脱等:《金史·交聘表》,第1422、1434、1445、1462、1463、1465、1566、1468、1471、1474、1478页。
⑩ 《番汉合时掌中珠》(乙种本),《俄藏黑水城文献》第一〇册,第33页。
⑪ 《番汉合时掌中珠》(乙种本),《俄藏黑水城文献》第一〇册,第35、36页。
⑫ 《番汉合时掌中珠》(甲种本),《俄藏黑水城文献》第一〇册,第4页。
⑬ 史金波、聂鸿音、白滨译注:《天盛改旧新定律令·颁律表》,第108页。
⑭ 《重修护国寺感通塔碑》,杜建录主编:《中国藏西夏文献》第一八册,第93页。
⑮ Инв.No.348号《西夏天庆三年呈状》,《俄藏黑水城文献》第六册,第283页。
⑯ 史金波、聂鸿音、白滨译注:《天盛改旧新定律令》卷十七《库局分转派门》,第535页。
⑰ 史金波、黄振华、聂鸿音:《类林研究》卷六,第137页。

林》有另一种表达僧人之意的词语"𗗙𘂤",译"沙门"。①

𗼇,意"德"、"正"。如,《掌中珠》"𗼃𗼇𗼇𗽴"作"行行禀德"、"𗫡𗦻𗼇𗼇"作"如此清正"、②"𗂧𗼇"作"天德",③等等。

𗗙,意"用"、"功"。如,《掌中珠》"𗧘𗗙𗇋"作"地用下"。④ 夏译《类林》卷五魏武曹操条载"𗧘𘃜𗗙𗦮𗼇"译"灭贼以成功"。⑤

𗼇𗗙𗓽,意"功德司",专管宗教事务的机构。僧人功德司下设出家、在家二功德司。黄振华译为"僧众功德司"。⑥ 在家功德司属于次等司,设六国师、二合管、四副、六判、六承旨、二都案、七案头。

[6] 𘕕𗩶𗼇𗗙𗓽:意"出家功德司"。

𘕕,意"家"、"舍"。夏译《类林》卷三"𗼕𗤺𘕕𗷅"译"东边邻舍"、"𗧯𗟓𘈪𘕕"译"赵盾家",、"𗂧𗠁𘕕𘊝"译"公主家"、"𗦻𘕕𘊝𗿒"译"我家人"。⑦

𗩶,意"去"、"失"。夏译《类林》卷三"𘚼𗪡 𘌊𘗴𘏨𘉒𗩶𘊎𗞞"译"子亦可暂去礼"、"𘊩𗩶"译"去礼",卷七吴文章条"𘒐𘟖𘊺𘉒𗮅𗩶𘞜𘁂𗤬𗠁𗫅𘂽"译"与兄伯武相失分离二十余年"。⑧

出家功德司设六国师、二合管、六变道提点、六承旨、二都案、二案头等。下属寺庙设有寺检校、僧监、众主等人。

[7] 𗡝𗫦𗫦𗡞:音"大都督府"。

𗡝,音"袋"、"大"。如,《掌中珠》枷袋[𘜶𗡝]、大恒历院[𗡝𘚖𗤗𗖵]、⑨连袋[𘊝𗡝]⑩等。

𗫦,《掌中珠》中该字标"都"音,如计都星[𘊂𗫦𘊐]、⑪都监[𗫦𘐔]、都案[𗫦𘕕]。⑫ 夏译《类林》"𗦮𗫦"音"成都"。⑬

---

① 史金波、黄振华、聂鸿音:《类林研究》卷五,第 114 页。
② 《番汉合时掌中珠》(乙种本),《俄藏黑水城文献》第一〇册,第 32、35 页。
③ 《番汉合时掌中珠》(甲种本),《俄藏黑水城文献》第一〇册,第 4 页。
④ 《番汉合时掌中珠》(乙种本),《俄藏黑水城文献》第一〇册,第 21 页。
⑤ 史金波、黄振华、聂鸿音:《类林研究》卷五,第 113 页。
⑥ 黄振华:《评苏联近三十年西夏学研究》,《社会科学战线》1978 年第 2 期,第 318 页。
⑦ 史金波、黄振华、聂鸿音:《类林研究》卷三,第 35、38、41、54 页。
⑧ 史金波、黄振华、聂鸿音:《类林研究》卷三,第 52 页。
⑨ 《番汉合时掌中珠》(乙种本),《俄藏黑水城文献》第一〇册,第 31、33 页。
⑩ 《番汉合时掌中珠》(乙种本),《俄藏黑水城文献》第一〇册,第 14 页。
⑪ 《番汉合时掌中珠》(甲种本),《俄藏黑水城文献》第一〇册,第 5 页。
⑫ 《番汉合时掌中珠》(乙种本),《俄藏黑水城文献》第一〇册,第 33 页。
⑬ 史金波、黄振华、聂鸿音:《类林研究》,第 46 页。

大都督府在灵州，设有转运司、租院、买曲税院、踏曲库、渡口等机构，各设小监、出纳、掌钥匙、栏头等官吏管理事务。

位于次等司，设六正、六承旨、六都案、七案头等官职，并设有刺史一名。《天盛律令·颁律表》载"𗴴𗴴𗴴𗴴𗴴𗴴"一职，译"大都督府通判"。① 《宋史·夏国传》、《金史》卷一三四等载西夏神宗即位前为"大都督府主"。② 《元史》卷一二五载西夏遗民高智耀的曾祖为"大都督府尹"。③

[8] 𗴴𗴴𗴴：[𗴴𗴴𗴴𗴴]皇城司。④

𗴴，意"皇"。夏译《类林》"𗴴𗴴"译"皇宫"。⑤

汉文本《杂字》有"皇城"。属于次等司，设有四正、四承旨、四都案、十八案头，司吏若干。汉文《重修护国寺感通塔碑》载"卧则啰正"，⑥ 因"卧则啰"与"斡尼则啰"读音相近，故其为西夏文"皇城司"的汉语译音。

汉译本：

　　　　司序行文门

一上、次、中、下、末五等大小、高低依条下所定实行：

　　上等司：中书、枢密。

　　次等司：殿前司、御史、中兴府、三司、僧人功德司、出家功德司、大都督府、皇城、宣徽、内宿司、道士功德司、

39-21 右面：

𗴴𗴴𗴴	𗴴𗴴𗴴𗴴[1]	𗴴𗴴𗴴[2]	𗴴𗴴𗴴[3]				
阁门司	御厨庖司	瓯匦司	西凉府				

𗴴𗴴𗴴	𗴴𗴴𗴴						
府夷州	中府州						

---

① 史金波、聂鸿音、白滨译注：《天盛改旧新定律令·颁律表》，第108页。
② [元]脱脱等：《宋史》卷四八六《夏国传下》，第14027页。
③ [明]宋濂等：《元史》卷一二五《高智耀传》，中华书局，1976年，第3072页。
④ 《番汉合时掌中珠》（乙种本），《俄藏黑水城文献》第一〇册，第33页。
⑤ 史金波、黄振华、聂鸿音：《类林研究》卷三，第50页。
⑥ 《重新护国寺感通塔碑》，《中国藏西夏文献》第一八册，第93页。

𘑲𗙼𘊖	𗹠𗗚𘊖	𘓐𘜘𗙢𘓐𘊖[4]	𘅋𗴺𘊖[5]				
中等司	大恒历院	都转运司	陈告司				

𘓐𘜘𘑲𘟙𘊖[6]	𗴺𘙼𘊖[7]	𗐱𘊖[8]	𗩳𘊖[9]				
都磨勘司	审刑司	群牧司	农田司				

𗼃𗤶𘊖[10]	𗼈𗤶𘟀𗤶𘊖	𗴴𗤻𘟀𘊖					
受纳司	边中监军司	前内侍司					

𘑲🙙𘟀𗦇𘈪𘊖𗣫𗤱	𗁦𗾞𗰔[11]						
磨勘军案殿前司及管	鸣沙军						

𗢯𗴺𘊖[12]	𘟀𗗚𗢡[13]	𗥤𗤶𗢡[14]	𘕰𗰔𗢡[15]				
卜算院	养贤务	资善务	回夷务				

𗭪𘅋𘊖[16]	𘏞𘟀𘙲	𘊖𗰔𘙲	𗕿𗰔𗂧[17]				
医人院	华阳县	治源县	五原郡				

𘒣𘒣𘟙𘊖[18]	𘜶𘎛𗰔	𘙼𗏹𗰔	𗦻𗴴𗰔				
京师工院	虎控军	威地军	大通军				

注释:

[1] 𘟀𘃜𗱤𘊖：意"御厨庖司"。

𘟀，意"贤"。如,《掌中珠》"𘟀𘃊"作"贤人"。① 夏译《类林》卷七朱亥条"𘟀𘃊"译"贤人"。②

𘃜，意"厨"、"粥"、"食"。如,《掌中珠》"𘃜𗼑"作"粥"、"𘃜𗤶"作"食馔"、③"𘃜𘝯"作"食神"。④

---

① 《番汉合时掌中珠》(乙种本),《俄藏黑水城文献》第一〇册,第27页。
② 史金波、黄振华、聂鸿音:《类林研究》卷七,第165页。
③ 《番汉合时掌中珠》(乙种本),《俄藏黑水城文献》第一〇册,第35页。
④ 《番汉合时掌中珠》(甲种本),《俄藏黑水城文献》第一〇册,第4页。

覔𘊝，意"厨庖"。如《掌中珠》"覔𘊝"作"厨庖"。① 汉文本《杂字》有"厨舍"。夏译《类林》卷六龙俭条"𗼨𗽻覔𘊝𗅆𗠝𘋩𗭼𗏹𘄴"译"老奴在厨听此音"。② 汉译本《天盛律令》将"𘑲覔𘊝𗗚"译为"御庖厨司"。本文采用《掌中珠》所载译为"御厨庖司"。是西夏皇宫内负责膳食的专门机构。

次等司，设有三大人、七案头。《天盛律令》规定"内宫中庖人不许失刀"。③《天盛律令》卷五规定"覔𘊝（厨师）"可配备战具。④

[2] 𘑲𗴺𗗚：音"瓯匣司"。

𘑲，音"龟"、"癸"、"贵"、"鬼"、"归"。如，《掌中珠》壬癸[𘑲𗜘]、龟蛙[𘑲𗐨]、贵贱[𘑲𘅄]、桂枝[𘑲𗷅]、回归本家[𗦎𘑲𗆫𘃎]、⑤鬼宿[𘑲𘏨]。⑥

𗴺，音"匣"、"下"、"夏"、"限"、"孝"、"槛"、"匣"、"狭"、"馅"。如，《掌中珠》地用下[𗰱𗥩𗴺]、春夏[𗡪𗴺]、日限[𗧊𗴺]、下雪[𗴺𗌭]、孝顺[𗴺𗍻]、木槛[𘈪𗴺]、匣子[𗴺𘏨]、孝经[𗴺𘏡]、酸馅[𘊄𗴺]、⑦狭阔[𗴺𘃡]⑧等等。

瓯匣司，西夏五等司中次等司，设四正、四承旨、四都案、十案头。《天盛律令·颁律表》载"瓯匣司正"，⑨《金史·交聘表》载"瓯柙（匣）司使"、"瓯匣使"、"押进瓯匣使"、"精鼎瓯匣使"、"精方瓯匣使"等官职。⑩

[3] 𘕿𗣼𗗚：音"西凉府"。

𘕿，音"西"、"夕"、"息"、"细"、"析"。如，《掌中珠》晚夕[𗼃𘕿]、细狗[𘕿𗦜]、安息香[𗤁𘕿𗣇]、朝夕趋利[𗱈𘕿𗯘𗜘]、子细取问[𗤿𘕿𗴼𘉒]、细面[𘕿𗘂]、彼人分析[𗆧𗃜𗟻𘕿]、⑪东南西北[𗼕𗫻𘕿𗤒]、腰膝[𗼋𘕿]、⑫等等。夏译《类林》卷八"陇西"作"𗣼𘕿"。⑬

𗣼，音"凉"、"粮"、"量"。如，《掌中珠》凉笠[𗣼𘗨]、资粮[𗤓𗣼]、苦报无量[𗧓𗦀𘁂𗣼]等。⑭

---

① 《番汉合时掌中珠》（乙种本），《俄藏黑水城文献》第一〇册，第30页。
② 史金波、黄振华、聂鸿音：《类林研究》卷六，第149—150页。
③ 史金波、聂鸿音、白滨译注：《天盛改旧新定律令》卷十二《内宫待命等头项门》，第440页。
④ 史金波、聂鸿音、白滨译注：《天盛改旧新定律令》卷五《军持兵器供给门》，第224页。
⑤ 《番汉合时掌中珠》（乙种本），《俄藏黑水城文献》第一〇册，第21、24、27、28、36页。
⑥ 《番汉合时掌中珠》（甲种本），《俄藏黑水城文献》第一〇册，第3页。
⑦ 《番汉合时掌中珠》（乙种本），《俄藏黑水城文献》第一〇册，第21、24、29、30、31、34、35页。
⑧ 《番汉合时掌中珠》（甲种本），《俄藏黑水城文献》第一〇册，第14页。
⑨ 史金波、聂鸿音、白滨译注：《天盛改旧新定律令·颁律表》，第108页。
⑩ [元] 脱脱等：《金史·交聘表》，第1418、1420、1430、1445、1488、1489页。
⑪ 《番汉合时掌中珠》（乙种本），《俄藏黑水城文献》第一〇册，第24、27、29、34页。
⑫ 《番汉合时掌中珠》（甲种本），《俄藏黑水城文献》第一〇册，第6、10页。
⑬ 史金波、黄振华、聂鸿音：《类林研究》卷八，第236、238页。
⑭ 《番汉合时掌中珠》（甲种本），《俄藏黑水城文献》第一〇册，第13、19页。

󰀀,音"府"、"腹"、"父"、"服"、"斧"、"富"、"缚"。如,《掌中珠》腹肚[󰀀󰀁]、①父母[󰀀󰀂]、枕[󰀀]、柩柩[󰀀󰀀]、斤斧[󰀃󰀀]、衣服[󰀄󰀀]、伏罪[󰀀󰀅]、富贵具足[󰀀󰀆󰀇󰀈]、烦恼缠缚[󰀉󰀊󰀋󰀀],②等等。

西凉府,西夏五等司中的次等司,地位比较高,设六正、六承旨、六都案、七案头。此外,黑水城文书有"榷场使兼拘榷官西凉府签判"一职。③

[4] 󰁀󰁁󰁂󰁃󰁄:意"都转运司"。

󰁀,意"一"、"都"、"已"、"长"。如,《掌中珠》"一寸"作"󰁀󰁅"、④"都案"作"󰁀󰁆"、"大人嗔怒"作"󰁇󰁈󰁀󰁉"、"设筵已毕"作"󰁊󰁋󰁀󰁌"、"室女长大"作"󰁍󰁎󰁀󰁏"、"岂滞一边"作"󰁀󰁐󰁑󰁒"等等。⑤

󰁂,意"运"。如,《掌中珠》"󰁓󰁂"作"运土"。⑥

󰁃,意"治"。如,《掌中珠》"恤治民庶"作"󰁔󰁕󰁃󰁖"。⑦

都转运司位于中等司,设六正、八承旨、八都案、十案头。

[5] 󰁗󰁘󰁄:[泥绿能啰]陈告司。⑧

󰁗,意"告"。如,《掌中珠》"诸司告状"作"󰁙󰁄󰁚󰁗"。⑨ 夏译《类林》卷三"󰁀󰁛󰁜󰁛󰁝󰁗"译"宋王告于晋王"。⑩

󰁘,意"告"。如,《掌中珠》"󰁘󰁞󰁝󰁟"作"与告者同"。⑪

"敷告曰陈,启讼曰告。"⑫ 汉文本《杂字》有"陈告"。位于中等司,设六正、六承旨、六都案、十七案头。

[6] 󰁀󰁠󰁡󰁄:意"都磨勘司"。

󰁡,意"集结"。如,夏译《类林》卷三"󰁡󰁢"译"集结"。⑬

󰁠󰁡,意"磨勘"。如,《掌中珠》"󰁠󰁡󰁄[赤克啰]"意"磨勘司"。⑭

---

① 《番汉合时掌中珠》(甲种本),《俄藏黑水城文献》第一〇册,第10页。
② 《番汉合时掌中珠》(乙种本),《俄藏黑水城文献》第一〇册,第29、30、31、35、36页。
③ 《俄藏黑水城文献》第六册,第285页。
④ 《番汉合时掌中珠》(甲种本),《俄藏黑水城文献》第一〇册,第14页。
⑤ 《番汉合时掌中珠》(乙种本),《俄藏黑水城文献》第一〇册,第33、34、35、36页。
⑥ 《番汉合时掌中珠》(乙种本),《俄藏黑水城文献》第一〇册,第30页。
⑦ 《番汉合时掌中珠》(乙种本),《俄藏黑水城文献》第一〇册,第33页。
⑧ 《番汉合时掌中珠》(乙种本),《俄藏黑水城文献》第一〇册,第33页。
⑨ 《番汉合时掌中珠》(乙种本),《俄藏黑水城文献》第一〇册,第34页。
⑩ 史金波、黄振华、聂鸿音:《类林研究》卷三,第36页。
⑪ 《番汉合时掌中珠》(乙种本),《俄藏黑水城文献》第一〇册,第34页。
⑫ [元]徐元瑞著、杨讷点校:《吏学指南》,第97页。
⑬ 史金波、黄振华、聂鸿音:《类林研究》卷三,第66页。
⑭ 《番汉合时掌中珠》(乙种本),《俄藏黑水城文献》第一〇册,第33页。

位于中等司，设四正、四承旨，四都案，二十案头。《天盛律令·颁律表》载"磨勘司承旨"。①

[7] 𗢳𘟙𗖠：[与𘜶力啰]审刑司。②

𗢳，意"刑"。如，《掌中珠》"三刑"作"𘂀𗢳"。③

汉文本《杂字》记"提刑"。④《辽史》载西夏人"诉于官，官择舌辩气直之人为和断官，听其屈直。杀人者，纳命价钱百二十千"。⑤ 位于中等司，设二正、二承旨、二都案、二案头。

[8] 𗣛𘟙：[能𘜶啰]群牧司。⑥

𗣛，意"群牧"。夏译《类林》卷三"𘃎𗅆𗣛𘟙𘉋"译"并州大群牧司"，"𗸱𗅆𗘺𗣛𘟙𘉋"译"益州大群牧司"。⑦

西夏的主要牲畜有四种，即骆驼、马、牛、羖、𦍑等。《天盛律令》卷十九有条文规定群牧司派使人法，可惜文书全残。群牧司位于中等司，设有六正、六承旨、六都案、十四案头。

[9] 𗩾𘟙：[相啰]农田司。⑧

𗩾𘟙，意"农田司"。西夏规定将农户拥有土地、耕牛、应纳租税记在木牌上，并造册分藏于农田司等五司。《天盛律令》卷十五："各租户家主各自地何时种、耕牛数、租种数、斛、斗、升、合、条草当明之，当使书一木牌上。一户当予一木牌。"⑨

农田司属中等司，设四正、四承旨、四都案、十二案头等官职。

[10] 𗼇𗢚𘟙：[嚷张啰]受纳司。⑩

𗼇，意"受"、"继承"。如，《掌中珠》"自受用佛"作"𗼄𗼏𗼇𘜶"、"十他受用"作"𗧠𗸰𗼏𗼇"⑪等等。夏译《类林》卷三"𘑨𗧓𗦳𘃡𘅣𘀍𗰔𗖵𗀋𗼇"译"后重耳返归本国，继帝位"，"𗼄𘝯𗥦𗀋𗼇"译"其子襄王立"。⑫ "𗼇"意"继承"。

位于中等司，设四正、四承旨、三都案、四案头。

---

① 史金波、聂鸿音、白滨译注：《天盛改旧新定律令·颁律表》，第108页。
② 《番汉合时掌中珠》(乙种本)，《俄藏黑水城文献》第一〇册，第33页。
③ 《番汉合时掌中珠》(甲种本)，《俄藏黑水城文献》第一〇册，第4页。
④ 汉文本《杂字》，《俄藏黑水城文献》第九册，第145页。
⑤ [元]脱脱等：《辽史》卷一一五《西夏外纪》，第1524页。
⑥ 《番汉合时掌中珠》(乙种本)，《俄藏黑水城文献》第一〇册，第33页。
⑦ 史金波、黄振华、聂鸿音：《类林研究》卷三，第37、46页。
⑧ 《番汉合时掌中珠》(乙种本)，《俄藏黑水城文献》第一〇册，第33页。
⑨ 史金波、聂鸿音、白滨译注：《天盛改旧新定律令》卷十五《纳领谷派遣计量小监门》，第504页。
⑩ 《番汉合时掌中珠》(乙种本)，《俄藏黑水城文献》第一〇册，第33页。
⑪ 《番汉合时掌中珠》(甲种本)，《俄藏黑水城文献》第一〇册，第19页。
⑫ 史金波、黄振华、聂鸿音：《类林研究》卷三，第36页。

[11] 𘓺𘉟𘋻：音"鸣沙军"。

𘓺，音"面"、"名"、"明"，意"示"。如，《掌中珠》细面［𘃡𘓺］、争名趋利［𘜻𘓺𘞃𘄑］、明日［𘓺𘃞］、轩冕［𘟠𘓺］，①"指示寂知"作"𘓺𘅤𘉅𘌺"。② 夏译《类林》卷五荀爽条"𘟣𘖑𘅤𘅤𘓺𘟣𘄑"译"荀爽，又名鸣鹤"。③

𘉟，音"沙"、"纱"、"衫"、"产"。如，《掌中珠》土沙［𘃒𘉟］、财产无数［𘠺𘉟𘞃𘟥］、④赤沙［𘀼𘉟］、纱罩［𘉟𘓸𘟒］、汗衫［𘖿𘉟］。⑤

𘋻，音"君"、"军"。如，《掌中珠》君子［𘋻𘗓］、⑥统军司［𘓛𘆟𘋻𘞃］⑦等等。

位于中等司，鸣沙城司设一城主、一副、一通判、一城守。刺史一人（设有一都案），四都案。

[12] 𘋩𘟀𘆟：意"卜算院"。

𘟀，意"数"、"算"。夏译《类林》载"𘝯𘓛𘟀𘈷𘅗𘒉𘄑"译"臣请为数罪而杀之"，"𘓛𘟀𘉟𘙰𘒉𘄑"译"数罪毕，请杀之"。⑧此处"𘟀"意"数"。又"𘖙𘟀"，译"以为"，⑨"𘖙𘠾𘟀"表示"以为"。⑩

史金波等译《天盛律令》此词一时译作史院，一时又作卜算院。⑪《官阶封号表》（乙种本）⑫有"𘋩𘟀𘊓（卜算位）"，与"𘠾𘊓（巫位）"并列。《宋史·夏国传下》载西夏人"笃信机鬼，尚诅祝，每出兵则先卜"。⑬

卜算院位于中等司，规定依事设职，大人数不定。根据《天盛律令》卷二十《罪则不同门》记载判断，卜算院设有大典、小监等官吏。⑭

[13] 𘝩𘟷𘄑：音"养贤务"。

𘝩，音"养"。如，《掌中珠》供养烧香［𘅹𘝩𘋻𘘄］、畜养家宅［𘙰𘝩𘃃𘍢］。⑮

---

① 《番汉合时掌中珠》（乙种本），《俄藏黑水城文献》第一〇册，第35、36页。
② 《番汉合时掌中珠》（甲种本），《俄藏黑水城文献》第一〇册，第19页。
③ 史金波、黄振华、聂鸿音：《类林研究》卷五，第109页。
④ 《番汉合时掌中珠》（甲种本），《俄藏黑水城文献》第一〇册，第7、14页。
⑤ 《番汉合时掌中珠》（乙种本），《俄藏黑水城文献》第一〇册，第30、31页。
⑥ 《番汉合时掌中珠》（甲种本），《俄藏黑水城文献》第一〇册，第10页。
⑦ 《番汉合时掌中珠》（乙种本），《俄藏黑水城文献》第一〇册，第33页。
⑧ 史金波、黄振华、聂鸿音：《类林研究》卷三，第52、53页。
⑨ 史金波、黄振华、聂鸿音：《类林研究》卷三，第43、65、67、68页。
⑩ 史金波、黄振华、聂鸿音：《类林研究》卷三，第45页。
⑪ 史金波、聂鸿音、白滨译注：《天盛改旧新定律令》卷十《司序行文门》，第363、367页。
⑫ 《俄藏黑水城文献》第九册，第368页。
⑬ ［元］脱脱等：《宋史》卷四八六《夏国传下》，第14030页。
⑭ 史金波、聂鸿音、白滨译注：《天盛改旧新定律令》卷二十《罪则不同门》，第616页。
⑮ 《番汉合时掌中珠》（乙种本），《俄藏黑水城文献》第一〇册，第29页。

𘂋，音"刑"、"形"、"蝎"、"胫"、"献"等。如，《掌中珠》审刑司［𘒩𘂋𘄒］、①天形上［𗁅𘂋𗖵］、三刑［𗾑𘂋］、天蝎［𗑗𘂋］、脚胫［𗝊𘂋］②等等。夏译《类林》卷五陈琳条"𗧙𘓺𘂋𗷅𘉋𗖣𘅝𘕕𘏞"译"此事《献帝春秋》中说"。③

𘑨，音"务"、"无"、"武"、"雾"、"戊"、"芜"等。如，《掌中珠》雾露［𘑨𘉟］、戊己［𘑨𗄼］、事务参差［𗈪𘑨𗖎𘑨］、④芜荑［𘑨𗕜］、玄武［𗖍𘑨］、苦报无量［𘄠𗸪𘑨𗔀］⑤等等。夏译《类林》卷六皇甫规条"𘉋𗾞𗤋……𘑨𗤭𗦇𘁨𘏞"译"皇甫规……为武威太守"。⑥

《宋史·夏国传》载："建中靖国元年（1101），乾顺始建国学，设弟子员三百，立养贤务以廪食之。"⑦廪食，指朝廷供给粮食，明清时期有廪生，指由州县等地方政府按时发放钱粮的学生。显然，西夏立养贤务，是为了提供口粮给国学的学员们。属于中等司，设二正、二承旨、二都案、六案头。

［14］𗧯𗤋𘑨：音"资善务"。

𗧯，音"子"、"紫"、"资"。如，《掌中珠》狮子［𘌊𗧯］、紫㸌星［𗧯𘐊𗴷］、资粮加行［𗧯𗔀𘉚𘓺］、⑧子丑［𗧯𘄴］⑨等等。

𗤋，音"苦"、"设"、"闪"。如，《掌中珠》闪电［𗤋𗖵］、苦［𗤋］、设筵已毕［𗤋𘅤𗑬𗏤］⑩等等。
位于中等司，设二正、二承旨、二都案、三案头。

［15］𘕕𘕤𘑨：音"回夷务"。

𘕕，音"栿"、"回"。如，《掌中珠》栿棚堂［𘕕𘓺𗎘］、回廊［𘕕𗰧］、回归本家［𘕕𗩝𘈩𘍨］、⑪六趣轮回［𗤶𘕤𘎑𘕕］⑫等等。

𘕤，音"蚬"、"乙"、"黄"、"椅"、"衣"。如，《掌中珠》虹蚬［𗿒𘕤］、乙［𘕤］、椅子［𘕤𗧯］、衣服［𘕤𘈱］、⑬芜荑［𘑨𗕜］。⑭

位于中等司，设二正、二承旨、二都案、三案头。

---

① 《番汉合时掌中珠》（乙种本），《俄藏黑水城文献》第一〇册，第33页。
② 《番汉合时掌中珠》（甲种本），《俄藏黑水城文献》第一〇册，第3、4页。
③ 史金波、黄振华、聂鸿音：《类林研究》卷五，第111页。
④ 《番汉合时掌中珠》（乙种本），《俄藏黑水城文献》第一〇册，第24、34页。
⑤ 《番汉合时掌中珠》（甲种本），《俄藏黑水城文献》第一〇册，第4、8、19页。
⑥ 史金波、黄振华、聂鸿音：《类林研究》卷六，第119—120页。
⑦ ［元］脱脱等：《宋史》卷四八六《夏国传下》，第14019页。
⑧ 《番汉合时掌中珠》（甲种本），《俄藏黑水城文献》第一〇册，第4、5、19页。
⑨ 《番汉合时掌中珠》（乙种本），《俄藏黑水城文献》第一〇册，第24页。
⑩ 《番汉合时掌中珠》（乙种本），《俄藏黑水城文献》第一〇册，第24、31、35页。
⑪ 《番汉合时掌中珠》（乙种本），《俄藏黑水城文献》第一〇册，第30、36页。
⑫ 《番汉合时掌中珠》（甲种本），《俄藏黑水城文献》第一〇册，第19页。
⑬ 《番汉合时掌中珠》（乙种本），《俄藏黑水城文献》第一〇册，第24、31页。
⑭ 《番汉合时掌中珠》（甲种本），《俄藏黑水城文献》第一〇册，第8页。

[16] 󰀀󰀁󰀂：意"医人院"。

󰀀，意"人"。如，《掌中珠》"人"作"󰀀"、"圣人"作"󰀃󰀀"、"追干连人"作"󰀄󰀅󰀀󰀆"、"愚蒙小人"作"󰀇󰀈󰀀󰀉"①等等。

󰀁，意"医"、"修造"。如，《掌中珠》"󰀀󰀁󰀊󰀋"作"医人看验"②等。󰀁通󰀁。《掌中珠》"󰀌󰀍󰀎󰀁"作"修盖寺舍"、"󰀏󰀐󰀎󰀁"作"修造舍屋"。③《辽史》："病者不用医药，召巫者送鬼，西夏语以巫为'厮'也；或迁他室，谓之'闪病'。"④

医人院位于中等司，大人数不定。根据《天盛律令》可知，医人院设有󰀀󰀁󰀑󰀒（医人头监）、󰀀󰀁（医人）、󰀀󰀁󰀓（小医人）等大小职事。其中医人属于内宫待命者，应于宫中当值。而小医人每日经内宿承旨许可入药方内，医人头监可依内宫法出入宫城。⑤俄藏出土西夏文书有"医人"字样。⑥《掌中珠》"医人看验"，可见，西夏审理案件时重视医检。

[17] 󰀔󰀕󰀖：音"五原郡"。

󰀔，音"五"。如，《掌中珠》五墓［󰀔󰀗］、五谷［󰀔󰀘］、⑦五常六艺［󰀔󰀙󰀚󰀛］、平五枳［󰀜󰀔󰀝］⑧等等。

󰀕，音"原"、"园"、"鸳"、"院"、"远"等。《掌中珠》泉原［󰀞󰀕］、工院［󰀟󰀕］、远离三途［󰀕󰀠󰀡󰀢］、⑨园林［󰀕󰀣］、鸳鸯［󰀕󰀤］⑩等等。夏译《类林》卷四应奉条"󰀥󰀦󰀧󰀨󰀩󰀪󰀫󰀕󰀬"译"应奉之子名邵又名仲远"。⑪

󰀖，音"裙"、"群"、"郡"。如，《掌中珠》裙袴［󰀖󰀭］、群牧司［󰀖󰀮󰀯］⑫等等。《类林》卷三严颜条"󰀋󰀰󰀱󰀲󰀳󰀴󰀀󰀉"译"严颜，巴郡地方人也"。卷四简雍条"󰀵󰀥󰀲󰀕󰀶󰀷󰀸󰀹󰀖󰀳󰀴󰀀󰀉"译"简雍又名曼和，涿郡地方人也"。⑬

五原郡，位于中等司，设一城主、一副、一通判、一城守。刺史一人，二都案。

[18] 󰀺󰀻󰀼󰀂：意"京师工院"。

---

① 《番汉合时掌中珠》（甲种本），《俄藏黑水城文献》第一〇册，第 21、27、34 页。
② 《番汉合时掌中珠》（乙种本），《俄藏黑水城文献》第一〇册，第 34 页。
③ 《番汉合时掌中珠》（乙种本），《俄藏黑水城文献》第一〇册，第 29 页。
④ ［元］脱脱等：《辽史》卷一一五《西夏外纪》，第 1523—1524 页。
⑤ 史金波、聂鸿音、白滨译注：《天盛改旧新定律令》，第 426、435 页。
⑥ Инв.No.1381A，《俄藏黑水城文献》第六册，第 296 页。
⑦ 《番汉合时掌中珠》（甲种本），《俄藏黑水城文献》第一〇册，第 4、8 页。
⑧ 《番汉合时掌中珠》（乙种本），《俄藏黑水城文献》第一〇册，第 29、30 页。
⑨ 《番汉合时掌中珠》（甲种本），《俄藏黑水城文献》第一〇册，第 7、15、19 页。
⑩ 《番汉合时掌中珠》（乙种本），《俄藏黑水城文献》第一〇册，第 25、27 页。
⑪ 史金波、黄振华、聂鸿音：《类林研究》卷四，第 97 页。
⑫ 《番汉合时掌中珠》（乙种本），《俄藏黑水城文献》第一〇册，第 31、33 页。
⑬ 史金波、黄振华、聂鸿音：《类林研究》卷三、四，第 46、76 页。

𘓆,意"世"。如,《掌中珠》"不晓世事"作"𘓆𗥤𗤋𘟂"、[①]"世间扬名"作"𘓆𗧯𗤋𗿷"、"世人"作"𘓆𗄊"[②]等等。

𗥤,意"界"。如,《掌中珠》"三界流转"作"𗳎𗥤𗯿𗋽"[③]等。

𘓆𗥤,意"世界"、"世间"、"京师"、"京城"等。另外,𗴂𗥤,直译中界,但对应汉语"京师"意,泛指京畿。[④]《天盛律令》卷十四规定:"京师界:中兴府、南北二县、五州各地县司。"[⑤]

𗥤,意"匠"、"工"。如,《掌中珠》"泥匠"作"𘟥𗥤"、"木匠"作"𘝯𗥤"、"工院"作"𗥤𗖻"[⑥]等等。汉文本《杂字》有"诸匠部",记载了银匠、鞍匠、花匠等21种工匠。[⑦]

京师工院位于中等司,设二正、二副、四承旨、四都案。

汉译本:

阁门司、御厨庖司、瓯匣司、西凉府、府夷州、中府州。

中等司:大恒历院、都转运司、陈告司、都磨勘司、审刑司、群牧司、农田司、受纳司、边中监军司、前内侍司、[⑧]殿前司勾管磨勘军案、鸣沙军、卜算院、养贤务、资善务、回夷务、医人院、华阳县、治源县、五原郡、京师工院、虎控军、威地军、大通军。

39-21左面:

𗼻𗯴𗸰	𗹰𗦻𘛀𗁅[1]							
宣威军	圣容提举							

𗐱𗖸𘓚	𘟪𗦧𘓚[2]	𗦀𗄊𘓚[3]	𗋒𘟀𘟪𗦧𗼻𘕣[4]					
下等司	行宫司	择人司	南院行宫三司					

𗫉𘟀𘓚[5]	𗐰𘟀𗦧𗵘𗫸[6]	𗎳𗴺𗦧𗵘𗫸						
马院司	西院经治司	沙州经治司						

---

① 《番汉合时掌中珠》(甲种本),《俄藏黑水城文献》第一〇册,第18页。
② 《番汉合时掌中珠》(乙种本),《俄藏黑水城文献》第一〇册,第32、36页。
③ 《番汉合时掌中珠》(乙种本),《俄藏黑水城文献》第一〇册,第36页。
④ 史金波、黄振华、聂鸿音:《类林研究》卷三,第68页。
⑤ 史金波、聂鸿音、白滨译注:《天盛改旧新定律令》卷十四《误殴打争斗门》,第485页。
⑥ 《番汉合时掌中珠》(乙种本),《俄藏黑水城文献》第一〇册,第30、33页。
⑦ 汉文本《杂字》,《俄藏黑水城文献》第九册,第140页。
⑧ 汉译本作"前宫侍司",本书作"前内侍司"。

𗼕𗾺𘃎	𗾫𗾺𘃎	𗴺𗥤𘃎	𗳉𗪨𘃎				
定远县	怀远县	临河县	保静县				

𘊄𗴂𘓺[7]	𘊄𗴂𗰔𘃨	𘃡𗬺𘃎	𘊗𗵘𘃛				
灵武郡	甘州城司	永昌城	开边城				

𗦅 𗴂	𗭫𘊄	𘚵𘊄	𗂧𘊄	𗾫𗴂			
三 种	工 院	北 院	南 院	肃 州			

𘄒𗾈𘕯𘆑𘃨	𘗽𗴂	𘟀𘃛	𘓓𘟃𘃛				
边中转运司	沙州	黑水	卧啰孩				

𗿣𘃎	𗂧𘊄	𗥜𘊄	𗾫𗴂	𗢾𗴂			
卓啰	南院	西院	肃州	瓜州			

𗦀𗴂𗴂𗅲	𗟲𘏞𗙴						
大都督府	寺庙山						

注释：

[1] 𘋨𘕰𘜼𘟙：意"圣容提举"。

𘋨，音"圣"，意"圣"。如，《掌中珠》圣人[𘋨𗟭]、"𘋨𗼃"作"圣人"、学习圣典[𘕎𗧘𘋨𘀗]、"𘋨𘃨𘕎𘕕"作"学习圣典"、①证圣果已[𗦊𘋨𘏞𗿣]、"𘋨𗴂𘓺𘗽"作"证圣果已"②等等。

𘕰，音"用"、"鹰"、"融"、"雍"等。如，《掌中珠》自受用佛[𘓰𗤋𘕰𗧘]、③鹰雕[𘕰𗭴]④等等。夏译《类林》卷四"𗧸𘕰"音"符融"，卷七王业条"𘕰𘟢"音"雍丘"，卷七马融条"𘊄𘕰"音"马融"。⑤

𘜼，音"脚"、"锯"、"镢"、"举"。如，《掌中珠》柱脚[𘗽𘜼]、凿锯[𘕃𘜼]、⑥脚跟[𘜼𘟙]、

---

① 《番汉合时掌中珠》（乙种本），《俄藏黑水城文献》第一〇册，第27页。
② 《番汉合时掌中珠》（甲种本），《俄藏黑水城文献》第一〇册，第19页。
③ 《番汉合时掌中珠》（甲种本），《俄藏黑水城文献》第一〇册，第19页。
④ 《番汉合时掌中珠》（乙种本），《俄藏黑水城文献》第一〇册，第27页。
⑤ 史金波、黄振华、聂鸿音：《类林研究》卷四、六、七，第79、166、182页。
⑥ 《番汉合时掌中珠》（乙种本），《俄藏黑水城文献》第一〇册，第30页。

镢枕[𗩾𘂆]①等等。夏译《类林》卷三郭文条"贡 𘆝𗇘𘊐𘆝𗩾"译"郭文又名文举"。②

圣容提举属于中等司，设有一正、一副等官员。《天盛律令》卷十一："国境内有寺院中圣容一种者，当遣常住镇守者正副二提举，此外不许寺中多遣提举。"③可见，圣容寺作为寺院中的一种，圣容正、副提举为圣容寺所特设官员，专门管理圣容寺。

[2] 𘊴𘜶𘔭：意"行宫司"。

𘊴，意"星"。如，《掌中珠》"𗼻𗰔𘊴𘔬"作"十二星宫"。④

𘜶，意"驿"。如，《掌中珠》"𘜶𘔭"作"驿马"。⑤ 夏译《类林》"𘝈𘜶"译"出游"、"巡游"。⑥

《天盛律令》卷二十载"自京师界北至富清县等十五行宫"。⑦ 宥州也有行宫，宋哲宗绍圣四年（1097）八月，王愍"入宥州，焚其官廨、仓场、刑狱、民居五十余间，并伪行宫军司簿书案籍等，发窖藏，践禾稼、荡族帐不可胜计"。⑧ 此处的行宫军司，应为负责行宫内安全的卫兵机构。

行宫司属中等司，设四正、二都案、四案头。

[3] 𗴂𗳒𘔭：意"择人司"。

以往学者们误以为"𗴂𗳒𘔭"是西夏选拔人才的机构。《天盛律令》卷十二有"除帐门末宿等以外，其余内宫当值人及阁门、择人、守护者，不许于当值日不集中到来及放弃职事等"。⑨ 此处"𗴂𗳒（择人）"与"𗊏𗳒（阁门）"、"𗊐𗳒𗟻（守护者）"等内宫当值人并举。可见，"𗴂𗳒"应指内宫当值人员的一种。

另外，《天盛律令》卷十规定："种种独诱中，七岁以上至二十岁以内□□上当选拔，应令学业，学处职管□□正副教习等不允取学资。"⑩由此可知，此种选拔、训练出来的年轻男子是内宫待命、独诱的储备力量。而选拔、管理此类人才的机构或就是指"𗴂𗳒𘔭"。

位于下等司，设四承旨、二都案。

[4] 𗵒𗰔𘊴𘜶𗇋𘔭：意"南院行宫三司"。

---

① 《番汉合时掌中珠》（甲种本），《俄藏黑水城文献》第一〇册，第 10、14 页。
② 史金波、黄振华、聂鸿音：《类林研究》卷三，第 66 页。
③ 史金波、聂鸿音、白滨译注：《天盛改旧新定律令》卷十一《为僧道修寺庙门》，第 403 页。
④ 《番汉合时掌中珠》（甲种本），《俄藏黑水城文献》第一〇册，第 6 页。
⑤ 《番汉合时掌中珠》（甲种本），《俄藏黑水城文献》第一〇册，第 4 页。
⑥ 史金波、黄振华、聂鸿音：《类林研究》卷三、四，第 57、77 页。
⑦ 史金波、聂鸿音、白滨译注：《天盛改旧新定律令》卷二十《罪则不同门》，第 615 页。
⑧ [宋]李焘：《续资治通鉴长编》卷四九〇，绍圣四年八月丙戌，第 11624 页。
⑨ 史金波、聂鸿音、白滨译注：《天盛改旧新定律令》卷十二《内宫待命等头项门》，第 428 页。
⑩ 史金波、聂鸿音、白滨译注：《天盛改旧新定律令》卷十《官军敕门》，第 360—361 页。

𗼇,意"南"。如,《掌中珠》"𗼊𗼇𘛐𗼻"作"东南西北";①夏译《类林》"𗼊𗼇"译"东南","𗼇𗤈"译"南方",②等等。

南院,地位重要,设有监军司、转运司等机构。

[5] 𘑗𘃡𘓱:意"马院司"。

𘑗,意"马"。如,《掌中珠》"𘑗𘃡"作"马院"。③

马院司位于下等司,设有三承旨、二都案、四案头。

[6] 𘛐𘃡𘒏𘃵𘓱:意"西院经治司"。

𘛐,意"西"。如,《掌中珠》"𗼊𗼇𘛐𗼻"作"东南西北";④夏译《类林》"𘛐𗾊"译"西岳","𘛐𘟡"译"西亭","𘛐𗾺"译"西戎"。⑤

𘒏,音"肩"、"经"、"敬"、"检"。如,《掌中珠》肩背[𘒏𗪻]、⑥经略司[𘒏𗫈𘓱]、国人敬爱[𗗙𗙴𘒏𗠝]、巡检司[𘐩𘒏𘓱]、案检判凭[𗤁𘒏𗴃𗘂]⑦等等。夏译《类林》"𗼊𘒏"音"师经"。⑧

𘃵,音"枝"、"鸥"、"蜘"、"智"、"脂"、"指"、"纸"、"旨"、"知"、"之"、"止"。如,《掌中珠》荔枝[𗆉𘃵]、老鸥[𘃵𘃵]、蜘蛛[𘃵𗼰]、智人[𘃵𗠝]、烟脂[𗿒𘃵]、纸笔墨砚[𘃵𗵒𘃵𗵴]、承旨[𗤻𘃵]、知证分白[𘃵𗎫𘊐𗎆]、听我之言[𗧠𘊐𘃵𗘂]、立便断止[𗥤𗨻𘃵𘃵]、⑨指爪[𘃵𘘚]⑩等等。

𘓱,音"丝"、"巳"、"四"、"死"、"司"、"思"。如,《掌中珠》丝雨[𘓱𗾀]、辰巳[𗿼𘓱]、⑪四季[𘓱𗎴]、死生[𘓱𗡪]、陈告司[𗦮𗡞𘓱]、心不思惟[𘊐𘝯𘓱𘎝]⑫等等。

西院地位比较重要,设有监军司、转运司、城司、经治司等机构。因为西院还设有城司这一机构,故西院经治司不是管理西院城内事务的机构,其地位似乎比城司高,是一种专门管理某项事务的官僚机构,设有二正、二承旨。

[7] 𘓱𘃵𘓐:音"灵武郡"。

𘓱,音"莲"、"菠"、"帘"、"绫"、"连"、"镰"、"凌"、"令"、"灵"等。如,《掌中珠》莲花[𘓱𘊲]、菠薐[𘒏𘓱]、门帘[𘕖𘓱]、绫罗[𘓱𘖫]、恃强凌弱[𗼊𘛽𘓱𘝯]、令追知证[𘓱𘕤𘃵

---

① 《番汉合时掌中珠》(甲种本),《俄藏黑水城文献》第一〇册,第6页。
② 史金波、黄振华、聂鸿音:《类林研究》卷三、四,第58、87页。
③ 《番汉合时掌中珠》(乙种本),《俄藏黑水城文献》第一〇册,第33页。
④ 《番汉合时掌中珠》(甲种本),《俄藏黑水城文献》第一〇册,第6页。
⑤ 史金波、黄振华、聂鸿音:《类林研究》卷三、四,第68、69、83、101页。
⑥ 《番汉合时掌中珠》(甲种本),《俄藏黑水城文献》第一〇册,第10页。
⑦ 《番汉合时掌中珠》(乙种本),《俄藏黑水城文献》第一〇册,第32、33页。
⑧ 史金波、黄振华、聂鸿音:《类林研究》卷三,第38、39页。
⑨ 《番汉合时掌中珠》(乙种本),《俄藏黑水城文献》第一〇册,第26、27、31、32、33、34、35页。
⑩ 《番汉合时掌中珠》(甲种本),《俄藏黑水城文献》第一〇册,第10页。
⑪ 《番汉合时掌中珠》(甲种本),《俄藏黑水城文献》第一〇册,第5、6页。
⑫ 《番汉合时掌中珠》(乙种本),《俄藏黑水城文献》第一〇册,第24、28、33、34页。

龙],①连袋[舵祇]、镰锄[舵䎽]②等等。夏译《类林》卷三锄倪条"虇舵䏏"音"魏灵公"。③

焱,音"武"。见"养贤务"。

𩂉,音"郡"。见"五原郡"。

灵武郡属于下等司,设有二城主、二通判、二经判,二都案、三案头。

汉译本:

宣威军、圣容提举。

下等司:行宫司、择人司、南院行宫三司、马院司、西院经治司、沙州经治司、定远县、怀远县、临河县、保静县、灵武郡、甘州城司、永昌城、开边城,北院、南院、肃州三种工院,沙州、黑水、卧啰孩、④卓啰、南院、西院、肃州、瓜州、大都督府、寺庙山等边中转运司。

39－22右面:

𮧵 𦬇 𦭴 𦖺	𦴁 𦗹	龙 焱 𦱲	𦳾 𦲔	𦰏 𦩻
地 边 城 司	永 便	真 武 城	西 宁	孤 山

𦩎 𦧟	𦪖 𦦃	𦥴 𦦊	焱 𦫉	𦨪 𦣻
魅 拒	末 监	胜 全	边 净	信 同

𦡦 𦤰	𦢞 𦣰	𩂉 𦦋	𦥬 𦧨	𦩇 𦦋
应 建	争 止	龙 州	远 摄	银 州

𦲏 𦳎	焱 𦮵 𦱲	𦫊 𦩻 𦱲	𦳋 𦦵 𦱲	
合 乐	年 晋 城	定 功 城	卫 边 城	

𦱄 𦪘 𦱲	𦲝 𦳽 𦱲	𦦊 𦧱 𦮀		
富 清 县	河 西 县	安 持 寨		

---

① 《番汉合时掌中珠》(乙种本),《俄藏黑水城文献》第一〇册,第25、26、30、31、33、34页。
② 《番汉合时掌中珠》(甲种本),《俄藏黑水城文献》第一〇册,第14页。
③ 史金波、黄振华、聂鸿音:《类林研究》卷三,第38页。
④ 汉译本作"官黑山",本书作"卧啰孩"。

𗄈𘓺𘃪	𘉋𗧘𘃪[1]	𗦧𗥤𘃪[2]	𗣼𘛞𗥤𘃪[3]				
末 等 司	刻 字 司	作 房 司	金 工 司				

𘝵𘐏𘉞[4]	𗼇𘊴𘞃𗊭𘉞[5]	𘟂𗤒𘟀𘉞[6]					
织 绢 院	番 汉 乐 人 院	首 饰 院					

𘟂𗥤𘉞[7]	𘟃𗥤𘉞[8]	𗯿𗥤𘉞[9]	𘟄𘝞𘉞[10]				
铁 工 院	木 工 院	纸 工 院	砖 瓦 院				

𗵘𘊐𘉞[11]	𘕤𘏒𘑘	𗴺𗙏𘑘	𘘚𗔜𘑘				
出 车 院	绥 远 寨	西 明 寨	常 威 寨				

注释：

[1] 𘉋𗧘𘃪：意"刻字司"。

𘉋，意"字"。如，《掌中珠》"𘟣𘉋𘝵𘊴"作"搜寻文字"、"𘃪𘉋𘙇𘕰"作"出与头子"。①夏译《类林》卷四东方朔条"𘎦𘉋"译"枣字"，杨修条"𘠶𘝞𘜼𘉋𘗆"译"碑头有八字"。②

𗧘，意"抱"。夏译《类林》卷四薛安条"𗐖𗧘𘃧"译"使抱土"。③《文海》释"𗧘"："𗧘𘜼𘊴𗊭"，④显然"𗧘"与"𘊴"同义。𘊴，意"凿"、"掘"，如《掌中珠》"𗼃𘊴"作"凿井"。⑤夏译《类林》卷四隰朋条"𘗽𘟣𘊴𘊴𘕤𗦀𘊴𗊭"译"桓公闻后遣人察令掘之"。⑥

𘉋𗧘𘃪，意"刻字司"，是西夏专门负责雕版、刊印书籍的机构。夏译《类林》卷四末尾有"𗿷𘟃𘡒𘚢𗊭𘓺𗦜𘚢𗊭𘜼𘉋𗧘𘃪"的记载，⑦表明其为夏仁宗时期的官刻本。关于西夏官刻本，聂鸿音的《西夏官刻本五种》有比较细致的研究。⑧该文指出，刻字司在西夏桓宗时期已经不存在，其职责由番大学院接管。⑨

刻字司，下等司，设有二头监。

---

① 《番汉合时掌中珠》（乙种本），《俄藏黑水城文献》第一〇册，第32、34页。
② 史金波、黄振华、聂鸿音：《类林研究》卷四，第74、99页。
③ 史金波、黄振华、聂鸿音：《类林研究》卷四，第93页。
④ 《文海宝韵》（甲种本），《俄藏黑水城文献》第七册，第125页。
⑤ 《番汉合时掌中珠》（乙种本），《俄藏黑水城文献》第一〇册，第25页。
⑥ 史金波、黄振华、聂鸿音：《类林研究》卷四，第72页。
⑦ 史金波、黄振华、聂鸿音：《类林研究》卷五，第105页。
⑧ 聂鸿音：《西夏官刻本五种》《文献》1999年第3期，第268—270页。
⑨ 聂鸿音：《西夏文德行集研究》，第13—14页。

[2] □□□：意"作案司"。

□，意"案"。如，《掌中珠》"□□□□"作"案检判凭"。①

□，意"造"、"作"、"设"、"著"。如，《掌中珠》"□□"作"做造"。② 夏译《类林》"□□"译"作诗"，"□□□□"译"六种奇谋"，"□□"译"设谋"，"□□□□□"译"著论文五篇"。③

□□□，史金波等译"作房司"，因"□"意"案"，并无"房"意，故而存疑，本文暂译为"作案司"。作案司，末等司，依事设职。"非匠人，其余官吏中所遣则当续转"。④

[3] □□□□：意"金工司"。

□，音"陶"、"瑶"。夏译《类林》"□□"音"刘陶"，"□□"音"褚瑶"。⑤

□，意"兑"。如，《掌中珠》"□□□□"作"巽离坤兑"。⑥

□□，意"金"。《文海》释"□"为"□□□□□"。⑦ 可见，"□□"与"□"同义。□，意"金"，如《掌中珠》"□□"作"金乌"、⑧"□□"作"金牛"、"□□"作"金星"、"□□"作"金银"等等。⑨

汉译本《天盛律令》将"□□□□"译作制药司不妥，应译为"金工司"。金工司，末等司，依事设职。有"采金"，配备战具。西夏规定大小官吏"不允有金刀、金剑、金枪，以金骑鞍全盖全□，并以真玉为骑鞍"。⑩ 金匠入"家案"中。金工司包括金工、银工、铜铁等三类，金工包括生熔铸、熟再熔、熟打为器等三种工艺；银工分为上、次、中、下四等工艺；铜铁分为铸铁与打铁等两种工艺。⑪

[4] □□□：意"织绢院"。

□，意"绢"、"丝"。如，《掌中珠》"□□"作"绢丝"⑫等。夏译《类林》卷三屈原条"□□□□□"译"五色丝线"，"□□□"译"一匹绢"。⑬

□，意"设"、"织"。夏译《类林》卷六秋胡妻条"□□□□□□□□□"对应汉文"种

---

① 《番汉合时掌中珠》(乙种本)，《俄藏黑水城文献》第一〇册，第 33 页。
② 《番汉合时掌中珠》(乙种本)，《俄藏黑水城文献》第一〇册，第 30 页。
③ 史金波、黄振华、聂鸿音：《类林研究》卷三、四，第 57、72、73、95 页。
④ 史金波、聂鸿音、白滨译注：《天盛改旧新定律令》卷十《司序行文门》，第 377 页。
⑤ 史金波、黄振华、聂鸿音：《类林研究》卷四，第 88、90 页。
⑥ 《番汉合时掌中珠》(甲种本)，《俄藏黑水城文献》第一〇册，第 6 页。
⑦ 《文海宝韵》(甲种本)，《俄藏黑水城文献》第七册，第 155 页。
⑧ 《番汉合时掌中珠》(乙种本)，《俄藏黑水城文献》第一〇册，第 21 页。
⑨ 《番汉合时掌中珠》(甲种本)，《俄藏黑水城文献》第一〇册，第 4、5 页。
⑩ 史金波、聂鸿音、白滨译注：《天盛改旧新定律令》卷七《敕禁门》，第 282 页。
⑪ 史金波、聂鸿音、白滨译注：《天盛改旧新定律令》卷十七《物离库门》，第 548 页。
⑫ 《番汉合时掌中珠》(乙种本)，《俄藏黑水城文献》第一〇册，第 31 页。
⑬ 史金波、黄振华、聂鸿音：《类林研究》卷三、四，第 56、81 页。

桑有蚕,纺绩织纴衣之"。① 夏译《孟子》以"□□□□□□□□",译《孟子》卷五《滕文公章句上》:"设为庠序学校以教之。"又"□□□□□□□"译"许子必织布然后衣乎",又"□□□□□□□"译"许子奚为不自织"。②

西夏又有□□(绣院),织绢院属末等司,设二头监,所辖仓库设有一案头、四司吏。织绢院所属配备战具,下设库,派遣"一案头、四司吏",任者应为识文字、空闲者。③ "纺织之应用纬线、格子线等,二月一日于事着手领取。"④织绢院共有纺线工、染生毛线、织毛线、织剋丝、绳索匠、毡匠、染匠等种种分工。

[5] □□□□□:意"番汉乐人院"。

□,意"番"。如,《掌中珠·序》载:"□□□□□□□□"译"番汉合时掌中珠序"⑤等。

□,意"汉"。如,《掌中珠》"□□□"作"汉萝卜"⑥等。夏译《类林》"□□"译"汉语"。⑦

□,意"乐"。如,《掌中珠》"□□□"作"教动乐"、"□□□□"作"乐人打诨"⑧等等。夏译《类林》卷三戴逵条"□□"译"伶人",卷四蔡琰条"□□□□□□"译"汝解乐法耳"。⑨

□,意"人"。如,《掌中珠》"□□□□"作"乐人打诨"⑩等。夏译《类林》"□□"译"寡人"。⑪

《金史》称:"五代之际,朝兴夕替,制度礼乐荡为灰烬,唐节度使有鼓吹,故夏国声乐清厉顿挫,犹有鼓吹之遗音焉。"⑫"鼓吹乐,马上乐也。"⑬这些应该指的就是从节度使时期流传下来的汉乐。《辽史》载西夏"革乐之五音为一音"。⑭汉文本《杂字》卷九为《音乐部》,列有很多乐器与乐学知识,如"龙笛、凤管"等。《中国藏西夏文献》编号为G.21.027[15538]的文书,定名为"西夏光定二年(1212)西路乐府签勾官文书",有"西路乐府签勾官所"、"日监乐官"、"监乐官府"等字样。⑮ 这是西夏地方的乐府。

---

① 史金波、黄振华、聂鸿音:《类林研究》卷六,第118—119页。
② 彭向前:《西夏文〈孟子〉整理与研究》,第27、155、156页。
③ 史金波、聂鸿音、白滨译注:《天盛改旧新定律令》卷十七《库局分转派门》,第531页。
④ 史金波、聂鸿音、白滨译注:《天盛改旧新定律令》卷十七《物离库门》,第554页。
⑤ 《番汉合时掌中珠》(甲种本),《俄藏黑水城文献》第一册,第1页。
⑥ 《番汉合时掌中珠》(甲种本),《俄藏黑水城文献》第一册,第8页。
⑦ 史金波、黄振华、聂鸿音:《类林研究》卷四、五,第102、110页。
⑧ 《番汉合时掌中珠》(乙种本),《俄藏黑水城文献》第一〇册,第35页。
⑨ 史金波、黄振华、聂鸿音:《类林研究》卷四,第70、96页。
⑩ 《番汉合时掌中珠》(乙种本),《俄藏黑水城文献》第一〇册,第35页。
⑪ 史金波、黄振华、聂鸿音:《类林研究》卷三,第35页。
⑫ [元]脱脱等:《金史》卷一三四《西夏列传》,第2877页。
⑬ [元]脱脱等:《金史》卷三九《乐上》,第890页。
⑭ [元]脱脱等:《辽史》卷一一五《西夏外纪》,第1523页。
⑮ 杜建录主编:《中国藏西夏文献》第一六册,第273页。

上篇　《天盛律令》职官门整理与译释

番、汉乐人院属末等司，依事设职。番汉乐人配备战具，有官乐人。闲置的乐人当入笨工中。

[6] □□□□："首饰院"。黄文译作仪容院。

□，"美"。如，夏译《孟子》"□□□□□□"译"非直为观美也"。①

□，意"幔"、"鬘"。如，《掌中珠》"□□□□"作"幢幡花鬘"，②此处的花鬘指佛教寺庙的装饰物，也是法器。

□，意"美丽"、"庄严"。夏译《类林》卷三"□□□□"译"外冠美丽"，"□□□□"译"王宫壮丽"，卷三陆纳条"□□□□□□□□□□□□□□□□□"译"迁转时，乘车马庄严过西亭视察吏属"。③

而"□□□"则应该指的是装饰头发的美好物品，即首饰。□□□□，史金波等译为"做（作）首饰院"，但是缺少谓语，因此本文译为"首饰院"，末等司，依事设职。

[7] □□□：意"铁工院"。

□，意"铁"、"冶"。如，《掌中珠》"□□"作"锡铁"④等。夏译《类林》卷四薛安条"□□□□□"译"又烧铁令赤"。⑤夏译《孟子》"□□□"意"陶冶"。⑥

据《天盛律令》所载可知，铁工院分生、熟铁制造粗、细、水磨等三种品质不同的工具。属末等司，依事设职。

[8] □□□：意"木工院"。

□，意"木"，又表示木制品。如，《掌中珠》"□□"作"木星"、⑦"□□"作"果木"、"□□"作"木槛"、"□□"作"木植"、"□□"作"木匠"、"□□"作"匣子"、"□□"作"柜子"、"□□"作"尺"⑧等等。

木工院，末等司，设四头监。下设库，有二小监、二出纳。

[9] □□□：意"纸工院"。

□，表意"纸"。如，《掌中珠》"□□□□"作"纸笔墨砚"。⑨汉文本《杂字》卷十一《器

---

① 彭向前：《西夏文〈孟子〉整理与研究》，第132页。
② 《番汉合时掌中珠》（乙种本），《俄藏黑水城文献》第一〇册，第29页。
③ 史金波、黄振华、聂鸿音：《类林研究》卷四，第70、90、104页。
④ 《番汉合时掌中珠》（甲种本），《俄藏黑水城文献》第一〇册，第7页。
⑤ 史金波、黄振华、聂鸿音：《类林研究》卷四，第93页。
⑥ 彭向前：《西夏文〈孟子〉整理与研究》，第157页。
⑦ 《番汉合时掌中珠》（甲种本），《俄藏黑水城文献》第一〇册，第5页。
⑧ 《番汉合时掌中珠》（乙种本），《俄藏黑水城文献》第一〇册，第25、30、31页。
⑨ 《番汉合时掌中珠》（乙种本），《俄藏黑水城文献》第一〇册，第32页。

用物》中有"表纸、大纸、小纸、三抄、连抄、小抄……纸马、折四、折五……金纸、银纸、锁纸、京纸"①等十几种不同的纸,且有材质、大小、地区等不同的区分。

𘓄𘞙𘟣,末等司,设四头监,应该是专门管理造纸与加工纸的机构。诸司主簿、司吏纳簿时,用纸"按簿上所有抄数,各自当取纸钱二十钱"。② 纸工院"非匠人,其余官吏中所遣则当续转"。③ 西夏的符有用纸制成,"诸人执符出使处,不许藏符于怀中,致符面上纸揉皱折叠"。④ 纸工院下设库,有二小监、二出纳。保存纸时,允许"纸大小一律百卷中可耗减十卷"。⑤

[10] 𘓄𘞙𘟣:意"砖瓦院"。

𘓄,音"转"、"砖"。如,《掌中珠》三界流转[𘓄𘞙𘟣]。⑥ 夏译《类林》卷七王平条"𘓄𘞙𘟣"译"造砖时"。⑦

𘞙,意"瓦"、"陶"。夏译《类林》卷三"𘞙𘟣"译"瓦解"。⑧ 夏译《孟子》:"𘞙𘟣𘞙𘟣𘞙,𘞙𘟣𘞙𘟣𘞙𘟣?"⑨

𘓄𘞙𘟣,意"砖瓦院",末等司,设四头监,当是专门造砖、瓦的机构。《宋史·夏国传》记载西夏初期"俗皆土屋,惟有命者得以瓦覆之"。⑩ 砖瓦院"非匠人,其余官吏中所遣则当续转"。⑪ 下设有砖瓦库,有二小监、二出纳。

[11] 𘓄𘞙𘟣:意"出车院"。

𘓄,音"车"、"祜"。如,《掌中珠》祜[𘓄]、车碾[𘓄𘞙]⑫等等。文海释"𘓄":"𘓄𘞙𘟣𘞙𘟣𘞙𘟣𘞙𘟣𘞙𘟣",⑬"𘞙𘟣"意"同音",此可理解为"𘓄"汉语读音"车",番语"𘞙"。

𘞙,意"张"。夏译《类林》卷六韩凭妻子条"𘓄𘞙𘟣𘞙𘟣𘞙"译"南山有鸟,北山张罗"。⑭

𘓄𘞙𘟣,意"出车院",末等司,设二头监。又有出车库,设有二小监、二出纳。出车作为"部类",也配备有战具。⑮

---

① 汉文本《杂字》,《俄藏黑水城文献》第九册,第142页。
② 史金波、聂鸿音、白滨译注:《天盛改旧新定律令》卷六《纳军籍磨勘门》,第257页。
③ 史金波、聂鸿音、白滨译注:《天盛改旧新定律令》卷十《司序行文门》,第377页。
④ 史金波、聂鸿音、白滨译注:《天盛改旧新定律令》卷十三《执符铁箭显贵言等失门》,第470页。
⑤ 史金波、聂鸿音、白滨译注:《天盛改旧新定律令》卷十七《物离库门》,第549页。
⑥ 《番汉合时掌中珠》(乙种本),《俄藏黑水城文献》第一〇册,第36页。
⑦ 史金波、黄振华、聂鸿音:《类林研究》卷七,第167页。
⑧ 史金波、黄振华、聂鸿音:《类林研究》卷三,第59页。
⑨ 彭向前:《西夏文〈孟子〉整理与研究》,第157页。
⑩ [元] 脱脱等:《宋史》卷四八六《夏国传下》,第14029页。
⑪ 史金波、聂鸿音、白滨译注:《天盛改旧新定律令》卷十《司序行文门》,第377页。
⑫ 《番汉合时掌中珠》(乙种本),《俄藏黑水城文献》第一〇册,第31,32页。
⑬ 史金波、白滨、黄振华:《文海研究》,第181,433页。
⑭ 史金波、黄振华、聂鸿音:《类林研究》卷六,第121页。
⑮ 史金波、聂鸿音、白滨译注:《天盛改旧新定律令》卷五《军持兵器供给门》,第224页。

汉译本：

得盛、真武城、西宁、孤山、魅拒、末监、胜全、边净、信同、应建、争止、龙州、远摄、银州、合乐、年晋城、定功城、卫边城、富清县、河西县、安持寨。

末等司：刻字司、造案司、①金工司、②织绢院、番汉乐人院、首饰院、铁工院、木工院、纸工院、砖瓦院、出车院、绥远寨、西明寨、显威寨、

39－22 左面：

| 镇国寨 | 定国寨 | 凉州 | 宣德堡 |

| 安远堡 | 讹泥寨 | 夏州 | 绥州 |

| 一 | 司 | 品 | 中 | 以 | 外 |

| 巫提点[1] | 飞禽执提点[2] | 秘书监[3] |

| 京师工院为管治者 | 番汉大学院[4] |

| 一 | 经略司 | 者 | 中书 | 枢密 | 比 | 一 | 品 | 当 | 低 | 而后 | 诸 |

| 司 | 比 | 当 | 高 |

---

① 汉译本作"作房司"，本书作"作案司"。
② 汉译本作"制药司"，本书作"金工司"。

145

□	□	□	□	□	□	□	□	□	□	□	□	□
一	上	等	中书	枢密	自	共	牒	〈〉	传	语	末尾	牒

□	□	□	□	□	□	□	□	□	□	□	□	□	□	□
依	前	同	至	请	等	〈〉	有	为	官	下	手	〈〉	记	而

注释：

［1］□□□□：意"巫提点"。

□，意"巫"。如，夏译《类林》卷六"□□□"译"医巫篇"。①

□，《掌中珠》该字表"言"、"话"等意。如，"□□□□"作"不说实话"、"□□□□"作"听我之言"、"□□□□"作"我闻此言"②等等。

□，《掌中珠》该字标"流"意。如，"□□□□"作"三界流转"③等。又意"过"，如夏译《类林》卷三"□□□□□□□□"对应汉文"过北方遇徐君"。④

□，语助词。可作为动词词缀，构成表示动作发生的地点，或表示可能发生与进行的动作。如，《掌中珠》"□□□□"作"立便断止"。⑤

□□□，直译"言过处"，意"提点"。俄藏 Инв. No.598 号西夏文《圣胜慧到彼岸功德宝集偈》题记中出现一僧官名"□□□□□□□"，对应汉文本题记为"偏袒都大提点"。"□□□"对应"提点"。

□□□□，意"巫提点"，不属于五等司，设置提点大人数不过一二名。

［2］□□□□□□：意"执飞禽提点"。

□，意"腾"、"酉"、"飞"。如，《掌中珠》"□□"作"腾蛇"、"□□"作"申酉"、⑥"□□"作"飞禽"⑦等等。

□，意"榴"、"雀"、"鹰"。如，《掌中珠》"□□"作"石榴"、"□□"作"雀子"、"□□"作"朱雀"、"□□"作"鹰雕"⑧等等。

---

① 史金波、黄振华、聂鸿音：《类林研究》卷六，第 124 页。
② 《番汉合时掌中珠》（乙种本），《俄藏黑水城文献》第一册，第 34、35 页。
③ 《番汉合时掌中珠》（乙种本），《俄藏黑水城文献》第一册，第 36 页。
④ 史金波、黄振华、聂鸿音：《类林研究》卷三，第 34—35 页。
⑤ 《番汉合时掌中珠》（乙种本），《俄藏黑水城文献》第一册，第 35 页。
⑥ 《番汉合时掌中珠》（甲种本），《俄藏黑水城文献》第一册，第 4、6 页。
⑦ 《番汉合时掌中珠》（乙种本），《俄藏黑水城文献》第一册，第 27 页。
⑧ 《番汉合时掌中珠》（乙种本），《俄藏黑水城文献》第一〇册，第 26、27 页。

上篇　《天盛律令》职官门整理与译释

𗣼,意"主"、"执"。如,《掌中珠》"𘄡𘝞𘟀𗣼"作"坐司主法"①等等。夏译《类林》卷二鲍山条"𗦻𗟻𗣼𗤀𘃺𗬊𘆝"译"使弟执归与母"。②

𗫡𗣊𗣼𘋨𘏚𘟣,意"执飞禽提点",不属于五等司,派遣提点管理具体事务,规定提点大人数不过一二名。

[3] 𗋒𗣼𗳦:音"秘书监"。

𗋒,音"壁"、"毕"、"比"、"谧"。如,《掌中珠》壁宿[𗋒𗳐]、毕宿[𗋒𗳐]、碧钿珠[𗋒𘊂𗡞]、③钗鲗[𘁂𗋒]、笔箪[𗋒𘋨]④等等。夏译《类林》"𗋒𗪀"音"比干","𗹢𗋒"音"辛谧"。⑤

𗣼,音"蜀"。如,夏译《类林》"𗣼𘙲𘋨"译"蜀地","𘟛𘉋𗣼𗦻"译"汉末蜀初"。⑥

𗳦,音"间"、"家"、"加"、"监"。如,《掌中珠》夜间[𘉋𗳦]、世间扬名[𗫂𗳦𗳠𗨻]、畜养家宅[𗦴𗩱𗳦𗎫]、因此加官[𗧃𗤒𗳦𘗠]、司吏都监[𘏚𘆝𗤎𗳦]、监军司[𗳦𘉜𘏚]⑦等等。

秘书监不属于五等司,与次等司平级传导。其官员是内宫待命当值人员,交接班时要在内宿承旨前进行。⑧ 金海陵天德二年(1150)"七月,夏御史中丞杂辣公济、中书舍人李崇德贺登宝位。再遣开封尹苏执义、秘书监王举贺受尊号"。⑨ 西夏陵 M182 碑亭出土汉文残碑记有"秘书监"。⑩

[4] 𘂪𗧘𗵒𗢳𘋨:意"番汉大学院"。

𗢳,《掌中珠》该字表"学"意。如,"𗤒𗾟𗵒𗢳"作"学习文业"⑪等。

𗵒𗢳𘋨,意"大学院",《类林》卷八有"𘟛𘋨𘟱𘍞𗵒𗢳𘋨"译"汉灵帝时大学院"。⑫ 番汉大学院分为两院,即番大学院与汉大学院,元昊初建官制时,设有"汉学"与"蕃学"。番汉大学院不在五等司之列,与次等司平级传导。史载元昊时期建蕃学,"使蕃官子弟习之"。⑬

---

① 《番汉合时掌中珠》(乙种本),《俄藏黑水城文献》第一〇册,第32页。
② 史金波、黄振华、聂鸿音:《类林研究》卷二,第33页。
③ 《番汉合时掌中珠》(甲种本),《俄藏黑水城文献》第一〇册,第3、7页。
④ 《番汉合时掌中珠》(乙种本),《俄藏黑水城文献》第一〇册,第31、35页。
⑤ 史金波、黄振华、聂鸿音:《类林研究》卷三,第47、48、64页。
⑥ 史金波、黄振华、聂鸿音:《类林研究》卷三,第46页。
⑦ 《番汉合时掌中珠》(乙种本),《俄藏黑水城文献》第一〇册,第24、29、32、33页。
⑧ 史金波、聂鸿音、白滨译注:《天盛改旧新定律令》卷十二"内宫待命等头项门",第427、435页。
⑨ [元]脱脱等:《金史》卷六〇《交聘表上》,第1405页。
⑩ 《中国藏西夏文献》第十九册,第313页。
⑪ 《番汉合时掌中珠》(乙种本),《俄藏黑水城文献》第一〇册,第28页。
⑫ 史金波、黄振华、聂鸿音:《类林研究》卷八,第205页。
⑬ [宋]曾巩著、王瑞来校证:《隆平集校证》卷二十《夏国》,第601页。

汉译本：

镇国寨、定国寨、凉州、宣德堡、安远堡、讹尼寨、夏州、绥州。

一司等之外，巫提点、①执飞禽提点、秘书监、勾管京师工院者、②番汉大学院。

一经略司者，比中书、枢密当低一品，然而比诸司高。

一上等司中书、枢密自相传牒，牒语末尾请依前当有，官下当手记，而

---

① 汉译本作"官提点"，本书作"巫提点"。
② 汉译作"京师工院为管理者"，本书作"勾管京师工院者"。

遣边司局分门

39‑39 左面：

		𘞌	𘜶	𗏁	𗫔	𘆝	𘁨					
		边	司	局	分	遣	门					

𘈩	𗕿	𘞌	𗢳𗛆𗿦	𘆝	𗴂𘟣𗑱	𗢭	𘄦𘊐	𗑱𗓯	𘈩	𗢰
一	诸	边	经略使	及	监军司	等	案头	司吏	数	〈〉

𗐓	𘟀	𘆝	𘈩	𗍁	𗦫	𗗙	𘜔	𘍞	𘒣
定	依	遣	数	多	住	令	不	无	若	律	违

𗼃	𗉣	𗆈	𘈩	𗖞	𘒣	𗕑	𗆈	𘈩	𗍫	𗼑
时	好	安	求	者	一	年	罪	令	者	三	月	个

𘈩	𗴺	𘜶	𘞌	𗢳𗛆𗿦	𗴂𘟣𗑱	𗢆	𗢭	𘈩	𘍞	𗏁	𗰗
一	等	诸	边	经略使	监军司	全	等	一	律	五	十

𘈩	𘆝											
数	当	遣										

𘈩	𗴺	𗴂𘟣𗑱	𗑱𗓯	𗖵	𗥃	𗰗	𘈩	𘆝	
一	等	监军司	司吏	之	四	十	数	当	遣

149

汉译本：

　　　　遣边司局分门

一诸边经略使及监军司等案头、司吏数当依所定派遣，不许使超额。若违律时，随意寻安乐者徒一年，使退减数者徒三个月。

　　一等经略使监军司全部一律当遣五十。

　　一等监军司司吏当遣四十。

下篇 《天盛律令》职官门
专题研究

第一章　西夏职官制度的创立与发展

"唐末，天下大乱，藩镇连兵，惟夏州未尝为唐患。"①正是因为夏州保持了相对长时间的稳定，才使得历经唐末战火、五代更迭的党项民族有了较大发展。在宋初，夏州节度使李继捧举五州（夏、绥、银、宥、静）地归宋，导致其族弟李继迁走向与宋对抗的道路。经过李继迁、李德明两代人的努力，夏州的社会经济有了较大发展，尤其是与宋的贸易更为频繁。这些都是后来西夏得以建国的基础条件，元昊在正式称帝之前就建立了整套政治制度，包括设立中央与地方的职官制度。根据夏、汉文献记载的各种机构名称和官名，能窥见西夏职官制度的变化与发展。

第一节　唐、五代、宋初时期夏州节度使的幕僚机构

夏州党项政权据有夏、银、绥、宥、静五州，在唐末、五代保持了相对稳定的社会环境，其节度使幕僚机构既是重要的统治力量，也是维持党项民族发展的主要政治基础。夏州节度初领夏、绥、银三州，兼领宥、盐二州，包括今天的陕西绥德以北、甘肃东部及内蒙古南部地区。唐后期，夏州节度使拓拔思恭因参与平定黄巢之乱，唐朝赐姓李氏，所辖军号为定难军。以后，李氏世代领有定难军。由于唐末战乱，史实记载困难，有关夏州政权的记载甚为稀少。史称："自唐末天下大乱，史官实录多阙，诸镇因时崛起，自非有大善恶暴著于世者，不能纪其始终……独灵夏未尝为唐患，亦无大功。"②拓拔氏虽参与了镇压黄巢起

---

① ［元］脱脱等：《金史》卷一三四《西夏列传》，第2865页。
② ［宋］欧阳修等：《新五代史》卷四〇《李仁福传》，中华书局，1974年，第436—437页。

义的战争,但是没有建立显著的功勋,致使史籍没有记录其事迹。因此,榆林及其他地方出土的夏州碑石资料显得尤为珍贵,比较集中地反映了唐、五代时期的夏州政权及其统治者的基本情况。

《榆林碑石》与《中国藏西夏文献》第十八、十九册收录了一些唐、五代时期党项的墓志铭,记录了夏州政权时期一些官员的升迁,这为研究夏州政权的僚佐系统提供了很好的资料基础。严耕望《唐代方镇使府僚佐考》利用大量史料来专门论述方镇所设文职与武职,以及每个官职的职掌与地位。① 张国刚所著《唐代藩镇研究》一书,将不同的藩镇按照职能分为四类,党项拓拔政权属于第三类御边型。进而讨论了藩镇的权利、藩镇问题、藩镇的军事体制和藩镇使府辟署制度等问题。② 此后,学者对严、张两文作了一些补充研究。③ 但研究夏州政权的学者们大多把目光投向夏州藩镇的建立与发展,很少有人对其官署情况作研究。④ 本文利用现有资料,借鉴唐藩镇研究者的观点,分时期就夏州政权时期官僚与幕职作一简单考述。

一、唐五代时期夏州节度军将官员

唐自安史之乱后,方镇所掌控的兵力包括外镇的神策军、藩军与下属各州县的官兵。传世史籍中对夏州节度使幕僚没有系统记载。唐宣宗会昌六年(846)八月的敕文中提到了夏州有节度使、监军、别敕判官、节度副使、判官、掌书记、观察判官、推官等文武僚属。⑤ 根据碑石文献记载,夏州节度使军将官员除了上述记载的以外,主要有都知兵马使,左右厢、后院等兵马使,副兵马使,散都头,都虞候、虞候,都押衙、押衙,都教练使、教练使,十将,军使等。

都知兵马使 又作都将、都头、都校。唐朝中期,称诸军总帅为都头。之后,一部之军为一都,其部帅称为都头。"兵马使,节镇衙前军职也,总兵权,任甚重。至德(756)以后,都知兵马使率为藩镇储帅"。⑥ 李光睿之弟李光文任衙内都知兵马使,曹公于咸通五年

---

① 严耕望:《唐史研究丛稿》,第 177—236 页。
② 张国刚:《唐代藩镇研究》,中国人民大学出版社,2010 年。
③ 郭茂育:《唐方镇文职僚佐考新补》,《图书馆杂志》2012 年第 5 期。
④ 涉及夏州藩镇的建立与发展的文章如:陆宁《论党项藩镇》(《宁夏大学学报》2004 年第 1 期)、杜建录《党项夏州政权建立前后的重要记录——夏故延州安塞军防御使白敬立墓志铭考释》(《宁夏师范学院学报》2007 年第 2 期)、戴应新《有关党项夏州政权的真实记录——记〈故大宋国定难军管内都指挥使康公墓志铭〉》(《宁夏社会科学》1999 年第 2 期)。此外,有关学者也利用榆林出土唐、五代涉及夏州政权时期的碑铭进行了一些考释,如杜建录《宋代党项拓拔部大首领李光睿墓志铭考释》(《西夏学》第 1 辑,2006 年),王富春《唐党项族首领拓拔守寂墓志铭考释》(《考古与文物》2004 年第 3 期),周伟洲《陕北出土三方唐五代党项拓拔氏墓志考释——兼论党项拓拔之族源问题》(《民族研究》2004 年第 6 期)等文章。
⑤ [宋]王钦若等编纂、周勋初等校订:《册府元龟》,凤凰出版社,2006 年,第 5777 页。
⑥ [宋]司马光著、胡三省注音:《资治通鉴》卷二一五《唐纪三十一》,中华书局,1956 年,第 6877 页。

(864),"改署魏平、丰、储等镇营田都知兵马使",十二年,"改署洪门四镇都知兵马使"。① 陈审充监军衙马步都知兵马使。② 刘敬瑭于乾化二年(914),"充管内马步军都知兵马使"。③ 康成此曾祖父山人为北衙都知兵马使。④

值得注意的是"北衙都知兵马使"和"监军衙马步都知兵马使"这两个官职名称。北衙指的是地方禁军。监军院是唐代在方镇所设机构,《通典》卷二十九:"至隋末,或以御使监军事,大唐亦然。时有其职,非常官也。开元二十年(732)后,并以中官为之,为之监军使。"⑤可见,夏州政权也设有监军院,也就是所谓的监军衙。

左右厢后院等兵马使　　左右厢,指的是禁卫兵。高谅(唐开元十四年至贞元十八年,726—798)任夏绥银宥等州节度左厢马步兵马使。⑥ 陈审的儿子为夏州节度器仗将兵马使。⑦ 曹公为洪门四镇都知兵马使。⑧ 张宁长子重迁为衙前兵马使,子重迈任衙前兵马使时,"初李常侍战于长城,为贼所窘,二人控马突重围而出"。⑨ 曹公于咸通七年(866)"迁署石堡镇遏兵马使兼宁朔县令"。⑩ 康成此补随都知兵马使,"名标上将,誉美公衙"。⑪

副兵马使　　曹公长子从谦,兼任"射雕左二将副兵马使"。⑫ 康成此为定塞都副兵马,父任东城副兵马使,弟任衙前将副兵马使,长子延祚为衙队都副兵马使。⑬

散都头　　即散兵马使,没有统兵的权利。刘敬瑭祖父士清,任定难军散都头,其长子彦能"历职至散兵马使。文武双备,孝敬两全"。⑭

虞候、都虞候　　"职在刺奸,威属整旅,齐军令之进退,明师律之否臧。"⑮五代后晋天福二年(937),"诸道马步都虞候,今后朝廷更不差补,委逐州府于衙前大将中选久历事任晓会刑狱者充"。⑯ 李光睿之弟李光美为衙内都虞候。清河张彦琳次子任夏州节度衙前

---

① 康兰英主编:《榆林碑石》,第241页。
② 康兰英主编:《榆林碑石》,第240页。
③ 康兰英主编:《榆林碑石》,第250页。
④ 康兰英主编:《榆林碑石》,第253页。
⑤ [唐]杜佑:《通典》卷二九,第805页。
⑥ 康兰英主编:《榆林碑石》,第236、237页。
⑦ 康兰英主编:《榆林碑石》,第240页。
⑧ 康兰英主编:《榆林碑石》,第241页。
⑨ 康兰英主编:《榆林碑石》,第234页。
⑩ 康兰英主编:《榆林碑石》,第241页。
⑪ 康兰英主编:《榆林碑石》,第253页。
⑫ 康兰英主编:《榆林碑石》,第241页。
⑬ 康兰英主编:《榆林碑石》,第253页。
⑭ 康兰英主编:《榆林碑石》,第250、251页。
⑮ [宋]李昉等编:《文苑英华》,中华书局,2003年,第417页。
⑯ [宋]王溥:《五代会要》,第392页。

虞候。① 臧允恭次子任节度衙前虞候。② 张宁子为衙前虞候、子弟虞候。③ 何德璘于梁开平二年(908)始补衙前虞候,"继职军门"。④ 刘敬瑭为虞候,于"梁开平二年(908),署四州马步都虞候。虽总繁司,急难办济,临财不苟,莅事克清"。⑤ 李仁宝父任定难军左都押衙。⑥ 康成此为东城都虞候,"昼警夜巡,洁己而备彰公干;抑强扶弱,当官而别当播威风"。⑦

押衙、都押衙 又作押牙、都押牙,为将帅亲近之署。押牙,掌管节度使牙内之事。臧允恭(776—867)任夏州节度押衙,⑧"前节度押衙"张诚撰臧允恭墓志铭。⑨ 陈审为夏州节度押衙,长子任夏州节度。⑩ 曹公为夏州节度押衙。⑪ 白敬立子保勋,为节度押衙。⑫ 刘敬瑭于"开平四年(910),补充左都押衙官,即及于右揆"。其子守节度押衙。⑬ 康成此父任节度押衙。⑭ 李仁福子李彝温为左都押衙。⑮ 李彝谨子李光琇、李光义,"守职节度押衙"。⑯ 孙李彝温为都押衙。⑰ 节度押衙杨从溥书《后汉沛国郡夫人里氏墓志铭》、⑱《后周绥州刺史李彝谨墓志铭》。⑲

教练使、都教练使 唐宣宗大中六年(852)五月,"天下军府有兵马处,宜选会兵法能弓马等人充教练使。每年合教习时,常令教习,仍于其时申兵部"。⑳ 李仁福次子李彝谨为"马步军都教练使","早负气能,益彰武勇,飞簇无惭于百中,临敌克就于捷"。㉑ 可见,李彝谨武艺突出,擅长弓矢。李彝谨祖父曾任京城四面都统教练使。㉒ 李仁福女婿李氏

---

① 康兰英主编:《榆林碑石》,第238页。
② 康兰英主编:《榆林碑石》,第238页。
③ 康兰英主编:《榆林碑石》,第234页。
④ 康兰英主编:《榆林碑石》,第249页。
⑤ 康兰英主编:《榆林碑石》,第250页。
⑥ 康兰英主编:《榆林碑石》,第252页。
⑦ 康兰英主编:《榆林碑石》,第253页。
⑧ 康兰英主编:《榆林碑石》,第238页。
⑨ 康兰英主编:《榆林碑石》,第238页。
⑩ 康兰英主编:《榆林碑石》,第240页。
⑪ 康兰英主编:《榆林碑石》,第241页。
⑫ 康兰英主编:《榆林碑石》,第243页。
⑬ 康兰英主编:《榆林碑石》,第250页。
⑭ 康兰英主编:《榆林碑石》,第253页。
⑮ 杜建录主编:《中国藏西夏文献》第十八册,第32—33页。
⑯ 杜建录主编:《中国藏西夏文献》第十八册,第47—50页。
⑰ 杜建录主编:《中国藏西夏文献》第十八册,第56页。
⑱ 杜建录主编:《中国藏西夏文献》第十八册,第51页。
⑲ 杜建录主编:《中国藏西夏文献》第十八册,第56页。
⑳ [后晋]刘昫:《旧唐书》卷二〇《宣宗本纪》,第630—631页。
㉑ 杜建录主编:《中国藏西夏文献》第十八册,第32—33页。
㉒ 杜建录主编:《中国藏西夏文献》第十八册,第55页。

充马步军教练使。① 李彝谨的岳父皇甫讹移"勇义兼身,机钤出众。处辕门之清给,立部族之强名",任"延州水北教练使"。②

十将 又作什将,可领兵千人。"朔方军十将使、游骑将军、绥州义合府折冲"臧希真。③

军使 刘敬瑭于"天祐二年(905),改补门枪节院军使",其子充器仗军使。④ 康成此为安远将军使。⑤ 李彝谨之子李光义"清白有闻,贞廉无染",为"马军第二都军使",⑥李光璘,为元从都军使。⑦

二、唐五代时期党项夏州节度使文职幕僚

这一时期夏州节度使的文职幕僚有节度副使、同节度副使,行军司马,判官,掌书记,支使,推官,巡官,馆驿巡官,衙推,奏记,参谋,孔目官,要籍,随军、随使、随身,傔人、别奏等。

节度副使、同节度副使 节度副使作为节度使的副贰,其职能上往往兼统诸司,掌节度观察留后事。高谅弟士评任节度副使,"素蓄令望,内外协和,智艺标奇,军府称美"。⑧ 曹公长子从谦任同节度副使,⑨刘敬瑭为定难军节度副使。⑩ 夏州节度押衙陈审叔父廷恪司节度副使。⑪

行军司马 掌"申习法令"。⑫ 与副使同为节度使的佐贰,地位较高。"行军司马,掌弼戎政,居则习搜狩;有役则申战守之法,器械、粮糒、军籍赐予皆专焉"。⑬ "节度使常自择行军司马以为储帅。"⑭《全唐文》卷四三〇《淮南节度行军司马厅谨记》:"军处于内谓之将,镇于外谓之使,佐其职者,谓之行军司马。"《通典》论行军司马,"弼戎政,掌武事,居常习搜狩之礼,有役申战守之法。凡军之政,战之备,列于器械者,辨其贤良。凡军之材,食之用,颁于卒乘者,均其赐予。合其军书契之要,比其军符籍之伍,赏罚得议,号令得闻,三

---

① 杜建录主编:《中国藏西夏文献》第十八册,第32—33页。
② 杜建录主编:《中国藏西夏文献》第十八册,第47、50页。
③ 康兰英主编:《榆林碑石》,第226页。
④ 康兰英主编:《榆林碑石》,第250页。
⑤ 康兰英主编:《榆林碑石》,第253页。
⑥ 杜建录主编:《中国藏西夏文献》第十八册,第50、55页。
⑦ 杜建录主编:《中国藏西夏文献》第十八册,第55页。
⑧ 康兰英主编:《榆林碑石》,第237页。
⑨ 康兰英主编:《榆林碑石》,第241页。
⑩ 康兰英主编:《榆林碑石》,第250页。
⑪ 康兰英主编:《榆林碑石》,第240页。
⑫ [唐]杜佑:《通典》,第895页。
⑬ [宋]欧阳修等:《新唐书》,中华书局,1975年,第1309页。
⑭ [宋]司马光著、胡三省注音:《资治通鉴》,卷二三五。

军以之,声气行之,哉虽主武,盖文之职也。"①五代时期,行军司马的职权有所降低,天成"四年(929)六月敕,诸道节度行军各位虽高,或帅臣不在,其军州事,节度副使权知"。②李光睿之兄李光普为定难军行军司马。

判官 "分判仓、兵、骑、胄四曹事,副使及行军司马通署。"③碑志中出现有节度判官、营田判官、军事判官、防御判官等名目,其中营田、军事、防御为节度使下属州官。长兴元年(784),绥州军事判官张少卿撰《故永定破丑夫人墓志文》。④"定难军节度判官检校尚书库部郎中"李潜书白敬立墓志铭并序。⑤何德璘表弟王卿为横银州营田判官,撰《何公墓志铭并序》。⑥银州防御判官齐峤撰《李公墓志铭》。⑦李彝谨从表侄节度判官郭峤撰《后周绥州刺史李彝谨墓志铭》。⑧绥州军事判官将作□撰《故绥州太保夫人祁氏神道志》。⑨可见,碑石中出现的判官有军事判官、节度判官、营田判官、防御判官等,且多以墓志铭的作者出现,说明其文采斐然,可见一斑。

掌书记 掌朝觐聘问慰荐祭祀祈祝之文,与号令升绌之事。如韩愈所言:"书记之任亦难矣。元戎整齐三军之士,统理所部之甿,以镇守邦国、赞天子施教化;而又外与宾客四邻交其朝觐聘问荐祭祀祈祝之文,与所部之政,三军之号令升黜,凡文辞之事皆出书记。非闳辨通敏,兼人之才,莫宜居之。"摄夏州节度掌书记许道敬"访其(夏州张宁)实以志之"。⑩《通典》卷三二:采访使、节度使及防御使所属官僚,"皆使自辟召,然后上闻。其未奉报者称摄"。⑪毛汶(890—942),为李仁福之妻渎氏从表侄,撰《后晋虢王李仁福妻渎氏墓志铭》,其时任"摄节度判官兼掌书记"。⑫家居巩洛,"家传儒雅,代继簪裾"。⑬其父毛崇厚任定难军节度观察判官兼掌书记,故牛渥赞其"久参夏府,两世光晖"。⑭摄节度掌书记郭贻撰《何公墓志铭》。⑮

---

① [唐]杜佑:《通典》,第895页。
② [宋]王溥:《五代会要》,第302页。
③ [唐]杜佑:《通典》,第895页。
④ 康兰英主编:《榆林碑石》,第247页。
⑤ 康兰英主编:《榆林碑石》,第242页。
⑥ 康兰英主编:《榆林碑石》,第249页。
⑦ 康兰英主编:《榆林碑石》,第251页。
⑧ 杜建录主编:《中国藏西夏文献》第十八册,第55页。
⑨ 杜建录主编:《中国藏西夏文献》第十八册,第58页。
⑩ 康兰英主编:《榆林碑石》,第233—234页。
⑪ [唐]杜佑:《通典》卷三二,第890页。
⑫ 杜建录主编:《中国藏西夏文献》第十八册,第32—33页。
⑬ 杜建录主编:《中国藏西夏文献》第十八册,第32—33页。
⑭ 康兰英主编:《榆林碑石》,第247—248页。
⑮ 康兰英主编:《榆林碑石》,第254页。

支使 "唐制,节度使幕属有,观察有支使,以掌表笺书翰,亦书记之任也。"①可见,支使是观察使的属官,与书记的职责相同。《唐六典》卷一三载:"如本道务繁,得量差官人历官清干者,号为支使"。②宋朝因唐制,节度置掌书记,观察置支使,为幕职官,凡书记支使不得并置,有出身即为书记,无出身即为支使。支使掌表笺书翰。何德璘任夏银绥宥等州观察支使。③何公为摄夏州观察支使,其祖父为夏银绥宥等州观察支使,父亦为观察支使。④

推官 节度、观察使、经略均有推官,位次于判官、掌书记。其职能如《怀州录事参军崔君墓志》所载,主要是推勘刑狱诉讼之事。唐清河崔祥为府推官,"小大之狱,重轻之典,操刀必割,迎刃斯解。大革冤滞,默销繁苛"。⑤毛汶至后梁"贞明三年(917),先王署摄当府节度推官,方拘宾幕。深达理道,断决昭然"。⑥摄节度推官刘梦符撰《后汉沛国郡夫人里氏墓志铭并序》。⑦

巡官 严耕望认为巡官掌营田之事,⑧而《新唐书·李景略传》载:"李怀光为朔方节度使,署巡官。五原将张光杀其妻,以赀市狱,前后不能决,景略核实,论杀之。"⑨可见,巡官也有审断刑狱之责。宋人陆游在《老学庵笔记》中提到"今北人谓卜相之士为巡官……或谓以其巡游卖术,固有此称"。⑩史籍中记载唐代有户部巡官、转运巡官、营田巡官等种种名目,因此,巡官之职责应看具体所辖事务。方建春《唐代使府幕职概说》一文中指出,推官职掌无法确知,但担任巡官者皆文采出众,掌书奏,推勘狱讼。⑪

馆驿巡官 唐各道节度使下置馆驿巡官四人,专管驿政。夏州有馆驿巡官,摄定难军节度馆驿巡官郭贻撰《康公墓志铭》。⑫

衙推 又称推官,有节度衙推、观察衙推、州衙推、军事衙推、府衙推等各种名目。《新唐书》、《旧唐书》、《通典》等不载其职掌。然而,根据文献及宋代推官的职责来看,唐五代

---

① [宋]司马光著、胡三省注音:《资治通鉴》卷二五二胡注。
② [唐]李林甫等撰、陈仲夫点校:《唐六典·御史台》卷一三,第382页。
③ 康兰英主编:《榆林碑石》,第249页。
④ 康兰英主编:《榆林碑石》,第254页。
⑤ 周绍良主编:《唐代墓志汇编》,上海古籍出版社,1992年,第2019页。
⑥ 康兰英主编:《榆林碑石》,第248页。
⑦ 杜建录主编:《中国藏西夏文献》第十八册,第50页。
⑧ 严耕望:《唐史研究丛稿》,新亚研究所,1970年,第200页。
⑨ [宋]欧阳修、宋祁撰:《新唐书》,第5176页。
⑩ [宋]陆游著、王欣点评:《老学庵笔记》,青岛出版社,2011年,第43页。
⑪ 方建春:《唐代使府幕职概说》,《固原师专学报》2006年第5期,第55页。
⑫ 康兰英主编:《榆林碑石》,第253页。

时期的推官具有医卜的性质。宋人陆游称："北人市医皆称衙推。"①

夏州何氏几代人均任衙推一职，且都擅长医术。五代时期，"后唐同光三年（925），故虢国王（指李仁福）在位，以公（何德璘）继之家伐，习以方书，药有□全，功传百中，特署州衙推。天成四年（929），先王改署观察衙推"。清泰元年（934），"迁署节度衙推"。何公"凡药石以上闻，必春膏之普及"。长子绍文"艺可承家，术多济世"，为观察衙推。② 何德璘曾祖曾任泰州军事衙推。何公祖父德遇任夏银绥宥等州观察衙推，何公于天福六年（941）九月任府衙推，九年授观察衙推，广顺元年（951）正月摄节度衙推。③ 可见，何氏几代人均任衙推，与其医术家传有关系。

奏记　"节度使封郡王，则有奏记一人。"④五代后梁时期，进封夏州节度使李仁福为陇西郡王。后唐庄宗同光二年（924），封李仁福为朔方王。

参谋　节度使设"参谋，无员，或一人或二人，参议谋画"。⑤ 参谋关豫军中机密，唐文宗开成四年（839），由于"参谋之职，尤是冗长"而罢设，唐末曾复置。

孔目官　《通典》《新唐书·百官志》中述及节度使属官时未有此职。《资治通鉴》："诸镇皆有孔目官，以综理众事。"⑥可见，其专司军府琐事。曹公"至咸通元年（860），改署使院将兵马使节度孔目官、兼都勾覆"。⑦ 押衙兼观察孔目官牛渥撰《毛公墓志铭》。⑧ 孔目官杨从溥书《后汉沛国郡夫人里氏墓志铭》、⑨《后周绥州刺史李彝谨墓志铭》。⑩

要籍　"要籍官，亦唐时节度衙前之职……要籍乃节度使之腹心也。"⑪后唐清泰元年（934）九月，"先王以医见重，奏授（何公）文林郎、试左武卫兵曹参军，改充节度要籍"。何公"转留心于方术，益砺节于衙庭"。⑫李彝谨为李仁福次子，"家门传可久之风，军府起从长之论，外为手足，内作腹心……而乃仗信安人，倾忠事主。常居左右要籍，谘谋倾忠……出临属郡"。⑬ 可见李彝谨作为次子，辅助长兄，为绥州刺史。

---

① ［宋］陆游著、王欣点评：《老学庵笔记》，第43页。
② 康兰英主编：《榆林碑石》，第249页。
③ 康兰英主编：《榆林碑石》，第255页。
④ ［宋］欧阳修、宋祁：《新唐书》，第1309页。
⑤ ［唐］杜佑：《通典》，第895页。
⑥ ［宋］司马光著、胡三省注音：《资治通鉴》卷二二五胡注。
⑦ 康兰英主编：《榆林碑石》，第240页。
⑧ 康兰英主编：《榆林碑石》，第247页。
⑨ 杜建录主编：《中国藏西夏文献》第十八册，第51页。
⑩ 杜建录主编：《中国藏西夏文献》第十八册，第56页。
⑪ ［宋］司马光著、胡三省注音：《资治通鉴》卷二二七胡注。
⑫ 康兰英主编：《榆林碑石》，第255页。
⑬ 杜建录主编：《中国藏西夏文献》第十八册，第55页。

随军、随使、随身　《通典》卷三二:"随军四人,分使出入。"①严耕望认为随军无定职,随时差遣勾当职事。② 康成此为随使左都押衙,③何公曾祖任节度随军。④ 李仁福子李彝谨、李彝温曾为随使。⑤ 随使杨从溥书《后汉沛国郡夫人里氏墓志铭》。⑥

傔人与别奏　史载"凡诸军镇大使、副使已下,皆有傔人,别奏以从之"。⑦ 方建春认为傔人、别奏是使府中低级的办事人员,是使职的随身差役,相当于胥吏,并非幕职。⑧

三、下属州官及部落首领官名

部落使　拓拔守寂为使持节淳悒等一十八州诸军事,高祖立伽"委质为臣,率众内属……拜大将军兼十八州部落使"。曾祖为押十八州部落使,祖父拜静边州都督、押淳悒等一十八州部落使,其子澄澜使持节淳悒等一十八州诸军事。⑨ 这表明,拓拔守寂一门五代人都担任部落使,"绥其部落,扞我边垂"。⑩ 开元年间(713—741),朔方人武令珪任"蒲州甘泉府别将兼夏州押降户使总管",死后葬统万城南二十五里。⑪

番落使、都知番落使　李彝谨"父讳重建,皇任大都督府安抚平下番落使"。⑫ 子李光琏,"守职绥州都知番落使","有文武兼才之美,抱仁信及物之情"。⑬

蕃部指挥使　五代后梁开平三年(909),其时,李仁福为蕃部指挥使,"戍兵于外"。⑭

蕃汉都指挥使　李仁福子李彝谨为"管内蕃汉都指挥"。⑮

医博士　唐州府所属官员。"大唐开元十一年(722)七月制置,阶品同录事。每州写《本草》、《百一集验方》,与经史同贮……自此以后,诸州应阙医博士,宜令长史各自访求选试,取人艺业优长堪効用者,具以名闻。"⑯史书中将医书与经史书籍一同放置,可见其重要程度。何德璘(887—943),父任夏州医博士。⑰ 何公"幼习家风,颇积医论"。曾祖子岩

---

① [唐]杜佑:《通典》卷三二,第895页。
② 严耕望:《唐史研究丛稿》,第206页。
③ 康兰英主编:《榆林碑石》,第253页。
④ 康兰英主编:《榆林碑石》,第254页。
⑤ 杜建录主编:《中国藏西夏文献》第十八册,第32—33页。
⑥ 杜建录主编:《中国藏西夏文献》第十八册,第51页。
⑦ [宋]欧阳修、宋祁:《新唐书》,第1835页。
⑧ 方建春:《唐代使府幕职概说》,《固原师专学报》2006年第5期。
⑨ 康兰英主编:《榆林碑石》,第224页。
⑩ 康兰英主编:《榆林碑石》,第225页。
⑪ 康兰英主编:《榆林碑石》,第226页。
⑫ 杜建录主编:《中国藏西夏文献》第十八册,第55页。
⑬ 杜建录主编:《中国藏西夏文献》第十八册,第47—50页。
⑭ [宋]欧阳修等:《新五代史》,第114页。
⑮ 杜建录主编:《中国藏西夏文献》第十八册,第32—33页。
⑯ [唐]杜佑:《通典》,第915页。
⑰ 康兰英主编:《榆林碑石》,第249页。

摄夏州医博士。①

长史 唐大都督府的长史"居府以总其事"。而其余长史,如《通典》所言:"王府长史理府事,余府通判而已。"②

上述节度使文武职幕僚,在西夏建立后多不存,仅推官存于后世。俄藏黑水城文献中有两件推官文书,一为乾祐十一年(1181)的安推官,一为天庆年间(1194—1206)的杨推官。③

这些珍贵的碑石是研究夏州政权重要的资料基础,弥补了正史未载的缺憾,也透漏出夏州节度幕职任职者的诸多信息。通过对唐末、五代时期夏州节度使幕僚任职情况的整理,可以清楚夏州政权主要的统治力量,对夏州政权下属机构及僚属有了基本的了解。同时,通过对官职名称的考察,明晰了其具体职能。如衙内都知兵马使、监军衙都知兵马使、营田都知兵马使等官名在正史中无载,丰富了我们所知的节度使幕僚官名。而且,在此基础上,可以进一步考察夏州节度使僚属的相关问题。

首先,夏州节度使僚属应当为自行招辟,其官员的迁转也由夏州节度使来控制。史载"唐有天下,诸侯自辟幕府之士,唯其才能,不问所从来,而朝廷常收其俊伟,以补王官之缺,是以号之得人"。④ 唐代采访使、节度使及防御使所属官僚,"皆使自辟召,然后上闻。其未奉报者称摄"。⑤ 这说明,唐朝节度使僚属皆可自辟,然后奏报朝廷即可。未奏报朝廷之前,有摄、试等名号。五代时期,夏州政权虽然臣属于中原王朝,但已经具有相对的独立性。后梁,夏州"终梁之世,奉正朔而已"。⑥ 李思谦为夏州节度使,于梁开平二年(908)死后,"军中立其子彝昌为留后,即拜彝昌为节度使"。⑦ 后唐明宗时发兵围夏州,因李彝超外招党项,抄掠唐兵粮道,明宗息兵。"以彝超为定难军节度使。"⑧ 可见,中原王朝无力讨伐夏州,只能维持原状。因此,夏州僚属的任命及迁转权利均掌握在李氏的手里。

其次,前文所述任职者,有番人也有汉人,体现了番、汉民族间的融合。碑石中出现的姓氏多为汉姓,如李、何、康、毛、牛、张、刘、曹、皇甫、陈等,其中毛、牛、曹等姓氏在汉文本《杂字》卷一中有载,而李姓则是唐朝所赐。上述碑石中出现的任职者姓氏多为汉姓,当是

---

① 康兰英主编:《榆林碑石》,第254页。
② [唐]杜佑:《通典》,第911、984页。
③ 《俄藏黑水城文献》第六册,第298、300页。
④ [元]马端临:《文献通考》,中华书局,1986年,第368页。
⑤ [唐]杜佑:《通典》,第890页。
⑥ [宋]欧阳修:《新五代史》,第437页。
⑦ [宋]欧阳修:《新五代史》,第437页。
⑧ [宋]欧阳修:《新五代史》,第437页。

党项人融入当地社会的表现。此外,还有破丑氏,为党项姓氏。《新唐书》:"庆州有破丑氏族三、野利氏族五、把利氏族一,与吐蕃姻援,赞普悉王之,因是扰边凡十年。"①"又有黑党项者……居雪山者曰破丑氏。"②渎氏(疑为窦氏),与党项拓跋氏多次联姻。宋代《党项拓拔部大首领李光睿墓志铭》中提及拓跋氏与渎氏联姻,盛行姑表婚,可谓"朱门禀气,甲族联姻"。③

而被唐朝赐姓为李的拓跋氏,多担任文、武要职,有力地掌握了夏州政权。如李光睿为夏州节度使时,其兄李光普为定难军节度行军司马,光新为管内蕃汉都军指挥使,弟光文为衙前都知兵马使,光宪为绥州刺史,光美为衙前都虞候,光遂为管内蕃部越名都指挥使,光信为马军都指挥使,碑志称其兄弟"或司戎职,或典郡符"。④

最后,从碑石资料可见,任职具有家族世袭性质。白敬立"家自有唐洎九世,世世皆为夏州之武官"。⑤毛汶为李仁福之妻渎氏从表侄,与其父先后任节度判官兼掌书记之职。何氏一族擅长医术,何德璘初为州衙推,天成四年(929)改署观察衙推,清泰元年(934),迁署节度衙推。衙推之职,上文已经叙及,掌医药。何德璘曾祖父曾任泰州军事衙推,父曾为夏州医博士。医博士是节度使下属州所设官职。唐开元十一年(723)令"诸州应阙医博士,宜令长史各自访求选试,取人艺业优长堪效用者,具以名闻"。⑥可见,医博士的选拔通过长史,长史是都督府所设官员。何公,不知名讳,但根据文献判断,其应低何德璘一辈。其父名何德遇,曾任夏银绥宥等州观察衙推。何公于天福六年(941)任府衙推,九年授观察衙推,广顺元年(951)摄节度衙推。何公长子为观察衙推。由此可知,何氏为医药世家,几代人均任职衙推。因此,何氏称得上"艺可承家,术多济世"。⑦

四、宋初夏州节度使所属文武僚职官员

夏州政权历经了唐末战乱、五代更迭,到了宋代渐渐有了独立的意识。当宋代皇帝致力于实行文人执政,极力削弱地方权力,把行政权、财权、军权集于一身的时候,党项内部发生了矛盾。新袭位的李继捧因无力处理这种矛盾,进而于太平兴国七年(982)将权力上交宋朝,献出五州地。然而,李继捧的行为没有得到广大部众的支持,其族弟李继迁率部反抗,部族纷纷涌起附和继迁。李继迁利用宋朝和契丹的矛盾,采取了联辽反宋的政策。

---

① [宋]欧阳修等:《新唐书》,第237页。
② [宋]欧阳修等:《新唐书》,第237页。
③ 杜建录主编:《中国藏西夏文献》第十八册,第74页。
④ 杜建录主编:《中国藏西夏文献》第十八册,第74页。
⑤ 康兰英主编:《榆林碑石》,第242页。
⑥ [唐]杜佑:《通典》,第915页。
⑦ 康兰英主编:《榆林碑石》,第249页。

宋朝为了巩固新到手的夏州党项民族，甚至将赫连勃勃时期所修建的夏州城毁坏，将居民迁到绥州、银州等地。公元986年，李继迁向契丹称臣，辽赐给他官职，并以宗室女封义成公主许嫁。李继迁突袭并占据了灵州，迫使宋廷将夏、银、绥、宥、静五州重新归还，并任命李继迁为新的定难军节度使。

随后，夏州政权历经李继迁、李德明两代，有了长足发展。早在李继迁时期，他就下令建立州城，设立中官，这些都是学习汉文化的举措。德明时期，与宋、辽交往频繁，促进了西夏与汉文化的交流。又因夏州地区社会较为稳定，与宋、辽等国家的关系较为融洽，夏州政权有了较大发展。其文武幕僚军将名称受宋制的影响，有了一些变化。考察这一时期的碑志、史籍，行军司马、都虞候、判官、押衙、教练使、兵马使等职仍然占有重要地位。新增指挥使、都指挥使、团练使、观察使、押蕃落使、书状官、押司官等文武官吏名称，下文一一述之。

指挥使、都指挥使 唐末有行在都指挥处置使，为临时差使。五代称诸将统帅为都指挥使。李光睿兄李光新"见任管内蕃汉都军指挥使"，弟李光遂任"管内蕃部越名都指挥使"，① 李光信为马军都指挥使。李继筠于开宝七年(974)中，"补衙前厅直指挥使。勇怀刚毅，威慑戎夷……转授衙内都指挥使。艰难备历，赏罚无私"。② 建隆四年(963)九月九日，李光遂"授职牒一道，补管内蕃部都指挥使。安抚远边，播扬雄武"。③ 咸平六年(1003)十一月，"环州言李继迁部下突阵指挥使刘赟等以继迁残虐，蕃部灾旱，率其属来归"。④ 景德元年(1004)六月，"洪德寨言继迁蕃部都指挥使都威等率其属内附"。⑤

行军司马 主兵修甲，协理军务。李光睿兄李光普任定难军节度行军司马。⑥

虞候、都虞候 其职掌不尽相同，或为警备巡查官，或为内部监察官。李光睿之弟李光美"任衙内都虞候"。⑦

判官 夏州观察判官郭贻撰《宋定难军节度使李光睿墓志铭》。⑧

押衙 太平兴国四年(979)，定难军押衙郑继隆书《宋定难军节度使李光睿墓志

---

① 杜建录主编：《中国藏西夏文献》第十八册，第74页。
② 杜建录主编：《中国藏西夏文献》第十八册，第80页。
③ 杜建录主编：《中国藏西夏文献》第十八册，第84页。
④ [宋]李焘：《续资治通鉴长编》卷五五，咸平六年六月癸巳，第1216页。
⑤ [宋]李焘：《续资治通鉴长编》卷五六，景德元年正月壬戌，第1239页。
⑥ 杜建录主编：《中国藏西夏文献》第十八册，第74页。
⑦ 杜建录主编：《中国藏西夏文献》第十八册，第74页。
⑧ 杜建录主编：《中国藏西夏文献》第十八册，第73页。

铭》。① 五年,押衙张□□书《宋管内蕃部都指挥使李光遂墓志铭》。② 景德三年(1006)六月,"赵德明复遣左都押衙贺永正等来贡"。③

都知兵马使、兵马使 李光睿弟李光文为衙前都知兵马使。④ 景德二年(1005)闰九月"癸丑,赵德明始遣其都知兵马使白文寿来贡"。⑤ 三年五月,"赵德明遣其兵马使贺永珍来贡马。甲辰,德明又遣其兵马使贺守文来贡"。⑥

教练使 景德二年(1005)十二月,"赵德明又遣其教练使郝贵来贡"。⑦

书状官 宋代通问使或国信使、副使亲吏,掌管使、副使私信。⑧ 太平兴国五年(980)十一月十三日,书状官张□□书《宋管内蕃部都指挥使李光遂墓志铭》。⑨

掌书记 摄节度掌书记郭正撰《宋定难军节度观察留后李继筠墓志铭》,⑩后撰《宋管内蕃部都指挥使李光遂墓志铭》。⑪

押蕃落使 此官名多为节度使的兼官。宋乾德五年(967),李光睿为"定难军节度,夏、银、绥、宥、静等州观察处置押蕃落等使"。⑫

押司官 宋代官吏名,经办案牍等事。太平兴国四年(979),观察押司官郑继隆书《宋定难军节度使李光睿墓志铭》,⑬后又撰《宋定难军节度观察留后李继筠墓志铭》。⑭

牙将 是节度使的亲兵将领。景德二年(1005)六月,"夏州李德明遣牙将王旻奉表归款"。⑮

牙校 景德三年(1006)九月"丁卯,鄜延钤辖张崇贵入奏赵德明遣牙校刘仁勖来进誓表"。⑯ 大中祥符三年(1010)七月"癸亥,鄜延都钤辖张崇贵言:得赵德明书,称遣牙校贡马,

---

① 杜建录主编:《中国藏西夏文献》第十八册,第75页。
② 杜建录主编:《中国藏西夏文献》第十八册,第84页。
③ [宋]李焘:《续资治通鉴长编》卷六三,景德三年五月丁丑,第1405页。
④ 杜建录主编:《中国藏西夏文献》第十八册,第74页。
⑤ [宋]李焘:《续资治通鉴长编》卷六一,景德二年八月癸丑,第1364页。
⑥ [宋]李焘:《续资治通鉴长编》卷六三,景德三年五月壬寅,第1398页。
⑦ [宋]李焘:《续资治通鉴长编》卷六一,景德二年八月庚子,第1380页。
⑧ [清]徐松辑录:《宋会要辑稿》,中华书局,1957年,第3101页。
⑨ 杜建录主编:《中国藏西夏文献》第十八册,第84页。
⑩ 杜建录主编:《中国藏西夏文献》第十八册,第80页。
⑪ 杜建录主编:《中国藏西夏文献》第十八册,第84页。
⑫ 杜建录主编:《中国藏西夏文献》第十八册,第73页。
⑬ 杜建录主编:《中国藏西夏文献》第十八册,第75页。
⑭ 杜建录主编:《中国藏西夏文献》第十八册,第81页。
⑮ [宋]李焘:《续资治通鉴长编》卷六〇,景德二年五月丁亥,第1345页。
⑯ [宋]李焘:《续资治通鉴长编》卷六四,景德三年九月丁卯,第1427页。

兼言延州熟户明爱侵其所统绥州"。① 九年十月,"赵德明遣牙校刘仁勖贡马二十匹"。②

牙吏 景德四年(1007)三月,"赵德明遣牙吏贡马五百,橐驼二百,谢给俸廪"。③

军校 大中祥符四年(1011)九月"甲申,曹玮言,赵德明遣军校苏守信领兵攻西凉乞党族"。④

第二节 西夏的官制的创立及其发展

一、西夏官制的创立

唐、五代以来,夏州政权一直沿用节度使幕僚官制。宋初,定难军节度使李继捧无力解决内部矛盾,举五州地归附宋朝时,其族弟李继迁走向了与宋相抗的道路。随之而进行的就是改变原有松散的部落体制,渐行汉制。如《长编》卷五十所言:"李继迁包藏凶逆,招纳叛亡,建立州城,创制军额,有归明、归顺之号,且耕且战之基。仍闻潜设中官,全异羌夷之体,曲延儒士,渐行中国之风。"⑤因文献记载不明,尚未能获知李继迁所设"中官"的具体名称。但肯定的一点是,这些官职与节度使文武僚佐有所不同。

德明时期,政治相对稳定,与宋关系较为缓和,争取与宋贸易以发展自身经济。经过一系列的谈判,党项的普通人民可以去保安军榷场贸易,甚至德明专门遣使臣去宋朝的京师买卖货物。宋廷给予一些支持,大中二年(1009)十月"庚戌,诏夏州进奉外,有以私物贸易,久而不售者,自今官为收市"。⑥虽然党项民族所特产的青盐仍在禁止贸易的行列,请求售卖弓矢与弩也被宋拒绝,但并不妨碍其与宋贸易的热情。自景德四年(1007),李德明输款以来,"供奉之使,道路相属"。⑦《宋史·夏国传上》:"德明自归顺以来,每岁旦、圣节、冬至皆遣牙校来献不绝"。⑧

经历继迁、德明两世的经营,夏州有了较大发展。不仅增有灵州(今宁夏灵武县西南)、甘州(今甘肃省张掖市)、凉州(今甘肃省武威市)、瓜州(今甘肃省安西县)、沙州(今甘

---

① [宋]李焘:《续资治通鉴长编》卷七四,大中祥符三年七月癸亥,第1684页。
② [宋]李焘:《续资治通鉴长编》卷八八,大中祥符九年九月丙子,第2022页。
③ [宋]李焘:《续资治通鉴长编》卷六五,景德四年正月癸丑,第1448页。
④ [宋]李焘:《续资治通鉴长编》卷七六,大中祥符四年六月甲申,第1735页。
⑤ [宋]李焘:《续资治通鉴长编》卷五〇,咸平四年十二月丁卯,第1099—1100页。
⑥ [宋]李焘:《续资治通鉴长编》卷七二,大中祥符二年十月庚戌,第1638页。
⑦ [宋]李焘:《续资治通鉴长编》卷六五,景德四年三月庚申,第1449页。
⑧ [元]脱脱等:《宋史》卷四八五《夏国传上》,第13992页。

肃省敦煌西南)等地,占据了整个河西走廊,控制了丝绸之路,为发展贸易提供了良好的基础,也奠定了西夏建国时的疆域。

元昊袭位后,"虽尝奉贡,然居国中益僭侈……元昊既悉有夏、银、绥、宥、静、灵、盐、会、胜、甘、凉、瓜、肃之地,仍居兴州,阻河依贺兰山为固。始大补伪官"。① 史载,宋于庆历四年(1045)十二月乙未册封元昊为夏国主,与西夏"约称臣,奉正朔,改所赐敕书为诏而不名,许自置官属"。② 实际上,早在宋明道二年(1033),元昊就已经大建官制,"自中书令、宰相、枢使、大夫、侍中、太尉以下,皆分命蕃汉人为之"。③ 对服饰、官制、礼仪等各个方面进行了改革,创立本民族文字并在全国推广。设置官署、创制文字、制定服饰、规范礼仪、明律令、别贵贱,初步建立起国家的基本政治制度,为1038年西夏的建立提供了良好的政治基础。宋宝元元年(1038),元昊"筑坛受册、即皇帝位"。④ 元昊自身的声望与地位也在提升,《辽史》称其"出入乘马,张青盖,以二旗前引,从者百余骑"。⑤

仿宋制创立官制,"凡六日、九日则见官属。其官分文武班,曰中书,曰枢密,曰三司,曰御史台,曰开封府,曰翊卫司,曰官计司,曰受纳司,曰农田司,曰群牧司,曰飞龙院,曰磨勘司,曰文思院,曰蕃学,曰汉学。自中书令、宰相、枢使、大夫、侍中、太尉已下,皆分命蕃汉人为之"。⑥ 这里记载的机构均为中央所置,可见其主要改变的是节度使的幕僚机构,并未涉及地方官制。这项举措意义重大,是西夏官制创立的明确记载,废除了以前的节度使官僚机构,向独立的国家机构迈进。在此之前,元昊遣使奉表入贡,使者称教练使,衣服礼容皆如牙吏,相比之前已有了极大的变化。双方互使,官名上有了突破,也提高了夏州政权的政治地位。

之后,大约在宋景祐四年(1037)元昊又在兴州(升为兴庆府,是西夏的国都)设立十六司,以补充初设官制的不足。因为史料记载的不详,导致有关十六司的争议较大,主要集中在十六司是否属于尚书省的统属。《宋史》:"设十六司于兴州,以总庶务。"⑦此处未载设立十六司的时间。《长编》载:"创十六司于兴州,以总众务。"⑧此事系在景祐四年(1037)。可见,《宋史》与《长编》记载相同,只言设十六司,设立的具体时间不确定。清人

---

① 《范文正公集年谱》,王云五主编《新编中国名人年谱集成》,商务印书馆,1979年,第251页。
② [元] 脱脱等:《宋史》卷四八五《夏国传上》,第14002页。
③ [元] 脱脱等:《宋史》卷四八五《夏国传上》,第13993页。
④ [元] 脱脱等:《宋史》卷四八五《夏国传上》,第13995页。
⑤ [元] 脱脱等:《辽史》卷一一五《西夏外纪》,第1523页。
⑥ [元] 脱脱等:《宋史》卷四八五《夏国传上》,第13993页。
⑦ [元] 脱脱等:《宋史》卷四八五《夏国传上》,第13995页。
⑧ [宋] 李焘:《续资治通鉴长编》卷一二〇,景祐四年十二月癸未,第2845页。

吴广成在其研究著作《西夏书事》中认为,元昊"以中书不能统理庶务,仿宋制置尚书令,考百官庶府之事而会决之,又改二十四司为十六司,分理六曹"。① 此说颇令人怀疑,不知吴氏所据何书。西夏有尚书令的记载,却没有尚书省设立的记载。尚书令与十六司是否有上下统属关系,不得而知。将十六司纳入尚书令的管辖之下,这种看法大概是借鉴了有关宋尚书省的记载,有二十四司,元丰改制后为二十八司。

根据现有史料,只有西夏设置尚书令的记载,并无设尚书省的记载。西夏陵出土汉文残碑有"尚书"、"尚书令"等官名。② 值得注意的是,《金史·交聘表》载西夏乾定三年(金哀宗正大二年,1225)九月,"夏国和议定,夏称弟,各用本国年号",遣中书省左司郎李绍膺等来聘。③ 宋代中书省并无左司郎的设置,但尚书省分为左、右司。设有左、右司郎官,简称左、右司郎。《嘉靖宁夏新志》卷二载有:"右仆射兼中书侍郎平章事张陟奉制撰"大夏国葬舍利碑铭。④ 宋制,"右仆射兼中书侍郎,以行中书令之职"。⑤ 可见,西夏官制并非照搬宋制,而是有所变通的。鉴于此,笔者认为西夏有可能没有设立尚书省,保留并改变其官员名称,使其更符合西夏的国情。当然,这仅仅只是推测,进一步的确认还有待于新材料的发现。

关于十六司的研究,学界涉及较多。王静如认为,所谓十六司指的是《番汉合时掌中珠》中所载的经略司、正统司、统军司、殿前司、皇城司、三司、内宿司、巡检司、陈告司、磨勘司、审刑司、农田司、阁门司、监军司、群牧司、受纳司等。罗福苌、罗福颐《夏国传集注》一书也持同样的观点,吴天墀《西夏史稿》沿用此说。⑥ 既然史载十六司设于兴州,如监军司则属于地方军事机构,似不甚恰当。况且《番汉合时掌中珠》的成书年代与元昊时期相去甚远,因此,十六司的记载还有待新文献的证明。

总而言之,在西夏建国前夕(1033—1037),西夏官制基本确立,这是西夏建立国家的有力政治保证,也是西夏建国后各项政策、措施赖以实施的政治基础。

二、西夏官制的发展及其与宋制的关系

元昊仿宋制设置了15个职司机构,主要是中央机构名称,涉及行政、军事、财政、监察、禁卫、磨堪、农牧、工艺制造及教育等领域。这些机构在日后西夏官制的发展过程中有

---

① [清]吴广成:《西夏书事》,《续修四库全书》,第5页下。
② 杜建录主编:《中国藏西夏文献》第十九册,第224、312、330页。
③ [元]脱脱等:《金史》卷六二《交聘表下》,第1487页。
④ [明]胡汝砺撰、管律重修:《嘉靖宁夏新志》,宁夏人民出版社,1982年,第153页。
⑤ [元]脱脱:《宋史》卷一六一《职官一》,第3773页。
⑥ 吴天墀:《西夏史稿》,广西师范大学出版社,2006年,第149页。

的保留,有的不见于史籍中。因此,本文就已知的西夏官僚机构名称与宋制作简单比较。

第一,开封府的设置,因西夏并没有一个地方叫作开封府,而表现出浓烈的照搬宋制的色彩。有学者认为开封府本指首都区的地方政府,这里指管理首都区事务的兴庆府衙门。① 还有人认为开封府即皇城司,专管京城事务。《天盛律令》中无载,然而《金史·交聘表》中记载:西夏天盛二年(金天德二年,1150)七月戊戌,夏国"再遣开封尹苏执义、秘书监王举贺受尊号"。② 这里的开封尹,代表西夏出使金朝,且作为大使,可见其并不是一个虚衔。《通典》卷三十三《职官十五》:"开元元年(713),改雍州为京兆府,置牧如故。掌宣风导俗,肃清所部。"又载:"开元初,改雍州长史为京兆尹,总理众务。凡前代帝王所都,皆曰尹。"③ 所谓前代帝王之都,西夏的开封府并没有这样的寓意,而且这个机构至少保留到了天盛二年(1150),成书于天盛初年的《天盛律令》并没有开封府的记载。

中兴府是西夏的首都。汉文本《杂字·司分部》有"中兴"。④《天盛律令》卷十《司序行文门》载"𘔼𘜶𘄒",音中兴府。⑤ 初为怀远镇,宋天禧四年(1020),"德明城怀远镇为兴州以居"。元昊袭封后仍居兴州,并设十六司于兴州。⑥ "后升为兴庆府,又改中兴府。"⑦ 又称为"衙头"。《北山集》卷一三载:"夏国主兴州,谓之衙头"。⑧ 属于次等司,设有八正、八承旨、八都案、二十六案头等官职。《天盛律令·颁律表》载"𘔼𘜶𘄒𘝞(中兴府正)"杨时中、"𘔼𘜶𘄒𘞗(中兴府副)"嵬名盛山等。⑨《金史·交聘表》载:

> 金大定六年(1166)"三月甲辰朔,夏武功大夫曹公达、宣德郎孟伯达、押进知中兴府赵衍贺万春节"。⑩

> 金大定十五年"十二月丙午,夏遣中兴尹讹罗绍甫、翰林学士王师信等谢横赐"。⑪

> 金大定二十五年"十一月丙申,夏国以车驾还京,贺尊安使御史大夫李崇懿、中兴尹米崇吉、押进匦匣使李嗣卿等朝见"。⑫

---

① 吴天墀:《西夏史稿》,第 148 页。
② [元]脱脱等:《金史》卷六〇《交聘表上》,第 1405 页。
③ [唐]杜佑:《通典》卷三三,第 902 页。
④ 汉文本《杂字》卷十八《司分部》,《俄藏黑水城文献》第九册,第 18 右页。
⑤ 史金波、聂鸿音、白滨译注:《天盛改旧新定律令》卷十《司序行文门》,第 363 页。
⑥ [元]脱脱等:《宋史》卷四八五《夏国传上》,第 13993—13995 页。
⑦ [明]宋濂等:《元史》卷六〇《地理三》,第 1451 页。
⑧ [宋]郑刚中撰、郑良嗣编:《北山集》卷一三,第 147 页。
⑨ 史金波、聂鸿音、白滨译注:《天盛改旧新定律令·颁律表》,第 108 页。
⑩ [元]脱脱等:《金史》卷六一《交聘表中》,第 1422 页。
⑪ [元]脱脱等:《金史》卷六一《交聘表中》,第 1434 页。
⑫ [元]脱脱等:《金史》卷六一《交聘表中》,第 1445 页。

金明昌五年(1194)"四月壬寅,夏御史中丞浪讹文广、副使枢密直学士刘俊才、押进知中兴府野遇克忠来报谢"。①

金明昌六年"三月丙申,夏御史大夫李彦崇、知中兴府事郝庭俊谢赐生日"。②

金承安二年(1197)八月戊戌,夏"知中兴府事李德冲、枢密直学士刘思问等奏告榷场"。③

金承安二年"十二月丁酉,夏殿前太尉李嗣卿、知中兴府事高德崇谢复榷场"。④

金承安五年八月壬子,夏"南院宣徽使刘忠亮、知中兴府高永昌来谢恩"。⑤

金泰和元年(1201)"三月乙丑,夏左金吾卫上将军野遇思文、知中兴府田文徽等来谢恩"。⑥

金泰和二年八月庚子,"殿前太尉李建德、知中兴府事杨绍直等谢横赐"。⑦

金泰和五年闰八月辛巳,"殿前太尉乃来思聪、知中兴府通判刘俊德来谢横赐"。⑧

金泰和六年十二月乙丑,"押进使知中兴府梁德枢等入见"。⑨

可见,西夏中兴府设有中兴尹、知中兴府事、中兴府通判等官职。其中,中兴尹当指中兴府所设长官,此职在宋代虽设,但几乎不置,西夏或同于此。知中兴府事是中兴府实际上的最高长官,相当于西夏文文献中的中兴府正。中兴府通判,相当于中兴府副。值得注意的是,金承安二年(1197)八月、十二月均有知中兴府事出使,人员却不同。宋代权知开封府事只设一人,而西夏的中兴府设有八正。

《天盛律令》中有关中兴府职责的记载与宋开封府极为相似,《宋史·职官志六》:开封府尹"掌尹正畿甸之事,以教法导民而劝课之。中都之狱讼皆受而听焉,小事则专决,大事则禀奏,若承旨已断者,刑部、御史台无辄纠察。屏除寇盗,有奸伏则戒所隶官捕治。凡户口、赋役、道释之占京邑者,颁其禁令,会其帐籍"。⑩西夏的中兴府也有管理京畿地区民政、诉讼、赋役等职责。《天盛律令》卷九《越司曲断有罪担保门》载:

---

① [元]脱脱等:《金史》卷六二《交聘表下》,第1462页。
② [元]脱脱等:《金史》卷六二《交聘表下》,第1463、1464页。
③ [元]脱脱等:《金史》卷六二《交聘表下》,第1465页。
④ [元]脱脱等:《金史》卷六二《交聘表下》,第1465、1466页。
⑤ [元]脱脱等:《金史》卷六二《交聘表下》,第1468页。
⑥ [元]脱脱等:《金史》卷六二《交聘表下》,第1470页。
⑦ [元]脱脱等:《金史》卷六二《交聘表下》,第1471页。
⑧ [元]脱脱等:《金史》卷六二《交聘表下》,第1474页。
⑨ [元]脱脱等:《金史》卷六二《交聘表下》,第1478页。
⑩ [元]脱脱等:《宋史》卷一六七《职官六》,第3941—3942页。

"一诸人有互相争讼陈告者,推问公事种种已出时,京师当告于中兴府、御史,余文当告于职管处,应取状。"①

第二,翊卫司、官计司、飞龙院、文思院等机构在西夏文文献《番汉合时掌中珠》、《天盛律令》等中没有记载。《西夏史稿》认为翊卫司职掌宿卫,日直殿廷,扈从车驾。② 唐代有"六军、十六卫,以严其禁御"。③

飞龙院,唐有飞龙院、小马坊之号。五代后唐长兴元年(930)置左、右飞龙院。宋初沿置,太平兴国五年(980)正月七日,改称天厩院。职责为养国马以供军国之用。④ 而刊印于西夏乾祐年间(1170—1193)的《番汉合时掌中珠》中有马院,无飞龙院;刊印于天盛年间(1149—1169)的《天盛律令》中也无飞龙院的记载。

官计司,清人吴广成《西夏书事》卷十一:官计司"司文武职事员阙,注籍应选"。⑤ 吴天墀《西夏史稿》认为是西夏职掌官吏人事调补的机构。⑥

文思院,北宋的文思院隶少府监,掌制作金银犀革象牙玉器等工艺之物,金采、绘素装钿之饰,以供帝后私生活所需,及舆辇、册宝、法物、器服等。分文思院上界、文思院下界,共领四十二作,工匠二指挥。应是西夏早期掌管制造供统治阶级享用的各种工巧之物的专门机构。《天盛律令》记载了一些工匠的种类,有弓箭匠、披铠匠、铁匠、枪柄匠、箭袋匠、砲工、秤工、玉工等,"有所制作,则当往制于外面工匠所属司内"。⑦

汉文本《杂字·司分部》记载了一些西夏的机构名称,有中书、密院、经略、御史、殿前、提刑、提点、皇城、三司、宣徽、瓯匦、工院、绣院、天监、教坊、资善、养贤、翰林、功德、道德、磨堪、农田、陈告、审刑、受纳、内宿等中央机构名;有刺史、承旨、都案、案头等官职名称,还有一些不明含义的官名。虽然汉文本《杂字》作为蒙书,其中所言不可尽信,但毕竟反映了所处时代的一些真实情况,比如这些机构名称与职官,大多都是西夏所设置的。

西夏文《三才杂字》(丁种本)记录了部分西夏机构名称,与汉文本《杂字》相同,每个机构名称均简称为两个字。

"𗼇𘀗𗖻𗖻𗏇𗖻𗖻

……𗖻𗖻 𗖻𗖻 𗖻𗖻 𗖻𗖻

---

① 史金波、聂鸿音、白滨译注:《天盛改旧新定律令》卷九《罪司曲断有罪担保门》,第338页。
② 吴天墀:《西夏史稿》,第148页。
③ [唐]杜佑:《通典》,第473页。
④ 龚延明:《宋代官制辞典》,中华书局,1997年,第312页。
⑤ [清]吴广成:《西夏书事》,《续修四库全书》本,第11页下、12页上。
⑥ 吴天墀:《西夏史稿》,第157页。
⑦ 史金波、聂鸿音、白滨译注:《天盛改旧新定律令》卷十二《内宫待命等头项门》,第438页。

"……𗫡 𘓺𘃪 𘊲𘓺 𘍦𗧘 𘅣
……𗖠 𗆧𗷑 𗼊𘃪 𘃪……"①

这些机构,多与《天盛律令》所载相同。𘓺𘃪,之前应该是"𘏚𘋲",𗖠应补为"𘓺𗖠",𘃪应补为"𘃪𘕣"。此处共有枢密、殿前、御史、宣徽、皇城、大恒历司、陈告、磨勘、行宫等机构,"𘓺𘃪"、"𘍦𗧘"等不见于其他史籍。

天盛初年,西夏法典《天盛律令》刊布,其中卷十《司序行文门》中详细记载了西夏中央、地方的官僚机构,行政区划,每个机构所设属官。这是有关西夏官制记载最为详尽的资料,也是研究西夏官制最为基本的史料。《司序行文门》共记载了西夏中央机构大大小小40多个,府、军、郡、州、县各若干个,监军司17个,地方转运司10个,此外,还有不属于五等司的经略司2个,官提点、执飞禽提点、秘书监、番汉大学院等机构。这些机构按照派遣官员数量的多寡被分为上、次、中、下、末等五等,是西夏得以运转的政治力量,都掌握在皇帝的手中,代表了西夏封建集权制度的发展。

刻印于乾祐二十一年(1190)的辞书《番汉合时掌中珠》,记载了西夏的职司机构及官名,有𘏚𘋲(中书)、𘓺𘃪(枢密)、𗬻𘃪(经略司)、𘏚𗧘𘃪(正统司)、𘓺𗧘𘃪(统军司)、𗐼𘕿𘃪(殿前司)、𗊢𗥺(御史)、𘍦𘃪(皇城司)、𘏚𗫡(宣徽)、𘓺𗎘(三司)、𘄴𗵒𘃪(内宿司)、𗢳𘝑𘃪(巡检司)、𗰜𗫡(工院)、𘉋𗫡(马院)、𗆧𗷑𘃪(陈告司)、𗼊𘃪𘃪(磨勘司)、𗹙𘗁𘃪(审刑司)、𘓺𗖠𘃪(大恒历司)、𗵹𘃪(农田司)、𗾩𘃪(群牧司)、𗊢𗉘𘃪(受纳司)、𘓺𗊢𘃪(阁门司)等二十二个中央机构,𗐼𗧘𘃪(监军司)、𘍦𘃪𗰜𗧘(承旨州主)、𗋐𘃪(通判)、𘏚𘋲(正听)等地方机构及地方官职,𘍦𘃪(承旨)、𗒘𘟨(都案)、𘓺𘝰(案头)、𘃪𗰗(司吏)、𘓺𗧘(都监)等各司机构所设属官。相比《天盛律令》卷十的记载,经略司、正统司、统军司、殿前司、皇城司、宣徽、内宿司、巡检、工院、马院、陈告司、磨勘司、审刑司、阁门司、受纳司、大恒历司等中央机构均为1037年以后增设,这表明西夏建立后逐渐完善了官僚机构。

综上,西夏的职官制度自1033年初建,1037年增设十六司,以后的时间里中央机构屡有增减,至西夏仁宗时期,职官制度完善,与之相应的官阶制度、军事制度也臻于完善。

相比宋制,元昊初建官制或许仿宋制较多,这在西夏设有开封府、文思院、飞龙院等机构中有所表现。而且,元昊时期的机构名称虽然均来自宋制,但其稍显粗糙,只是分配了各项事务的职掌者,职权不明。史载"始大建官,以嵬名守全、张陟、张绛、杨廓、徐敏宗、张文显辈主谋议,以钟鼎臣典文书,以成逋、克成赏、都卧㕎、如定多多、马窦、惟吉主兵马,野

---

① 《三才杂字》(丁种本),《俄藏黑水城文献》第十册,第63页。

利仁荣主蕃学"。① 这里面有汉人也有党项人，总体而言，主谋议、文书者多为汉人，主兵马、蕃学的为党项人。与后来的蒙古人，将主文书的称为"必阇赤"，后来到了元朝，主文书的粘合重山被任命为左丞相。屠寄在《蒙兀儿史记》中这样描述元初的丞相，"其人虽自称丞相，人亦称为相公，然其职实仅如令史"，②令史，汉官中主文书者。显然，元昊初建官制，或仅以各类亲信委以各项职责，沿袭了夏州节度使时期的做法。

然而，随着社会经济的发展，农耕与游牧文化的碰撞使得西夏的官僚机构更加适应西夏具体国情。直至崇宗(1086—1139)、仁宗(1140—1193)时期，西夏社会稳定，偃武兴文，尊崇孔子，设立国学，开科取士，"又置宫学，自为训导"。③ 这些举措对西夏文化的发展有很大影响。至北宋覆灭，西夏以侍辽之礼待金后，与金的关系密切起来。从《金史·交聘表》的记载就可以看出，西夏使金不仅频繁，而且趋于定式。每年的正旦、皇帝的生日都是西夏使金的具体时间，此外还有贺尊号使、贺登极使、贺横赐使等名目。这些社会内部、外部环境的安定，使得西夏各项政治制度有了较大发展。

在《天盛律令》中经常可见"𘜶、𘉋、𘕜"，即官、职、军，这是构成西夏职官制度最基本的三个部分。"若死者官低，杀人者官大，则自'语抵'官以上官、职、军皆革除，判无期徒刑。自'柱趣'官以下，官、职、军皆革除，绞杀。"④将官、职、军相提并论。汉文本杂字有官位部与司位部之分。⑤

其中，最为基础的是"军"，在很多法律条文中，一般犯罪时不革军。这是因为西夏实行严格的军籍登记制度，男子10岁入籍，15岁成丁，所以说军是最基本的。"职"在《天盛律令》中为"𘉋"，在《亥年新法》中表示为"𘉋𘊝"，这个有别于名誉官称的"𘜶"，指的是在政府机构中有具体职位、具有实际权力的官职，即所谓的"职事官"。"𘜶(官)"即文献中的"𘜶𘟙𘟗(有官人)"，与之相对应的是"𘟰𘟗(庶人)"。可见，𘜶区分的是人的社会身份等级。此"𘜶"区别于"𘟥"，后者常与"𘟎"相对应，分别表示官方与私人。故𘜶表示的是西夏的官品等级。"诸人得职位而未得官"，⑥可见，有职位未必会有官阶。

陈炳应《贞观玉镜将研究》一书对"𘜶、𘉋、𘕜"进行了讨论，认为西夏的高级军官不仅具有宋朝官制中的官、职、差遣，还有"军"和不主事官、底层官等。并指出"军"可能是军籍

---

① [元]脱脱等：《宋史》卷四八五《夏国传上》，第13995页。
② [民国]屠寄：《蒙兀儿史记》，上海古籍出版社，1989年，第1975页。
③ [元]脱脱等：《宋史》卷四八六《夏国传下》，第14031页。
④ 史金波、聂鸿音、白滨译注：《天盛改旧新定律令》卷一《失义门》，第128页。
⑤ 汉文本《杂字》，《俄藏黑水城文献》第九册，第145页。
⑥ 史金波、聂鸿音、白滨译注：《天盛改旧新定律令》卷十《官军敕门》，第357页。

或军中职衔。不主事官为大小统兵官之外的杂官、幕僚等。① 史金波在《西夏社会文书研究》一书中认为："西夏的官制包括官、职、军。所谓官，类似于爵，是区别于庶民，表示统治阶级的等级、权势的称号。所谓职，指从中央到地方的管理职事的官员，与官有重合，也有区别。所谓军，并不是指一般的军人，而是在军中有一定地位的人。"② 2008 出版的《西夏社会》一书对"官、职、军"做了进一步研究。认为官是贵族的身份和等级；职指行政管理的职司。杨树藩《中国文官制度史》指出，"'阶'为官阶，或称'散阶'，亦称'散官'。'职'为职事，亦即官府内有定额编制之职事官也"。③

官、职、军涉及西夏的政治、军事制度，是研究西夏职官制度不容忽视的问题，也是本文所重点需要探讨的问题。

---

① 陈炳应：《贞观玉镜将研究》，第 24 页。
② 杜建录、史金波：《西夏社会文书研究》，上海古籍出版社，2012 年，第 156 页。
③ 杨树藩：《中国文官制度史》，黎明文化事业公司出版，1982 年，第 10 页。

第二章 西夏的官阶

阎步克将中国古代官阶分为先秦、秦汉、魏晋南北朝、唐宋、明清等五个时期。其中，唐宋时期也是"阶、职分立制"的发达时期，以成熟的文武散阶制度为内容。[①] 辽、金、西夏的官阶制度深受唐宋官阶制度的影响。西夏文《官阶封号表》(甲种本)、《天盛律令·官军敕门》等文献表现出西夏的官阶制度有其民族特色。

目前，有关西夏官阶制度的研究首推史金波《西夏的职官制度》、《西夏文官阶封号表考释》、《西夏社会》等论著。[②]《西夏文官阶封号表考释》一文考释、翻译了甲种本《官阶封号表》，并就其中的相关问题进行了考证。在《西夏的职官制度》一文中，以《天盛律令》、《官阶封号表》为材料基础，探讨了西夏的官品及官阶。指出西夏的官品有十二品，推知杂官为未及御印官，六至十二品为及御印官，末品以上为及授官。并认为西夏的官阶有40多个，70多个名号。[③]《西夏社会》在前两文的基础上，指出西夏官阶至少有80多阶，100多个名号。[④] 此外，对《官阶封号表》做考释研究的还有李范文和文志勇。[⑤] 2010年，苏航就《官阶封号表》(乙种本)作了新的探讨，对比中原王朝的某些制度，认为乙种本表现的是官员的座次图。[⑥]

"官"字在西夏文《天盛律令》中有两种不同的表达方式，即"𘗠"与"𘗡"。"𘗠"，在《天盛律令》中出现时前面空一格，类似的还有"𘟀(圣)"等，表示其具有特殊含义。文献中出现有"𘗠𘟀(官家)"、"𘗠𗁅(官私)"、"𗰜𗤋𗄈𘗠𗧹𗗙𗰞(皆当罚没入官)"、"𗩯𘊝𘗡𘀊𗧁𘊝𘗠

[①] 阎步克：《官品与职位》，中华书局，2001年，第50、69页。
[②] 史金波：《西夏文官阶封号表考释》，《中国民族古文字研究》第三辑，天津古籍出版社，1991年；《西夏的职官制度》，《历史研究》1994年第2期；《西夏社会》，上海人民出版社，2008年。
[③] 史金波：《西夏的职官制度》，《历史研究》1994年第2期，第62—63页。
[④] 史金波：《西夏社会》，第294页。
[⑤] 李范文：《西夏官阶封号表考释》，《社会科学战线》1991年，第171—179页；文志勇：《〈西夏官阶封号表〉残卷新译及考释》，《宁夏社会科学》2009年第1期，第95—100页。
[⑥] 苏航：《西夏史札记三则》，中国社科院民族学与人类学研究所编《薪火相传——史金波先生70寿辰西夏学国际学术研讨会论文集》，第107—118页。

𘀄𘓄𘃸(三分之二当交官)"①等,可见"𘓄"相当于官方、政府,与"𘓠"相对。如"而后叛人应得数,按官私分份,按前给捕告赏法所示,依法实行"。② 这里的官、私,指的就是官方与私人。

𘓺,官、爵。"𘓺𘀋𘁂𘃢𘓲𘓺𘃖𘄄𘊝𘓺𘀋𘊻𘐊𘃸𘓺(官,从官禽旁;爵者势言也,官职之谓也)。"③《掌中珠》"𘒛𘀄𘓺𘇂"作"因此加官"。④ "𘄄𘓺𘅉(有官人)","𘓺𘊻 𘄄𘅉(有官位人)",⑤ "有官人"与"庶人"相对,《天盛律令》中常有"有官罚马一,庶人十三杖"这样的刑罚。"𘓺"表示官阶的意思,在汉文文献中称为"阶官"、"散阶"、"散官"。官阶是与职官分不开的,是研究职官制度所逃避不了的问题。

第一节 西夏的十二品官阶及杂官

《天盛律令》卷十《官军敕门》有段文献提到了西夏十二品官阶制度,这与残缺的甲种本《官阶封号表》⑥内容记载有相同之处。"……应不应降,依以下所定实行。下十一、十二品及杂官等勿降,使续。十品、九品、八品等三品中当降一品。七品、六品、末品、下品等四品中当降二品。上、次、中三品等当奏别论。"⑦这段材料表明,西夏有上、次、中、末、下、六、七、八、九、十、十一、十二等十二个官品,还有一些不入品的杂官,这些官品分为四大类,第一类有上、次、中三品,第二类有末、下、六、七等四品,第三类有八、九、十等三品,第四类有十一、十二等二品及杂官。

甲种本《官阶封号表》表格分为三部分,中间的一行表示官阶的品级,左右有两列官阶名称,分文武,文字各向两侧,每一品第一位文武阶官下有小字注解。所载上品之上有"𘓺𘃸𘄄(太皇帝)"、"𘄄𘃸(皇帝)"、"𘄄𘓺𘆜(皇太子)"等,上、次、中品各有2个官名,下品有24个官名,末品有12个官名,六品有12个官名,七品仅存10个官名,以后残缺。而且,处于右侧的阶官,从注有的小字可以看出均是武职阶官,带有"𘞧𘗠(武孝)"二字,而左侧则

---

① 《天盛律令》(甲种本),《俄藏黑水城文献》第八册,第48、49、87页。
② 史金波、聂鸿音、白滨译注:《天盛改旧新定律令》卷一《背叛门》,第116页。
③ 史金波:《文海研究》,第311页。
④ 《番汉合时掌中珠》(甲种本),《俄藏黑水城文献》第一〇册,第14页。
⑤ 《天盛律令》(甲种本),《俄藏黑水城文献》第八册,第48、54、69页。
⑥ 《官阶封号表》(甲种本),《俄藏黑水城文献》第九册,第366—367页。
⑦ 史金波、聂鸿音、白滨译注:《天盛改旧新定律令》卷十《官军敕门》,第362页。

是文职阶官,带"𗆧𘊐(文孝)"二字。其所列 60 余位阶官,辅以《天盛律令》等文献的相关内容,可以初步窥见西夏的官阶制度。因史、李二先生均对其作过考释研究,也对其中的阶官进行了初步的译释。① 在本文中,为便于研究对官名做了汉语对音,且附以史金波的小字译文(主要参见附表一),并考察其官阶,具体如下:

"𗋽𗤋(上品)"有两官,左侧文阶官为𗪲𘂪𗖻[嚎我勒],段玉泉音译为[嚎卧勒]。② 右侧武阶官为"𘓺𗪉𗯿(大国王)"。下有小字"𗆧𘟩𗩴𘓀𘋢𗷲𗰔𘊐𘜶𗤋𗼺𘉍𗖻"。史金波译为"文武法竟种能恭敬东南族官上天柱"。③ 其中,漏译了"𘊐(孝)"字。𗼺,意"尾"。《掌中珠》"𗼺𘟫"作"尾宿"。④ 𘉍,音"卧"、"屈",如《重新护国寺感通塔碑》:"𘉍𗼺𗗚"对应汉文碑"卧屈金"。⑤《类林》中"𘉍𗋖𗐺𘒏𗐺𗖘𘀍𗰖𗠁𘈢𗧚"作"屈原以五月五日投江自尽"。⑥ 此字史金波均误译为"官"。

"𗋽𗤋(次品)"有两官,左侧文阶官为"𗪲𘊝𗠱"[嚎集顶],下有小字"𗆧𘊐𘋢𗷲𗰔𘊐𘜶𗤋𗼺𘟛𘟋",右侧武阶官为"(𗪲)𗖨𗩾"[嚎擦藏]。史金波译小字为"文武孝种能恭敬东南族官上世倚"。

"𗐱𗤋(中品)"有两官,左侧文阶官为"𗪲𘎑𗥃"[嚎得族],其下小字为"𗆧𘊐𘋢𗷲𗰔𘊐𘜶𗤋𗼺𘞙𗤦",史金波译为"文武孝种恭敬东南族官上界杖"。右侧武阶官为"(𗪲)𗧘𗣀[嚎丁崀]"。

"𘃛𗤋(下品)"有文武共 24 官,左侧文阶官为"𗪲𗦀𘕰[嚎正腮]"、"𗪲𘈷𗷣[嚎扑领]"、"𗪲𘂪𗖻[嚎位鹅]"、"𗪲𘋬𘂤[嚎由哺]"、"𗪲𘃸𗷀[嚎日识]"、"𗪲𗅲𘈕[嚎彻割]"、"𗪲𗦀𘋩[嚎写貌]"、"𗪲𗴂𘊐[嚎余勿]"、"𗪲𘒣𘂪[嚎乃族]"、"𗪲𘊣𗣀[嚎流昔]"、"𗪲𘋧𘈦[嚎披伟]"、"𗪲𘊸𘖟[嚎米齐]"等 12 官,其下小字为"𗆧𘊐𘋢𗷲𗰔𘊐𘜶𗤋𘙇𗖻",史金波译为"文武恭敬东南族官上国柱"。右侧武阶官共 12 官,即"𗪲𘊹𘊹[嚎玉你合]"、"𗪲𗏁𘟘[嚎布列]"、"𗪲𘆝𘋨[嚎拉杖]"、"𗪲𘕻𗣀[嚎当位]"、"𗪲𗨳𘓊[嚎敖枝]"、"𗪲𘋬𘋝[嚎甏丈]"、"𗪲𘈬𘖞[嚎药合余]"、"𗪲𘕞𗤗[嚎米沃]"、"𗪲𘋹𘊨[嚎俗成]"、"𗪲𘉍𘋑[嚎屈余]"、"𗪲𗈶𘊪[嚎为斡]"、"𗪲𗊻𘊢[嚎崀培]"等。其中,𗪲𘈷𗷣[嚎扑领]史金波等译为"赐长艳",与《西夏文官阶封号表考释》所译相同,因此史金波等很有可能将"𗷣"误认为"𗷬"。𗪲𘒣𘂪

---

① 史金波:《西夏文官阶封号表考释》,《中国民族古文字研究》第三辑,天津古籍出版社,1991 年;李范文:《西夏官阶封号表考释》,《社会科学战线》1991 年第 3 期。
② 段玉泉:《语言背后的文化流传:一组西夏藏传佛教文献的解读》,兰州大学博士学位论文,2009 年。
③ 史金波:《西夏文官阶封号表考释》,《中国民族古文字研究》第三辑,天津古籍出版社,1991 年。
④ 《番汉合时掌中珠》(甲种本),《俄藏黑水城文献》第一〇册,第 3 页。
⑤ 陈炳应:《西夏文物研究》,第 112 页。
⑥ 史金波、黄振华、聂鸿音:《类林研究》卷三,第 56 页。

[嚷乃族]，林英津音译为[嚷卧耶]，段玉泉译为[嚷乃将]。①《天盛律令·颁律表》中有"赐义观"，对照西夏文本为"▢▢▢"，根据后面的小字判断，其应属于下品文阶官。然而《官阶封号表》中没有对应的官名，只有▢▢▢与之相接近。

需要说明的是，末品以上诸官品只有左侧第一个官名下出现小字。小字中出现"▢▢▢（文武孝）"时，表明左侧文官用▢▢（文孝），右侧武官用▢▢（武孝）。《天盛律令·颁律表》中有"▢▢▢"、"▢▢▢"、"▢▢▢"、"▢▢▢"、"▢▢▢"，其后小字为"▢▢▢▢▢▢▢▢▢▢▢"，进一步证明了这一点。藏于德国柏林的西夏文刻本《妙法莲华经》的题记可为印证。史金波将其作序者译为"枢密西摄典礼司正赐艺广武孝恭敬东南姓官上国柱旺普信作"。②赐艺广，即"▢▢▢[嚷为斡]"，位于下品武阶官第11位。因此，末品以上诸官品的小字均有此意义。

"▢▢（末品）"有文武官共12位，左侧文阶官为"▢▢▢[嚷多舒]"、"▢▢▢[嚷纲耶]"、"▢▢▢[嚷塞陆]"、"▢▢▢[嚷橄离]"、"▢▢▢[嚷令者]"、"▢▢▢[嚷尚？]"，其下小字为"▢▢▢▢▢▢▢▢▢▢▢"，史金波译为"文孝恭敬东南族官民地忍"。右侧武阶官为"▢▢▢[嚷枚阶]"、"▢▢▢[嚷勒忒]"、"▢▢▢[嚷令馁]"、"▢▢▢[嚷输妻]"、"▢▢▢[嚷弟定]"、"▢▢▢[嚷尊汪]"，其小字为"▢▢▢▢▢▢▢▢▢▢"，史金波译为"武孝东南族官民地忍"。以上五品阶为"▢▢（及授）"官。其中，▢▢▢[嚷橄离]，在《天盛律令·颁律表》、《圣观自在大悲心总持功德依经集》、《顶尊相胜总持功德依经录》中均出现，段玉泉译为[嚷橄利]。"▢▢▢"，段玉泉在其论文中指出，俄藏 Инв. No598 号西夏文佛经题记中出现的"▢▢▢"为"▢▢▢"之误，并将之译为[嚷赏乃]。③

需要注意的是，《天盛律令·颁律表》中有"▢▢▢"，小字与上述末品中载相同，这表明该官名应属于上述官品中。只有"▢▢▢"与之相似，林英津译为"嚷卧耶"、"嚷卧英"。▢，音"耶"，《掌中珠》"行行禀德"作"▢▢▢▢"，音"正尼责尼彻耶"。④▢，与▢[耶]同音。进一步表明，这些西夏文字表示的只是官名的读音，而非含义，因此用音译来表示较为恰当。

"▢▢（六品）"有文武阶官12官，左侧文阶官为"▢▢[播自]"、"▢▢[兀多]"、"▢▢[嵬乞]"、"▢▢[灭宥]"、"▢▢[著由]"、"▢▢[铺坞]"，其下小字为"▢▢▢▢▢▢▢▢▢▢

---

① 段玉泉：《语言背后的文化流传：一组西夏藏传佛教文献的解读》，兰州大学博士学位论文，2009年。
② 史金波：《西夏文官阶封号表考释》，《中国民族古文字研究》第三辑，第 254 页。
③ 段玉泉：《语言背后的文化流传：一组西夏藏传佛教文献的解读》，兰州大学博士学位论文，2009年。
④《番汉合时掌中珠》（乙种本），《俄藏黑水城文献》第一〇册，第 32 页。

𗼋",史金波译为"文孝恭敬东南族官上原耐"。右侧武阶官为"𗼋𗖼[？那]"、"𗼋𗖼[葛危]"、"𗼋𗖼[力者]"、"𗼋𗖼[射公]"、"𗼋𗖼[俗客]"、"𗼋？[讹？]",其小字为"𘟣𗼋𗼋𗼋𗼋𗼋𗼋𗼋𗼋𗼋",史金波译为"武孝恭敬东南族官上原耐"。𗼋𗖼这个官名在《天盛律令》中出现较为频繁,史金波等译为拒邪。

"𗼋𗖼(七品)"的文武阶官数因文献残缺而不明,左侧文阶官存有 5 官,为"𗼋𗖼[精丁]"、"𗼋𗖼[拏戛]"、"𗼋𗖼[顶力]"、"𗼋𗖼[利巨]"、"𗼋𗖼[割戒]",其下小字为"𗼋𗼋𗼋𗼋𗼋𗼋𗼋𗼋𗼋",史金波译为"文孝恭敬东南族官上院立"。右侧武阶官存有 4 官,"𗼋𗖼[解客]"、"𗼋𗖼[芮月]"、"𗼋𗖼[衣去]"、"𗼋□[俱□]"等,其下小字为"𘟣𗼋𗼋𗼋𗼋𗼋𗼋𗼋𗼋𗼋",史金波译为"武孝恭敬东南族官上院立"。《金史·交聘表》中有"精鼎"这个西夏蕃名官号,与𗼋𗖼[精丁]读音相同。

"𗼋𗖼(八品)"至"𗼋𗼋𗖼(十二品)"残。依据卷二《罪情与官品当》关于品级不同的大小有官人获罪可以官品来抵罪的规定来看,这里主要有以下官名:"𗼋𗼋𗼋 𗼋𗼋𗼋𗼋𗼋(杂官十乘至胜监)"、"𗼋𗼋𗼋𗼋𗼋𗼋(自暗监至戏监)"、"𗼋𗼋𗼋𗼋 𗼋𗼋(自头主至柱趣)"、"𗼋𗼋𗼋𗼋𗼋𗼋(自语抵至真舍)","𗼋𗼋𗼋𗼋𗼋(自调伏至拒邪)"。① 这表明,这些阶官都位于𗼋𗖼(拒邪)官以下。

附表一 西夏官阶一览表

品级	文武	官 名	汉语译音	史文译名	李文译名	注字及其译文（史文）	备 注
		𗼋𗼋𗼋	[太][兀][族、尼足]	太皇帝	太皇帝		
		𗼋𗼋	[兀][族、尼足]	皇帝	皇帝		汉文文献中有兀卒、吾祖、乌珠等不同的音译。
		𗼋𗼋𗼋	[兀][领][诺]	皇太子	皇太子		
𗼋𗖼上品	文职	𗼋𗼋𗼋	[嚷][我][勒]	赐俱足、授具足	受全足	𗼋𗼋𗼋𗼋𗼋𗼋𗼋𗼋𗼋𗼋𗼋𗼋 文武法竟种能恭敬东南族官上天柱	《天盛律令·颁律表》、俄藏 инв. No598 号佛经题记中均载。
	武职	𗼋𗼋𗼋	[领][宁][大]	大国王	大国王		汉文文献中有宁令、谟宁令。

---
① 《天盛律令》(甲种本),《俄藏黑水城文献》第八册,第 68 页。

续　表

品级	文武	官　名	汉语译音	史文译名	李文译名	注字及其译文（史文）	备　注
六级次品	文职	◇◇◇	[嚷][集、尼则][顶]	赐集礼、授集礼	受集礼	◇◇◇◇◇◇◇◇◇◇◇◇◇◇◇	
	武职	(◇)◇◇	[嚷][擦][藏、尼仓]	聪慧	智慧	文武孝种能恭敬东南族官上世倚	
七级中品	文职	◇◇◇	[嚷][得][族、尼足]	赐能式、授能式	受办仪	◇◇◇◇◇◇◇◇◇◇◇◇◇◇	
	武职	(◇)◇◇	[嚷][丁][嵬、伟]	智聪	聪悟	文武孝种恭敬东南族官上界杖	
八级下品	文职	◇◇◇	[嚷][正][腮]	赐正净、授正净	受正净	◇◇◇◇◇◇◇◇◇◇◇◇◇◇◇◇ 文武恭敬东南族官上国柱	
		(◇)◇◇	[嚷][扑][领]	长艳	茂明		《天盛律令·颁律表》有"◇◇◇"。
		(◇)◇◇	[嚷][位][鹅]	闻已、闻正	闻良		
		(◇)◇◇	[嚷][由][哺]	缘集	因集		
		(◇)◇◇	[嚷][日][识]	福合	顺财		
		(◇)◇◇	[嚷][彻][割]	德称	称德		
		(◇)◇◇	[嚷][写][觌]	智观	观智		《天盛律令·颁律表》有"◇◇◇"，与"◇◇◇"相似。
		(◇)◇◇	[嚷][余][勿]	养孝	育孝		《天盛律令·颁律表》有"◇◇◇"。
		(◇)◇◇	[嚷][乃][族、尼足]	善式	安仪		俄藏 T25-1 佛题记，段玉泉译为嚷乃将。
		(◇)◇◇	[嚷][流][昔、辛]	才能、才盛	兴艺		
		(◇)◇◇	[嚷][披][伟]	意教	谋教		
		(◇)◇◇	[嚷][米][齐]	覆全	庇全		《天盛律令·颁律表》。

续　表

品级	文武	官　名	汉语译音	史文译名	李文译名	注字及其译文（史文）	备　注
骴𦙌下品	武职	犇𦨩𦘔	[嚷][玉][你合]	赐能救、授能救	受济良	孩轩犴𦙌𦘔𤫊虔䊨𦒃𦙌𤫊𦒃𦙌 文武恭敬东南族官上国柱	与"吕宁"读音相近。
		(犇)𦥻𦘟	[嚷][布][列]	威取	持威		
		(犇)𦙔𦨿	[嚷][拉][杖、尼长]	特宣	宣殊		
		(犇)𦨷𦘔	[嚷][当][位]	皆丰	悉稔		
		(犇)𦘡𦨵	[嚷][敖][枝、征]	最？	悉京		
		(犇)𦙌𦙊	[嚷][䤲][丈、尼长]	度苗	量苗		
		(犇)𦘟𦩒	[嚷][药合][余]	功仰	察功		
		(犇)𦨶𦨵	[嚷][比、米][沃]	臣悲	慈臣		
		(犇)𦥻𦘡	[嚷][俗][成]	遣顺	奉遣		
		(犇)𦙔𦥙	[嚷][屈][余]	功平	平功		
		(犇)𦘳𦘎	[嚷][为][斡]	艺广	博才		
		(犇)𦥲𦥣	[嚷][嵬][培]	茂寻	全盛		
𦘡𦙌末品	文职	犇𦘔𦘳	[嚷][多][舒]	赐忠？授忠？	赐中书	孩轩犴𦙌𦘔𤫊虔䊨𦒃𦙊𤫊𦒃𦒃 文孝恭敬东南族官民地忍	
		(犇)𦘎𦘏	[嚷][网][耶]	义平	平义		林英津译为嚷卧耶、嚷卧英，在《天盛律令·颁律表》中又写作"犇𦘎𦙌"。与蕃名官号"昂聂"读音相近。
		(犇)𦨶𦨨	[嚷][塞][陆]	识睦	和情		
		(犇)𦨿𦨧	[嚷][橄][离]	益盛	增益		段玉泉译为嚷橄利。
		(犇)𦩒𦘟	[嚷][令][者]	谋便	谋利		
		(犇)𦥻𦥣	[嚷][尚][？]	蔽集	慕全		
	武职	犇𦘸𦘔	[嚷][枚][阶]	赐茂崖	赐增盛	𦢀轩犴𦙌𦘔𤫊虔䊨𦒃𦙊𤫊𦒃𦒃 武孝恭敬东南族官民地忍	《西夏的职官制度》译为"授盛习"。
		(犇)𦥻𦙌	[嚷][勒][忒]	论予	论谋		

续 表

品级	文武	官 名	汉语译音	史文译名	李文译名	注字及其译文（史文）	备 注
骳级末品	武职	(犭)□□	[嚷][令][馁]	功有	有功	□□□□□□□□□□□□武孝恭敬东南族官民地忍	与"令能"读音相近。
		(犭)□□	[嚷][输][妻]	友要	至亲		
		(犭)□□	[裹][弟][定]	善定	谛定		
		(犭)□□	[裹][尊][汪]	涨满	涨围		《西夏的职官制度》译为"涨围"。
骳级六品	文职	□□	[播][自]	清净	清净	□□□□□□□□□□□□文孝恭敬东南族官上原耐	《西夏的职官制度》译为"清谨"。
		□□	[兀][多]	未译	是直		
		□□	[鬼、伟][乞]	惠行	醒悟		
		□□	[灭][宥]	惊救	育成		
		□□	[着、娘][由]	略炉	周全		
		□□	[铺][坞]	遮蔽	隐讳		
	武职	□□	[?][动、那]	拒邪	去邪	□□□□□□□□□□□□武孝恭敬东南族官上原耐	《西夏的职官制度》译为"拒斜"。
		□□	[葛][危、宜会]	均合	称和		
		□□	[力][者]	恩便	恩益		汉文文献中有"吕则"与之读音相近。
		□□	[射、尼追][公]	倚打	坐公		
		□□	[俗][客]	忍□	遣□		
		□□	[讹、额][□]	殊□	殊□		
黉级七品	文职	□□	[精][丁]	解智	解悟	□□□□□□□□□□□□文孝恭敬东南族官上院立	《金史·交聘表》中有"精鼎"与之同音。
		□□	[擎][夏]	诚珍	诚实		
		□□	[顶][力]	礼芳	集礼		与蕃名官号"鼎利"读音相同。
		□□	[利][巨]	才益	才位		《西夏的职官制度》译为"才盛"。
		□□	[割][戒]	目审	观察		以下残缺。
	武职	□□	[解][客]	珍卒	珍选	□□□□□□□□□□□□武孝恭敬东南族官上院立	
		□□	[芮][月]	巧障	善障		
		□□	[衣][去]	禄诏	录请		
		□□	[俱][□]	志□	志□		以下残缺。

182

续表

品级	文武	官名	汉语译音	史文译名	李文译名	注字及其译文（史文）	备注
囗叕至鈛栀叕八品至十二品			……				
		𘚼𘓄	[阿][屋]		调伏		
		𘕰𘎑	[舍][能]		真舍		
		𘎑𘔘	[能合][独]		语抵		
		𘓞𘟣	[巨][批]		柱趣		
		𘎑𗨇	[争][屋]		帽主、头主		
		𘜶𘜵	[茄][假]		戏监		
		𘜵𘜶	[魁][假]		暗监		及品官，为12品最后一位阶官。
鈛骹杂官		𘔆𘜶	[俄][假]		胜监		
		𘞝𘕾	[十][载、尼则]		十乘		

第二节　及授、及御印与未及御印

从西夏文文献中可以看出，西夏的官阶从高到低主要分为三个等级，即𘞗𘎑（及授）、𘎻𘞗𘎑（及御印）、𘎻𘞗𘎼𘎑（未及御印）等。《天盛律令》卷一《𘍞𘜻𗯨𘎻（为不道门）》中出现杀伤"𘎼𗰭𘜵"时，有三种区分级别，即"𘎻𘞗𘎼𘎑（未及御印）"、"𘎻𘞗𘎑𘔊𗰭𘜵𘓄（自及御印至拒邪）"、"𘞗𘎑（及授）"等。^① 可见，"𘜵𘓄（拒邪）"这个阶官是个分界点。史金波在《西夏的职官制度》一文中指出，"从条文内容看，柱灵以上，从语抵始当为及御印官。"而拒邪官以上为及授官，并认为杂官就是未及御印官，六至十二品为及御印官。^② 这里的柱灵当指"𘓞𘟣"，又译作柱趣。本文通过对《天盛律令》、《亥年新法》、甲种本《官阶封号表》等西夏文文献的分析，来考察西夏三类官阶的具体所指，与史先生的说法略有不同，详细考证如下文。

"𘞗𘎑"译为及授官，指的就是官名前带有"𘞗"字，译作授，又译作赐。从《官阶封号

---

① 《天盛律令》（甲种本），《俄藏黑水城文献》第八册，第54页。
② 史金波：《西夏的职官制度》，《历史研究》1994年第2期。

表》可知,带有"𗦫"字的阶官都在五品包括五品以上。《天盛律令》规定:"有官位人犯罪时,有'及授'以上官者,应获何罪,一律当奏告实行。"①这表明及授官等级较高,有犯罪行为需要奏报才能定罪。上文已经叙及《天盛律令吧·颁律表》中出现的𗦫𗪫𗊲、𗦫𘞶𗊵、𗦫𘟪𘆄、𗦫𗠁𗤶、𗦫𗠁𗤻、𗦫𘓄𗖻等官名,在《官阶封号表》(甲种本)中均不带"𗦫[嚷]"字,也不带小字。我们可知,《官阶封号表》(甲种本)并非没有𗦫嚷字,而是便于书写而省略了。在《官阶封号表》(甲种本)中,直至𘓄𗧟(拒邪)以上,都带有以上两个标志。末品以下,均无此标志。故而,𘓄𗧟(拒邪)官以上为"𗦫𗦬𘇚"及授官。史金波先生在文章中已经有所说明。

"𘝯𘐗𗦬(及御印官)",《天盛律令》卷二《八议门》中论及八议时,第六为"𗯿𘉋(尊上)",指的就是有"及御印"以上官。②这里的尊上,显然也包括"及授"官。"𘝯𘐗𗦬(及御印)"官与"𘝯𘐗𗷖𗦬(未及御印)"官犯罪时,降官处理。"诸有官人犯罪与官品当,降品后有获劳役者,当与所遗官当,当按应降革者何实行。"③

很显然,自六品以下分为及御印与未及御印两种,主要的标志就是能不能"𘓄𘐗𗓽(请官印)"。西夏的官印与司印按照材质分为𗾷(金)、𗓽(银)、𘒘𘈘𗓽𘐗(铜镀银)、𘒘(铜)等四种。④《天盛律令》卷十规定:"'未及御印'官者,其处墨印、官板当置。内管官等当还于中书、枢密原置典处,当过问,'及御印'官一种与内管当总合,牌、铁箭当还内侍。前述内管当依法印中当入取。"⑤

"诸人请官印者,为'威臣'、'帽主'等官可请封印,当用于簿册及诸司告状中。比其官小者不许请官印。"⑥而"𘟪𗠁",译为头主、帽主,"𘠰𘉋",译为威臣,"𘠰𘉋 𘟪𗠁𘐗𘟂𘃡𘒘𘎪𗦮(有威臣、帽主官者铜重九两)"。遗憾的是,"𘟪𗠁"与"𘠰𘉋"这两个阶官因为甲种本《官阶封号表》的残缺,尚不能确定其具体品级。然而,这也透漏出一个重要的信息,即威臣、帽主以上可以请印,且其印铜重九两,"𘒘𘉋"、"𗥤 𘉋"官印铜重十两。"𘝯𘐗𗦬𘟂𘃡𘒘𗦮𗬗𘎪(有'及御印'官者铜重十二两)","𘈖𘄡𗣔𗊧𘝯𘐗𗦬𘟂𘃡𘐴𗢳(中等司及有及御印官等二寸)"。⑦由此可知,及御印官的官印重量不等,而"𘟪𗠁"与"𘠰𘉋"为最小的可以请官印的阶官。

---

① 史金波、聂鸿音、白滨译注:《天盛改旧新定律令》卷二《罪情与官品当门》,第146页。
② 史金波、聂鸿音、白滨译注:《天盛改旧新定律令》卷二《八议门》,第134页。
③ 史金波、聂鸿音、白滨译注:《天盛改旧新定律令》卷二《罪情与官品当门》,第146页。
④ 史金波、聂鸿音、白滨译注:《天盛改旧新定律令》卷十《官军敕门》,第358页。
⑤ 史金波、聂鸿音、白滨译注:《天盛改旧新定律令》,第356页。
⑥ 史金波、聂鸿音、白滨译注:《天盛改旧新定律令》,第357—358页。
⑦《天盛律令》(甲种本),《俄藏黑水城文献》第八册,第216页。

因而，表明自其上、末品以下为"𘃎𘘣𘉋（及御印）"官。① 继而，则可以判断出威臣、帽主以下，"𘗠𘖽"十乘以上阶官为"𘃎𘘣𘕕𘉋（未及御印）"官。"𘗠𘖽"，音译为十乘，为"𘉋𘄒（杂官）"，即不入品。"𘕀𘉋𘝨𘙲（及品暗监）"，可以理解为从暗监开始有品位，也可以认为暗监是12品阶的最后一位。而"𘗠𘖽（十乘）"至"𘞩𘘣（胜监）"为杂官。

至此，我们可以认为"𘚢𘉋（及授）"官、"𘃎𘘣𘉋（及御印）"官、"𘃎𘘣𘕕𘉋（未及御印）"官三种等级有了明确的划分，自"𘉋𘘚（拒邪）"以上为及授官；自"𘉋𘘚"以下至"𘙲𘘚（帽主）"为及御印官；自"𘙲𘘚（帽主）"以下至"𘗠𘖽（十乘）"为未及御印官。

第三节　西夏官阶的特点

在我国古代，官与职是两个不同的概念，官有爵、勋、品、阶，职指的是实职。唐代"官司之别，曰省、曰台、曰寺、曰监、曰卫、曰府，各统其属，以分职定位。其辩贵贱、叙劳能，则有品、有爵、有勋、有阶，以时考核而升降之，所以任群材、治百事"。② 官与职的关系，唐代人这样描述"勋、散、爵号，止于服色、资荫，以驭崇贵，以甄功劳，所谓假虚名佐实利者也"。③ 到了宋代，"又官勋之设，名品实繁，今朝散、银青，犹阙命服，护军、柱国，全是虚名"。④《新元史》指出："官爵所以示荣宠，职位所以委事权。臣下有功有劳，随其大小，酬以官爵；有才有能，随其所堪，处以职位。"⑤这些均表明，官所指为虚衔，目的在于示荣宠、别贵贱；而职指真正办事、掌握实权。

散阶制在唐代正式形成，文散阶二十九，武散阶四十五。文阶官来自秦汉魏晋南北朝以来的文散官大夫、郎官等；武阶官来自魏晋南北朝的将军及校尉等。散阶，又称"散官"、"阶官"、"本阶"等。宋、金等朝沿用唐官阶制，宋又有寄禄官、差遣之分。宋"开府仪同三司至将仕郎为文散官，骠骑大将军至陪戎副尉为武散官"。⑥"凡文武朝官、内职引年辞疾者，多增秩从其请，或加恩其子孙。"⑦

---

① 因为不能确定"𘙲𘘚"与"𘃳𘗠"两个阶官的排列顺序，故而提到及御印与为及御印时只能暂时以"𘙲𘘚（帽主）"来表示。希望能有新材料来证明。
② ［宋］欧阳修、宋祁：《新唐书》，第1181页。
③ ［宋］欧阳修、宋祁：《新唐书》，第4922页。
④ ［元］脱脱等：《宋史》卷一六八《职官八》，第4007页。
⑤ ［民国］柯劭忞：《元史》，开明书店，1935年，第371页。
⑥ ［元］脱脱等：《宋史》卷一七〇《职官十》，第4079页。
⑦ ［元］脱脱等：《宋史》卷一七〇《职官十》，第4089页。

官阶首先区分的是有官人与庶人的社会地位。《天盛律令》卷一规定:"前述故意行伤人、杀人时,造意、同谋等人中,或有大官,或有低官,及庶人等各自不同时,按官高低、庶人各自罪情不同,依前分别所示实行。"①前述律条规定庶人有意、无意杀、伤有官人时,无论官高低,主犯皆获斩刑,而从犯或无期徒刑至斩刑。有官人伤庶人时,主犯处以八年至十二年徒刑,从犯处六年徒刑。两者相较而言,法律规定的不平等显而易见。社会地位的不同,使得受到法律制裁的结果也不同。

与唐宋官阶制度一样,西夏的"骹"也可以以官抵罪。《唐律疏议》中有官当、除免官当叙法等以官抵罪的专门规定。②瞿同祖在《中国法律与中国社会》一书中谈到:"贵族官吏在法律上的特殊地位及种种特权已如上述,最令人惊异而感兴趣的是以官抵罪的方式。"③西夏社会也有这样的明文规定,《天盛律令》卷一规定:"前述十恶门中所示种种大小罪,高低一律不允以官当。"④可见,除了十恶罪不许以官抵罪外,其余皆可有不同程度的以官抵罪。甚至《天盛律令》第二卷《罪情与官品当门》中,专门规定了各种情况下犯罪时以官抵罪的程度。有官人犯杂罪时,在庶人获杖罪、劳役、死罪上以官抵罪。有官人的亲族犯罪,都可以以降官抵罪。有"蘸𦰴(语抵)"官以上人之祖父母、父母、子、孙、妻子等犯杂罪时,比及庶人所犯罪,"犇𥗉(及授)"官减二等,自"纹轆𥗉(及御印)"官以上减一等判断。⑤

另外,无官有职位及独诱、待命等人员享有法律特权,犯罪时可以与有官犯罪相同判断。《天盛律令》卷十规定:"诸人得职位而未得官及军独诱种种牧农待命者中,大小首领无官之人犯罪时,当以律令上得官次第中应得末等官论,依有官法判断。"⑥

官阶有君王礼遇臣下的寓意,西夏也是如此,尤其是作为优待已致仕官员的主要手段。"人臣非有罪恶,致仕而去,人君遇之如在位时,礼也。"⑦宋熙宁三年(1070),"自此宰相以下并带职致仕"。⑧"致仕带职者,皆落职而后优迁其官。"⑨礼遇致仕后的官员,这不仅是官制问题,更与礼制不可分。《天盛律令》卷十规定"诸司任职因位得官者,后年老才

---

① 史金波、聂鸿音、白滨译注:《天盛改旧新定律令》,第126页。
② [唐]长孙无忌等撰、刘俊文点校:《唐律疏议》,中华书局,1983年。
③ 瞿同祖:《中国法律与中国社会》,第218页。
④ 史金波、聂鸿音、白滨译注:《天盛改旧新定律令》卷一《内乱门》,第130页。
⑤ 史金波、聂鸿音、白滨译注:《天盛改旧新定律令》,第138—146页。
⑥ 史金波、聂鸿音、白滨译注:《天盛改旧新定律令》,第357页。
⑦ [元]脱脱等:《宋史》卷一七〇《职官十》,第4092页。
⑧ [元]脱脱等:《宋史》卷一七〇《职官十》,第4093页。
⑨ [元]脱脱等:《宋史》卷一七〇《职官十》,第4092页。

弱等而为低位,告老时官不失。"①告老(即致仕)时保留官位,意味着仍享有法律、社会特权。这既是君王笼络人心的行为,更是统治者维护统治阶级特权的举措。

《官阶封号表》具有集品、阶、勋一体的性质,这也是其三个组成部分。品指位于表中的官品,阶指分列在相应官品两侧的文武阶官,勋指每一品文武第一位阶官下面的小字注解。宋有勋级13阶,有上柱国、柱国、上护军、护军等名称。史金波认为《官阶封号表》类似宋朝的勋、爵、功封号。②

西夏的番、汉、西番、回鹘人等共职时,位次高低有专门规定。《天盛律令》卷十规定:"任职人番、汉、西番、回鹘等共职时,位高低名事不同者,当依各自所定高低而坐。""名事同,位相当者,不论官高低,当以番人为大。""官相当而有文武官者,当以文官为大。"③唐"凡朝位以官,职事同者先爵,爵同以齿,致仕官居上;职事与散官、勋官合班,则文散官居职事之下,武散官次之,勋官又次之;官同者,异姓为后"。④ 西夏则官相当者,以文官为大;位相当者,以番官为尊。西夏的官品分为文武,每一品级文武官数量相同。

第四节 西夏阶官及西夏文官名的翻译问题

《官阶封号表》(甲种本)所残存的文散官有三十三,武散官有三十一。此外《天盛律令》中还有一些不能判断品级的阶官名称,如𘜶𘝞、𘟣𘘂、𘞃𘗥、𘓄𘅝、𘜔𘜓、𘋥𘃞、𘙦𘕰、𘊝𘕘、𘚫𘐀等。且按照表格所示可推知,西夏的文、武阶官数量相等,这与唐官阶不同。"唐代以散官定官员班位,而以职事官定其职守。"⑤文散官二十九阶,武散官四十五阶。唐代的官阶名称来源于历史上存在的官名。文阶官来自秦汉魏晋南北朝以来的文散官大夫、郎官等;武阶官来自魏晋南北朝的将军及校尉等。宋"开府仪同三司至将仕郎为文散官,骠骑大将军至陪戎副尉为武散官"。⑥可见,宋阶官名称与唐相近。

---

① 史金波、聂鸿音、白滨译注:《天盛改旧新定律令》卷十《官军敕门》,第362页。
  [元]脱脱等:《宋史》卷一七〇《职官十》,第4089页。
② 《番汉合时掌中珠》(乙种本),《俄藏黑水城文献》第一〇册,第32页。
③ 段玉泉:《语言背后的文化流传:一组西夏藏传佛教文献的解读》,兰州大学博士学位论文,2009年。
④ 《俄藏黑水城文献》第四册,第30页。
⑤ 白钢主编:《中国政治制度通史》(隋唐五代卷),社会科学文献出版社,2011年,第453页。
⑥ [元]脱脱等:《宋史》卷一七〇《职官十》,第4089页。

西夏的阶官名称由西夏文书写,已有史金波、李范文等人的翻译。前人对西夏文阶官的翻译一般采用意译的方法,如𗾞𘓺𗠁,对音为"嚷我勒",史金波在对《官阶封号表》的考释中译为"赐俱足",在《西夏社会》中又译为"授具足";李范文意译为"受全足";段玉泉音译为"嚷卧勒"。又如位于下品的"𗾞𘓺𗤁",史金波译为"赐才盛",而位于七品的"𘓺𗤁",史金波也译为"才盛"。这些不同的翻译,造成西夏官名难以解释,无法更好地进行下一步的研究。根据夏、汉文献的记载情况,西夏文阶官名称采用音译较为妥当,主要基于以下三方面的考虑:

第一,汉文文献中记录西夏阶官名称时多用音译来表示。《重修护国寺感通塔碑》汉文碑铭上记载的西夏官名均为汉语音译。如庆寺大都勾当、铭赛正、嚷挨黎臣梁行者乜。铭赛正即中书正。《番汉合时掌中珠》有"𗼩𘟙[酪腮]中书",①铭赛与酪腮同音。嚷挨黎,则是阶官名称,对应《官阶封号表》中的"𗾞𘓺𗠁[嚷我勒]",位于上品,与大国王并列。段玉泉在其博士论文《语言背后的文化流传:一组西夏藏传佛教文献的解读》中,指出对于西夏官号的翻译应该采用音译,②并以俄藏 TK164、TK165 号汉文佛经题记来举例。《圣观自在大悲心总持功能依经录》译经题记:"诠教法师、番汉三学院兼偏袒提点、嚷卧耶、沙门鲜卑宝源奉敕译,天竺大般弥怛五明显密国师、在家功德司正、嚷乃将、沙门□拶也阿难捺传"。③ 这里的"嚷卧耶"、"嚷乃将"均为阶官名称,分别对应《官阶封号表》中末品文职第二位"𗾞𘓺𗙅[嚷网耶]"和下品文职第九位"𗾞𘓺𗠁[嚷乃族]"。

值得注意的是,《天盛律令·颁律表》中有"𗾞𘓺𘟙",小字为"𘗠𘞌𗙏𘓺𗙅𗰔 𘛽𗷅𗣼𘙇𘛾",这表明该官名应属于末品文阶官。但是在《官阶封号表》中没有与之相同的官名,只有"𗾞𘓺𗙅[嚷网耶]"与之相似,林英津译为嚷卧耶、嚷卧英。𘟙,喉音 jhj1.39[耶],与"𗙅[耶]"同音。这进一步表明,这些西夏文字表示的只是官名的读音,而非含义,因此用音译来表示较为恰当。《天盛律令·颁律表》中有"赐义观",对照西夏文本为"𗾞𘓺𘟙",根据后面的小字判断,应属于下品文阶官。然而《官阶封号表》中没有对应的官名,只有𗾞𗋽𘟙与之相接近。𘓺,轻唇音 wo2.42[网]。𗾞𗋽𘟙,史金波等译为智观。

第二,为了能将夏、汉文献中所载西夏官名对应起来,对西夏阶官采用音译更为有利。西夏派往宋朝的使臣所带官号多为汉语音译,称为蕃名官号。吴天墀将之称为蕃官名号,

---

① 《番汉合时掌中珠》(乙种本),《俄藏黑水城文献》第一○册,第 32 页。
② 段玉泉:《语言背后的文化流传:一组西夏藏传佛教文献的解读》,兰州大学博士学位论文,2009 年。
③ 《俄藏黑水城文献》第四册,第 30 页。

认为西夏存在蕃、汉两套官制,所谓蕃官均由党项人担任。① 并认为这些官号之所以能保留在史籍中,是因为"宋朝不愿西夏使用地位崇高的汉官名称,淆乱视听,破坏'名分',有损宗主国的尊严"。② 宋欧阳修言:"今自元昊已下名称官号,皆用夷狄。"③这也是现存文献中西夏蕃名官号较多的原因之一。如《宋史·夏国传》载:宋元丰八年(1085)"七月,遣使丁拏嵬名谟铎、副使吕则陈聿精等来奠慰"。④ 丁拏、吕则就是蕃名官号。遗憾的是,这些蕃名官号的具体含义尚不能明确。

《金史·交聘表》中记载了大量的西夏官职名称,出现最多的当数武功大夫、宣德郎、武节大夫。这三个官号宋朝也有,均为阶官。其中,宣德郎为正七品下文散官,武功大夫、武节大夫为正七品武阶官。西夏使金官员有正、副使。金朝"新定夏使仪注",规定"夏国使、副及参议各一,谓之使。都管三。上节、中节各五,下节二十四,谓之三节人从"。⑤ 西夏的宣德郎均为副使所带官号,武功大夫、武节大夫均为正使所带官号。这或许曾受到宋朝官制改革的影响。宋"政和(1111—1118)末,自从政至迪功郎,又改选人三阶,文阶始备,而武阶亦易正使为大夫,副使为郎"。⑥ 西夏的武功大夫、武节大夫、宣德郎出现的时间大概在公元1161—1208年间。

第三,文献中有一些西夏官名及与其相应的音译官名,这些资料也表明在翻译西夏文官职名称时使用音译较为有利。兀卒,又作吾祖、乌珠,皇帝的意思。《续资治通鉴长编》卷一二二载:宋宝元元年(1038)九月,"时元昊自称兀卒已数年"。⑦ 卷一一五载:"赵元昊自袭封……始衣白窄衫,毡冠红里,顶冠后垂红结绶。自号嵬名吾祖。"⑧嵬名吾祖,又作嵬名兀卒,早在20世纪30年代,王静如先生就考证出"嵬名兀卒"为"嵬名皇帝"之意。西夏文"𗖅𗯴",音"兀尼足",与兀卒、兀卒、乌珠读音相似。此外,还有凌罗(枢密)、宁令(大王)、谟宁令(天大王)、必吉(宰相)等官名,其中,凌罗,又作领卢,在《番汉合时掌中珠》中记作"令落湿",正是西夏官名"𗦲𘕕"的汉语译音。这些都是史籍记载明确其含义的官名,还有大量无法知晓其所指的官名。

---

① 坚持西夏存在两套官制的有《西夏史稿》、《西夏简史》、《西夏史》等著作;《简明西夏史》、《西夏蕃官刍议》、《西夏的职官制度》、《西夏社会》、《西夏地理研究》等论著都认为西夏存在一套官制。目前,这一争论学界已有定论,即西夏并没有实行两套官制,文献中出现的蕃号实际上是官号的西夏语称谓。
② 吴天墀:《西夏史稿》,第149—150页。
③ [宋]欧阳修:《欧阳修全集》,中国书店出版社,1986年,第792页。
④ [元]脱脱等:《宋史》卷四八六《夏国传下》,第14014页。
⑤ [元]脱脱等:《金史》卷三八《礼十一》,第871页。
⑥ [元]脱脱等:《宋史》卷一六八《职官八》,第4008页。
⑦ [宋]李焘:《续资治通鉴长编》卷一二二,宝元元年九月己酉,第2881页。
⑧ [宋]李焘:《续资治通鉴长编》卷一一五,景祐元年十月丁卯,第2704页。

夏、汉文献记载的部分官名又有不同，但可以推知其所指。《宋史》与《天盛律令》均有关于西夏官员配备弓箭数量的规定。《宋史·夏国传》载："团练使以上，帐一、弓一、箭五百、马一、橐驼五，旗、鼓枪、剑、棍棒、秒袋、披毡、浑脱、背索、锹钁、斤斧、箭牌、铁爪篱各一。刺史以下，无帐无旗鼓，人各橐驼一、箭三百、幕梁一。兵三人同一幕梁。幕梁，织毛为幕，而以木架。"①又《天盛律令》卷五规定："十乘起至胜监，箭五十枝；暗监起至戏监，箭百枝；头主起至柱趣，箭百五十枝；语抵起至真舍，箭二百枝；调伏起至拒邪，箭三百枝；涨围起至盛习，箭四百枝；茂寻以上，一律箭五百枝。"②此处的"刺史"对应"拒邪"，而"团练使"对应"茂寻"。

拒邪是《官阶封号表》中六品武职第一位阶官。刺史，西夏设有 20 名，《天盛律令》卷十《司序行文门》："二十种一律刺史一人：东院、五原郡、韦州、大都督府、鸣沙军、西寿、卓啰、南院、西院、肃州、瓜州、沙州、黑水、啰庞领、卧罗孩、北院、年斜、南北二地中、石州。"③据笔者在《西夏职官制度研究——以〈天盛革故鼎新律令〉卷十为中心》中考察，刺史除了与监军司掌地方军政以外，还专掌地方亲贵的监察事宜。④ 𘂳𘓺，是汉语"刺史"的对音。遗憾的是，限于资料的贫乏，尚不能判断刺史与拒邪的具体关系。然而，调伏（𘉋𘀴）不能判断其品级，自调伏至六品其中有若干阶官，只能推知刺史大约低于或者属于六品。涨围对应的西夏文为"𘉋𘓯𘘚[嚷苇汪]"，史金波又译为涨满。盛习对应的西夏文为"𘉋𘑲𘔂[嚷枚阶]"，史金波又译为赐茂崖、授盛习。𘉋𘓯𘘚至𘉋𘑲𘔂实际上指的是末品武职六位阶官。茂寻对应的西夏文为"𘉋𘔀𘒊[嚷嵬培]"，茂寻以上，指的是下品以上诸阶官。

正如上述所言，夏、汉文献中出现的很多官名都无法确知其具体所指，这限制了西夏官阶的研究。将西夏文文献与汉文文献更好地结合起来，有助于西夏官制的研究。史金波在《西夏的职官制度》一文中，就一些蕃名官号与《官阶封号表》中的阶官做过对音研究。如将"𘉋𘀴[阿屋]"对音为"鹰吴"，"𘕰𘝵[争屋]"对音为"争讹"。本书也作有部分对音，如𘉋𘟣𘚢[嚷玉你合]，除却"𘉋"字，蕃名官号"吕宁"读音相似。又如(𘉋)𘜼𘎌[嚷网耶]与昂聂，(𘉋)𘝥𘘨[嚷令馁]与令能，𘂳𘖙[力者]与𘐶则，𘓺𘘇[精丁]与精鼎，𘜹𘝕[顶力]与鼎利。因而，将西夏文官名进行对音研究是很有必要的。

---

① [元] 脱脱等：《宋史》卷四八六《夏国传下》，第 14028 页。
② 史金波、聂鸿音、白滨译注：《天盛改旧新定律令》卷五《军持兵器供给门》，第 226 页。
③ 史金波、聂鸿音、白滨译注：《天盛改旧新定律令》卷十《司序行文门》，第 369 页。
④ 翟丽萍：《西夏职官制度研究——以〈天盛革故鼎新律令〉卷十为中心》，陕西师范大学博士学位论文，2013 年。

第五节 《金史·交聘表》所反映的西夏官阶信息

《宋史》《辽史》等西夏传记中所载西夏职官的资料甚为零散、稀少，《金史·交聘表》中记录的西夏使臣所带官名，对于研究西夏职官问题显得尤为重要。汉文献对阶官的记载不同，致使西夏官阶制度的研究陷入困境。

自从北宋覆灭之后，西夏主要依附于金国，两国频繁往派使者。金太宗天会二年(1136)正月，"夏人奉誓表，请以事辽之礼称蕃。三月，夏使把里公亮等来上誓表"。① 西夏与金国自此以后互派使臣，但西夏使臣的官号未有记载。史料记载西夏官员第一次带官号使金，时间在金海陵天德二年(1150)。"七月，夏御史中丞杂辣公济、中书舍人李崇德贺登宝位。再遣开封尹苏执义、秘书监王举贺受尊号。"② 天德二年至西夏灭亡的时间(1150—1227)里，夏使使金均带官号，且逐渐形成定式。主要表现如下：

第一，西夏使臣有正、副使。金朝有"新定夏使仪注"，规定"夏国使、副及参议各一，谓之使。都管三。上节、中节各五，下节二十四，谓之三节人从"。③ 在《金史·交聘表》中出现的夏使只有两人，分别为正副使，其余参议、都管等随使并无记载。

第二，西夏使金时间确定，且有定式。纵观金世宗至金哀宗时期，西夏主要使金名目为贺正旦与贺皇帝生日，金世宗时期在每年的正月与三月，金章宗主要在每年的正月与八月。还有贺皇帝登宝位使、谢金横赐使、贺受尊号使、贺尊安使、进奉使等，史料记载的夏使不止两位。如金世宗大定十年(1170)闰五月，"夏权臣任得敬中分其国，协其主李仁孝遣左枢密使浪讹进忠、参知政事杨彦敬、押进翰林学士焦景颜等上表"。④ 此外，西夏还派使臣向金求医、求药。

第三，西夏贺正旦与贺皇帝生日的使臣所带官号固定。金世宗(1161—1189)一朝，夏遣使贺正旦、万寿节，所遣官员带"武功大夫、宣德郎"，至金章宗(1189—1208)，带"武节大夫、宣德郎"。实际上，西夏使臣官号的确定离不开宋制的影响，宋"政和(1111—1118)末，自从政至迪功郎，又改选人三阶，文阶始备，而武阶亦易正使为大夫，副使为郎"。⑤ 显然，

---

① [元] 脱脱等：《金史》卷六〇《交聘表上》，第1392页。
② [元] 脱脱等：《金史》卷六〇《交聘表上》，第1405页。
③ [元] 脱脱等：《金史》卷三八《礼十一》，第871页。
④ [元] 脱脱等：《金史》卷六一《交聘表中》，第1427页。
⑤ [元] 脱脱等：《宋史》卷一六八《职官八》，第4008页。

宋朝也是在1118年左右才确定了出使官员的官阶问题。

除了贺正旦、贺皇帝生日以外，西夏使金官员所带官号不定，主要有翰林学士、殿前太尉、御史中丞、枢密都承旨、枢密直学士、知中兴府等官名，这些官名均不见于《天盛律令》等其他史料。但是，仔细观察西夏使金活动，我们可以看出，同一个人数次使金，所带官名不同。为了更加直观地表现这种不同，如《夏使金官名一览表》所示。以使臣为纵线，以同一使臣出使的次数为横线，表示每次出使时所带官衔的变化。

附表二 《夏使金官名一览表》

人名 \ 次数	一		二		三		四	
	官名	时间	官名	时间	官名	时间	官名	时间
焦景颜	翰林学士	1162年	翰林学士、枢密都承旨	1164年	翰林学士	1166年	押进翰林学士	1170年闰五月
贺义忠	武功大夫	1162年	御史大夫	1166年十二月戊戌				
杨（扬）彦敬	宣德郎	1162年十二月辛未	翰林学士	1166年十二月戊戌	参知政事	1170年闰五月		
芭里昌祖	武功大夫	1162年十二月辛未	殿前太尉	1167年十二月	殿前太尉	1170年十一月		
赵衍	押进知中兴府	1166年三月甲辰朔	枢密都承旨	1167年十二月				
李师白	宣德郎	1164年	宣德郎	1167年正月				
苏执礼	左金吾卫上将军	1162年八月	左金吾卫上将军	1163年十月	东经略使	1177年十二月		
高岳	宣德郎	1165年	枢密直学士	1170年十一月				
刘志真	武功大夫	1167年	武功大夫	1170年				
严立本	宣德郎	1168年三月	枢密直学士	1172年十二月	枢密直学士	1187年十二月		

续　表

次数 人名	一		二		三		四	
	官名	时间	官名	时间	官名	时间	官名	时间
张兼善	武功大夫	1170年	武功大夫	1179年				
讹罗绍甫	殿前马步军太尉	1172年三月	中兴尹	1175年十二月				
刘昭	宣德郎	1172年	翰林学士	1178年	枢密直学士	1180年十二月		
芭瑞安仁	武功大夫	1173年	武功大夫	1174年				
焦蹈	宣德郎	1173年	宣德郎	1174年				
李嗣卿	武功大夫	1175年	押进瓯匦使	1185年	进奉使知中兴府	1191年三月	殿前太尉	1197年十二月
浑进忠	武功大夫	1169年三月	武功大夫	1188年三月				
梁介	宣德郎	1179年	秘书少监	1189年				
罔进忠	武功大夫	1180年三月	知中兴府	1190年				
李国安	宣德郎	1183年	枢密直学士	1189年	翰林学士	1193年十一月		
李昌辅	宣德郎	1184年	枢密直学士	1193年				
刘思问	宣德郎	1194年正月	枢密直学士	1197年八月				
邓昌祖	宣德郎	1188年三月	宣德郎	1199年				
令思聪	御史中丞	1193年八月	殿前太尉	1199月				
纽尚德昌	武功大夫	1189年正月	武节大夫	1199年八月				
野遇思文	武节大夫	1194年	左金吾卫上将军	1201年三月				

续　表

次数 人名	一		二		三		四	
	官名	时间	官名	时间	官名	时间	官名	时间
隗（隈）敏修	武节大夫	1198年	武节大夫	1207年正月				
李元吉	御史中丞	1193年十一月	枢密使	1208年				
苏寅（寅）孙	宣德郎	1202年	枢密都承旨	1208年				
田文徽	知中兴府	1201年三月	光禄大夫	1208年				
罗世昌	宣德郎	1198年	观文殿大学士	1208年	南院宣徽使	1225年		

上表包含丰富的职官信息。既有其他史料未载的官号，又有明显的汉化因素。因《天盛律令》卷十规定，中央机构所设官职，大多是正、承旨、都案、案头等，并无殿前太尉、知中兴府等官职。且其中所列明显属于阶官的官名与《官阶封号表》所载无一丝相同之处。这些都是研究西夏官阶、职官时尚难解决的难题。在此，仅就其中出现的阶官及与唐宋相似之处作一简单考述，其他问题有待新材料的发现及学者们进一步的研究。

宣德郎　唐初为正七品文散官，宋前期（960—1082）为正七品下文散官，元丰时（1078—1085）为从八品秘书省著作佐郎、大理寺丞的寄禄官。政和年间（1111—1117）避宣德门讳改称宣教郎，为武阶官。原指宫苑、左右骐骥、内藏库副使。出现在金世宗时期的西夏使臣副使都带"宣德郎"。

武功大夫　宋正七品武阶官，政和六年（1116），由阶官皇城使改称。皇城司，干当官七人，以武功大夫以上及内侍都知、押班充。①

武节大夫　宋正七品武阶官，原指庄宅使、六宅使、文思使等阶官，政和中改称。

光禄大夫　北宋前期（960—1082）为从二品文散官，元丰时期为正三品尚书左、右丞的寄禄官阶。

观文殿大学士　观文殿大学士，宋夏皆置。观文殿，本隋炀帝殿名，宋旧延恩殿，庆历七年（1047）更名为观文殿。皇祐元年（1049）六月，"置观文殿大学士，宠待旧相，今后须曾任宰相，乃得除授"。为学士之职，从二品，宰相离任后带。"资望极峻，无吏守，无职掌，惟

---

① ［元］脱脱等：《宋史》卷一六六《职官六》，第3933页。

出入以备顾问而已。"①西夏人罗世昌,金承安三年(1198)为宣德郎,八年为观文殿大学士,哀宗正大二年(1225)为南院宣徽使。②

这些阶官与《官阶封号表》都表明了西夏确实有官阶,惟因记载不同而无法判断其关系。但《金史·交聘表》所记载的官名有助于西夏职官制度的研究。

---

① [元]脱脱等:《宋史》卷一六二《职官二》,第3817页。
② [元]脱脱等:《金史》卷六二《交聘表下》,第1466—1467页。

第三章 西夏的职事官

史金波在《西夏社会》一书中有专门章节讲述西夏的职事官，指出"职指行政管理的职司"。① 在《西夏社会文书研究》中认为："所谓职，指从中央到地方的管理职事的官员，与官有重合，也有区别。"②笔者在博士论文③中认可史先生关于职是从中央到地方的管理职事的官员这一观点。

《唐律疏议·名例律》："有执掌者为职事官，无执掌者为散官。"④凡中央及地方主管行政、司法、教育、建筑、畜牧、外交等机构的官员为文职事官，军府之官为武职事官。北宋出现了明显的官、职、差遣的区分，官本指正官，即唐职事官，在北宋起文臣迁转官阶、确定俸禄的作用。"任官者但常食其俸而已。"⑤"元丰寄禄格以阶易官"，⑥"凡除职事官，以寄禄官品之高下为准：高一品已上为行，下一品为守，下二品已下为试，品同者否。"⑦所谓试，则非正官也。《宋史》卷一六一《职官一》中描述宋代官制："其官人受授之别，则有官、有职、有差遣。官以寓禄秩、叙位着，职以待文学之选，而别为差遣以治内外之事。其次又有阶、有勋、有爵。故仕人以登台阁、升禁从为显宦，而不以官之迟速为荣滞；以差遣要剧为贵途，而不以阶、勋、爵邑有无为轻重。"⑧

唐宋职事官所指不同，意义也不同。唐代的职事官包括中央、地方各个机构官员及佐官，西夏也是如此，下文有论及。宋代的职事官只是虚职，"差遣"为实职，相当于唐代的"职事官"。

---

① 史金波：《西夏社会》，上海人民出版社，2008 年。
② 杜建录、史金波：《西夏社会文书研究》，第 156 页。
③ 翟丽萍：《西夏职官制度研究——以〈天盛革故鼎新律令〉卷十为中心》，陕西师范大学博士论文，2013 年。
④ [唐]长孙无忌等撰、刘俊文点校：《唐律疏议》，第 18 页。
⑤ [元]脱脱等：《宋史》卷一六九《职官九》，第 4030 页。
⑥ [元]脱脱等：《宋史》卷一六九《职官九》，第 4052 页。
⑦ [元]脱脱等：《宋史》卷一六九《职官九》，第 4061 页。
⑧ [元]脱脱等：《宋史》卷一六一《职官一》，第 3769 页。

第一节 西夏职事官与唐代的比较

𘟂，《亥年新法》中有"𘟀、𘟂𘃪、𘅜"，①官、职位、军并举。《贞观玉镜将》中有"𘟀、𘟂、𘅜（官、职、军）"，又有"𘟀、𘅜、𘃪𘃪𘟂"，②指的就是官阶、军职、职司位。"𘃪𘃪𘟂"更加明显地指出其所包含的内容，即指具体职司机构中的任职人员，有别于宋职事官，与唐职事官相同。在西夏社会，有官人犯罪，若有职位首先革职，然后处以降官或者革官，最后才会革军职。因为西夏寓兵于农，全民皆兵，有战功可得官赏，而职不同于官阶、军职，这是设置在政府机构的有限职位，因此犯罪先革职，而官阶降等，然后才考虑革去军职。这充分说明，西夏律法严密、合理，完全符合西夏社会的需要。

"𘟂𘟃"谓职事，③又有"𘟂𘟃"，《天盛律令》卷二"七者勇勤。臣僚中行大勇勤，勤持官事，昼夜不忘，数度成功，及数次派出使他国，能胜职事之谓"。④ 此处的"𘟂𘟃"，汉译本《天盛律令》译为"职事"，但从上下文看，译为"职务"较为恰当。指具体因为某人在本职事务上有突出表现，而被称为"𘃪𘃪（勇勤）"。

职事官，西夏语一般表达为"𘟂𘃪𘃳"或者"𘟂𘃪𘃳"，译作"任职人"、"任职者"。《天盛律令》卷十涉及无论中央、地方职事官任职三年后应不应续转分为三种情况来判断。包括以下职事官：中书、枢密大人，诸司案头、司吏；中书、枢密承旨，诸司大人、承旨，边中刺史、监军、同判、习判，边中诸城主、通判、城守，边中诸司都案、夜禁、铸铁等提点，渠水、捕盗、巡检、□□视察；中书、枢密都案及京师诸司都案等。⑤ 可知，西夏的职事官与唐相同，指中央、地方政府机构所设管理具体事务的官职。首先，唐代"有执掌者为职事官，无执掌者为散官"。⑥ 北宋出现了明显的官、职、差遣的区分，官本指正官，即唐职事官，在北宋起文臣迁转官阶、确定俸禄的作用。"任官者但常食其俸而已。"⑦可见，唐代与西夏的职事官所指相同，即有执掌的政府官员，而北宋的职事官已经没有实际的执掌。

其次，唐代凡中央及地方主管行政、司法、教育、建筑、畜牧、外交等机构的官员为文职

---

① 《亥年新法》（甲种本），《俄藏黑水城文献》第九册，第138页。
② 陈炳应：《贞观玉镜将研究》，第87、83页。
③ 《天盛律令》（甲种本），《俄藏黑水城文献》第八册，第60页。
④ 史金波、聂鸿音、白滨译注：《天盛改旧新定律令》卷二《八议门》，第134页。
⑤ 史金波、聂鸿音、白滨译注：《天盛改旧新定律令》卷十《续转赏门》，第348—349页。
⑥ ［唐］长孙无忌等撰，刘俊文点校：《唐律疏议》卷一《名例》，第18页。
⑦ ［元］脱脱等：《宋史》卷一六九《职官九》，第4030页。

事官,如省、台、寺、监官员及州县官员;军府之官为武职事官,即大、中、小都督府官员皆为武职事官。还有外职事官、在京职事官的区别。唐武德七年(624),以三公、六省、九寺、将作监、国子学、天策上将府、十四卫府、东宫、内坊、十率府、王公、公主以下佐官并为京职事官。"州县、镇戍、岳渎、关津为外职事官。"①

《天盛律令》卷十《司序行文门》叙及中央、地方职事官有:中书、枢密大人,诸司案头、司吏;中书、枢密承旨,诸司大人、承旨,边中刺史、监军、同判、习判、边中诸城主、通判、城守、边中诸司都案、夜禁、铸铁等提点、渠水、捕盗、巡检、□□视察;中书、枢密都案及京师诸司都案等。②可知,西夏的职事官与唐相同,指中央、地方政府机构所设管理具体事务的官职。然而,经略使、正副统等官职并不载于此,这说明经略使与正副统不是常设官职,而是由他职官员兼任。

再次,唐代与西夏的职事官均有相匹配的官阶。"凡九品已上职事,皆带散位,谓之本品。"③散位,又称散阶、阶官,表明有职事的官员享受相应的待遇。根据西夏《天盛律令》中所载,西夏有12品官阶,即上、次、中、下、末、六、七、八、九、十、十一、十二等,此外还有不入品的杂官。④中有"𘝞𘒐𘕾𘋢𘆄(任职有官人)"。⑤有官阶时不一定有职位,"有杂官及未任职位官"。⑥致仕时不失官,"诸司职因位得官者,后年老才弱等而为地位,告老时官不失"。⑦"诸人得职位而未得官即军独诱。"⑧

第四,在律法中,唐代和西夏职事官均可赎。《唐律疏议》卷二规定:"有官爵者,各从除、免、当、赎法。"⑨《亥年新法》卷二规定,革去官职后,可以用钱赎回。《亥年新法》卷二"𘝞𘕾𘋢𘕕 𘕾𘒐𘕾𘋢𘒐𘝞𘆄𘟛𘙰𘊂𘌔/𘐔𘕣(庶人应服劳役及有官人之官、职位、军等令纳赎钱)"。⑩《亥年新法》卷二"𘒐𘝞𘒔𘘨𘜶𘙴𘟣𘝞𘆄 𘕾𘒐𘝞𘕾𘃸𘝞𘆄/𘒐𘆄𘝜𘝞𘋢𘝞𘟙/𘒐𘆄𘒊𘜫𘘢𘚌𘝥𘒔𘟜𘒐𘐔𘕣𘄒𘒔(前述应赎罪中,执职位人已赎官,后愿赎职位,受贿则职位、军上纳赎钱数目当明,依条下实行)"。⑪可见,西夏法律规定,有官、职、军之人可以以钱赎官。

---

① [后晋]刘昫等:《旧唐书》卷四二《职官一》,第1784页。
② 史金波、聂鸿音、白滨译注:《天盛改旧新定律令》卷十《续转赏门》,第348—349页。
③ [后晋]刘昫等:《旧唐书》卷四二《职官一》,第1786页。
④ 翟丽萍:《西夏官阶制度补考》,《西夏学》第九辑,第51页。
⑤ 《天盛律令》(甲种本)卷六,《俄藏黑水城文献》第八册,第141页。
⑥ 史金波、聂鸿音、白滨译注:《天盛改旧新定律令》卷十二《内宫待命等头项门》,第430页。
⑦ 史金波、聂鸿音、白滨译注:《天盛改旧新定律令》卷十《官军敕门》,第362页。
⑧ 史金波、聂鸿音、白滨译注:《天盛改旧新定律令》卷十《官军敕门》,第357页。
⑨ [唐]长孙无忌等撰;刘俊文点校:《唐律疏议》卷一《名例》,第13页。
⑩ 《亥年新法》(甲种本)卷二,《俄藏黑水城文献》第九册,第125页。
⑪ 《亥年新法》(甲种本)卷二,《俄藏黑水城文献》第九册,第135页。

在西夏社会,有官人犯罪,若有职位首先革职,然后处以降官或者革官,最后才会革军职。因为西夏寓兵于农,全民皆兵,有战功可得官赏,而职不同于官阶、军职,这是设置在政府机构的有限职位,因此犯罪先革职,而官阶降等,然后才考虑革去军职。这充分说明,西夏律法严密、合理,完全符合西夏社会的需要。

最后,兼职、权职。唐代的兼职所指较为复杂。《武德令》规定"职事高者解散官,见一阶不到为兼"。《贞观令》规定职事"其欠一阶,依旧为兼"。自永徽(650—655)以来,"其两职事者亦为兼"。西夏文献中的兼职与永徽以来的兼职所指相同。一般都是官阶在前,然后是最高职位,也是正职,后面有兼任职位。《新集慈孝传》的作者为"𘒏𘓐𘂶",他的官职为"𘑱𘓺𘃎𘜘𘟀𘞌𘘄𘓐𘖔(中兴府承旨、番大学院正)",①他又编写了《𘃺𘓐并》(译为德行集),其职官为"𘜘𘟀𘞌𘓐𘓐(番大学士正)",②《新集锦合辞》卷首的题记有"𘟂𘖧𘟀𘜘𘜘𘟀𘞌𘜘(御史承旨、番大学士)",末尾的题款为"𘟃𘟄𘟅𘟆𘟇𘟈 𘟉𘟊𘟋 𘟌𘟍𘟎𘟏𘟐𘟑𘟒𘟓𘟔𘟀/𘟂𘟕𘟖𘟗𘜘𘜘 𘟘𘟙𘟚 𘟛𘟜𘟝(乾祐丁未十八年七月一日御史承旨、番学士梁德养)"。③"𘒏𘓐𘂶"的官职是中兴府承旨、番大学院正,"𘟝(梁德养)"的官职是"𘟂𘖧𘟀𘜘、𘜘𘜘(御史承旨、番学士)"。《天盛律令·颁律表》中也有很多兼职现象,如"中书承旨、阁门奏知、甄匦司正、汉大学院博士、内宫走马白坚"。④可见,白坚同时兼任了五个机构的官职。《金史·交聘表》载"十二月,夏奏告使殿前太尉梁惟忠、翰林学士枢密都承旨焦景颜上章奏告"。⑤

"𘟞(权)"。西夏有权首领、权检校、权都案、权案头等官职。《天盛律令》卷十规定"京师诸司大人、承旨等任职人中,派遣为地边监军、习判、城主、城守等时,为权职则京师旧职勿转,当有名,而遣正"。⑥并规定"大小臣僚中有军之人任他职,军马上未暇检校,首领年少等变换处,允许遣权检校"。⑦

第二节 西夏中央与地方官职的设置

西夏的职司机构在《天盛律令》卷十《司序行文门》中分为五等,还有一些不属于五等

---

① 《新集慈孝传》卷下,《俄藏黑水城文献》第十册,第121页。
② 《德行集》(甲种本),《俄藏黑水城文献》第十一册,第142页。
③ 《新集锦合辞》(甲种本),《俄藏黑水城文献》第十册,第343页。
④ 史金波、聂鸿音、白滨译注:《天盛改旧新定律令·颁律表》,第108页。
⑤ [元]脱脱等:《金史》卷六一《交聘表》,第1420—1421页。
⑥ 史金波、聂鸿音、白滨译注:《天盛改旧新定律令》卷十《司序行文门》,第377页。
⑦ 史金波、聂鸿音、白滨译注:《天盛改旧新定律令》卷十《官军敕门》,第359页。

司的职司机构,此外,有些不在五等司记载中,属于编撰《天盛律令》漏载的情况。如宥州,不见于五等司,但在书中有表明其属于末等司。这类情况比较少见。这些机构包括设在京师的中央诸司,边中诸城、监军司、刺史、夜禁、铸铁提点,以及各种巡检等等。《天盛律令》是有关西夏职官最为系统的记载,涉及西夏严密且详细的行政法,是研究西夏职官制度最为重要、可靠的西夏文资料。

一、中央机构

西夏中央设有中书、枢密、殿前司、御史、三司、功德司、皇城司、宣徽院、内宿司、阁门司、御庖厨司、瓯匣司、大恒历司、都转运司、陈告司、卜算院、养贤务、资善务、回夷务、医人院、京师工院、圣容提举、择人司、马院司、刻字司、作房司、金工司、织绢院、番汉乐人院、做首饰院、铁工院、木工院、纸工院、砖瓦院、出车院等大大小小的机构,涉及西夏社会的方方面面,是西夏统治者赖以管理全国的主要力量。这些机构有的是西夏景宗元昊初建官制时所设,其余为历代西夏皇帝所增设。西夏职司机构所辖事务分工明确、各司其职,表明西夏王朝的统治日臻完善。

中央诸司一般设有正、承旨、都案、案头、司吏等官职,五等司的划分主要是根据职司所设官员的数量而定,并不是按等级划分。比如,处于上等司的中书与枢密,各设六大人、六承旨。此处值得注意的是,中书、枢密所设六大人在《官阶封号表》乙种本中作为名誉官称——封号出现。这也证明中书、枢密至少在天盛年间地位有所下降。虽然它们在《天盛律令》的相关记载中表现出独掌文武二柄的地位,但是由于经略司的设置,中书、枢密的管辖范围缩小,仅限于京畿地区。不过,作为上等司机构,它们仍具有很高的地位(详细论述见第六章《西夏的军事指挥系统》)。在文献中出现有"𘓺𘃽𘗉",音译为"中书令",可见西夏中书只有六大人,还有类似于其他诸司"正"的设置,相当于汉文中的"令、使"。卜算院、医人院依事设职,官员数目不定,而阁门司设有四"𘓺𘃸(奏知)",在家、出家功德司设有六名"𘝞𘏒(国师)",二名"𘓺𘖻(合管)"。这些都表明西夏并不拘泥于定式,依据所需而设官,有利于机构的运作。

二、西夏的州及相关问题

西夏地方包括两方面的内容,管理军事的监军司、刺史与管理民政事务的府、军、郡、县。学界有关西夏地方建制研究较多,成果丰富。一般来说,研究西夏地方行政区划的学者们都认为西夏实行的是州县两级制,但根据西夏文献来说,颇有疑点。

首先,《天盛律令》中谈到地方建制,一般为"𘜶(府)、𘏚(军)、𘏓(郡)、𘍦(县)",州并没有被提及。如《天盛律令》"京师管辖官物各司、边中监军司、府、军、郡、县、经略使等"。① "边中监军司、府、军、郡、县问种种习事中"。② 《天盛律令》数次提到"五州地",卷十三"边中监军司、五州地、诸府、军、郡、县等地方中"。③ 根据卷十四"五州各地县司"④可知,"五州地"属于京畿范围。

西夏将全国分为京师地界和边中两类,京师地界七种郡县(󰀀󰀁󰀂󰀃󰀄󰀅󰀆)⑤诸事务均由中兴府等中央职司管辖;而边中则由经略司及监军司等地方机构管理。关于京师、地中、地边等问题,在潘洁的博士论文《〈天盛改新定律令〉农业卷研究》下篇第一章中有详细论述。⑥

其次,《天盛律令》所载有三类州名。第一类,指府夷州、中府州,位于次等司,不知地望与辖区,官员设置较多,地位较高。第二类,指凉州、夏州、绥州、宥州等,虽名为州,但与堡寨同列,属于末等司,设官也较为简单。监军司一般用州名,除了府夷州、中府州地位较高,位于次等司,其他诸州如凉州、夏州、绥州等与堡寨同列,位于末等司。第三类,多为监军司所在地,如甘州、石州、韦州、沙州、肃州、瓜州等。此外,还有沙州经治司、西院经治司、甘州城司,其中西院经治司设二大人、二承旨,下文又规定西院城司设一城主、一同判、一城守。从西院所设两种不同的属官系统来看,这可能是根据职责与职权不同而设置的。沙州经治司显然不同于沙州,沙州是监军司所在地,并没有设官规定。甘州设有监军司,也有甘州城司,设一城主、一通判等官员。

第三,值得注意的是西夏文"󰀇(州)"的含义,《文海》释州字,"󰀇󰀈󰀉󰀊󰀋󰀌󰀍󰀎󰀏(州者,阵城也,壁垒之谓也)"。⑦ 可见,从字面意思理解,西夏的州主要起到军事防御性质。这里不得不提北宋时期,宋夏在沿边修筑军事防御堡垒,有堡、寨之名,较大的成为"城"。西夏文的"󰀇(州)",在文献中也可以译为"城",且具有"壁垒"的防御意义。因此,西夏的夏州、银州、绥州、凉州等虽名为州,实际上所起作用与城、堡、寨相似。

第四,西夏是否存在州统县,是学界较为关注的问题。吴天墀《西夏史稿》认为"西夏的地方行政编制,分为州县两级制"。⑧ 蓝勇则认为"西夏腹地主要是州县两级制,但在边地多设立郡、城等,委以宗室镇守"。⑨ 史金波指出西夏已经打破了州县的格局,是根据时

---

① 史金波、聂鸿音、白滨译注:《天盛改旧新定律令》卷十七《库局分转派门》,第533页。
② 史金波、聂鸿音、白滨译注:《天盛改旧新定律令》卷九《事过问典迟门》,第317页。
③ 史金波、聂鸿音、白滨译注:《天盛改旧新定律令》卷十三《派大小巡检门》,第457页。
④ 史金波、聂鸿音、白滨译注:《天盛改旧新定律令》卷十四《误殴打争斗门》,第485页。
⑤ 《天盛律令》(甲种本),《俄藏黑水城文献》第八册,第187页。
⑥ 潘洁:《天盛改新定律令农业卷研究》,宁夏大学博士学位论文,2010年。
⑦ 史金波:《文海研究》,第234、474页。
⑧ 吴天墀:《西夏史稿》,第161页。
⑨ 蓝勇:《中国历史地理学》,高等教育出版社,2002年,第169页。

局变化作出的调整。王天顺《西夏地理研究》认为西夏的政区结构不够分明，多是军政合一。李昌宪《中国行政区划通史》（宋西夏卷）认为西夏的州是领县的。杨蕤认为西夏的州沿用了唐称，郡只是雅称。这些研究或多或少的对西夏行政区划都作了探讨。然而，《天盛律令》中并没有反映出西夏的州是统县的。故而，本文认为西夏没有实行严格的类似中原的州县两级制。

第五，从官员的设置也可以看出，夏州、银州作为党项政权最早据有的五州之二，地位确实有所下降。李继捧上缴五州地于宋廷，宋廷于至道（995—997）初"会密诏废夏州，隳其城"。① 另外，早在李继迁聚集部族于银州起兵反抗宋军时，银州可能已遭到很大的破坏。西夏大安七年（1081）十二月，宋"经略司差定汉蕃兵前去银州防守事，勘会本州虽名为州，而守城之具百无一有"。② 这说明，银州已经破落了。从《天盛律令》中我们可以看出西夏是非常重视修缮城堡、战具的，而银州的战具数量的确非常少，可见其在继迁、德明的开疆扩土中已经丧失了军事战略地位，而在天盛前后地位下降。

由此可见，州在西夏并不是严格意义上的行政单位。

三、西夏地方建制及设官情况

关于西夏地方行政区划的研究，最新的研究成果是杨蕤《西夏地理研究》，该书对西夏行政区划进行了细致研究，认为西夏中后期有五府、十州、两郡、九县、二十六城寨、五军、十七监军司。③ 其观点主要依据的是《天盛律令·司序行文门》所载。

但是，因为汉译本《天盛律令》存在误译、漏译、前后翻译不一致等问题，导致卷十地理名称翻译有很大争议。比如，"𘚔𘋩𘊝（府夷州）"，汉译本《天盛律令》译为"府夷州"，陈炳应译为"富夷州"。④ 黄振华译为"镇夷州"，⑤此或依据《西夏书事》"以甘州为镇夷郡"。⑥ 杨蕤译为"夷州府"，并将其纳入府，依据是与中兴府、大都督府等地位较高的府同列。此外，还有一批不知具体名称、地望的地方行政单位。因此，对于《天盛律令》卷十所涉及的西夏地理名称还有待更为合理、有力的研究。

《天盛律令》卷十所涉西夏行政区划有监军司、府、州、郡、军、县、城寨等。其中，监军

---

① ［元］脱脱等：《宋史》卷二五七《李处耘传》，第8968页。
② ［宋］李焘：《续资治通鉴长编》卷三二一，元丰四年十二月戊午，第7739—7740页。
③ 杨蕤：《西夏地理研究》，人民出版社，2008年，第141—147页。
④ 陈炳应：《西夏文物研究》，第242页。
⑤ 黄振华：《评苏联近三十年西夏学研究》，《社会科学战线》1978年第2期，第318页。
⑥ ［清］吴广成：《西夏书事》，《续修四库全书》，第11页下。

司共十七个,具体考察详见本书第五章中的"监军司考"。根据文献,刺史显然也是职事官,但并无官署,故而不单列。其余行政区划类型、名称及官员设置如下:

有府三:中兴府、大都督府、西凉府。府地位较高,三府均位于次等司,所设官员较多。中兴府是西夏首都,原为怀远镇,后升为兴州,再升为兴庆府,又改为中兴府,设有八正、八承旨、八都案、二十六案头。大都督府、西凉府设六正、六承旨、六都案、六案头。此外,大都督府还设有刺史一名。

郡二:五原郡、灵武郡。五原郡属中等司,灵武郡属下等司。五原郡设有刺史一名,一城主、一副、一通判、一城守;灵武郡二城主、二通判、二经判。显然,从下等司灵武郡设官比中等司五原郡较多可以看出,五等司只是一种区分,而不是等级划分。

军五:威地军、大通军、宣威军、虎控军、鸣沙军。前四者设一𘝯𘞪(安抚)、一同判、二𘓺𘟀(经判)、一𘕕𘜶(行监);鸣沙军设一城主、一副、一通判、一城守。"𘓺𘟀"在汉译本《天盛律令》中一般译为"经判",此处作习判,显然为误译。"𘕕𘜶"为军职,一般译为行监,故而此处当改作行监。此外,鸣沙军还设有刺史一名。

州二:府夷州、中府州属于次等司,设一正、一副、一同判、一经判。

县八:华阳县、治源县、定远县、怀远县、临河县、保静县、富清县、河西县等。县主要在京畿附近,京师所辖七个郡县,包括南北二县、五州地等,南北二县指治源县和华阳县,五州地县指灵武郡、定远县、怀远县、临河县、保静县等。华阳县与治源县为中等司,设四大人、二都案、四案头;富清县和河西县属下等司,设一城主、一通判、一城守、一行监;定远县、怀远县、临河县、保静县属下等司,设二城主、二通判、二经判、二都案、三案头。

此外还有二十多处城、堡、寨,属下等司、末等司,多数为音译,不知所指。为城,则设一城主、一通判、一城守、一行监;寨则设一寨主、一寨副、一行监。至于都案、案头、司吏等官吏的设置,《天盛律令》卷十规定"诸堡、城、军、寨、转运司、工院、经治司、行宫三司、县、末等司都案、案头、司吏者,当以职阶计,限量遣之。"①

通过上面的考察,我们可以看出西夏的行政区划类型比较丰富,具有强烈的军事色彩。首先,城、堡、寨都是军事防御体系的组成部分,执掌也以军事事务为主。包括修葺城墙等防御设施,准备战具等职能。其次,军、监军司的设置,管辖区域较大,职权包括军事和民事。史载监军司有储备粮食的职责,主要为战争服务。

---

① 史金波、聂鸿音、白滨译注:《天盛改旧新定律令》卷十《司序行文门》,第377页。

第三节　西夏职事官的续转

《天盛律令》卷十《续转赏门》规定了职事官的迁转及其所应得的物质赏赐。宋代实行的是考绩法，又称磨堪法，宋真宗咸平四年（1011）四月，"罢郊恩迁官，行磨堪京朝官法"。"凡内外官，计在官之日，满一岁为一考，三考为一任……率以法计其历任岁月、功过而序迁之。"① 范仲淹在《答手诏条陈十事》中说：三载考绩，三考黜陟，"今文资三年一迁，武职五年一迁，谓之磨堪"。② 西夏官员实行的也是三年一磨堪的考核办法。

西夏职事官一般任期三年，任期结束分三种情况决定是否续转。第一种情况，三年期满应续转，包括中书、枢密承旨、诸司大人承旨、边中刺史、监军、同判、习判、边中诸城主、通判、城守、边中诸司都案、夜禁、铸铁等提点、渠水、捕盗、巡检等。第二种情况，三年期满后不在续转中，即任期不限三年，可连续任职。包括中书、枢密大人、诸司案头、司吏等等。第三种情况，应不应续转须奏报实行，包括中书、枢密都案及京师诸司都案等。

除了不在续转中的中书、枢密大人、诸司案头、司吏等，还有三种情况另行规定是否续转。其一，卜算院、医人院、乐人院等三种机构大人、承旨，因事设职，不续转；其二，工饰院下辖六司，有大人勿续转，非匠人，则当续转。这六司指铁工院、造房院、金工司、做首饰院、砖瓦院与纸工院。③ 其三，京官派往地边任监军、习判、城主、通判、城守等时，是权职则在京旧职勿续转，有谕文则京师旧职续转。④

巡检是西夏维护地方治安的主要力量，主要职责是捕盗，由"𘕕𘓺𘎪𘏒（巡检勾管）"管理。《天盛律令》卷十三规定："巡检勾管者，京师界当派大都督府任职臣僚，边中当派监军、习判、同判中之胜任者，一年完毕当迁转。"⑤

另外，《天盛律令》卷十七《库局分转派门》有库局分的迁转规定，一般三年一迁转。卷十五载：粮食库"执库小监、出纳等各自三年当迁转，与新局分十月一日始为交接"。⑥ 大小任职者，年老、有疾病及未能任职求迁转时，视其轻重、能否胜任等，奏报实行。

---

① ［元］脱脱等：《宋史》卷一六三《职官三》，第3840—3841页。
② ［宋］范仲淹：《范仲淹文集》，王云五主编《国学基本丛书》，商务印书馆，1967年，第304页。
③ 史金波、聂鸿音、白滨译注：《天盛改旧新定律令》卷十《司序行文门》，第377页。
④ 史金波、聂鸿音、白滨译注：《天盛改旧新定律令》卷十《司序行文门》，第377页。
⑤ 史金波、聂鸿音、白滨译注：《天盛改旧新定律令》卷十三《派大小巡检门》，第460页。
⑥ 史金波、聂鸿音、白滨译注：《天盛改旧新定律令》卷十五《纳领谷派遣计量小监门》，第510页。

这便是西夏职事官任职期限及续转办法。然而,这些规定是否真正实行,还有待文献考证。三年任职期满后,没有住滞、无过错,由中书、枢密、经略等统计给予官赏。即可以升迁,并依此得到物质赏赐。降一官,官赏皆□□,遭罚马则罚一次者可得官,不得赏,罚两次者不得官,得一半赏,罚三次者官赏皆不得。虽然因文献残缺,降一官的官赏不得而知,但是根据上下文的判断,应该是官赏皆得。

第四节　西夏的差遣官职

西夏的权位,或指的就是差遣官职。西夏的差遣官职,在保留本职的基础上,承担其他临时、暂时职事,事毕回归本职工作。"地边随正副将都案者,当于次等司都案及中书、枢密都案等中胜任晓事中权遣。毕时当令依旧所属司内任职。"①可见,权都案是从中书、枢密、次等司都案中派遣"胜任晓事"者担任。京师诸司的大人、承旨遣为地边监军、习判、城主、通判、城守时,"是权则京师旧职勿转,当有名,而遣正"。② 宋朝的差遣官,常常带有判、知、勾当、管勾、权、提举、提点等限定词。

目前,见于夏、汉文献的西夏权职有权检校、权头监、权首领、权案头、权都案,正、副统军等职位。

𘟀𘓄𘜔,意"权检校"。设在军队中,"大小臣僚中有军之人任他职,军马上未暇检校,首领年少等变换处,允许遣权检校。彼遣权检校可请权印,有军之人本人来于军,年少及丁礼时,自当用印,当令予权检校印"。③

𘟀𘘆𘜔,意"权都案"。𘟀𘛁𘟀,意"权案头"。在《天盛律令》卷十中记录了五等司中权都案、权案头的派遣办法,基本原则就是次一等的正案头派遣为高一等的都案。具体如下:

"中等司都案者,于次等司正案头派正都案及权案头,中书、枢密司吏等派权都案等。彼权案头及司吏等于所遣都案处依律令三年毕续转时,称职而无住滞,则当遣往平级司中任正都案及下属司中案头等有缺额处。

下等司都案者,于中等司正案头、中书、枢密司吏等派正都案及中等司权都案、次

---

① 史金波、聂鸿音、白滨译注:《天盛改旧新定律令》卷十《司序行文门》,第377页。
② 史金波、聂鸿音、白滨译注:《天盛改旧新定律令》卷十《司序行文门》,第377页。
③ 史金波、聂鸿音、白滨译注:《天盛改旧新定律令》卷十《官军敕门》,第359页。

等司司吏等派权都案。

末等司都案者,于下等司、本司等正案头、次等司司吏等派正都案及权案头,中等司司吏等派权都案。"①

𘑨𘎑𘃘,意"权首领",相对正首领而言。权首领有官印,与僧监副、判的印相同,"权首领印等铜重九两","权首领印一寸七分"。②

此外,西夏还有𘜶𘏒(管治、勾管)、勾当、都大勾当、𘉋𘊄𘊂(言过处、提点)、𘎑𘏒(提举)等官职。下面就其内涵一一考证之。

𘜶𘏒,勾管。𘜶,意"了"、"尽"、"管理"、"易"。如《掌中珠》"𘝯𘝱𘜶𘜭"作"尽皆了毕"、"𘃘𘊝𘜶𘜭"作"儿女了毕"、"𘊞𘋻𘜶𘜠"作"勾管家计"。③ 夏译《类林》"𘄴𘉋𘜶𘊂"译"此易也"。④ 夏译《孟子》"𘝲𘏃𘜶𘊂𘊉"译"复尽于人心"。⑤《天盛律令》中记载了"𘟣𘜎𘐀𘄡𘜶𘏒𘊳𘊴"、"𘝰𘑱𘜶𘏒"等官职,其中,"𘜶𘏒"译为"管治"、"勾管"等。

"𘟣𘜎𘐀𘄡𘜶𘏒𘊳𘊴"不属于五等司,行文时与次等司平级传导,西夏有京师和边中工院,边中工院包括肃州、南院、北院。

"𘝰𘑱𘜶𘏒"只有一年任期,"京师界当派大都督府任职臣僚,边中者当派监军、同判、习判中之胜任职务者",他的职责是"无论日夜当于重地房巡行,当敦促各小巡检,所属地方不许生盗诈住滞"。⑥ 巡检的职责是捕普通的盗,而"𘝰𘑱𘜶𘏒"主要谋划捕恶盗。宋朝有管勾留司御史台事,"以朝官以上充。掌拜表行香,纠举违失"。⑦

勾当、都大勾当。"𘋓𘑱"意"都大",《天盛律令》中多译为"都",如"𘋓𘑱𘝷𘎝𘑱"作"都磨勘司"、"𘋓𘑱𘟘𘟴𘑱"作"都转运司"等等。《重修护国寺感通塔碑》中有"都大勾当",如"庆寺都大勾当"、"庆寺监修都大勾当"等官职。⑧ 俄藏 Инв. No.598 号西夏文《圣胜慧到彼岸功德宝集偈》题记中出现一僧官名"𘋓𘑱𘒌𘊹𘉋𘊄𘊂",对应汉文本题记为"偏袒都大提点"。"𘋓𘑱",字面意为"都院",应与"都大"相对。

𘉋𘊄𘊂,字面意思"言过处",对应汉官名"提点"。西夏的提点官职有巡检队提点、边中诸司都案、夜禁铸钱等提点、巫提点、执飞禽提点、出家功德司变道(又作偏袒)提点等

---

① 史金波、聂鸿音、白滨译注:《天盛改旧新定律令》卷十《司序行文门》,第376页。
② 史金波、聂鸿音、白滨译注:《天盛改旧新定律令》卷十《官军敕门》,第359页。
③《番汉合时掌中珠》(乙种本),《俄藏黑水城文献》第一〇册,第32、36页。
④ 史金波、黄振华、聂鸿音:《类林研究》卷四,第76页。
⑤ 彭向前:《西夏文〈孟子〉整理研究》,第132页。
⑥ 史金波、聂鸿音、白滨译注:《天盛改旧新定律令》卷十三《派大小巡检门》,第460页。
⑦ [元]脱脱等:《宋史》卷一六四《职官四》,第3873页。
⑧ 汉文《凉州重修护国寺感通塔碑》,《中国藏西夏文献》第十八册,第93页。

等。其中,巡检队提点的职责是常常于辖区巡查,同时指挥巡检人在指定地段当值。① 巫提点、执飞禽提点,不在五等司之列,"所遣人依所任职位当平级行传文字"。② 可见,此二者官职为差遣性质,行文时,按照前任职官品的等级行文。此外,"节亲宰相遣别职上提点时,当报中书、枢密,然后当置诸司上"。③

𘜘𗑗,音"提举"。有圣容提举、殿提举、踏曲库提举等名目。圣容提举,位于中等司,设一正、一副。"国境内有寺院中圣容一种者,当遣常住镇守者正、副二提举,此外不许寺中多遣提举。"④ 内宫当值人员中有一种"殿提举(后文有时译为内提举)"。⑤ 催缴地租时,有提举。"都转运司大人、承旨勿入催促地租中,当紧紧指挥、催促所属郡县内人。其上为提举者,大人、承旨中一年内当令一人轮换。"⑥ "边中诸司各自所属种种官畜、谷物,何管事所遣用数,承旨人当分任其职,所属大人当为都检校以为提举",统计借领、供给、交还、偿还等情况。⑦ 此外,中兴府、大都督府踏曲库设有二提举,三司下设十库共设一提举。⑧ 并规定"在诸司所属种种库局分中之提举者,交典册磨勘可入损失中"。⑨

𘜘𗑗,字面意思"察过",汉译本作"提举"。𗑗,意"经"。《金光明经》卷七"𘜘𗑗"对应汉文本"若不遂意经三月"。⑩ 《天盛律令》"𘜘𗑗"译"季校"。𘜘,意"看"、"观"。如《掌中珠》"𘜘"作"医人看验"。⑪ 夏译《孟子》"𘜘𗑗"译"四方来观"。⑫ 𘜘𗑗,意"提举"、"检验"。如,《凉州重修护国寺感通塔碑》西夏文碑铭"𘜘𗑗",译"圣赞提举学士曰:'所显足信'"。𘜘𗑗对应"提举学士"。⑬ 夏译《类林》卷八王章条"𘜘𗑗"译"狱官每夜打鼓检验王章"。⑭

《天盛律令》卷四中出现的"𘜘𗑗"均译为"提举"。如,守大城时,军士、正军、辅主、寨妇应按照所规定的地点聚集。"有不聚集时,当催促,应依高低处罪,令其守城。假若官家

---

① 史金波、聂鸿音、白滨译注:《天盛改旧新定律令》卷四《地边巡检门》,第207页。
② 史金波、聂鸿音、白滨译注:《天盛改旧新定律令》卷十《司序行文门》,第365页。
③ 史金波、聂鸿音、白滨译注:《天盛改旧新定律令》卷十《司序行文门》,第378页。
④ 史金波、聂鸿音、白滨译注:《天盛改旧新定律令》卷十一《为僧道修寺庙门》,第403页。
⑤ 史金波、聂鸿音、白滨译注:《天盛改旧新定律令》卷十二《内宫待命等头项门》,第427页。
⑥ 史金波、聂鸿音、白滨译注:《天盛改旧新定律令》卷十五《催租罪功门》,第494页。
⑦ 史金波、聂鸿音、白滨译注:《天盛改旧新定律令》卷十七《库局分转派门》,第529页。
⑧ 史金波、聂鸿音、白滨译注:《天盛改旧新定律令》卷十七《库局分转派门》,第535页。
⑨ 史金波、聂鸿音、白滨译注:《天盛改旧新定律令》卷十七《物离库门》,第558页。
⑩ 王静如:《金光明最胜王经卷十夏藏汉合璧考释》,《西夏研究》第三辑,中研院史语所1933年,第134页。
⑪ 《番汉合时掌中珠》(甲种本),《俄藏黑水城文献》第一〇册,第16页。
⑫ 彭向前:《西夏文〈孟子〉整理与研究》,第148—149页。
⑬ 陈炳应:《西夏文物研究》,第165页。
⑭ 史金波、黄振华、聂鸿音:《类林研究》卷八,第202页。

及监军司等派人当提举"。[①] 其实,从上下文判断,此处的"󱁫󱁭"就是检验、监督的意思。与"󱁬󱁮"同译为"提举"不妥。

综上所述,西夏的差遣官职与宋制在名称上基本相同。但以上所属官职有的属于差遣官职,如,"󱁯󱁰󱁱󱁲",任期只有一年。有的则不属于,如提举,其实是常设官名,并不是临时派遣。因此,并不能套用宋制来解释西夏的官职,要加以区别。

---

① 史金波、聂鸿音、白滨译注:《天盛改旧新定律令》卷四《弃守大城门》,第 197 页。

第四章 军抄、军溜及盈能

对于西夏官制"骸、燚、蠡"中的"蠡"的具体含义，学者们各有见解。陈炳应《贞观玉镜将研究》中指出"军可能是军籍或军中职衔"。① 史金波《西夏社会文书研究》一书中认为："所谓军，并不是指一般的军人，而是在军中有一定地位的人。"② 本文认为"蠡"指的是军籍。西夏实行严格的军籍登记制度，男子10岁入军籍，15岁成丁，军籍是西夏男子最为基本的身份，也是最为重要的身份标志。在《天盛律令》所载法律条文中，一般犯罪时不革军。正军有可能通过战功而获得官职。

史金波通过对俄藏黑水城西夏文军籍、户籍草书文书的研究，指出正军是西夏基层最小军事单位"抄"的主力，其副为"辅主"，其杂役为"负担"。③ 同时，在《西夏社会文书研究》一书中，专门就两件西夏文军抄文书进行了考释与研究。一抄有正军一人，正军有甲、披，辅主九人，不见负担。指出西夏的抄固有正军、辅主和负担。汉文史籍因不熟悉西夏社会，故而漏载了负担。④ 彭向前《释"负赡"》一文指出，西夏的抄由正军、负赡与觚叕组成，而负赡相当于西夏文蠡羧（辅主），对正史中出现的关于负赡的两种不同记载"负赡"与"负担"进行考证，认为"负赡"为正确译法。⑤ 本文在前述各位专家的研究基础上，继续探讨西夏军抄的组成，认为西夏军抄由正军与辅主组成，辅主包括正辅主与负担。

军抄与军溜皆为西夏军队的组织单位。军抄由正军和辅主组成，是军队最小的组织单位，也是军溜的组成部分。军溜以首领所属部族组成，主要承担兵防、巡逻、作战等任务。其所设官职盈能、牧盈能反映出党项民族特色。

---

① 陈炳应：《贞观玉镜将研究》，第24页。
② 杜建录、史金波：《西夏社会文书研究》，第156页。
③ 史金波：《西夏文军籍文书考略——以俄藏黑水城出土军籍文书为例》，《中国史研究》2012年第4期。
④ 杜建录、史金波：《西夏社会文书研究》（增订本），第177—180页。
⑤ 彭向前：《释"负赡"》，《东北史地》2002年第2期，第74—76页。

第一节 军抄的组成

𗼨𗼨,直译军抄。𗼨,尺,抄,"𗼨𗼨[嘎尺]军抄"。① 抄是西夏军队最小的组织单位。西夏实行的军抄制度,使得"壮者皆习战斗,而得军为多"。用兵之时,"年六十以下,十五以上,皆自备介胄弓矢以行"。② 西夏不论禁卫还是地方军队都以大大小小的抄组成,抄主要由两部分组成,即正军和辅主,辅主包括正辅主和负担辅主与汉文文献中的"负赡"相同。若干抄与寨妇等组成军溜,成为高于抄的军事组织单位。军溜平时备战、防御,设迁溜(农迁溜)来主管农牧业生产。军溜设有盈能、正副首领、权首领等大小军职,维持军纪,军籍登记,组织作战。又设有牧盈能,管理校验牲畜事宜。

军抄与军溜是西夏军事组织单位,正军与辅主构成军抄,而军抄与寨妇构成军溜。正军是西夏的正规军,是主要的军事力量。辅主的来源具有多样性,探讨此问题可以进一步研究西夏社会;考察寨妇有利于探讨西夏的女兵制度;通过对军溜的军职设置情况的讨论,就西夏"𘕕、𗢳、𗼨"中的"𗼨",即军队中的军职进行考察。盈能、牧盈能、迁溜、农迁溜等官职的设置具有很强的民族特点,寓兵于农。

《天盛律令》载军抄由𗼨𗼇、𗼇𗼨𗾈、𗸦𗽊组成,汉译本《天盛律令》分别译为正军、正辅主、负担。而《宋史》载"其民一家号一帐,男年登十五为丁,率二丁取正军一人。每负赡一人为一抄"。③《辽史·西夏外记》所载与此相同,其中"负赡"记作"负担"。④ 故而《宋史》、《辽史》记载西夏的一抄由一正军与一负赡组成,与汉译本不尽相同。本文根据对汉文、西夏文资料的梳理,认为西夏的军抄由两部分组成,即正军与辅主。这也印证了汉文资料中关于西夏军抄组成的记载是正确的。

首先,西夏文《三才杂字》已种本载"𗼨𗼇(正军)、𗼨𗾈(辅主)、𗸦𗽊(负担)"(具体见图版一)。⑤ 与《天盛律令》中记载的略有不同,辅主前没有正字,而汉文资料记载为"负赡",它们职责相同。"𗼨𗼨𘃽𘃽𗸦𗼨𘛛𗼨𗼨𘉋𗼨𗾈𘉋𗼨𗼇𘍞𘝞𗖻𘉋(辅:军头众全;辅者辅军也,辅主也,正军之佑助者也)。"⑥ 即,辅主为正军之佑助,而"负赡者,随军杂役也。"⑦ 负

---

① 李范文:《同音研究》,第397页。
② [宋] 曾巩著、王瑞来校证:《隆平集校证》,第603页。
③ [元] 脱脱等:《宋史》卷四八六《夏国传下》,第14028页。
④ [元] 脱脱等:《辽史》卷一一五《西夏外纪》,第1524页。
⑤《三才杂字》(乙、己种本),《俄藏黑水城文献》第十册,第67页。
⑥ 史金波、白滨、黄振华:《文海研究》,第192、441页。
⑦ [元] 脱脱等:《宋史》卷四八六《夏国传下》,第14028页。

赡与辅主应该是"𘜶𗋤"的不同译法。而𘄒𘎑，音译为负担，有别于汉文文献中的"负担"，后者系负赡的错误写法（详细考证见彭向前《释"负赡"》一文）。

其次，𘄒𘎑在出土的西夏文军抄文书中出现时，𘜶𗋤前加"𗡪"表明其重要地位，借以区分𘜶𗋤与𘄒𘎑。俄藏 Инв. No.2206 号文书，被定名为《军抄首领正军辅主帐》。此件文书的第 5 号有"𘜶𗋤𗦳（辅主二）"，下列"𗡪𘜶𗋤（正辅主）……""𘄒𘎑（负担）……"等两类。显然，辅主两种，即下列的正辅主与负担。第 8 号也出现"𘜶𗋤𗦳"，下文同样列有"𗡪𘜶𗋤……""𘄒𘎑……"等字样。（具体见图版二）①"𘜶𗋤𗦳"下错两字才列有"𗡪𘜶𗋤"某与"𘄒𘎑"某，后两者并列，表明同属于"𘜶𗋤𗦳"。俄藏 Инв. No.2126 - 6 号文书，有"𘜶𗡪"、"𗡪𘜶𗋤"与"𘄒𘎑"的记载。② 相比其他军抄文书而言，这两件文书有"𘄒𘎑"出现，辅主下列正辅主与负担，具有包含关系（详见附录二）。西夏军抄中辅主有两类，包括正辅主与负担，这也印证了汉文文献《宋史》、《辽史》有关西夏军抄的记载没有误、漏之处。夏、汉文献均载军抄由两部分组成，汉文中的负赡（负担）等与西夏文献中的"𘜶𗋤"相同，其职责同为佑助正军。

第三，在《天盛律令》中各种军事类别的负担与正辅主的装备基本相同，略微有些差别，这也说明负担与正辅主的基本职能相同，而在某些方面分工不同。卷五《𘜶𗤒𘞙𗾞𗰭𗒛𗼨》中规定各种独诱所属战具，𗡪𘜶𗋤（正辅主）有"弓一张、箭二十枝，长矛杖一枝、拨子手扣全套"。而𘄒𘎑（负担）多了"𘝞𗦉𗡪（剑一把）"，且规定"若发弓箭，则拨子手扣亦当供给"。③ 而农牧主的正辅主与负担所属战具完全相同，"𘟀𘜶（使军）"中"正辅主与负担一样：箭二十枝、弓一张、剑一柄。一样点校一种。如校弓箭，则应供给拨子手扣全"。诸臣僚中"正辅主负担等杂物者，当按独诱之辅主及负担等法校。"内宫禁卫中正辅主与负担的战具有明显不同。𘟭𗧑𘔪𗸪（帐门后宿）与𘔧𘠁𘔪𘜒（内宿后卫）的正辅主比负担多四十枝箭和"𗆫𗅠𗖞𘔧𗤊𘏒（后毡木盾一）"；④𘟭𘈩、𘕕𘔧𘄒（神策、内外侍）的负担只有"𗵔𗼲𗭹𗦉𗲂（长矛杖一枝）"。

值得注意的是，《天盛律令》卷五还规定："一各杂部类军待命、独诱等每军抄中应有负担中当一人持锹、钁中一样，不持其他杂物。其中为独姓正军及正军、辅主住至三丁上，可不持锹、钁，但应依法持武器。"⑤可见，每一军抄中的必须有一名"𘄒𘎑（负担）"持锹、钁中

---

① 《俄藏黑水城文献》第十三册，第 70 页。
② 《俄藏黑水城文献》第十三册，第 22 页。
③ 《天盛律令》卷五（甲种本），《俄藏黑水城文献》第八册，第 119 页。
④ 𗆫，音芈，原意龟甲，《同音研究》𗆫𗅠意龟甲。西夏文《三才杂字》有"𗆫𗅠"的记载。后来引申为盾，《文海研究》中𗅠作为"𗅊"的注字，𗅊𗆫𘜶𗱕，甲，甲全固下。木櫓，是水上交通工具船的辅助工具。西夏应该也有水军，但是像宫城禁卫这种兵种不可能也装备木櫓。在考察所有兵种的装备之后，笔者发现在古代有重要防御意义的工具——盾却没有出现，故而，𗅠译为盾更为符合军事需要。正辅主与负担的"𗆫𗅠𗖞𘔧𗤊（后毡木盾）"，应该是裹着毛毡的木盾，有别于正军的"𗆫𗅠𘄒𗅡（圆头木盾）"。
⑤ 《天盛律令》卷五（甲种本），《俄藏黑水城文献》第八册，第 123 页。

的一种,锹、钁指锹与镢头,为生产工具。行军作战途中和宿营时,"𘕕𘊝"应该是搭建营帐、修筑简单的防御工事。

吐蕃、契丹、女真等游牧民族也有类似西夏"𘕕"的军事组织,由正军与副从组成。《宋史》卷一九一载,熙宁七年(1074)"十一月,王中正团结熙河界洮、河以西蕃部,得正兵三千八十六人,正副队将六十人,供赡一万五千四百三十人"。① 河州为吐蕃所据,宋发兵讨平河州,此处的"供赡"相对正兵而言,类似于西夏的负赡。辽军"每正军一名,马三匹,打草谷、守营铺家丁各一人"。② 可知,辽军由正军、打草谷、守营铺家丁组成。金代"兄弟子姓才皆良将,部落保伍技皆锐兵",保伍是女真部落组织单位,说明女真善于善战,军事力量强大。"其部长曰孛堇,行兵则称曰猛安、谋克,从其多寡以为号,猛安者千夫长也,谋克者百夫长也。谋克之副曰蒲里衍,士卒之副从曰阿里喜。"③ 一般士卒主称正军,副从称阿里喜。

吐蕃的"供赡",契丹的"打草谷、守营铺家丁",女真的"阿里喜"都是作为正军的辅助而存在的,与西夏的"𘕕𘊝(辅主)"职责相近。这显然是游牧民族的军事习惯,正军负责军事作战,而其副从则辅助正军。西夏将之规范化,加强了国内军籍管理,增强了军事力量。

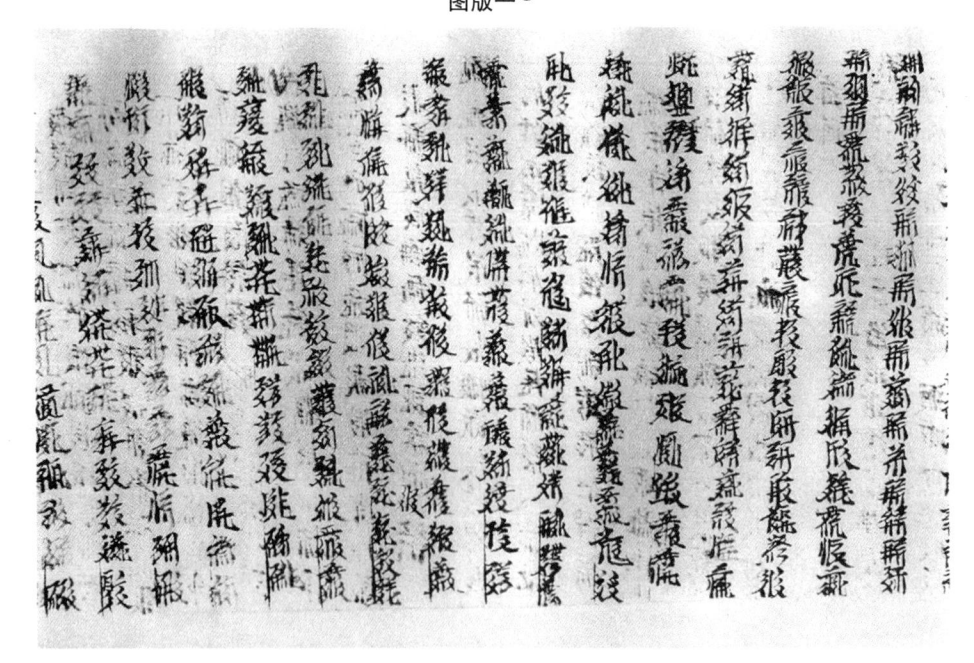

图版一④

---

① [元] 脱脱等:《宋史》卷一九一《兵五》,第 4760 页。
② [元] 脱脱等:《辽史》卷三四,第 397 页。
③ [元] 脱脱等:《金史》卷四四《兵》,第 993 页。
④ 《三才杂字》(乙己种本),《俄藏黑水城文献》第十册,第 67 页。

下篇 《天盛律令》职官门专题研究

图版二①

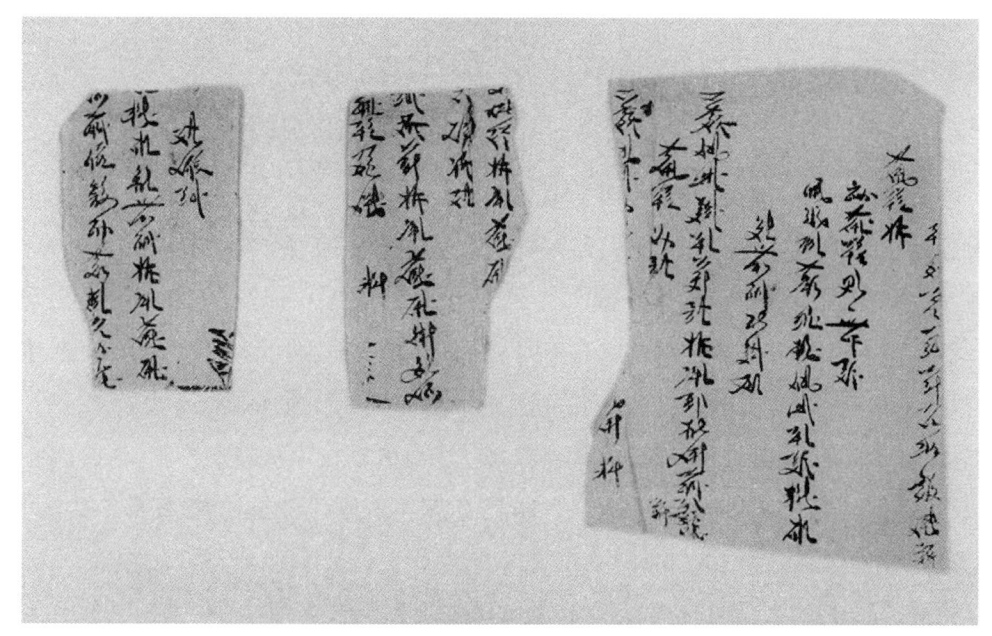

俄 Инв.No.2206-7　　　　俄 Инв.No.2206-6　　　　俄 Инв.No.2206-5
军抄首领正军辅主帐　　军抄首领正军辅主帐　　军抄首领正军辅主帐

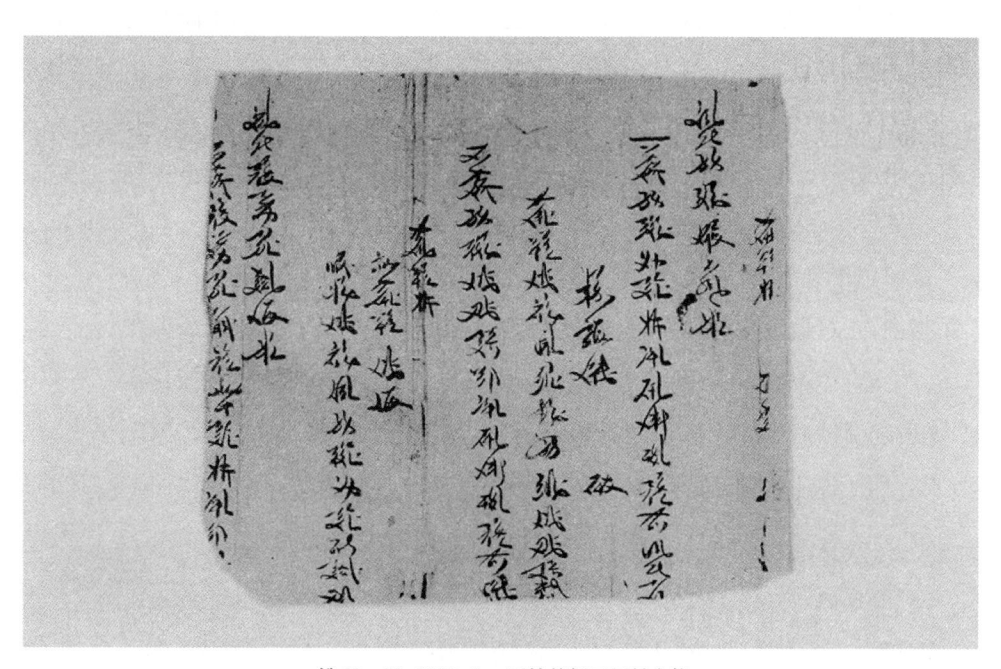

俄 Инв.No.2206-8　军抄首领正军辅主帐

① 《俄藏黑水城文献》第十三册，第70页。

第二节 正军与辅主

䉵袮,直译军正,意为正军,是西夏军队中主要的作战人员。据《天盛律令》记载,包括各种独诱正军、牧主正军、农主正军、使军属正军、臣僚属正军、帐门末宿属正军、内宿后卫属正军、神策内外侍属正军等等门类。

因属类不同,正军配备的战具略有不同。一般包括官马、披、甲、弓箭、枪、剑、囊、长矛杖、拔子手扣等。其中,农牧主正军、使军属正军没有披、甲,独诱属正军没有囊。① 官马被烙印后,永久注册,与披、甲、杂物、武器在每年十月的季校中都需要校验。"披、甲、袋,应以毡加褐布、革、兽皮等为之,有何用一种,务求坚牢做好。"②"枪式者,杆部一共长十一尺,务求一律。"③

西夏的战具包括"弓箭、枪剑、刀、铁连枷、马鞍、装箭袋、金、银、种种铁柄、披、甲、编连碎段"。④ 其中,官马、披、甲是正军最为重要的战具。《天盛律令》规定,官马、披、甲必须按时季校、注册,不允许出卖,违律将有不同程度的处罚。卷五《季校门》规定正军在季校时必须本人参加,且"正军、辅主、负担之著籍官马、坚甲应依籍点名检验"。正军新领取的官马、披、甲也应该注册。⑤ "一军监、军卒等所属正军、辅主等不允出卖披、甲马。"⑥

有战争或守城时,正军须携带官马、披、甲亲自参加。"一发兵时大小首领、正军、辅主按律令当携官马、坚甲,本人亲往,不许停留。"⑦"一守大城者,当使军士、正军、辅主、寨妇等众人依所定聚集而往,城司自己□□当提举。"⑧

军抄中,正军数量达到四丁时应该分抄,或组成新的抄。"一诸种军待命、独诱族式:住八丁以上者,正军亦实不乐在同抄,四丁当合分抄。其中有余,则当留旧抄组,若旧正军自愿,亦可随新抄后。族式八丁以下现有六七丁者,正军自愿,亦许分抄。其中案头、司吏者,族式有四丁以上者,正军乐许,亦二丁当合分抄。其有余丁,则亦当留旧抄,旧正军自

---

① 史金波、聂鸿音、白滨译注:《天盛改旧新定律令》卷五《军持兵器供给门》,第224—228页。
② 史金波、聂鸿音、白滨译注:《天盛改旧新定律令》,第228页。
③ 史金波、聂鸿音、白滨译注:《天盛改旧新定律令》,第229页。
④ 史金波、聂鸿音、白滨译注:《天盛改旧新定律令》卷七《敕禁门》,第284页。
⑤ 史金波、聂鸿音、白滨译注:《天盛改旧新定律令》卷五《季校门》,第239页。
⑥ 史金波、聂鸿音、白滨译注:《天盛改旧新定律令》卷六《官披甲马门》,第247页。
⑦ 史金波、聂鸿音、白滨译注:《天盛改旧新定律令》,第244页。
⑧ 史金波、聂鸿音、白滨译注:《天盛改旧新定律令》卷四《弃收大城门》,第197页。

愿,则随新抄法当与前述军卒分抄法同。""军卒一种孤人,正军本处自愿,当允许二人结为一抄,何勇健者当为正军。"①

正军的承袭原则是长子继承,如果继承者年幼,则由辅主代袭。"一种种臣僚、待命者、军卒、独诱等,正军有死、老、病、弱时,以其儿子长门者当为继抄。若为幼门,则当为抄宿。辅主强,正军未长大,当以之代为正军,待彼长成,则本人当掌职。"②

除此之外,西夏律法规定叛逃的使军、妇人等,"若以问解明者,当送守边城中无期徒刑,做苦役,当依法给正军。"③"其中正军住城垒中,寨妇不来者,寨妇当依法受杖,勿及服劳役。属者男人因不送寨妇,打十杖。寨妇、男人等皆不来者,依法判断,寨妇勿及服劳役。"④

𘆨𘁞,译为辅主,与汉文文献中的负赡职责相同。"𘆨𘁞𘃪𘄚𘇚𘆨𘌃𘆨𘁞𘌃𘆨𘊐𘊪𘇚𘉑𘉑(辅:军头众全;辅者辅军也,辅主也,正军之佑助者也)。"⑤"𘁞,𘁞𘇚𘌃𘁞𘊪𘁞𘆨𘁞𘌃𘊐𘉑(主者,牧农主、家主、辅主等之谓)"。⑥ 由此可以看出,辅主为正军之佑助,而"负赡者,随军杂役也。"⑦负赡与辅主应该是"𘆨𘁞"的不同译法。

第三节 辅主的来源

辅主作为正军的副从,具有多元的来源,辅主也有可能成为正军。"辅主强,正军未长大,当以之代为正军,待彼长成,则本人当掌职。"⑧《天盛律令》卷六:"上述待命者因罪革职及分抄时辅主转他抄,为正军者,可遣同姓五服最近亲为继。若无,则遣同姓辅主或不同姓辅主谁最勇健强悍者为继抄。有使军已纳辅主中注册者,不得为正军,同类族式甚少处他人处当为辅主。"⑨"诸人属使军之头监有愿使自辅主中注册者,及若乐意处遣放并给凭据,诸种类何乐处为辅主,及任重军职时为正军,有求者当允许,应注销。"⑩"诸人属使

---

① 史金波、聂鸿音、白滨译注:《天盛改旧新定律令》卷六《抄分合除籍门》,第259、261页。
② 史金波、聂鸿音、白滨译注:《天盛改旧新定律令》卷一《抄分合除籍门》,第261页。
③ 史金波、聂鸿音、白滨译注:《天盛改旧新定律令》卷一《背叛门》,第116页。
④ 史金波、聂鸿音、白滨译注:《天盛改旧新定律令》卷四《弃收营垒城堡溜等门》,第196页。
⑤ 史金波、白滨、黄振华:《文海研究》,第192、441页。
⑥ 史金波、白滨、黄振华:《文海研究》,第239页。
⑦ [元]脱脱等:《宋史》卷四八六《夏国传下》,第14028页。
⑧ 史金波、聂鸿音、白滨译注:《天盛改旧新定律令》卷六《抄分合除籍门》,第261页。
⑨ 史金波、聂鸿音、白滨译注:《天盛改旧新定律令》卷六《抄分合除籍门》,第260页。
⑩ 史金波、聂鸿音、白滨译注:《天盛改旧新定律令》卷六《抄分合除籍门》,第264页。

军应举告头监者,若告言实,经过乐意处时,当求诸种类为辅主处为之,当许依其中自愿求任重军职类中为正军,当注销。"①这些资料充分说明,辅主也可以成为正军,但是还有相当一部分人是不能为正军的,他们只能作为辅主。探讨辅主的来源有利于西夏下层社会与西夏军事制度的研究。主要有以下来源:

第一,来源于成丁男子或者疲弱的正军、孤人,正军由勇健有力者担任,这使得西夏的军事力量得到有力的保证。史载"愿隶正军者,得射他丁为负赡,无则许射正军之疲弱者为之。"②可见,正军可以其他成丁男子为负赡,也可以使正军中疲弱者为负赡。所谓疲弱者,"诸人丁壮目盲、耳聋、躄挛、病弱等,本人当于大人面前验校,医人当看验,是实,则可使请只关、担保者,应转入弱中。"③《天盛律令》卷六"军卒一种孤人,正军本处自愿,当允许二人结为一抄,何勇健者当为正军。"④"前待命所革职者,若系孤人,当转同院中族式甚少处为辅主。"⑤韵甗,韵[没],人、族、士;甗[爹],独、一。史金波等译为"孤人、独人"。宋有单丁,指没有兄弟的成年男丁,韵甗或同此称。

第二,来源于叛逃后被捕的"蘒蘒(使军)"及其他"蘒蘒"。使军、妇女叛逃时,"若以问解明者,当送守边城中无期徒刑,做苦役,当依法给正军。"这说明叛逃的使军等被捕后送往边境做苦役,有可能成为正军的附属;"其中妇人者,当给守城无家室者为妻子。"⑥

"蘒蘒(使军)"可为辅主。"有使军已纳辅主中注册者,不得为正军,同类族式甚少处他人处当为辅主。"⑦"使军、奴仆者,当入牧农主中,无期服役。"⑧"一牧、农、舟、车主等四类人及诸人所属使军、奴仆等。"⑨"一诸人属使军丁壮隐瞒不注册时,诸人当举发"。⑩这些资料表明,"蘒蘒"是牧、农、舟、车等四类人的附属,可以是战争俘虏,"我方人将敌人强力捕获已为使军、奴仆"。⑪文献表明,使军的所有者可以典当、买卖使军,也可以作为陪嫁。因而,使军与所有者具有较强的人身依附关系。

第三,可以是来自敌国的投诚者或者俘虏。《天盛律令》卷七《为投诚者安置门》"一敌

---

① 史金波、聂鸿音、白滨译注:《天盛改旧新定律令》卷六《抄分合除籍门》,第264页。
② [元]脱脱等:《宋史》卷四八六《夏国传下》,第14028页。
③ 史金波、聂鸿音、白滨译注:《天盛改旧新定律令》卷六《抄分合除籍门》,第262页。
④ 史金波、聂鸿音、白滨译注:《天盛改旧新定律令》卷六《抄分合除籍门》,第261页。
⑤ 史金波、聂鸿音、白滨译注:《天盛改旧新定律令》卷六《抄分合除籍门》,第260页。
⑥ 史金波、聂鸿音、白滨译注:《天盛改旧新定律令》卷一《背叛门》,第116页。
⑦ 史金波、聂鸿音、白滨译注:《天盛改旧新定律令》卷六《抄分合除籍门》,第260页。
⑧ 史金波、聂鸿音、白滨译注:《天盛改旧新定律令》卷一《背叛门》,第116页。
⑨ 史金波、聂鸿音、白滨译注:《天盛改旧新定律令》卷二《戴铁枷门》,第156页。
⑩ 史金波、聂鸿音、白滨译注:《天盛改旧新定律令》卷六《抄分合除籍门》,第263页。
⑪ 史金波、聂鸿音、白滨译注:《天盛改旧新定律令》卷七《为投诚者安置门》,第273页。

人真来投诚者,地边、地中军内及他人辅主等,愿投奔处当办理"。①《隆平集》卷二十载西夏得汉人"骁勇者则刺为军"。②此处的军有可能是辅主。"其任重投诚者中,有先于内宫中任职者,各自入抄,不许任内宫职往来,当做同院同职愿去处之辅主,此外当受杂职。"③

第四,革职的九类人可以为同抄的辅主,这九类人均为内宫待命。这也说明辅主并不都是疲弱、年老者。"九类人革职者转为同抄之辅主:部上内宿、后卫、神策、内宫侍、臣僚、禅官、巫、阴阳、医者。"④内宫待命者可以为辅主,"待命者入辅主中,一律不许出入内宫"。⑤

第五,非婚生子、通奸生子及官人所生子,只能为辅主。"诸人父母门下女未嫁及女已嫁而赎归等,与非其夫诸人行淫而养杂子女者,不许以赐使军,当给另外种种部类中母所愿处他人之辅主,当著于册上。"⑥"官家之女子、阁门帐下女子、织绣绢、结线□□沙州女子等等未有丈夫,本二人愿□□生子女者,女当从母随意而嫁,男则随男相共而出。是官人根则辅主中注册,是使军则不许为使军,所愿处当为官人辅主中。"⑦

综上,辅主来源较多,如疲弱的正军、孤人;叛逃后被捕的使军及其他使军;来自敌国的投诚者或者俘虏;革职的九类人可以为同抄的辅主;非婚生子、通奸生子及官人所生子。其中,使军与所有者的关系表现为人身依附关系较强,而投诚者与俘虏的社会地位也较低。

第四节　军　　溜

一、军溜及其组成

西夏军队中最小的组织单位是军抄,若干军抄及寨妇组成军溜。西夏的军事组织与游牧部落兵制有密切关系。晓克《论北方草原民族之族兵制》一文对我国历史上北方游牧民族所实行的族兵制进行了研究,⑧虽然并没有提到西夏的军制,但西夏的军抄、军溜制

---

① 史金波、聂鸿音、白滨译注:《天盛改旧新定律令》卷七《为投诚者安置门》,第269页。
② [宋]曾巩著、王瑞来校证:《隆平集校证》卷二十,第604页。
③ 史金波、聂鸿音、白滨译注:《天盛改旧新定律令》卷七《为投诚者安置门》,第270页。
④ 史金波、聂鸿音、白滨译注:《天盛改旧新定律令》卷六《抄分合除籍门》,第260页。
⑤ 史金波、聂鸿音、白滨译注:《天盛改旧新定律令》卷八《烧伤杀门》,第295页。
⑥ 史金波、聂鸿音、白滨译注:《天盛改旧新定律令》卷八《侵凌妻门》,第303页。
⑦ 史金波、聂鸿音、白滨译注:《天盛改旧新定律令》卷八《为婚门》,第310页。
⑧ 晓克:《论北方草原民族之族兵制》,《内蒙古社会科学》2012年第6期,第52—56页。

度与族兵制有形似之处。

西夏寓兵于农,男子10岁皆登记入军籍,15岁至70岁为军人,可谓全民皆兵。这是北方游牧民族所通行的兵役办法,契丹、女真、蒙古人皆是如此。蒙古人"其法,家有男子,十五以上、七十以下,无众寡尽签为兵……上马则备战斗,下马则屯聚牧养"。① 在《天盛律令》中,西夏军队有向地缘转化的趋势。"租户家主由管事者就近结合,十户遣一小甲,五小甲遣一小监等胜任人,二小监遣一农迁溜,当与附近下臣、官吏、独诱、正军、辅主之胜任、空闲者中遣之。"②农迁溜又称为迁溜,正军与辅主也可担任迁溜一职,主管农、牧业生产,由军人担任,按照地域来选拔,具有农牧、军事两种性质。

"𗧚𗥦(军溜)"指的是军事组织单位,其设有大小首领、盈能等军职,主要由正军、辅主、寨妇等军卒组成。关于军溜的记载,西夏文与汉文史料互相印证。史载"西贼(宋朝指称西夏)首领,各将种落之兵,谓之'一溜',少长服习,盖如臂之使指,既成行列"。③ 因而,各族首领"各将种落之兵"组成军溜。这是西夏游牧民族特性的表现,具有很强的军事性质,人数由部族的大小而定,兵士之间由于少小便一起严格训练,在战斗中能很好地互相配合,其部族首领有着很大的威信。

西夏将驻守军事防御设施分为两个层次,一是驻守营垒城堡,二是驻守大城。④

𗥦(溜)相当于宋代的队。队是宋代兵制中基本的组织单位,数量不一。总的来说,宋正规军以五十人为一队,厢兵及蕃兵的队数量不同。宋元丰三年(1080),诏"凡弓箭手兵骑各五十人为队,置引战、旗头、左右傔旗,及以本属酋首为拥队,并如正军法"。⑤ 熙宁七年(1074),宋结队之法,"每一大队合五中队,五十人为之;中队合三小队,九人为之;小队合三人为之,亦择心意相得者……又选军校一人执刀在后,为拥队"。⑥ 总而言之,宋以五十人为一队,有旗头、左右傔人、引战、拥队等首领。相比而言,西夏的军溜有宋队所达不到的优点。早在宋庆历元年(1041),宋大臣田况就对宋夏兵制进行了比较,感叹西夏兵士"举手掩口,然后敢食,虑酋长遥见,疑其语言,其整肃如此"。⑦ 而宋"主将用兵,非素抚而威临之,则上下不相附,指令不如意"。这是因为宋朝为了军将不专兵权,采取将、兵分离的办法。田况建议军将"非大故无得轻换易"。这在当时显然是不可能实现的,因而宋廷

---

① [明]宋濂等:《元史》卷九八《兵一》,第2508页。
② 史金波、聂鸿音、白滨译注:《天盛改旧新定律令》卷十五《纳领谷派遣计量小监门》,第514页。
③ [宋]李焘:《续资治通鉴长编》卷一三二,庆历元年五月甲戌,第3136页。
④ 史金波、聂鸿音、白滨译注:《天盛改旧新定律令》卷四《弃守大城门》,第193页。
⑤ [元]脱脱等:《宋史》卷一九〇《兵四》,第4716页。
⑥ [元]脱脱等:《宋史》卷一九五《兵九》,第4865页。
⑦ [宋]李焘:《续资治通鉴长编》卷一三二,庆历元年五月甲戌,第3136页。

在宋夏战争中多数处于被动。

西夏寓兵于农,男子10岁皆登记入军籍,可谓全民皆兵。从正军、辅主、独诱等军人中选拔出"󰀀󰀀(迁溜)"或者"󰀀󰀀󰀀(农迁溜)"来主管农业生产及社会事务。󰀀󰀀,西夏文《三才杂字》(丁种本)有"󰀀󰀀"、"󰀀󰀀"。① 󰀀,徙、移、迁。夏译《类林》卷七宋玉条"󰀀󰀀󰀀󰀀󰀀󰀀󰀀"对应汉文"北斗转兮太山移"。② 󰀀字对应"移"。󰀀󰀀[制乘]迁徙。③ "󰀀󰀀󰀀󰀀󰀀󰀀󰀀󰀀󰀀󰀀󰀀󰀀󰀀(徙:家左变右;徙者迁徙也,家迁移之谓)。"④《天盛律令》规定:"租户家主由管事者以就近结合,十户遣一小甲,五小甲遣一头监等胜任人,二头监遣一农迁溜,当于附近下臣、官吏、独诱、正军、辅主之胜任、空闲者中遣之。"⑤ 可见,10户遣一名"󰀀󰀀(小甲)",50户遣一名"󰀀󰀀(头监)",100户遣一名"󰀀󰀀󰀀(农迁溜)"。

《亥年新法》卷十五也有与之类似的记载:"󰀀󰀀󰀀󰀀󰀀󰀀󰀀󰀀󰀀󰀀󰀀󰀀󰀀󰀀/󰀀󰀀,󰀀󰀀󰀀󰀀󰀀󰀀,󰀀󰀀󰀀󰀀󰀀󰀀,󰀀󰀀/󰀀󰀀󰀀󰀀󰀀󰀀󰀀󰀀(律令上租户家主由职管者处就近结合,十户设一小甲,五小甲设一头监,二头监当遣一迁溜)。"⑥ 此条规定相比《天盛律令》,详细了很多,进一步证明文献中的"󰀀󰀀󰀀(农迁溜)"就是"󰀀󰀀(迁溜)"。一般来说,边中、京畿遣迁溜等相同,如若人数众多且多受侵扰的地方,不遣"󰀀󰀀(小甲)",而"󰀀󰀀(头监)"与"󰀀󰀀(迁溜)"如数派遣。"󰀀󰀀󰀀󰀀",直译为"十迁九牧",这表明西夏畜牧业相当发达,占社会生产的绝大多数。

󰀀󰀀,队溜。󰀀,意"林"。《掌中珠》"󰀀󰀀"作"园林"。⑦ "󰀀󰀀"译"类林"。⑧ "一等牧农主披甲二种搜寻法,可借于队溜,当接名不须永久注册。行军季校时,当在队溜上阅校。其中有损失不能偿则不偿。官马一种则应按边等法烙印,永久注册。"⑨

"若军首领任城溜差事,则可遣辅主及自子、兄弟等前来纳籍。"⑩

卷六《行监溜首领舍监等派遣门》中规定溜的派遣办法:"一盈能、副溜有应派遣时,监军司大人应亲自按所属同院溜顺序,于各首领处遴选。"⑪

󰀀󰀀,指首领"各将种落之兵"。根据相关文献记载,包括正军、辅主、󰀀󰀀(寨妇)等一

---

① 《三才杂字》(丁种本),《俄藏黑水城文献》第十册,第63、52页。
② 史金波、黄振华、聂鸿音:《类林研究》卷七《文章篇》,第156页。
③ 李范文:《同音研究》,第400页。
④ 史金波、白滨、黄振华:《文海研究》,第277页。
⑤ 史金波、聂鸿音、白滨译注:《天盛改旧新定律令》卷十五《纳领谷派遣计量小监门》,第514页。
⑥ 《亥年新法》(甲种本),《俄藏黑水城文献》第九册,第203—204页。
⑦ 《番汉合时掌中珠》(甲种本),《俄藏黑水城文献》第一○册,第7页。
⑧ 史金波、黄振华、聂鸿音:《类林研究》卷三《敦信篇》,第34页。
⑨ 史金波、聂鸿音、白滨译注:《天盛改旧新定律令》卷五《军持兵器供给门》,第225页。
⑩ 史金波、聂鸿音、白滨译注:《天盛改旧新定律令》卷四《纳军籍磨勘门》,第256页。
⑪ 史金波、聂鸿音、白滨译注:《天盛改旧新定律令》卷四《行监溜首领舍监等派遣门》,第266页。

般军卒。"守营垒堡城者,军溜等中正军、辅主、寨妇等",①"守营、垒、堡城者军溜等中,军士、寨妇等本人不往……"②

𗧁𗖠,一般译为寨妇,是与正军、辅主一样具有作战能力的女兵。𗧁,音"材"、"铠"、"钗"。如,《掌中珠》豺狼[𗧁𗾧]、铠[𗧁]、铠盖[𗧁𘝚]、钗鈚[𗧁𗰔]③等等。

汉文文献记载西夏有"女兵"。《辽史·西夏外记》:契丹"俗曰敌女兵不祥,辄避去。"④《隆平集》卷二十也记"其经女兵者家不昌,故深恶焉"。⑤ 又有"玛魁",又作"麻魁",为西夏妇人之意,或同西夏语"𗧁𗖠(寨妇)"。《隆平集》卷二十也有相同记载,契丹"俗谓妇人为麻魁"。⑥ 宋康定元年(1040)九月,环庆路任福等攻破西夏白豹城,"又擒伪张团练及蕃官四人、麻魁七人,杀首领七人"。⑦《长编》卷一二八也有相同记载,《长编》影印本作"玛魁"。⑧ 又《长编》影印本卷八四有:"西界蕃部指挥使朗密囊、玛魁孟双二人投归顺。"《长编》标点本为:"浪梅娘、麻孟桑",此处脱一"魁"字。⑨ 因此孟双(孟桑)为麻魁(玛魁)。

寨妇的地位比正军、辅主低。《天盛律令》卷四:"守营、垒、堡城者军溜等中,军士、寨妇等本人不往,向大小头监行贿,令某处住,往者、收留者罪相等,正军、辅主等一律十杖,寨妇笞二十,与行贿罪比较,按重者判断。"⑩军首领等弃城不守时,"其下正军十三杖,负担,⑪寨妇勿治罪"。⑫ 这里,正军、寨妇等犯罪,寨妇所获刑罚低于正军、辅主,似因为在犯罪行为中处于从犯的位置。

寨妇也是正军的附属,疑似军队中的"𘝯𗙏(私人)"。"𘞃𗵒 𗙏𗎫𗧁𗖠𘎪𘄴𗙏(属者男人因不送寨妇)"。⑬《贞观玉镜将》中记载西夏作战人员主要有𗼃𗙏(庶人)、𘝯𗙏(私人)。"𗼃𗙏"指正军、辅主等军卒,"𘝯𗙏"当指没有人身自由的人,比如"𗧁𗖠"、"𗥤𘏞"等。

二、军溜的职能

军溜是高于军抄的军事组织单位,兼管军民。主要职责是驻守城堡,巡查边境,是军

---

① 史金波、聂鸿音、白滨译注:《天盛改旧新定律令》卷四《弃守营垒城堡溜等门》,第195页。
② 史金波、聂鸿音、白滨译注:《天盛改旧新定律令》卷四《弃守营垒城堡溜等门》,第195页。
③《番汉合时掌中珠》(乙种本),《俄藏黑水城文献》第一〇册,第27、30页。
④ [元] 脱脱等:《辽史》卷一一五《西夏外纪》,第1524页。
⑤ [宋] 曾巩著、王瑞来校证:《隆平集校证》卷二十《夏国》,第604页。
⑥ [宋] 曾巩著、王瑞来校证:《隆平集校证》卷二十《夏国》,第621页。
⑦ [清] 徐松辑录:《宋会要辑稿》,第7001页。
⑧ [宋] 李焘:《续资治通鉴长编》影印本卷一二八,第1166页。
⑨ [宋] 李焘:《续资治通鉴长编》影印本卷八四,第742页;《长编》标点本,第1922页。
⑩ 史金波、聂鸿音、白滨译注:《天盛改旧新定律令》卷四《弃守营垒城堡溜等门》,第195页。
⑪ 𗥤𗙏,辅主,此处汉译本《天盛律令》误译为负担。
⑫ 史金波、聂鸿音、白滨译注:《天盛改旧新定律令》卷四《弃守营垒城堡溜等门》,第196页。
⑬《天盛律令》(甲种本),《俄藏黑水城文献》第八册,第102页。

事作战中的主要战斗力。平时兼管辖区内的罪犯、服役,追捕盗贼,协助农牧业生产等。

第一,驻守城堡营垒,巡查边界,监视敌情。"大小检人对敌人盗寇者来已监察,当告先所属军溜及两相接旁检人等,其相接旁检人亦当告自己营垒堡城军溜等"。① "检人已监察,先知敌人入寇者来,当告所属营垒军溜堡城,相接旁检等,检人于长□边界上当监视军情,敌军改道别地往时,军情所向处当重派告者。"② "大小检人地底未放逸,敌军盗贼入寇者来,监察先知,新接检人以及局分军溜报告之功"。③

"沿边盗贼入寇者来,守检更□者知觉,来报堡城营垒军溜等时,州主、城守、通判、边检校、营垒主管、军溜、在上正、副溜等,当速告相邻城堡营垒军溜,及邻近家主、监军司等,当相聚。"④

第二,追捕所辖地区盗窃者,尤其是关于牲畜的盗窃案件。"前述三种畜中堕谷内、患病死等,当告附近司中,距司远则当告巡检、迁溜、检校、边、管等处。"⑤ "有在大小巡检、迁溜、检校、边、管等所属之地方内盗窃牛、骆驼、马、骡、驴而杀者,则当捕,举告赏当按他人告举法得。"⑥ 因醉酒误拿他人财物,酒醒后,"当经附近巡检、迁溜、诸司等,向属者只关,不允旁人告举、接状"。⑦ "家主中持拿盗窃者时,邻近家主当立即协助救护。若协助救护不及,不往报告时,城内城外一律所属大人、承旨、行巡、检视等徒一年,迁溜、检校、边管、盈能、溜首领、行监知觉,有位人等徒六个月,此外家主徒三个月。"⑧

卷四《杂盗门》:"盗窃时被强力驱迫,随从于所盗窃处出力助盗□时,但为他人动手,紧紧驱迫,报告处来不及者,当赦盗窃罪。报告来不及则当告近处有司巡检、迁溜、检校、边、管等处。"⑨

第三,监管辖境内罪犯,出工典押时,意外致死当告军首领、迁溜处。"因罪戴铁枷者日未满,此处擅自专解开,□向自己属者当向管处付嘱。附近无属者主管处,与犯罪人不接近处实任职按近接所属远近之迁溜、检校、边、管等,谁在附近当一同拘缚,当于中间检查。"⑩ 卷十一《出典工门》:"诸人自己情愿于他处出工典押,彼人若入火中、狗咬、畜踏、着

---

① 史金波、聂鸿音、白滨译注:《天盛改旧新定律令》卷四《边地巡检门》,第204页。
② 史金波、聂鸿音、白滨译注:《天盛改旧新定律令》卷四《边地巡检门》,第204页。
③ 史金波、聂鸿音、白滨译注:《天盛改旧新定律令》卷四《边地巡检门》,第205页。
④ 史金波、聂鸿音、白滨译注:《天盛改旧新定律令》卷四《敌军寇门》,第212页。
⑤ 史金波、聂鸿音、白滨译注:《天盛改旧新定律令》卷二《盗杀牛骆驼马门》,第155页。
⑥ 史金波、聂鸿音、白滨译注:《天盛改旧新定律令》卷二《盗杀牛骆驼马门》,第156页。
⑦ 史金波、聂鸿音、白滨译注:《天盛改旧新定律令》卷三《妄劫他人畜驮骑门》,第171页。
⑧ 史金波、聂鸿音、白滨译注:《天盛改旧新定律令》卷三《追赶捕举告盗赏门》,第179页。
⑨ 史金波、聂鸿音、白滨译注:《天盛改旧新定律令》卷三《杂盗门》,第166页。
⑩ 史金波、聂鸿音、白滨译注:《天盛改旧新定律令》卷二《戴铁枷门》,第157页。

铁刃、染疾病而死者,限期内,入主人边近则当告之,入主人边远则当告司中及巡检、军首领、迁溜检校等之近处。"①

第四,统计辖区逃人情况,检校官马。卷十三《逃人门》载"逃人于主人之军首领、正军、迁溜检校、交管等院中辅主人等□□局分迁院时□□,则住家主人、迁溜检校等当火速起行,十个月期间当委托,在处属者视远近,则当告交边中监军司、京师界殿前司等",应报告逃人的逃跑时间、路途远近、人数等情况。②

统计官人、私人逃跑数量、时间、住址等,卷十三《逃人门》:"官人为逃人,所管处首领、正军、迁溜检校、交管等当明外逃人之姓名、人数、列名、住址,未明当令明,于十个月期间告局分人,住处明则当催促断罪,托付所管处。"③

第五,审理案件时派遣传唤被告。卷十三《遣差人门》:"往传唤、催促被告人者,近便边近,则所属军首领、迁溜检校、交管、巡检、监军司等当派遣。若军首领、监军司等地边远近而不近便,则迁溜检校、交管等当派遣。"④

第六,协助管理边境迁牧、迁耕事宜,"我方家主人迁居未全往,单独行,彼处与盗贼入寇者遇,而失败,畜、人已入他人之手,因畜主人先□溜中未来,所丢失畜皆当罚,勿得罪。边管、检校因在彼人迁溜中未禁止,未受贿十三杖,受贿则徒六个月。守更口者依法判断"。⑤ "不允迁家牲畜主越地界之外牧耕、住家。……军溜、边检校、检主管等当使返回,令入地段明确处,按所属迁溜、检校等只关。"⑥

第五节 盈 能

西夏文文献中有"𗼃𗰔(盈能)"和"𗼃𗰔𗾈(牧盈能)",是"𘑶(溜)"中所设职位。𗼃𗰔,音译作"盈能"。𗼃,盈、耶,助词,乃。"𗼃𘟣𘐆(乃,语助)",⑦𗰔,意"等","𗼃𗰔(盈能)"。⑧ "𗾈𗼃𗰔"译作牧盈能,主要职责是协助牲畜的登记与校验。宋设群牧司"都监多不备置,

---

① 史金波、聂鸿音、白滨译注:《天盛改旧新定律令》卷十一《出典工门》,第388页。
② 史金波、聂鸿音、白滨译注:《天盛改旧新定律令》卷十三《逃人门》,第461页。
③ 史金波、聂鸿音、白滨译注:《天盛改旧新定律令》卷十三《逃人门》,第462—463页。
④ 史金波、聂鸿音、白滨译注:《天盛改旧新定律令》卷十三《遣差人门》,第465页。
⑤ 史金波、聂鸿音、白滨译注:《天盛改旧新定律令》卷四《边地巡检门》,第210页。
⑥ 史金波、聂鸿音、白滨译注:《天盛改旧新定律令》卷四《边地巡检门》,第212页。
⑦ 李范文:《同音研究》,第417页。
⑧ 李范文:《同音研究》,第264页。

判官、都监每岁更出诸州巡坊监,点印国马之蕃息者"。① 金有乌鲁古使、副使,为诸群牧所长官,"掌检校群牧畜养蕃息之事"。② 西夏校验官畜的大校与宋群牧司判官、都监相似,而牧盈能与金朝的乌鲁古使相似。"𘒽𘓐(盈能)"由于其西夏文含义不明而难以理解。因此,有必要对其所处地位及其职能进行考察,以期能明确其具体所指。

盈能有多种,"臣僚于自处纳籍,其他类盈能等,纳籍法当与首领本人纳籍法同"。③ 可见盈能为溜的常设职官。盈能少弱时,可以自愿组成"𘓺(班)",《天盛律令》卷六载:"其他各部军首领,定员盈能等人众弱,数甚少时,按部溜盈能相同顺序,允许自愿结合为'班'。总计不超过十抄。"④

自三十抄以上,盈能可与"𘜶𘃢(案头)、𘂤𘆡(司吏)、𘚢𘛽(主簿)"等一同请印。卷十《官军敕门》:"未得请官印及无官等,本人中地边、地中境内就近结合,自三十抄起以上各遣盈能一人,⑤当予册,与案头、司吏、主簿、盈能等一同请印。"⑥并且,盈能为他职、死、为弱时,遣其子及属下勇健者应为主事。⑦

盈能及新为盈能者,应领有一种牌,有事时当执符。《天盛律令》卷十三载:"边中各行监、盈能行,使当置一种牌,行时当执符。有新为行监、盈能等官,亦始使领一种牌。"京师局分人应戴牌。⑧

盈能的选拔标准为"勇健强悍"、有战功守军令、众人折服,经由相关诸司层层选拔,才能成为盈能。《天盛律令》卷六:"盈能、副溜有应派遣时,监军司大人应亲自按所属同院溜顺序,于各首领处遴选。当派遣先后战斗有名、勇健有殊功、能行军规命令、人□□□折服、无非议者入选。人名确定后经刺史、正副统、经略等司,一起奏告枢密才可以派遣。"⑨

盈能有巡查边境、驻守军防的职责。《天盛律令》卷四《地边检门》中提到,敌寇入侵,掠夺人、畜、物等,相关人员应依次处罚。有𘓺𘓐(检人)、𘓺𘔀𘛽(检头监)、𘜐𘔀𘒽𘓐(军溜盈能)、𘄴𘄜𘜹(边检校)、𘒮𘂤𘚜(副行统)、𘅎𘚜(正统)等。⑩ 可见,盈能下有𘝞𘓺、检头

---

① [元] 脱脱等:《宋史》卷一六四《职官四》,第 3896 页。
② [元] 脱脱等:《金史》卷五七《百官三》,第 1330 页。
③ 史金波、聂鸿音、白滨译注:《天盛改旧新定律令》卷六《纳军籍磨勘门》,第 256 页。
④ 史金波、聂鸿音、白滨译注:《天盛改旧新定律令》卷六《行监溜首领舍监等派遣门》,第 265 页。
⑤ 此处史金波等译《天盛改旧新定律令》漏译"𘒽𘓐𘝞𘓐",即盈能一人。
⑥ 史金波、聂鸿音、白滨译注:《天盛改旧新定律令》卷十《官军敕门》,第 359 页。
⑦ 史金波、聂鸿音、白滨译注:《天盛改旧新定律令》卷十《官军敕门》,第 360 页。
⑧ 史金波、聂鸿音、白滨译注:《天盛改旧新定律令》卷十三《执符铁箭显贵言等失门》,第 476 页。
⑨ 史金波、聂鸿音、白滨译注:《天盛改旧新定律令》卷六《行监溜首领舍监等派遣门》,第 265—266 页。
⑩ 《天盛律令》(甲种本),《俄藏黑水城文献》第八册,第 105 页。

监,其上有边检校、正副统等军职。又卷五:"诸溜盈能、大小军头监、末驱、舍监、军卒……"①此处,盈能下有󰀀󰀁󰀂󰀃、󰀄󰀅、󰀆󰀇、󰀈󰀉等。这说明盈能在军溜中属于较低层次的军官。

盈能比庶民地位高。卷八《为婚门》中提到诸人为婚时所出聘礼标准,"自盈能等头领以下至民庶为婚,嫁女索妇等,予价一律一百种以内,其中骆驼、马、衣服外,金豹、虎皮等勿超二十种"。②此处按照聘礼的多少分为三种,第一种指节亲主、宰相与与其相当或者其下人结亲,第二种指节亲主以下官僚与与其相当或者其下人结亲,第三种指盈能、首领与其下民庶为婚。

牧盈能,与畜牧业有很重要的关系。卷十九《牧盈能职事管门》专述牧盈能在校畜中所起的重要作用,即在每年一度的校畜来临前,做好牲畜及孳生幼畜的登记工作,为校畜做好准备。牧盈能的地位处于牧人、牧监之上。如卷十九"盈能处之牧人、牧监等",③牧首领、舍监高于牧人、小牧监,牧盈能按照条件从牧首领中选拔。

《天盛律令》卷十九有《职事管门》,西夏文为"󰀊󰀋󰀌(职事管)",然而甲种本《名略》却记为"󰀍󰀎󰀏󰀊󰀋󰀌",译为牧盈能职事管。并规定"牧首领、末驱,各自当头监,于临近二百户至二百五十户牧首领中遣胜任一名为盈能,当令号印检校官畜"。④由此可知,牧盈能的主要职责在于"检校官畜"。

牧盈能校畜之前,做好各类牲畜的登记簿册,对新生幼畜进行注册,并施以号印。卷十九《畜利限门》:"百大母骆驼一年内三十仔,四月一日当经盈能验之,使候校。"⑤每年的四月一日至十月一日期间,牧盈能应于新生官畜上置号印,骆驼、马、牛在耳上,羖𤜣、羊在面颊上。等到十月一日,由群牧司及诸司大人、承旨、前内侍之空闲臣僚中选任的大校来校验官畜,当面于官畜上置火印。四种畜中,牛、骆驼、羖羊历应交毛、酥数量,"各牧监本人处放置典册,当于盈能处计之,数目当足"。⑥

牧盈能的另外一个重要职责是协助校验官畜,包括以下三个方面的内容。首先,提供及保管校畜时所需刑具。卷十九《校畜磨堪门》:"随大校行杖者、及枷索、大杖等,当于所

---

① 史金波、聂鸿音、白滨译注:《天盛改旧新定律令》卷五《季校门》,第231页。
② 史金波、聂鸿音、白滨译注:《天盛改旧新定律令》卷八《为婚门》,第311页。
③ 史金波、聂鸿音、白滨译注:《天盛改旧新定律令》卷十九《牧盈能职事管门》,第595页。
④ 史金波、聂鸿音、白滨译注:《天盛改旧新定律令》卷十九《牧盈能职事管门》,第595页。
⑤ 史金波、聂鸿音、白滨译注:《天盛改旧新定律令》卷十九《畜利限门》,第576页。
⑥ 史金波、聂鸿音、白滨译注:《天盛改旧新定律令》卷十九《牧盈能职事管门》,第595—596页。

属盈能处取,毕时当依旧还之。"①其次,由群牧司及诸司大人、承旨、前内侍等空闲臣僚中选拨校畜者,于每年的十月一日往各地官牧场进行校畜。而牧盈能在四月一日至十月一日之间做好官畜登记注册的簿册后,再配合京师来人的检验。"能偿之人大校之前于盈能处索偿为号印。"②最后,校畜时,因畜死亡及繁殖数目不足等时,需要赔偿,盈能应早于校畜置火印。"至往场中时,有偿号记之畜当与畜齿册校而印之,不许不实齿偿还。先盈能处已置命,每人于大校当面应再好好问之。"③

---

① 史金波、聂鸿音、白滨译注:《天盛改旧新定律令》卷十九《校畜磨勘门》,第586页。
② 史金波、聂鸿音、白滨译注:《天盛改旧新定律令》卷十九《牧盈能职事管门》,第596页。
③ 史金波、聂鸿音、白滨译注:《天盛改旧新定律令》卷十九《牧盈能职事管门》,第596页。

第五章　西夏的军政管理机构

史载西夏"年六十以下,十五以上,皆自备介胄弓矢以行"。① 由于西夏实行严格的军籍制度,以军抄、军溜等部落兵制的方式组建起强大的军事力量。而西夏的中央军事管理机构包括枢密院、殿前司、正统司、统军司等,枢密院、殿前司、正统司均设置在京师,而统军司则设置在边境。战事结束,正、副统军回归京师,就将军马头项交予监军司管理。"正、副统归京师,边事、军马头项交付监军司"。② 然而,限于资料,正统司和统军司的记载尤为少见。正统司不在五等司之列,文献中只有其有关司印的规定;而统军司的设置时间、地点限于文献也难以判断。

西夏的军力,元昊时超15万,"自谓地广兵劲,敢行僭叛"。③ 从文献分析得知,西夏将军权分为若干部分,即由枢密院掌管武职官员的任免、考核、管理事务;殿前司掌管全国战具的季校、军人官马的注册、皇宫禁卫的分抄续转,以及禁宫仪仗、礼仪等事宜;监军司掌管军籍、储备军粮、战时点集军队。枢密院与殿前司为中央军政管理机构,而监军司则是地方军政机构。而在战时,则有大首领、节亲、宰相等为正副统军,统率军队点集作战。"欲西用兵,则自东点集而西。欲东则自西点集而东。"④这一点与宋朝的制度相近,宋朝将军权一分为三,"枢密掌兵籍、虎符,三衙管诸军,率臣主兵柄,各有分守"。⑤

西夏将战时军事管理机构称为"𘜶𘒏",即"权位"。次于"𘜶𘒏",与"𘜶𘒏"并列。权位下列"𘜶𘒏"与"𘜶𘒏"两个官职名称。𘜶𘒏,即正统,𘜶𘒏,译为差遣(或译为行司)。前者与次等位相当,后者与中等位相当。⑥ 宋朝的差遣官,常常带有判、知、勾当、管勾、

---

① [宋]曾巩著,王瑞来校证:《隆平集校证》卷二十《夏国》,第603页。
② 史金波、聂鸿音、白滨译注:《天盛改旧新定律令》卷四《边地巡检门》,第211页。
③ [宋]曾巩著,王瑞来校证:《隆平集校证》卷二十《夏国》,第603页。
④ [宋]曾巩著,王瑞来校证:《隆平集校证》卷二十《夏国》,第603页。
⑤ [元]脱脱等:《宋史》,第3800页。
⑥ 《官阶封号表》(乙种本),《俄藏黑水城文献》第九册,第368页。

权、提举、提点等限定词。"诸京师大人、承旨及任职人等中,遣地边监军、习判、城主、通判、城守等时,是权则京师旧职勿转,当有名,而遣正。"①"监工中诸活业,当初有任权职者,当依边等法入留中。不任权职,则当遣送,被应留诸人每日当在工院及习业院等□上□□,匠人者有食粮则当减之。"②

战时,由中央从"𘓺𘇚(节亲)"、"𘄏𘟀(宰相)"及其他京师"𘅞𘅡(臣僚)"中选派将领兼任"𘘃𘉋𘃎(正副统)"指挥作战,战后,将领返回京师。西夏建立初期,中书与枢密分掌文武大政,而军队掌握在各族大首领手中,平时作战时从中选拨一名统军,指挥作战。如西夏六路统军嵬名阿埋,③为西夏用事首领。谋攻永乐城的"统军叶悖麻、咩吔埋二人"。④每有战事,史称"其主将皆阵后立马督战"。⑤ 这与北宋时期的做法很相似。北宋时期,"制兵之额有四,曰禁兵、曰厢兵、曰乡兵、曰蕃兵,分隶殿前、侍卫、总管司"。⑥ 一旦需征战时,临时命将帅出师,号称行营。统帅或称诸军都部署、副都部署及监军,战事结束行营便罢。西夏的正统司相当于宋代的行营。

监军司与正副统的关系,前者属于地方常设机构,负责平时的军政事务;后者属于中央派出机构,负责职掌战时军政事务。《天盛律令》卷四提及防守边境,我方过防线迁徙、狩猎时,"正副统等在边境任职,则副行统降一官,罚马二;正统曾说地界勿通防线,管事人已行指挥,则勿治罪,未行指挥则当降一官,罚马一。若正、副统归京师,边事、军马头项交付监军司,则监军、习判承罪顺序:习判按副行统、监军按正统法判断"。⑦

第一节 枢 密 院 考

枢密院,音"令㨂落",《涑水记闻》卷九记为"枢密院",汉文本《杂字》简称为"密院"。而在《天盛律令》等文献中均简称为"枢密"。在汉文资料中,枢密院又作"凌罗",读音与"令㨂落"相近。在五等司中,与中书并列为上等司,分掌西夏的军政大事。《官阶封号表》乙种本有"𘕺𘟀𘒎",即枢密位,与中书位相对,在师位之下。枢密的司印银质重五十两,长

---

① 史金波、聂鸿音、白滨译注:《天盛改旧新定律令》卷十《司序行文门》,第377页。
② 史金波、聂鸿音、白滨译注:《天盛改旧新定律令》卷二十《罪则不同门》,第615页。
③ [宋]李焘:《续资治通鉴长编》卷五〇五,元符二年正月壬戌,第12038页。
④ [元]脱脱等:《宋史》,第11055—11056页。
⑤ [宋]曾巩著、王瑞来校证:《隆平集校证》卷二十《夏国》,第604页。
⑥ 《通考·兵制四》引《两朝国史志》。
⑦ 史金波、聂鸿音、白滨译注:《天盛改旧新定律令》卷四《边地巡检门》,第211页。

宽各两寸半。

在西夏前期具有很重要的地位，与中书对掌文武大政。设于元昊初建官制时期，与中书并列为上等司。宋枢密院掌兵符，武官选拔除授，兵防边备及京师屯戍之政令。西夏初设官制时，除了枢密院，就只有翊卫司具有军事色彩。翊卫司是西夏宫城护卫军，中央、地方军政均由枢密院统辖。《涑水记闻》卷九记载了宋将种世衡设计利用蕃将深入西夏腹地，盗取军事机密的史实。"其人被杖已，奔赵元昊，甚亲信之，得出入枢密院。岁余，尽谝得其机事以归"。① 可见，枢密院当时尽掌军机。后来，西夏官制屡有变增，翊卫司罢设，又有殿前司、皇城司、正统司、统军司等军政机构设立，这些机构分了原枢密院职权。

一、枢密院的设置及其职责

西夏前期，枢密院的权力较大，而到了中后期，由于殿前司、正统司、统军司等机构的设置，其权力分散。殿前司统率中央兵力，掌验校全国军队、器甲、官马的，宫城禁卫的续转、仪仗等事务。天盛年间(1149—1169)，枢密院的地位有所下降，具体表现有二：

首先，枢密院本设置内宫中，"中书、枢密者，除因在内宫中有种种任职依法可住之外，催促文书者当在车门以外，不许入内"。② 这表明，中书枢密在天盛初年仍设置在内宫，非任职人员不得入内。仁宗于天盛十三年(1161)，"移置中书、枢密于内门外"。③ 表明其地位下降，或与其职权被其他官僚机构分领有关。

其次，枢密院所设六大人，具有荣誉加官的性质。《天盛律令·颁律表》有"枢密东拒"，任职者嵬名仁谋，嵬名是西夏皇族姓氏，在这里很有可能是参与编纂《天盛律令》的皇族。这或许表明，枢密院所设官名有表示荣誉、尊位的意思。虽然职位很高，但并无实权。在《颁律表》中同时出现有三位"枢密承旨"，任职者身兼数职。宋代有因官职崇高而不常设的官名，即便设置也是作为诸王、亲贵的加官，如中书令，而具有实权的往往是副职。根据文献透露出来的信息，西夏的枢密院诸官可能也有这种寓意。

然而，根据文献可知，西夏的枢密院官员可以带兵作战。宋神宗熙宁四年(1071)正月"初五日乙丑，都枢密都啰，参政及钤辖十三人，领兵三千在马户川。初六日，谍遣将击走之，斩首百余级"。④《宋史·安丙传》载："夏人以枢密使甯子宁众二十余万，约以夏兵野战，宋师攻城。"⑤

---

① [宋]司马光著、邓广铭等点校：《涑水记闻》卷九，中华书局，1989年，第174页。
② 史金波、聂鸿音、白滨译注：《天盛改旧新定律令》卷十二《内宫待命等头项门》，第437页。
③ [元]脱脱等：《宋史》卷四八六《夏国传下》，第14025页。
④ [宋]李焘：《续资治通鉴长编》卷二一九，熙宁四年正月初五日乙丑，第5320页。
⑤ [元]脱脱等：《宋史》卷四〇二《安丙传》，第12194页。

枢密院的职责：

第一，枢密院掌管全国武职官员的选拔、派遣管理与考核。"诸人袭官、求官、由官家赐官等，文官经报中书，武官经报枢密，分别奏而得之。"①"上次中三等大人、承旨、习判、下等司正等当赐敕，依文武次第，由中书、枢密所管事处分别办理。"②"前述任职位人三年期满时，期间住滞词中遭降官、罚马者，依文武次第引送中书、枢密，当入升册。"③边中正副统军、刺史、监军、习判等"有二十日以上宽限期者，则当有谕文，当以文武次第奏报中书、枢密所职管处定宽限期。"④派遣京师以北至富清县等十五行宫的"检溜者、下臣、臣僚、外内侍、神策、阁门等于正军、辅主得一样职门能办时□□上二种共事，当告枢密而遣之"。⑤

第二，与中书共掌罪行的复审和审核。"获死罪、长期徒刑、黜官、革职、军等行文书，应奏报中书、枢密，回文来时方可判断。"并规定"至来时，所属案中亦再与律令仔细核校，有失误则另行查检"。⑥有疑问的案件投入匦匣司中，匦匣司中判断仍存在问题时，"则当依文武次第报于中书、枢密。只关取文、司局分大小转承次第等，匦匣司人当依法为之"。⑦

第三，决定前内侍、阁门等袭抄事宜，派遣地边专司捕盗的巡检。"前内宿、阁门等有袭抄者时，当与管事人上奏呈状。人实可遣，当依文武次第来中书、枢密管事处"，按照相关标准判断是否应该袭抄。⑧"臣僚、官吏、独诱类种种中，当按职门能任、人勇武强健及地方广狭、盗诈多少计量，管事者当依次转告，应告枢密遣之。"⑨

第四，因公需要派遣服徭役者时，应报中书、枢密。"若国家内临时修缮佛塔、寺院，建造大城、官地墓，为碑志等时，应不应于租户家主摊派杂事，当告中书、枢密，计量奏报实行。"⑩

第五，三个月一次过问边中诸司所属官畜、谷物的借领、供给、交还、偿还、损失等情况。并规定"前述官物所辖诸司所行用、催促何有何无，一年毕时，当先后告于中书、枢密

---

① 史金波、聂鸿音、白滨译注：《天盛改旧新定律令》卷十《官军敕门》，第356页。
② 史金波、聂鸿音、白滨译注：《天盛改旧新定律令》卷十《官军敕门》，第362页。
③ 史金波、聂鸿音、白滨译注：《天盛改旧新定律令》卷十《续转赏门》，第349页。
④ 史金波、聂鸿音、白滨译注：《天盛改旧新定律令》卷十《失职宽限变告门》，第352页。
⑤ 史金波、聂鸿音、白滨译注：《天盛改旧新定律令》卷二十《罪则不同门》，第615页。
⑥ 史金波、聂鸿音、白滨译注：《天盛改旧新定律令》卷九《事过问典迟门》，第317、323页。
⑦ 史金波、聂鸿音、白滨译注：《天盛改旧新定律令》卷九《越司曲断有罪担保门》，第339页。
⑧ 史金波、聂鸿音、白滨译注：《天盛改旧新定律令》卷十《官军敕门》，第355—356页。
⑨ 史金波、聂鸿音、白滨译注：《天盛改旧新定律令》卷十三《派大小巡检门》，第456—457页。
⑩ 史金波、聂鸿音、白滨译注：《天盛改旧新定律令》卷十五《催缴租门》，第491页。

所管事处，当总计种种文书，有何延误住滞当言之"。①

二、枢密院的属官

《天盛律令》卷十《司序行文门》规定枢密院设有六名大人，即𘞃𘃪、𘄡𘆝、𘋢𘃽、𘟣𘏲、𘂆、𘄇𘅤等。《官阶封号表》(乙种本)中枢密位，下列六名大人，与《天盛律令》所载相同。汉译本译为南柱、北座、西摄、东拒、副、名入。此外，枢密院还设有六承旨，十四谍案，包括二都案，案头四十八名。中国藏西夏文献第19册西夏陵残碑有"枢密"、"枢密使"等官名。下面分别考证：

枢密院长官 𘞃𘃪、𘄡𘆝、𘋢𘃽、𘟣𘏲、𘂆、𘄇𘅤等六名大人。《天盛律令·颁律表》中有枢密东拒、枢密权、枢密入名、副枢密、枢密居京等官名，汉文典籍中的枢使、枢密使、都枢密、左右枢密使等均应属于此类。"枢密使……副使、知院事、同知院事、签书、同签书……虽名秩有高下，然均称为'枢密'。"②

枢密使 通常简称为枢密，枢使。西夏又有都枢密、左右枢密使等名目。

宋宝元元年(1038)九月，"山遇先在元昊处为枢密"。③

宋绍兴十一年(1141)六月，"夏枢密使慕洧弟慕浚谋反，伏诛"。又"其后金人南迁，议徙都长安，遣元帅赤盏以重兵宿鞏州。夏主畏其侵迫，乃遣枢密使都招讨宵子宁，忠翼赴蜀间议夹攻秦、鞏"。④《宋史·安丙传》："夏人以枢密使宵子宁众二十余万，约以夏兵野战，宋师攻城。"⑤

金泰和八年(1208)"三月甲申，夏枢密使李元吉、观文殿大学士罗世昌等奏告"。⑥

宋神宗熙宁四年(1071)正月，"初五日乙丑，都枢密都啰，参政及铃辖十三人，领兵三千在马户川。初六日，谔遣将击走之，斩首百余级"。⑦

刘绍能"击破夏右枢密院党移赏粮数万众于顺宁"。⑧

宋嘉定"七年(1214)夏，左枢密使万庆义勇遣二僧赍蜡书来西边，欲与共图

---

① 史金波、聂鸿音、白滨译注：《天盛改旧新定律令》卷十七《库局分转派门》，第529—530页。
② [宋]洪迈著：《容斋三笔》卷四《枢密称呼》，上海古籍出版社，1978年，第456页。
③ [宋]司马光著、邓广铭等点校：《涑水记闻》卷十二，第220页。
④ [元]脱脱等：《宋史》卷四八六《夏国传下》，第14024、14027页。
⑤ [元]脱脱等：《宋史》卷四〇二《安丙传》，第12194页。
⑥ [元]脱脱等：《金史》卷六二《交聘表下》，第1480页。
⑦ [宋]李焘：《续资治通鉴长编》卷二一九，熙宁四年正月乙丑，第5320页。
⑧ [元]脱脱等：《宋史》卷三五〇《刘绍能传》，第11076页。

金人"。①

世宗大定十年(1170)"闰五月乙未,夏权臣任得敬中分其国,协其主李仁孝遣左枢密使浪讹进忠、参知政事杨彦敬、押进翰林学士焦景颜等上表为得敬求封"。②

判枢密院事

西夏陵108号墓主残碑,李范文考证其为"尚书、太师、尚书令、知枢密院事、六部监门、梁国正献王嵬名讳安惠"。③

益立山祖上为西夏沙州人。"显祖府君历夏国中省官兼判枢密院事。"④

枢密东拒、西摄、入名　《天盛律令·颁律表》中有枢密东拒嵬名仁谋、枢密入名嵬名忠信等。⑤ 西夏文刻本《妙法莲华经》的序言有"枢密西摄典礼司正……旺普信作"。⑥ 此外,还有枢密居京,在《司序行文门》中不载。

枢密承旨　西夏枢密院设有六名承旨。宋代枢密院下设承旨司,官额有枢密都承旨、副都承旨,枢密院副承旨,常置一二员,不备置。《司序行文门》中没有枢密院设承旨司的记载。宋代的承旨司官额很多,下设若干房,又设有数量较多的副承旨。《天盛律令·颁律表》中有枢密承旨杨□。⑦ 见于资料的枢密承旨有:

金世宗大定二年"四月,夏……押进枢密副都承旨任纯忠贺登宝位"。⑧

四年十二月,"夏奏告使殿前太尉梁惟忠、翰林学士枢密都承旨焦景颜上章奏告"。⑨

七年十二月壬辰,"夏遣……枢密都承旨赵衍奏告"。⑩

金泰和八年"五月辛亥,夏……枢密都承旨苏寅孙谢赐生日。"⑪

枢密都案、案头

宋神宗元丰四年(1081)十月,种谔奏言:"捕获西界伪枢密院都案官麻女吃多草,熟知兴、灵等州道路、粮窖处所,及十二监军司所管兵数。已补借职,军前驱使。"⑫

---

① [元]脱脱等:《宋史》卷四八六《夏国传下》,第14027页。
② [元]脱脱等:《金史》卷六一《交聘表中》,第1427页。
③ 李范文编译:《西夏陵出土残碑粹编》,文物出版社,1984年,第8页。
④ [元]王挥:《秋涧集》,《文渊阁四库全书》本1200册,卷五一,第679页。
⑤ 史金波、聂鸿音、白滨译注:《天盛改旧新定律令·颁律表》,第107页。
⑥ 史金波:《西夏文〈官阶封号表〉考释》,《中国民族古文字研究》第三辑,第254页。
⑦ 史金波、聂鸿音、白滨译注:《天盛改旧新定律令·颁律表》,第108页。
⑧ [元]脱脱等:《金史》卷六一《交聘表中》,第1418页。
⑨ [元]脱脱等:《金史》卷六一《交聘表中》,第1420页。
⑩ [元]脱脱等:《金史》卷六一《交聘表中》,第1425页。
⑪ [元]脱脱等:《金史》卷六二《交聘表下》,第1480页。
⑫ [宋]李焘:《续资治通鉴长编》卷三一八,元丰四年十月丙寅,第7680页。

黑水城出土西夏时期文书《三司设立法度》载："书（枢）密院案头……"①

枢密直学士 在《金史·交聘表》中出现了11人次，均作为使臣出使金朝。

第二节 殿前司考

"𗖕𗯨𗰔［北与啰］殿前司"。② 汉文本《杂字》司分部有"殿前"一词。元昊初设官制时，不见殿前司的记载。

首先，殿前太尉，这种称呼在《宋史》中只出现一例，即卷一二一："内侍传旨与殿前太尉某，诸军谢恩承旨讫"。③宋殿前司最高长官是殿前司都点检，其次是殿前司副都点检，再次是殿前司都指挥使。因宋太祖曾任过殿前都点检一职，建隆二年（961）罢慕容延钊为山南西道节度使，"自是，殿前都点检遂不复除授"。④同年七月，殿前都副点检也罢置，因此，殿前司都指挥使成为殿前司最高长官。而太尉在宋前期为亲王、宰相、使相的加官，政和二年（1112），改太尉为武阶官之首。因而，《宋史》中出现的"殿前太尉某"指的是"太尉、殿前都指挥使某"。如政和"七年二月二十三日，太尉、殿前都指挥使高俅奏"，⑤指的是殿前司最高长官，武阶官为太尉的官员高俅。

西夏的殿前太尉与宋应有不同，主要集中在太尉这一官名上。宋太尉只是武阶官之首，是荣誉官衔。史料中出现的西夏太尉数量很多，如宋康定元年（1040）九月，大将任福等"破贼白豹城，烧庐舍酒税务仓草场伪李太尉衙"。⑥庆历四年（1044）九月庚戌，"西界努玛族太尉香布以其族十八人内附"。⑦嘉祐二年（1057）二月，"会西人数遣人求通宁星和市，继勋使均等以此邀之。其把关太尉曹勉及管勾和市曹勋谓均等曰：'若通宁星和市，其麟府疆界请一切如旧'"。⑧把关太尉，显然是管理和市、榷场的专职官员。部族首领就能任太尉，这说明西夏太尉一职的设置很普遍。并不像宋一般，是阶官名称。

其次，殿前马步军太尉，宋代没有这样的官名。宋代殿前司与侍卫司合称两司，而侍

---

① 《俄藏黑水城文献》第六册，第299页。
② 《番汉合时掌中珠》（乙种本），《俄藏黑水城文献》第一〇册，第33页。
③ ［元］脱脱等：《宋史》卷一二一《礼二四》，第2835页。
④ ［宋］李焘：《续资治通鉴长编》卷二，建隆二年闰三月甲子，第42页。
⑤ ［清］徐松辑录：《宋会要辑稿》，第3009页。
⑥ ［清］徐松辑录：《宋会要辑稿》，第7001页。
⑦ ［宋］李焘：《续资治通鉴长编》卷一五二，庆历四年十月庚戌，第3708页。
⑧ ［宋］李焘：《续资治通鉴长编》卷一八五，嘉祐二年二日壬戌，第4470页。

卫司分置马军都指挥使和步军都指挥使，与殿前都指挥使合称三衙。三衙互不统属，直隶皇帝，"国朝旧制，殿前、侍卫马、步三衙禁旅合十余万人"。① 在宋代，殿前司与侍卫司没有统属关系。"殿前马步军太尉"从字面上理解，应该是殿前司马、步军的最高官员，太尉是其武阶官。由此显现出与宋很不相同的一面，西夏并没有仿宋制设立侍卫司，而只设了殿前司，很有可能将侍卫司的两个部分，即马军和步军纳入殿前司系统。而且"殿前马步军太尉"这个官名出现在公元1172年，这说明至少至1172年这个官名就已存在，再往前则不可考。

根据《天盛律令》各卷有关殿前司的规定，可以归纳出西夏的殿前司大致有以下职责：

一，掌全国官马、坚甲、杂物、武器季校，军人、官马等的注册、注销事宜。《天盛律令》卷五："全国中诸父子官马、坚甲、杂物、武器季校之法：应于每年十月一日临近时，应不应季校，应由殿前司大人表示同意、报奏。"属于经略司者，由经略司季校后报殿前司；不属于经略司者，由殿前司派人季校。② 人、马、坚甲、正军、辅主等新生有注册注销时，经由殿前司入簿册登记。③ 卷六规定："群牧司、农田司、功德司等三司所有属下人、马所有当注销者，当经由所属司，每隔三月报送殿前司一次。"④

二，掌管皇宫禁卫及其分抄、续转等事务。"帐门末宿、内宿外护、神策、外内侍等所有分抄续转，悉数当过殿前司。"⑤

三，掌禁宫仪仗、礼仪。《天盛律令》卷十规定"殿前司六十中，司礼四十二，军案十八"，⑥其中，"𗗙𗰗"，汉译本《天盛律令》译为司礼、司体。这表明西夏的殿前司与宋一样，"入则侍卫殿阶，出则扈从乘舆，大礼则提点编排、整肃禁卫卤簿仪仗，掌宿卫之事"。⑦

四，关于"𗗙𗰗𗏁𗗟𗗙𗰗𗏁𗗟"这一官职，直译作"磨堪军案殿前司及管"，汉译本《天盛律令》译作"磨堪军案殿前司上管"，可能与宋殿前司差使磨堪案相似，是宋殿前司下设事务机构之一，"掌过茶殿侍年满出职；使人到阙，差入驿殿侍；诸王宫、院，差抱笏殿侍；并磨堪、奏补逐班祗应参班"。⑧

---

① ［宋］李心传：《建炎以来朝野杂记》甲集，中华书局，2007年，第401页。
② 史金波、聂鸿音、白滨译注：《天盛改旧新定律令》卷五《季校门》，第230—231页。
③ 史金波、聂鸿音、白滨译注：《天盛改旧新定律令》卷六《抄分合除籍门》，第263页。
④ 史金波、聂鸿音、白滨译注：《天盛改旧新定律令》卷十七《库局分转派门》，第535页。
⑤ 史金波、聂鸿音、白滨译注：《天盛改旧新定律令》卷十二《内宫待命等头项门》，第442页。
⑥ 史金波、聂鸿音、白滨译注：《天盛改旧新定律令》卷十《司序行文门》，第374页。
⑦ ［清］徐松辑录：《宋会要辑稿》，第3007页。
⑧ ［清］徐松辑录：《宋会要辑稿》，第3006页。

殿前司的属官设置情况：

殿前司正 殿前太尉、殿前马步军太尉、殿前司正等官职均属殿前司的长官。殿前太尉与马步军太尉均出现在《金史·交聘表》中。其中，殿前太尉共出现13人次，殿前马步军太尉1人次。《天盛律令·颁律表》有殿前司正讹劳甘领势、卧讹立、令不心□□。①

𘑘𗼎 共四十二名，地位与案头相当。字面意思"司体"，汉译本作"司礼"。𗼎，意"形"、"体"。如，《掌中珠》"𗼃𗼎𗷲"作"天形上"、②"𗢳𗼎"作"身体"③等等。《天盛律令》中有监军司司礼、④刺史司礼。⑤

𗫡𘐀 共十八名，地位与案头相当。意"军案"，汉译本作"军集"。𘐀，意"案"，《掌中珠》作"都案案头"。⑥ 𗣼𗬪𗫡𘐀𗾟𘊟𘑘𗾈𗢳，其中"𗣼𗬪𗫡𘐀"作"磨勘军案"。《天盛律令》卷九有"𗫡𘐀（军案）"，包括"军马始行，散逃，兵符"等等。⑦《纳军籍磨勘门》中记"𗫡𘐀𗿷𗽙𗷐"、"𗫡𘐀𗷲𘟣"，并规定"军案内置官簿者，不准诸人随意来司内及拿到司外看阅"。⑧

第三节　监　军　司　考

𗫡𗖻𘑘［遏足尼啰］监军司。⑨ 监军司是西夏独有的军事机构，依年代、军事形势数量有所增减。元昊时期有十二监军司，到了天盛初，共有十七监军司。监军司是西夏前期最高的地方行政机构，后来在监军司之上设置经略司。将全国分为东、西经略司与中书分掌中央与地方两大区域的行政事务。

一、监军司的设置及其属官

西夏景宗元昊"置十二监军司，委豪右分统其众"。⑩ 宋熙宁四年（1071）二月，"近诸处觇西贼聚十二监军司人马及取齐地名，皆有考据"。⑪ 这说明，监军司的数目开始只有

---

① 史金波、聂鸿音、白滨译注：《天盛改旧新定律令·颁律表》，第107、108页。
② 《番汉合时掌中珠》（乙种本），《俄藏黑水城文献》第一○册，第21页。
③ 《番汉合时掌中珠》（甲种本），《俄藏黑水城文献》第一○册，第10页。
④ 史金波、聂鸿音、白滨译注：《天盛改旧新定律令》卷四《修城应用门》，第220页。
⑤ 史金波、聂鸿音、白滨译注：《天盛改旧新定律令》卷九《行狱杖门》，第334页。
⑥ 《番汉合时掌中珠》（乙种本），《俄藏黑水城文献》第一○册，第33页。
⑦ 史金波、聂鸿音、白滨译注：《天盛改旧新定律令》卷九《事过问典迟门》，第318页。
⑧ 史金波、聂鸿音、白滨译注：《天盛改旧新定律令》卷六《纳军籍磨勘门》，第257页。
⑨ 《番汉合时掌中珠》（乙种本），《俄藏黑水城文献》第一○册，第33页。
⑩ ［元］脱脱等：《宋史》卷四八五《夏国传上》，第13994页。
⑪ ［宋］李焘：《续资治通鉴长编》卷二二○，熙宁四年二月丁巳，第5336页。

十二个,《续资治通鉴长编》卷一二〇误载为十八监军司。① 这十二个监军司名为:"有左右厢十二监军司:曰左厢神勇、曰石州祥佑,曰宥州嘉宁、曰韦州静塞、曰西寿保泰、曰卓啰和南、曰右厢朝顺、曰甘州甘肃、曰瓜州西平、曰黑水镇燕、曰白马强镇、曰黑山威福。"② 直到宋元祐二年(1087),史籍载西夏监军司数量仍为十二。"夏国主乾顺尽召十二监军司军兵屯会州、天都山西南,国母与梁乙逋等率之,对兰州、通远军而营,欲与鬼章连谋入寇"。③

其中,部分军名为嘉祐七年(1062)改称,"又改西寿监军司为保泰军,石州监军司为静塞军,韦州监军司为祥祐军,左厢监军司为神勇军"。④ 这些监军司名具有一名多译的情况,比如西寿监军司,又称"锡硕克监军"、⑤ 西市监军。韦州监军司,又作威州监军司。因史料记载不一致,导致祥祐军的驻地有两个,即石州与绥州。彭向前《谅祚改制考论》中对其有细致考证,认为祥祐军先驻绥州,绥州后被宋将种谔所取,后改驻石州。⑥

谅祚时期,有银州监军,"银州监军嵬名山与其国隙,扣青涧城主种谔求内附,谔以状闻,遂欲因取河南地。"⑦ "西戎部将嵬名山欲以横山之众,取谅祚以降,诏边臣招纳其众。"⑧

此后陆续有灵州、中寨、娄博贝等,其中或与十二监军司名称有所重合之处。《北山集》卷一三:"灵州监军司接泾原、环庆地分沿边,管户一万余。"⑨ 宋绍圣三年(1096)三月,"泾原路经略司言西夏起甘州……中寨、天都六监军人马屯孖江白草原"。⑩ 《续资治通鉴长编》卷四七一:"听得西界人说,首领庆鼎察香道有塔坦国人马于八月内出来,打劫了西界贺兰山后面娄博贝监军司界住坐人口孳畜。"⑪

至仁宗天盛初年,西夏有十七个监军司。按照派遣官员数量的不同而分为两类,均属于中等司。一类十二监军司,为石州、东院、西寿、韦州、卓啰、南院、西院、沙州、啰庞岭、黑山、北院、年斜等;一类五种,肃州、瓜州、黑水、北地中、南地中等。其中,南院监军司为右

---

① [宋]李焘:《续资治通鉴长编》卷一二〇,景祐四年正月癸未,第2845页。
② [元]脱脱等:《宋史》卷四八六《夏国传下》,第14030页。
③ [宋]李焘:《续资治通鉴长编》卷四〇四,元祐二年八月戊戌条,第9841页。
④ [元]脱脱等:《宋史》卷四八五《夏国传上》,第14002—14003页。
⑤ [宋]李焘:《续资治通鉴长编》卷五〇五,元符二年正月壬戌,第12038页。
⑥ 彭向前:《谅祚改制考论》,《内蒙古社会科学(汉文版)》2008年第4期,第52页。
⑦ [元]脱脱等:《宋史》卷三三二《陆诜传》,第10682页。
⑧ [元]脱脱等:《宋史》卷三三五《种世衡传》,第10746页。
⑨ [宋]郑刚中著、郑良嗣编:《北山集》卷十三,第23页上。
⑩ [清]徐松辑录:《宋会要辑稿》,第6903页。
⑪ [宋]李焘:《续资治通鉴长编》卷四七一,元祐七年三月丙戌,第11238页。

厢监军司;啰庞岭、年斜、东院、西院、北院、北地中、南地中等监军司不知治所;之前有瓜州、左厢、白马、中寨、灵州、娄博贝等监军司,天盛年间无载;之前有甘州监军司,天盛有肃州监军司。《天盛律令》所载十七监军司,或因为西夏语的原因,与汉文所载监军司有所重合,可待考证。

另外,《天盛律令》记载有四种军,"虎控军、威地军、大通军、宣威军",①而《续资治通鉴长编》卷一九六载,宋嘉祐七年(1062)改称的四种军为保泰军、静塞军、祥祐军、神勇军。这两种记载或许存在某种联系,但限于文献记载,西夏军的具体情况难以考察。

《天盛律令》中记载了监军司所设属官情况。一类十二监军司,设二正、一副、二同判、四习判等九人,另各设三名都案。一类五监军司,设一正、一副、二同判、三习判等七人。②另外,设有若干司吏。清人吴广成在《西夏书事》一书中认为,监军司"设都统军、副统军、监军使一员,以贵戚豪右领其职,余指挥使、教练使、左右侍禁官数十,不分蕃汉悉任之"。③本书根据文献,认为统军为战时统率,由中央所派,并非常设,更不是监军司的官员(详见第六章)。而指挥使、教练使、左右侍禁等不见于文献记载。显然,监军司并不一定只设有一名最高长官,上文论及十二种监军司设有二正。而且,监军司长官在《天盛律令》中记作"祢(正)",相当于汉文中的"使"。汉文文献中出现的监军司属官有正、副监军使,简称监军、副监军、正监军等。如监军昧勒都逋。

监军司所设官员与部落首领的关系,《宋会要辑稿·兵》中有载,其中"大首领谓正监军……次首领谓副监军……小首领谓钤辖、都头、正副寨主之类"。④ 这说明,大首领可以为正监军,次首领可以为副监军。《天盛律令》卷六:"如所属首领、族父等同意,自有二十抄者可设小首领一人,十抄可设舍监一人。"⑤

监军使掌司印、符牌、兵符等,《天盛律令》卷十规定了各司司印,监军司属于中等司,司印为铜镀银十二两,长宽各二寸。《天盛律令》卷十三:"诸监军司所属印、符牌、兵符等当记之,当置监军司大人中之官大者处。送发兵谕文时当于本司局分大小刺史等众面前开而合符。"⑥并规定"发兵谕文等中,符皆不合者,需要兵力语是真实,则刺史、监军司同官当发兵"。⑦ 这里的同官,对应西夏文为"𘗠𘘥",第一个字具有爵的意思,第二个字是汉

---

① 史金波、聂鸿音、白滨译注:《天盛改旧新定律令》卷十《司序行文门》,第363页。
② 史金波、聂鸿音、白滨译注:《天盛改旧新定律令》卷十《司序行文门》,第369—370页。
③ [清]吴广成:《西夏书事》,《续修四库全书》,第8页上。
④ [清]徐松辑录:《宋会要辑稿》,第7003页。
⑤ 史金波、聂鸿音、白滨译注:《天盛改旧新定律令》卷六《行监溜首领舍监等派遣门》,第267页。
⑥ 史金波、聂鸿音、白滨译注:《天盛改旧新定律令》卷十三《执符铁箭显贵言等失门》,第474页。
⑦ 史金波、聂鸿音、白滨译注:《天盛改旧新定律令》卷十三《执符铁箭显贵言等失门》,第476页。

语借词,音义均为同。从字面意思理解,"麻辢"很有可能指的是刺史与监军司大人拥有相同的官爵。

二、监军司的职能

监军司的职能主要表现在地方军政方面,也涉及一些民政事务。

第一,战时负责军队的点集,对敌作战,发兵时须合符。宋元丰四年(1081)十一月,诏"闻贼会十二监军司兵萃于灵武,内外拒捍官军"。① 元丰五年七月,"昨闻牙头点集十二监军司兵,欲望鄜延"。② 元丰八年十二月,"谍报西贼集九监军司人马欲犯兰州"。③ 宋元祐二年(1087)八月,"夏国主乾顺尽召十二监军司兵屯会州天都山西南"。④ 宋绍圣四年(1097)三月,泾原路经略司言西夏起甘州等六经略司军马。⑤ 此处的"贼"、"牙头"、"西贼"均为宋对西夏的称呼。

第二,负责平时的边事、军马头项等。边事包括边境防务、战具准备与城池维修等事务。西夏与"西番、回鹘、鞑靼、女直相和倚持",监军司负责平时的防务,自己人因游牧迁徙误过防线时,监军司人应该阻止。"州主、城守、通判等所属城中,种种准备聚集,城战具、铁绳索、勿串、板门、石炮、垒等聚集应修治而未做",当报告监军司备案。⑥

第三,负责军籍、官马等的登记与注销。每年畿内三月一日,地中四月一日,地边六月一日等三种时间交纳军籍。"按所属次第由监军司人自己地方交纳籍者,年年依时日相互缚系自□□□。当派头监者使集中出检,与告状当及来交纳。"⑦ "诸大小臣僚、行监、将、盈能等对首领等官马、坚甲应移徙时,当经边境监军司及京师殿前司,当给予注销。"⑧

第四,接待外国使者,安置他国投诚而来的僧、道及其他人等。《天盛律令》卷十三规定:"他国使来者,监军司、驿馆小监当指挥,人马口粮当于近便官谷物、钱物中分拨与之,好好侍奉……又来京师者,送使人者应执符,则送以符,不应执符者,监军司当送以骑乘。"⑨

《天盛律令》卷十一规定:"他国僧人及俗人等投奔来,百日期间当纳监军司,本司人当明晓其实姓名、年龄及其中僧人所晓佛法、法名、师主为谁,依次来状于管事处,应注册当

---

① [宋]李焘:《续资治通鉴长编》卷三二〇,元丰四年十一月己酉,第7733页。
② [宋]李焘:《续资治通鉴长编》卷三二八,元丰五年七月辛卯,第7897页。
③ [宋]李焘:《续资治通鉴长编》卷三六一,元丰八年十二月甲戌,第8671页。
④ [宋]李焘:《续资治通鉴长编》卷四〇四,元祐二年八月戊戌,第9841页。
⑤ [清]徐松辑录:《宋会要辑稿》,第6903页。
⑥ 史金波、聂鸿音、白滨译注:《天盛改旧新定律令》卷四《修城应用门》,第220页。
⑦ 史金波、聂鸿音、白滨译注:《天盛改旧新定律令》卷六《纳军籍磨勘门》,第255页。
⑧ 史金波、聂鸿音、白滨译注:《天盛改旧新定律令》卷六《官拔甲马门》,第248页。
⑨ 史金波、聂鸿音、白滨译注:《天盛改旧新定律令》卷十三《执符铁箭显贵言等失门》,第471页。

注册,应予牒当予牒。"①他国投诚人员在一定数额以内,由监军司安置,令寻担保者,三个月以内告奏京师,应安置则安置。②

第五,民事诉讼、交纳租税、储存粮食。"诸人因互相争讼而投奔地边,经略使上职管者因种种公事当告原先所属监军司。"③《西夏纪》载夏天赐礼盛国庆五年(1073)六月大旱。草木枯死,羊马无所食,监军司令于中国缘边放牧。④黑水城因地处边远,依律校畜时,当由"监军、习判中一人前往校验,完毕时,令执典册、收据种种及一局分言本送上"。且所养牲畜"患病时,当告监军司检视"。⑤《长编》卷五〇五章楶曰:"西界诸处缺草,盖缘去年夏国点聚诸监军人马践踏食用,兼闻诸监军地分窖藏斛斗。"⑥且《天盛律令》卷十五有关条文规定:"地边、地中纳粮食者,监军司及诸司等局分处当计之。"⑦

第四节 正 统 司 考

𘚉𘟙𗦻(正统司),《番汉合时掌中珠》、《天盛律令》中有载,但不在五等司之列。正统司设置时间不确定。《官阶封号表》(乙种本)有"𗦻𗦀(权位)",位于枢密位之下,卜师位之上,与谏师位并列。下列有两个官名:"𘚉𘟙(统军)"和"𗦻𗊢(差遣)"。⑧谏师位下有官名谏臣,"皇帝之谏臣者,当于次等司平级"。⑨而统军下有小字"𗤻𗤋𗤎𗦀",次等等位,指与次等司地位相当。正统司有司印,次于经略司,铜镀银二十两,长宽二寸二分。

"𗦻𗦀"译作"权位",具有临时代理的意思。𗦻,意"借"、"假"。夏译《类林》卷三宫之奇条"𘟣𗊢𗦻𗦀"译"遂借道"。⑩《十二国》中"𗱀𗄼𗴺𗗙𗪔𗧘……𘕕𗗙𘓺𗦴𘗽𗦻𗡠𗤋𘅏"译"以前的大王是因为继承人允年幼,才命我临时担当一国之主"。⑪《六韬》中"𘕕𘓐𘐏𗦻𘈖𗀔𗹢𘊄𘃡"意"借人利器则为人所害"。⑫

---

① 史金波、聂鸿音、白滨译注:《天盛改旧新定律令》卷十一《为僧道修寺庙门》,第408—409页。
② 史金波、聂鸿音、白滨译注:《天盛改旧新定律令》卷七《为投诚者安置门》,第269页。
③ 史金波、聂鸿音、白滨译注:《天盛改旧新定律令》卷九《越司曲断有罪担保门》,第338页。
④ [清]戴锡章著、罗矛昆校点:《西夏纪》,第356页。
⑤ 史金波、聂鸿音、白滨译注:《天盛改旧新定律令》卷十九《校畜磨勘门》,第588—589页。
⑥ [宋]李焘:《续资治通鉴长编》卷五〇五,元符二年正月己酉,第12026页。
⑦ 史金波、聂鸿音、白滨译注:《天盛改旧新定律令》卷十五《纳领谷派遣计量小监门》,第513页。
⑧ 《官阶封号表》(乙种本),《俄藏黑水城文献》第九册,第368页。
⑨ 史金波、聂鸿音、白滨译注:《天盛改旧新定律令》卷十《司序行文门》,第366页。
⑩ 史金波、黄振华、聂鸿音:《类林研究》,第49页。
⑪ (俄)索罗宁著、粟瑞雪译:《十二国》,第41页。
⑫ 贾常业:《西夏文译本〈六韬〉解读》,《西夏研究》2011年第2期,第68页。

𘂔𗧘,字面意思"行禁",暂作"差遣"。𗧘,意"禁",夏译《类林》"𘃜𗤒𗠁𗡞𗤒𗤀𗧘𗧘"对应汉文"乃皆禁人夜作",①夏译《孟子》中"𘂔𗧘"对应"荡荡"。②𘂔,意"行",《掌中珠》"𘂔𘃡𗖻𘝵"作"行行禀德"、③"𗼓𗡪𘊳𘂔"作"立身行道"、④"𘂔𗥤𗖵𘂔"作"司吏行遣"。⑤𘂔𗧘的字面意思与差遣相近。又因其属于权位,统军也为临时派遣官职,因此,暂时意译为差遣。

从𗥤𗖸、𗥤𗢳、𘂔𗧘三个词语的含义考察,权位相当于临时差遣的官职,𗥤𗢳和𘂔𗧘是两个差遣官。首先,正统司有司印,但不属于五等司,不同于经略司的设置,可见其临时差遣的性质。其次,在《天盛律令》中多处记载正副统还归京师,将边事、军马头项等交付监军司。

正统司是中央的军事机构,它的设置可能是为了与枢密分掌军权。枢密院设置于元昊初建官制时期,长期以来作为西夏最高的军事指挥机构而存在。到了天盛年间,枢密的地位仍然与中书平级,位于上等司,凌驾于诸司之上。但枢密的职权范围有所缩减,枢密掌有全国武职官员的选拔、派遣,并袭抄等事宜。除了《宋史》等文献的记载,在《天盛律令》、《亥年新法》等西夏文文献中,并没有枢密指挥作战的记载。因此,军队的指挥权利旁落,转移到了正统司的手上。陈炳应在《贞观玉镜将研究》中认为,西夏经过权臣任得敬的分国之后,中央统军体制发生了重大变化。枢密院通过经略司、正统司、统军司等机构指挥军队。⑥ 其实,这种变化应该早就开始了,至少我们知道统军司的设置年代在1094年之前,早于任得敬分国。而正统司的设置年代应该也早于天盛初年。

《天盛律令》所载统军、副统军的职责:

第一,巡视边境,防止敌军过境、入寇。"敌军、盗贼入寇者人数越过多寡,畜、人人未入手,不曾住滞,则在边境任职管事军溜等当按边检校、正副统等因大意,指挥、检校不当之罪所定判断。"⑦因过境人数而相关人员负有不同的惩罚。顺序为军溜盈能、边检校、副行统、正统。

第二,任职期间住在边境,有守卫边境堡寨、营垒、大城的责任,不许随意弃守。

"诸副行统等率军马防守,住于边境,在任日期日未满,及虽日满但其地上敌人不

---

① 史金波、黄振华、聂鸿音:《类林研究》,第89页。
② 彭向前:《西夏文〈孟子〉整理研究》,第160页。
③ 《番汉合时掌中珠》(乙种本),《俄藏黑水城文献》第一〇册,第32页。
④ 《番汉合时掌中珠》(甲种本),《俄藏黑水城文献》第一〇册,第14页。
⑤ 《番汉合时掌中珠》(甲种本),《俄藏黑水城文献》第一〇册,第16页。
⑥ 陈炳应:《贞观玉镜将研究》,第13页。
⑦ 史金波、聂鸿音、白滨译注:《天盛改旧新定律令》卷四《敌军寇门》,第213—215页。

安定,及闻知有疑,未得局分指示擅自放弃军寨,并令所率防守军马等散去时,住滞出不出,一律与边检校、营垒主管、州主等放弃军溜相同判断。

一正统人住边境军寨,无指示放弃军寨,并令所率防守军马等擅自解散时,审计有无住滞、语情轻重,依时节等奏计实行。"①

第三,与敌军作战。

"敌人、盗贼入寇者来,我方逃跑者往逃时,管事正副统等追斗中应不应往;审视自己与敌人威力上下,本人应往则当往,本人不应往则当派遣应遣人……若正统、副行统等本人已往追赶,应追及而懈怠,不好好追斗,追及力堪胜而惜命不胜时,副行统等依前述边检校等法判断,正统当比之减一等。"②

第四,正副统军应执符。不允许因失符而导致战事指挥失败。

"有应派遣执符中,正副统、州府使、刺史、监军司等俱在,原语同,则彼亦勿分别派执符,当总合一齐派之。若违律不总合一齐派之等,有官罚马一,庶人十三杖。""除统军以外,诸执符不许饮酒。"

西夏正、副统军属于"军案",其任职人员可分为两类,一类为节亲、宰相等,"节亲、宰相遣别职上提点时,当报中书、枢密,然后置诸司上……其中经为地边正统者,则亦当报经略处"。③ 一类为其他臣僚。《天盛律令》载:"其余臣僚往为地边正统时,当报中书、枢密、经略司等,然后置诸司上。副统者,当报中书、枢密、经略、正统等处,与次等司传导,然后置诸司上。"④ 见于史籍的西夏统军、副统军,多为当时主政的大首领。

元丰四年(1081)十月乙丑,宋将刘昌祚"与贼统军国母弟梁大王战"。国母即李秉常母梁太后,梁大王名梁乙埋、梁乙逋,为"近上首领"。⑤ 元祐二年(1087)八月癸巳,宋朝"风闻乾顺不治国事,有梁乙逋者擅权立威,凡故主近亲及旧来任事之人,多为所害"。⑥

"斩获大首领没啰卧沙、监军使梁格嵬等十五级,小首领二百九十级,擒首领统军俚吃多埋等"。⑦

---

① 史金波、聂鸿音、白滨译注:《天盛改旧新定律令》卷四《弃守营垒城堡溜等门》,第196—197页。
② 史金波、聂鸿音、白滨译注:《天盛改旧新定律令》卷四《敌军寇门》,第216页。
③ 史金波、聂鸿音、白滨译注:《天盛改旧新定律令》卷十《司序行文门》,第378页。
④ 史金波、聂鸿音、白滨译注:《天盛改旧新定律令》卷十《司序行文门》,第378页。
⑤ [宋]李焘:《续资治通鉴长编》卷四五八,元祐六年五月丙戌条,第10972页。
⑥ [宋]李焘:《续资治通鉴长编》卷四〇四,元祐二年八月癸巳条,第9837页。
⑦ [宋]李焘:《续资治通鉴长编》卷三一七,元丰四年十月乙丑条,第7678页。

元丰四年十一月己丑,"审问得酋首咸明、统军星多哩鼎人马辎重,与本司行营不远"。① 宋称人多唛丁为"夏国首领最凶黠者"。②

元丰五年六月辛亥,宋"斩西贼统军鬼名妹精鬼、副统军咩勃遇,得铜印、起兵符契、兵马军书"。③

元丰七年四月壬寅,宋将刘昌祚"杀统领叶悖麻、副统军咩讹埋、大首领、铃辖等五人。叶悖麻、咩讹埋实主永乐之事"。④ 永乐之事,指发生于元丰五年的宋夏永乐城之战。此战以西夏大胜为终,此后宋夏之间边境摩擦不断。

绍圣四年(1097)八月丙戌,宋将王愍至宥州,"其洪、宥、韦三州都统军贺浪啰率众迎战"。⑤

元符元年(1098)十月丙戌,西夏仁多楚清归宋,"父唛丁死,侄保宗代为统军,楚清官虽高,不得统人马故来归"。⑥

元符二年二月戊子,"熙河路经略使缴连夏国部落鬼名密贲南路都统鬼名律令者,称夏国欲遣使再乞修贡"。⑦

元符二年正月己酉,宋将郭成、折可适统制军马擒获西夏统军鬼名阿埋、妹勒都逋。"勘会妹勒都逋等是天都监军,其族帐首领……"⑧ 统军,《东都事略》卷一○四《折可适传》中作"统将"。"鬼名阿埋、妹勒都逋皆勇悍善战,屡为边乱。""羌统军鬼名阿埋、监军妹勒都逋皆西界用事首领,朝廷密诏图之。会二酋以放牧为名窥伺境上"。⑨

正统司与统军司均在《掌中珠》中有记载,正统司在《天盛律令》中也有记载,而统军司则在《金史》等资料中有载。两者之间的关系难以判断,暂时不考虑。

𗅆𗅉𗅊(统军司),⑩不见于《天盛律令》,在《番汉合时掌中珠》、《金史》、《凉州重修感通塔碑》中有载。但是,在《凉州重修感通塔碑铭》中有"外母啰正"这个官名,外母啰即"遏

---

① [宋]李焘:《续资治通鉴长编》卷三一九,元丰四年十一月己丑条,第7709页。
② [宋]李焘:《续资治通鉴长编》卷三四一,元丰六年十一月癸酉条,第8207页。
③ [宋]李焘:《续资治通鉴长编》卷三二七,元丰五年六月辛亥条,第7865页。
④ [宋]李焘:《续资治通鉴长编》卷三四五,元丰七年四月壬寅条,第8282页。
⑤ [宋]李焘:《续资治通鉴长编》卷四九○,绍圣四年八月丙戌条,第11624页。
⑥ [宋]李焘:《续资治通鉴长编》卷五○三,元符元年十月丙戌条,第11977页。
⑦ [宋]李焘:《续资治通鉴长编》卷五○六,元符二年二月戊子条,第12059页。
⑧ [宋]李焘:《续资治通鉴长编》卷五○五,元符二年正月己酉条,第12026页。
⑨ [宋]李焘:《续资治通鉴长编》卷五○四,元符元年十一月壬辰条,第12017页。
⑩ 《番汉合时掌中珠》(乙种本),《俄藏黑水城文献》第一○册,第33页。

暮啰",①是西夏文"𘓺𘄡𗧓"的译音。"正",在西夏文文献中写作"𗣼",一般指的是职司机构中的最高官员,如中书正、御史正等。《金史》卷十五记载,夏光定九年(金兴定三年,1219)二月庚戌,"元帅左都监承立以绥德、保安之境各获夏人统军司文移来上,其辞虽涉不逊,而皆有保境息民之言"。②"外母啰正"出现的时间在西夏天祐民安五年(1094)正月,《金史》所载统军司的时间在西夏光定九年,所以统军司设置的年代早于1094年,至少在西夏灭亡前还存在。由于《天盛律令》对其没有记载,因此统军司的设置及其职能也成为一个难题。

第五节 经略司考

《天盛律令》卷十四将西夏疆域分为"𗾅𗰗𘟣(京畿)"与"𘊐𗼇(边中)"两部分。其中,京畿包括"𘘓𗖊𘟣(中兴府)、𗾔𘟩𗭼𘟣(南北二县)、𗦀𗥤𘝯𘟣𗧓(五州各地县司)";边中包括"𘞽𘟣𗧓(经略司)、𘟣(府)、𘟣(军)、𘟣(郡)、𘟣(县)、𗦢𗭼(刺史)、𗱣𘞽𗧓(监军司)、𘓺(城)、𘟣(寨)、𗾧(堡)"。③ 实际上,边中包含军民两个层次的划分。其一为"经略司、府、军、郡、县",其二为"刺史、监军司,城、寨、堡"。很显然,这段文字没有"州"。通过仔细分析,可以看出府、军、郡、县为地方行政区划,经略司也当属行政区划。而城、寨、堡等为具体的军事关卡,刺史与监军司也属于军事系统。然而,有的行政单位也兼管军民,如经略司、监军司也监管民政事务,故而不能一概而论。这些都表明西夏地方行政单位浓厚的军事性。

一、经略司的设置

𘞽𘟣𗧓,译作经略司。《番汉合时掌中珠》有"𘞽𘟣𗧓[京六啰]经略司",在枢密之下。④ 汉文本《杂字》之《司分部十八》中有"经略"。⑤《中国藏西夏文献》编号为G.21.02415536的西夏汉文文书,残存两行有"经略司、计料官通判"等字样。⑥ 俄藏 Инв. No.

---

① 《中国藏西夏文献》第十八册,第93页。
② [元]脱脱等:《金史》卷十五《宣宗中》,第343页。
③ 史金波、聂鸿音、白滨译注:《天盛改旧新定律令》卷十四《误殴打争斗门》,第485页。
④ 《番汉合时掌中珠》(乙种本),《俄藏黑水城文献》第一〇册,第32页。
⑤ 汉文本《杂字》,《俄藏黑水城文献》第六册,第145页。
⑥ 杜建录主编:《中国藏西夏文献》第十六册,第271页。

866号告谍文书中残存有"𗣼𘃪𘝶𘄴(府经略司)"。①《天盛律令》、《亥年新法》、《法则》中均有记载,《天盛律令》载西夏有东南、西北二经略司。《亥年新法》卷七:"……𘃪𘝶𘄴𗵒𗤋𘟣𗫡𗑱?𘊝𘃪𘝶𘄴……(二经略京畿及?……东二经略……)"②两次提到二经略,后面还有个"?𘊝",可见,这是表示区域或者方向的。此条资料进一步印证了西夏设有两个经略司。

经略司不在五等司之列,《天盛律令》卷十规定:"经略司者,比中书、枢密低一品,然大于诸司。"③但是高于其他诸司。这条规定表明经略司的特殊地位,这也说明经略司是后来所新增设的机构,在法典中并未修改,只是用标注的方式来说明。《天盛律令》卷十还规定了经略司行文办法,"经略使司者,当报上等司中。经略自相传导而后曰请,官下手记,然而当置诸司上,末尾当过,日下手记"。④ 可证经略司的上司为中书、枢密。《天盛律令》还规定经略所用武器可以镶金。"其中节亲、宰相及经略、内宫骑马、驸马,及往边地为军将等人允许镶金,停止为军将则不允再持用。"⑤

经略司的司印次于中书、枢密,高于正统司司印,经略司银重二十五两,长宽各二寸三分,《天盛律令》规定伪造经略使之笔迹、刻行伪印者徒十年。"自造经略之矫手记,刻行伪印,徒十年,使用真手记则徒四年。"⑥

唐于贞观二年(628)始置州经略使,宋也有经略使,经略司属于经略安抚司下属单位。宋有"经略安抚使司",为路级地方机构。有时简称"经略司"、"经抚司",始置于宋咸平四年(1001),下辖安抚司与经略司。经略司负责处置本路军事,本路部署、钤辖、都监等将领均听其节制。设有经略安抚使,"以文臣总制一路军事、民政,防范武帅专制"。⑦ 根据现有文献记载来判断,其职掌与宋经略安抚司相近。西夏设有两个经略司,《天盛律令》记为西北经略司与东南经略司,又作东、西经略司。《金史·交聘表》中有:"东经略使苏执礼",⑧《天盛律令·颁律表》中有东经略副使。东经略使当是东南经略司。

东、西经略司的设置,表明西夏将全国除了京师及啰庞岭监军司以外的地区划分为两部分,分属东西经略司。但是这也不同于宋代的路级区划。没有文献表明西夏的经略司

---

① Инв.No.866,《俄藏黑水城文献》第十二册,第141页。
② 《亥年新法》(丙种本),《俄藏黑水城文献》第九册,第265页。
③ 史金波、聂鸿音、白滨译注:《天盛改旧新定律令》卷十《司序行文门》,第364页。
④ 史金波、聂鸿音、白滨译注:《天盛改旧新定律令》卷十《司序行文门》,第364页。
⑤ 史金波、聂鸿音、白滨译注:《天盛改旧新定律令》卷七《敕禁门》,第282页。
⑥ 史金波、聂鸿音、白滨译注:《天盛改旧新定律令》卷十一《矫误门》,第383页。
⑦ 龚延明:《宋代官制辞典》,第459页。
⑧ [元]脱脱等:《金史》卷六一《交聘表中》,第1437页。

是比州高一级的行政区划。现有文献表明,经略司与京师诸司分别管辖全国军政事务。比如,一年一度的季校,属于经略司者由经略司派人季校,不属于经略司者,由殿前司季校。京师所辖范围包括"𘂤𘀍𘓺(中兴府)、𘜶𘏚𘀗𘓺(南北二县)、𘎳𘓺𘓺𘎼𘝞(五州地各县司)"三部分,是西夏政治、文化中心。《天盛律令》卷三"靠近京城者当经殿前司及所属郡县"。① 卷十七"不属于经略之边中、京师、五州地等各司"。② 其余地区,称为"𘒫𘟁(边中)",除了京畿以外的地方均属于边中。经略司在地边,除了啰庞岭监军司以外,"𘒫𘟁"地区分属两个经略司管辖。啰庞岭监军司不属于经略司,卷九"不属于经略之啰庞岭监军司者,自杖罪至六年劳役于其处判断"。③ 可见,啰庞岭具有独立的司法能力。

东、西经略司似乎是从西夏建国初期的左、右厢发展而来。左、右厢,又称东、西厢,即左厢宥州路与右厢甘州路。"左厢宥州路五万人,以备鄜、延、麟、府;右厢甘州路三万人,以备西蕃、回纥。"④元昊时期,"野利刚浪凌、遇乞之徒,皆元昊亲信,分厢主兵"。⑤ 又《东轩笔录》载:"元昊分山界战士为二厢,命两将统之,刚浪崚统明堂左厢,野利遇乞统天都右厢"。⑥ "元昊未臣,其贵人野利刚浪嘱,遇乞兄弟有材谋,皆号大王。"⑦秉常母梁氏死后,"国中人心不一,梁乞逋与仁多氏分掌东西厢兵,势力相抗。"⑧由此可知,西夏自元昊建国起,均有将兵力分为东、西(左、右)两部分的习惯,这种惯例有可能一直延续,最后确定下来。东、西厢(左、右厢)演变为东、西经略司。

左厢,包括石州、宥州、韦州、绥州、银州、夏州等地,左厢监军司为神勇军。宋绍圣四年(1097),吕惠卿言:"只会合侧近左厢石、宥、韦防拓人马。"⑨宋治平四年(1067)十月,"左厢监军嵬名山以绥州内降"。⑩ 嵬名山为银、夏、绥三州监军司。左厢靠近契丹,庆历四年(1044),范仲淹言:"今边上探报,皆称契丹大发兵马……又报元昊亦已点集左厢军马,既是二国举动,必有大事。"⑪

右厢指黄河以西,甘、凉一带。榆林石窟14窟题记"……□□五年中正月凉州路瓜州

---

① 史金波、聂鸿音、白滨译注:《天盛改旧新定律令》卷三《买盗畜人检得门》,第183页。
② 史金波、聂鸿音、白滨译注:《天盛改旧新定律令》卷十七《库局分转派门》,第524页。
③ 史金波、聂鸿音、白滨译注:《天盛改旧新定律令》卷九《事过问典迟门》,第317页。
④ [元]脱脱等:《宋史》卷四八五《夏国传上》,第13996页。
⑤ [宋]李焘:《续资治通鉴长编》卷一三二,庆历元年五月甲戌,第3133页。
⑥ [宋]魏泰著、李裕民点校:《东轩笔录》,中华书局,1983年,第94—95页。
⑦ [元]脱脱等:《宋史》卷三三六《吕公著传》,第10774页。
⑧ [清]吴广成:《西夏书事》,《续修四库全书》本,第11下页。
⑨ [宋]李焘:《续资治通鉴长编》卷四九二,绍圣四年十月丙戌,第11681页。
⑩ [清]吴广成:《西夏书事》,《续修四库全书》本,第11下页。
⑪ [宋]李焘:《续资治通鉴长编》卷一五〇,庆历四年六月壬子,第3636页。

监军司通判……"①庆历二年(1042),范恪"言今刺知天都左右厢点兵,然未知寇处何路"。② 这里的"天都左右厢",显然为天都右厢之误。元祐六年(1091),范育言:"臣观夏贼之为国,自奄有西凉,开右厢之地,其势加大。"③"熙帅范育侦伺夏右厢种落大抵趣河外"。④ 河外,指黄河以西,而甘、凉正是黄河以西地区。宋元符二年(1099)八月,孙路言:"按邈川悉右湟中之地,东北控夏国右厢甘、凉一带。"⑤ 右厢又指南院监军司,《凉州重新护国寺感通塔碑》西夏文碑铭"𗼨𗾖𘓺𘝯",直译南院监军,对应汉文铭文中的"右厢监军"。崇宁三年(1104),蔡京秉政,使熙河王厚招夏国卓罗⑥右厢监军仁多保忠。⑦ 政和五年(1115),刘"法与夏人右厢军战于古骨龙,大败之,斩首三千级"。⑧

自元昊建国以来,西夏皇帝分派亲信掌管东、西二厢,只是临时派遣的兼职性质。后来随着社会的发展,出于地方军政事务的管理,西夏设东西经略司管理东西二厢事务,设立官署,遣派官员。而官员不一定是豪右大姓,如东经略使苏执礼,苏姓为汉姓。值得注意的是,"其中节亲、宰相及经略、内宫骑马、驸马,及往边地为统军等人允许镶金,停止为统军则不允再使用"。⑨ 可见,经略使很可能是中央将诸司大臣派往地方的兼职。

《天盛律令》卷四记载:"监军司大人一年中往接提举状,及城主司人说聚集状等,监军司当变,每年正月五日以内,当告经略使处,经略使当一并总计而变。正月五日始东南经略使人二十日以内,西北经略使一个月以内,当向枢密送状。"⑩ 这说明,东南经略司距离京师较近,而西北经略司较远。从方位与辖区来看,东南经略司应该与左厢接近,而西北经略司与右厢接近。

二、经略司的属官

经略司管辖范围较大,而监军司作为军事区域,很多事情都需经过经略司办理。《天盛律令》卷十也规定经略司次于中书、枢密,高于诸司,而监军司处于中等司,故而经略司有管辖监军司之权。从《天盛律令》可知,边中诸事均有监军司通报经略司管理。

经略司的属官设置情况,《天盛律令》中仅出现有东南经略使、西北经略使,规定了其

---

① 陈炳应:《西夏文物研究》,宁夏人民出版社,1985年,第11页。
② [宋]李焘:《续资治通鉴长编》卷一三二,庆历二年三月丙申,第3240页。
③ [宋]李焘:《续资治通鉴长编》卷四六〇,元祐六年六月丙午,第10997页。
④ [元]脱脱等:《宋史》卷三四二《王严叟传》,10896页。
⑤ [宋]李焘:《续资治通鉴长编》卷五一四,元符二年八月己卯,第12212页。
⑥ 此处卓啰属于右厢,其他文献均为左厢,待考。
⑦ [元]脱脱等:《宋史》卷四八六《夏国传下》,第14020页。
⑧ [元]脱脱等:《宋史》卷四八六《夏国传下》,第14021页。
⑨ 史金波、聂鸿音、白滨译注:《天盛改旧新定律令》卷七《敕禁门》,第282页。
⑩ 史金波、聂鸿音、白滨译注:《天盛改旧新定律令》卷四《修城应用门》,第220页。

设置案头、司吏等数额,对于其他属官有专门记载的是《天盛律令》卷十《官军敕门》。其中有一条在《天盛律令·名略》中为"𗿒𗧓𗕿𗁬𗬩𘂤(正副经略得官法)"。可惜此条文全佚,不能得知正副经略得官的具体规定。结合夏、汉文献可知,经略司所设属官有经略使、经略副使、"𗿒𘂤(经义)"、都案、案头、司吏等官职,下面一一述之:

经略使 经略司的长官。唐于贞观二年(628)设沿边诸州经略使,宋始单置于咸平五年(1002)正月,但不常置。西夏有东南经略使、西北经略使。《金史·交聘表》载:金世宗大定十七年(1177)"十二月甲寅,夏遣东经略使苏执礼"使金。① 使军因犯罪而带铁枷时,原判处当增记簿册上,边中向经略使引送。②

经略副使 经略司的副职,次于经略使。《天盛律令·颁律表》,"东经略副使、枢密承旨、三司正、汉学士赵□"。③

𗿒𘂤 音"经义"。𗿒,音"经",《掌中珠》"𗿒𗧓"作"经略司"。④ 𘂤,音"义",如《掌中珠》仁义忠信[𗸋𘂤𘊲𗲦]、五常六艺[𗪘𘃞𘆄𘂤]。⑤ "𗿒𗧓𗿒𘂤𗧓𗅲𗍊𗢳𗆦𗢳(经略、经义等应不应治罪)"。⑥ 此官名职掌不详,不见于汉文文献。

𗧓𗐱、𗁬𘂤 案头、司吏。《天盛律令》卷十规定"𗵒𗉅𗿒𗧓𘂤(诸边经略使)",遣案头十名。⑦ 又"经略使及监军司等案头、司吏当依数派遣,不许超额"。并规定"诸边经略使监军司全部一律当遣五十司吏"。⑧

经略司下设有六库。《天盛律令》卷十七《库局分转派门》"经略上有管事司及本人处六库等"。⑨ 规定了经略司下辖六库的磨堪过程,"掌库局分人已任职三年迁转者,边中经略所在地方内各司职及经略本人处之六库钱物各由谁管辖,置于何处,管事处监军司、府、军、郡、县等依次已磨堪,来去已明时,送京师来隶属处磨堪。不隶属于经略之边中诸司地方内各住家,直接派遣来至京师管事处磨堪"。⑩

三、经略司的职能

前文已经叙及,经略司管辖除了京师及啰庞岭以外的广大区域。各项事务都由地方

---

① [元]脱脱等:《金史》卷六一《交聘表中》,第1437页。
② 史金波、聂鸿音、白滨译注:《天盛改旧新定律令》卷二《戴铁枷门》,第157页。
③ 史金波、聂鸿音、白滨译注:《天盛改旧新定律令·颁律表》,第108页。
④ 《番汉合时掌中珠》(甲种本),《俄藏黑水城文献》第一〇册,第32,33页。
⑤ 《番汉合时掌中珠》(乙种本),《俄藏黑水城文献》第一〇册,第29页。
⑥ 史金波、聂鸿音、白滨译注:《天盛改旧新定律令》卷四《修城应用门》,第220页。
⑦ 史金波、聂鸿音、白滨译注:《天盛改旧新定律令》卷十《司序行文门》,第375页。
⑧ 史金波、聂鸿音、白滨译注:《天盛改旧新定律令》卷十《司序行文门》,第379页。
⑨ 史金波、聂鸿音、白滨译注:《天盛改旧新定律令》卷十七《库局分转派门》,第530页。
⑩ 史金波、聂鸿音、白滨译注:《天盛改旧新定律令》卷十七《物离库门》,第543页。

诸司统计上报所属经略司,之后由经略司奏报中央相关诸司。根据《天盛律令》等文献判断,经略司主要有以下职能:

第一,经略司主持全国一年一度属于经略司管辖范围内的"獺鴂(季校)"。《天盛律令》卷五规定每年自十月一日开始,由殿前司同意、奏报,对军人所拥有的官马、披、甲等进行检校,称之为"季校"。"当视天丰国稔时,应派季校者,则当行文经略司所属者,当由经略大人按其处司所属次序,派遣堪胜任人使为季校队将,校毕时分别遣归,典册当送殿前司。非系属经略司者,当由殿前司自派遣能胜任人,一齐于十月一日进行季校。"① 季校的对象有诸溜盈能、大小军头监、末驱、舍监、军卒等人,其中军卒包括正军、辅主、负担等。主要目的在于检查军人所配战具数量、质量是否合乎规定,并进行奖惩。国内有获死罪、劳役、革职、革军、降官、罚马等公事等,依季节由边境刺史、监军司等报于其处经略,经略人亦再查其有无失误,核校无失误则与报状单接。② 《亥年新法》卷七,"其中,有增减虚杂时,职管监军司当依法引送,依愿实行"。③

第二,经略司过问边中任职人的派遣、迁转、请假等事务。盈能、副溜应有派遣时,监军司按照标准确定名额,经刺史、正副统、经略奏告枢密。边中官员的迁转由中书、枢密、经略等别计官赏,"诸司任职位人三年完毕,无住滞,不误入轻杂,则中书、枢密、经略等别计官赏,其余依次赐次、中、下、末四等人得官赏"。④ 监军司、府、军、郡、县等所辖库局分磨堪完毕后,报送经略司。"经略使所辖之种种官畜、谷、物,边中监军司、府、军、郡、县等各库局分人自迁转起十五日以内令分析完毕……则派送经略处。"⑤ 正副统、刺史、监军、习判及其余任职人等请假事宜由监军司同意,"边中正副统、刺史、监军、习判及其任其余大小职位等完期限时,至二十日以内者,所属经略应酌情宽限期"。⑥ 因犯等因病、管理不善致死时,刺史应依四季检视,"所属司中人分别入册,报于经略,经略人于其上转之,尔后经略与不隶属诸司一并依文武次第分别报中书、枢密"。⑦

第三,管理边中各项事务,捡得官畜、使军犯罪戴铁枷、依法求官当经经略司,与不属经略的地方一起奏报京师诸司。⑧ 若人有谋逆言行时,应告所属监军司及经略司。⑨ "獺

---

① 史金波、聂鸿音、白滨译注:《天盛改旧新定律令》,第230—231页。
② 史金波、聂鸿音、白滨译注:《天盛改旧新定律令》卷九《诸司判罪门》,第323页。
③ 《亥年新法》(丙种本),《俄藏黑水城文献》第九册,第263—265页。
④ 史金波、聂鸿音、白滨译注:《天盛改旧新定律令》卷十《续转赏门》,第349页。
⑤ 史金波、聂鸿音、白滨译注:《天盛改旧新定律令》卷十七《物离库门》,第545页。
⑥ 史金波、聂鸿音、白滨译注:《天盛改旧新定律令》卷十《失职宽限变告门》,第352页。
⑦ 史金波、聂鸿音、白滨译注:《天盛改旧新定律令》卷九《行狱杖门》,第334页。
⑧ 史金波、聂鸿音、白滨译注:《天盛改旧新定律令》卷十《官军敕门》,第356页。
⑨ 史金波、聂鸿音、白滨译注:《天盛改旧新定律令》卷一《谋逆门》,第113—114页。

蕋(巡检)"、"𗼃𗦦(勾管)"等追捕盗窃者,一个月一番当告经略司。①《天盛律令》卷二十载:"诸人有受罚马者,当交所属司,隶属于经略者当告经略处。经略使当行所属司,军卒无马者当令申领,于殿前司导送,册上当着为正编。"②

第四,管理属于经略司的牧场、山林等。卷十九《畜患病门》:"诸牧场四种官畜中患病时,总数当明之。隶属于经略者,当速告经略处,不隶属于经略者,当速告群牧司。验者当往,于病卧处验之。"③

经略司与刺史的关系,刺史属于经略司统辖,但具有监督经略使等官员的职能。《天盛律令》卷二十载刺史有监察辖区内亲贵大人言行举止、尊法守法、服役的职责。"其中,经略使本人已涉错恶,有所说谓,则刺史当亲自于六个月以内来奏京师。"④刺史归经略司管辖,如果经略使本人有错恶之处,刺史每六个月奏报京师。《天盛律令》卷九载监军司、府、军、郡、县等或死罪、无期之人称有冤时,"本人应枷于刺史处问之,报经略职管司等,当待谕文"。⑤

第六节 部分军职考

𘝵𘄏𗼕𗦇,直译为边职管者,指管理边境事务,包括平时巡查边境、传递烽火、修筑边防、修缮战具,战时作战等一系列军事活动的人员。《天盛律令》卷七"卖敕禁物时,在正副统、总制、州府使、行统、刺史、监军、同判、习判、承旨、参谋、教马、察军、州主、城守、通判、边检校、行监,其以下都案、案头、司吏大小管事人"。⑥此文献中出现均为地方军、政机构所设大小官吏名称。《亥年新法》卷七除了个别字词不同外有与之相同的规定,在正副统之前多了"𘝵𘄏𗼕𗦇"等字,表明包括正副统等以下官员属于边职管者。

其中,"𗦇𘃽𘟙(正副统)"、"𘟙𗹙𗦇(副行统)"、"𗹙𗦇(行监)"等官名皆为战时军职。本文从《天盛律令》中辑录出部分军职,如下一一述之:

𘃽𗣻𗦇与𘟙𗣻𗦇 又作"𗦇𘃽𘟙(正副统)"、"𘃽𗦇(正统)"、"𘟙𗦇(副统)"。丁种本西

---

① 史金波、聂鸿音、白滨译注:《天盛改旧新定律令》卷十三《派大小巡检门》,第460页。
② 史金波、聂鸿音、白滨译注:《天盛改旧新定律令》卷二十《罪则不同门》,第602页。
③ 史金波、聂鸿音、白滨译注:《天盛改旧新定律令》卷十九《畜患病门》,第583页。
④ 史金波、聂鸿音、白滨译注:《天盛改旧新定律令》卷二十《罪则不同门》,第607—608页。
⑤ 史金波、聂鸿音、白滨译注:《天盛改旧新定律令》卷九《事过问典迟门》,第317页。
⑥ 史金波、聂鸿音、白滨译注:《天盛改旧新定律令》卷七《敕禁门》,第285页。

夏文《三才杂字》有"󰀀󰀁(统军)"。① 正副统,指的是正统与副行统。"󰀀󰀁"在汉文文献中又作"统领"、"统将",如统将嵬名阿埋,统领叶悖麻(又作伊实巴特玛)等。② 一般由"󰀂󰀃(节亲)"、"󰀄󰀅(宰相)"等兼任,"节亲、宰相遣别职上提点时……其中为地边正统者"。③

前期,正副统由各族大首领担任。六路统军嵬名阿埋、④"西寿统军嵬名阿埋",⑤嵬名阿埋为西夏用事首领。洪、宥、韦三州总都统军贺浪啰,⑥"统军国母弟梁大王"、"统军仁多㖫丁",⑦"统军梁大王"、⑧"统军叶悖麻、咩吡埋二人,盖始谋攻永乐者"。⑨"统军嵬名妹精嵬、副统军讹勃遇。"⑩仁多楚清"父㖫丁死,侄宗保代为统军"。⑪ 仁多㖫丁,又作"星多哩鼎"。⑫ 以上诸统军、副统军皆为党项等部族首领,其中梁大王为西夏太后之弟。

后期,正副统由中央高官兼任。战时驻扎在边境,"诸副行统等率军马防守,住于边境","正统人住边境军寨"。⑬ 战事平息之后,返回京师,"正副统归京师"。⑭《天盛律令》卷十规定,"节亲、宰相之外,其余臣僚往为地边正统时,当报中书、枢密、经略司等,然后置诸司上"。⑮ 这表明,正统、副统均为中央政府临时所派遣,由"󰀂󰀃(节亲)"、"󰀄󰀅(宰相)"及其他京师"󰀆󰀇(臣僚)"担任。

正副统主要由两种派遣对象,一种是节亲、宰相,另一种是其余京师官员。正统之上有经略、枢密、中书,副行统之上有正统、经略、枢密、中书。虽然正副统不是常设,但地位较高。"节亲宰相遣别职上提点时,当报中书、枢密,然后当置诸司上。若于经略地界行别职任事而行住其处时,与经略传导。其中经为地边正统者,则亦当报经略处。""节亲、宰相之外,其余臣僚往地边正统时,当报中书、枢密、经略司等,然后置诸司上。副统者,当报

---

① 《三才杂字》(丁种本),《俄藏黑水城文献》第十册,第64页。
② [宋]李焘:《续资治通鉴长编》卷三四五,元丰七年五月壬寅,第8282页。
③ 史金波、聂鸿音、白滨译注:《天盛改旧新定律令》卷十《司序行文门》,第378页。
④ [宋]李焘:《续资治通鉴长编》卷五○五,元符二年正月甲子,第12038页。
⑤ [元]脱脱等:《宋史》卷四八六《夏国传下》,第14019页。
⑥ [宋]李焘:《续资治通鉴长编》卷四九○,绍圣四年八月丙戌,第11624页。
⑦ [元]脱脱等:《宋史》卷四八六《夏国传下》,第14012页。
⑧ [元]脱脱等:《宋史》卷十六《神宗三》,第306页。
⑨ [元]脱脱等:《宋史》卷三四九《刘昌祚传》,第11055—11056页。
⑩ [元]脱脱等:《宋史》卷十六《神宗三》,第308页。
⑪ [宋]李焘:《续资治通鉴长编》卷五○三,元符元年十月丙戌,第11977页。
⑫ [宋]李焘:《续资治通鉴长编》卷三一九,元丰四年十一月己丑,第7709页。
⑬ 史金波、聂鸿音、白滨译注:《天盛改旧新定律令》卷四《弃守营垒城堡溜等门》,第196页。
⑭ 史金波、聂鸿音、白滨译注:《天盛改旧新定律令》卷四《敌动门》,第221页。
⑮ 史金波、聂鸿音、白滨译注:《天盛改旧新定律令》卷十《司序行文门》,第378页。

中书、枢密、经略、正统等处，与次等司传导，然后置诸司上。"①

此外，正副统还有随行都案，"当于次等司都案及中书、枢密案头等中胜任晓事中权遣。毕时当令依旧所属司内任职"。②都案也是从其他职司中选调，这进一步证明了正副统只是中央派出官员，并非常设。

其他地方军职有行监，正副溜首领，权、正首领、末驱、舍监等。《天盛律令》卷五载："前述披、甲、马杂物中有住滞时，其溜、行监等连坐承罪法：属下首领甚多，已住滞犯重罪，一人，溜者应减一等，行监当一次再减一等。"③

𗥤𗧠 直译为行监，陈炳应译为副将。"𗥤𗧠（行监）"从"𗤋𗥤𗧠（溜首领）"中选拔，"有各步马行监缺额应派代替时，当于本□□□院队溜上有溜首领处遴选，应派战斗有名、勇健强悍、有殊功、众皆折服、无非议者为行监"。④《天盛律令》卷十记载，一些城寨设有行监一职，应是负责城寨军防的地方军官。

𗤋𗥤𗠉𗧠𗤋 一般简称"𗤋𗥤𗠉（正副溜）"、"𗠉𗢮𗧠𗤋（大小首领）"。又有"𘟣𗤋𘟣（马步溜）"。若首领所属披、甲、马三种未能赔偿，属下有人举报，则举报者勇健有知识、战功时为首领。正副溜，沿边检校者应于监军司习判中选派，未足时从𗥤𗧠（行监）、𗤋𗧠𗤋（溜首领中）选拔。"诸父子所属官马当于各自属处养治，每年正月一日起，依四季由职管行监、大小溜首领等校阅。"⑤"彼勇健强悍堪任者亦可擢为首领"。⑥"小首领、舍监、末驱等校集日迟至者"。⑦

𗥤、𗧠𗤋𗧠 权、正首领。正首领有无官均配箭一百五十枝。《天盛律令》卷五规定："帽主起至柱趣，箭百五十枝。"⑧帽主、柱趣都是西夏的官阶名称，具体品级不详。正首领所配备的弓箭数量与之相同，可见正首领的地位较高。"军正首领因公任他职，军上权检校在……"⑨《天盛律令》卷十规定"僧监、副、判、权首领印等铜重九两"，长宽各一寸七分。⑩

𗧠𗤋𗠉 小首领，次于大首领，二十抄可设小首领一名。小首领、末驱、舍监等配箭数

---

① 史金波、聂鸿音、白滨译注：《天盛改旧新定律令》卷十《司序行文门》，第378页。
② 史金波、聂鸿音、白滨译注：《天盛改旧新定律令》卷十《司序行文门》，第377页。
③ 史金波、聂鸿音、白滨译注：《天盛改旧新定律令》卷五《季校门》，第236页。
④ 史金波、聂鸿音、白滨译注：《天盛改旧新定律令》卷六《行监溜首领舍监等派遣门》，第266页。
⑤ 史金波、聂鸿音、白滨译注：《天盛改旧新定律令》卷六《军人使亲礼门》，第255页。
⑥ 史金波、聂鸿音、白滨译注：《天盛改旧新定律令》卷六《行监溜首领舍监等派遣门》，第267页。
⑦ 史金波、聂鸿音、白滨译注：《天盛改旧新定律令》卷五《季校门》，第238页。
⑧ 史金波、聂鸿音、白滨译注：《天盛改旧新定律令》卷五《军持兵器供给门》，第226页。
⑨ 史金波、聂鸿音、白滨译注：《天盛改旧新定律令》卷五《季校门》，第238页。
⑩ 史金波、聂鸿音、白滨译注：《天盛改旧新定律令》卷十《官军敕门》，第358页。

量与军卒相同。小首领作为军官,配备披、甲、马。"诸军首领、末驱、小首领等所属有披、甲、马"。①

𗥦𗖻 𗥦,意"尾"、"末"。如,夏译《类林》卷四田单条"𘝯𗥦𘟱𘝞𘟂𘗠𘉋𗦇"译"束芦苇于牛尾"。② 卷七阮瑀条"𘢌𗥦𗡔𘒣𘝕𗖻"译"汉末魏初人"。③ 𗖻,意"驱"、"逼迫"。夏译《类林》卷五赵炳条"𘟣𗖻𘉒𘘫𗖻"译"驱风而济"。④ 西夏文《添品妙法莲华经》卷二信解品第四"𘘦𗥼𘖧𘒣𗊶𘝤𗩱𗖻𘟓𘗦𘋩𘘹",⑤对应汉文本"我若久住,或见逼迫,强驱使作"。⑥

译为末驱,配备披、甲、马、弓箭等战具。《天盛律令》记载:"守营垒堡城者军将中,大小首领、舍监、末驱等"。⑦ 另外,末驱也是参与牧场生产与管理的人员之一。在牧场中有"𗰔𗦇(牧人)"、"𗰔𗦀𘘳(牧小监)"、"𗰔𘟎𗖻(牧首领)"、"𗥦𗖻(末驱)"等参与畜牧业生产及管理的人员。牧人因疏忽导致牲畜死亡、被盗时,若无力赔偿,则小牧人赔。"小牧主实无力偿,则于首领、末驱等当催促偿之。"⑧末驱胜任一年,获得若干赏赐;续任两年时赏赐依旧,得一官;续任三年,赏赐依旧加一官。⑨

𘘳𗦀 𘘳,意"房"、"舍",与"𗿰"连用,表示"厨庖"。如《掌中珠》"𗿰𘘳"作"厨庖"。⑩ 夏译《类林》卷六龙俭条"𘏒𘘡𗿰𘘳𗴴𘌢𗯿𗴐𘘫"译"老奴在厨听此音"。⑪ 𗦀,意"监"、"主"。《掌中珠》"𗥤𗦀𗆧"作"监军司"。⑫ 夏译《类林》卷三赵整条"𘡅𗦀"译"国主"。⑬

译为舍监,十抄可设"𘘳𗦀"一名,在守营垒、城堡、大城的军溜中次于小首领。若舍监勇健可以升为首领。𘘳𗦀分为正军与辅主,配备披、甲、马、杂物等战具。舍监当在发兵的当日进行集校。

总之,西夏的军溜设有盈能、正副首领、权首领、小首领、舍监、末驱等军职。《天盛律

---

① 史金波、聂鸿音、白滨译注:《天盛改旧新定律令》卷五《季校门》,第232页。
② 史金波、黄振华、聂鸿音:《类林研究》卷四,第78—79页。
③ 史金波、黄振华、聂鸿音:《类林研究》卷七,第161页。
④ 史金波、黄振华、聂鸿音:《类林研究》卷五,第116页。
⑤ 西夏文《添品妙法莲华经》卷二,《中国藏西夏文献》第六册,第184页。
⑥ 《大正新修大藏经》第九册,法华部《妙法莲华经》,大正一切经刊行会印行,1934年。
⑦ 史金波、聂鸿音、白滨译注:《天盛改旧新定律令》卷四《弃守营垒城堡溜等门》,第194页。
⑧ 史金波、聂鸿音、白滨译注:《天盛改旧新定律令》卷十九《校畜磨勘门》,第589页。
⑨ 史金波、聂鸿音、白滨译注:《天盛改旧新定律令》卷十九《校畜磨勘门》,第594页。
⑩ 《番汉合时掌中珠》(乙种本),《俄藏黑水城文献》第一○册,第30页。
⑪ 史金波、黄振华、聂鸿音:《类林研究》卷六,第149—150页。
⑫ 《番汉合时掌中珠》(乙种本),《俄藏黑水城文献》第一○册,第33页。
⑬ 史金波、黄振华、聂鸿音:《类林研究》卷三,第57页。

令》卷四载"守营垒堡城者军将等中,大小首领、舍监、末驱等,擅自弃不往营堡城军溜者",①军溜之上有城主、城守、通判、同判,②次有𦙍祕𦟤（正副溜）、正首领、权检校,次小首领、舍监、末驱。迁溜之下设有小监、小甲,之上有检校、边管等官吏。

---

① 史金波、聂鸿音、白滨译注:《天盛改旧新定律令》卷四《弃守营垒城堡溜等门》,第194页。
② 史金波、聂鸿音、白滨译注:《天盛改旧新定律令》卷四《弃守营垒城堡溜等门》,第198页。

参 考 文 献

一、出土文献

《俄藏黑水城文献》第六、七、八、九、十、十一、十二、十三册，上海古籍出版社，1998—2000年。

杜建录主编：《中国藏西夏文献》第三、四、八、十六、十八、十九册，甘肃人民出版社、敦煌文艺出版社，2006年。

二、古籍文献

[战国] 韩非著、赵沛注说：《韩非子》，河南大学出版社，2008年。

[汉] 班固：《汉书》，中华书局，1964年。

[北齐] 魏收：《魏书》，中华书局，1974年。

[唐] 魏征等：《隋书》，中华书局，1973年。

[唐] 长孙无忌等撰、刘俊文点校：《唐律疏议》，中华书局，1983年。

[唐] 沈亚之：《沈下贤集》，上海古籍出版社，1994年。

[唐] 杜佑：《通典》，中华书局，1992年。

[唐] 李林甫等撰、陈仲夫点校：《唐六典》，中华书局，1992年。

[后晋] 刘昫等：《旧唐书》，中华书局，1975年。

[宋] 欧阳修、宋祁：《新唐书》，中华书局，1975年。

[宋] 薛居正等：《旧五代史》，中华书局，1976年。

[宋] 欧阳修等：《新五代史》，中华书局，1974年。

[宋] 欧阳修：《归田录》，《宋元笔记小说大观》，上海古籍出版社，2001年。

[宋] 王溥：《五代会要》，上海古籍出版社，2006年。

[宋] 《范文正公集年谱》，王云五主编《新编中国名人年谱集成》，商务印书馆，1979年。

［宋］欧阳修:《欧阳修全集》,中国书店出版社,1986年。

《范仲淹文集》,王云五主编《国学基本丛书》,商务印书馆,1967年。

［宋］司马光著、邓广铭等点校:《涑水记闻》,中华书局,1989年。

［宋］司马光:《资治通鉴》,中华书局,1976年。

［宋］司马光著、胡三省注音:《资治通鉴》,中华书局,1956年。

［宋］陆游著、王欣点评:《老学庵笔记》,青岛出版社,2011年。

［宋］魏泰著、李裕民点校:《东轩笔录》,中华书局,1983年。

［宋］曾巩著、王瑞来校证:《隆平集校证》,中华书局,2012年。

［宋］洪皓著、翟立伟标注:《松漠纪闻》,吉林文史出版社,1986年。

［宋］李心传著、徐规点校:《建炎以来朝野杂记》甲集,中华书局,2007年。

［宋］李心传:《建炎以来系年要录》,文海出版社,1969年。

［宋］李焘:《续资治通鉴长编》,中华书局,1992年。

［宋］李焘:《续资治通鉴长编》影印本,上海古籍出版社,1986年。

［宋］窦仪等撰、薛梅卿点校:《宋刑统》,法律出版社,1999年。

［宋］曾公亮、丁度:《武经总要》,郑振铎编《中国古代版画丛刊》,上海古籍出版社,1988年。

［宋］杨仲良:《资治通鉴长编纪事本末》,文海出版社,1969年。

［宋］郑刚中著、郑良嗣编:《北山集》,《文渊阁四库全书》本,上海古籍出版社,1987年。

［宋］王钦若等编纂、周勋初等校订:《册府元龟》,凤凰出版社,2006年。

［宋］李昉等编:《文苑英华》,中华书局,2003年。

［宋］洪迈著:《容斋三笔》,上海古籍出版社,1978年。

［元］脱脱等:《金史》,中华书局,1975年。

［元］脱脱等:《辽史》,中华书局,1975年。

［元］脱脱等:《宋史》,中华书局,1977年。

［元］徐元瑞著、杨讷点校:《吏学指南》,浙江古籍出版社,1988年。

［元］马端临:《文献通考》,中华书局,1986年。

［元］王恽:《秋涧集》文渊阁四库本,上海古籍出版社,2003年。

［明］胡汝砺、管律重修:《嘉靖宁夏新志》,宁夏人民出版社,1982年。

［明］宋濂等:《元史》,中华书局,1976年。

［清］徐松辑录：《宋会要辑稿》，中华书局，1957年。

［清］吴广成：《西夏书事》，《续修四库全书》本，上海古籍出版社，2001年。

［清］戴锡章、罗矛昆校点《西夏纪》，宁夏人民出版社，1988年。

［民国］屠寄：《蒙兀儿史记》，上海古籍出版社，1989年。

［民国］柯劭忞：《元史》，开明书店，1935年。

《文海宝韵》（甲种本），《俄藏黑水城文献》第七册，上海古籍出版社，1997年。

《天盛律令》（甲种本），《俄藏黑水城文献》第八册，上海古籍出版社，1998年。

《番汉合时掌中珠》甲、乙种书，《俄藏黑水城文献》第一〇册，上海古籍出版社，2002年。

《德行集》（甲种本），《俄藏黑水城文献》第十一册，上海古籍出版社，1999年。

《新集慈孝传》，《俄藏黑水城文献》第一〇册，上海古籍出版社，1999年。

《官阶封号表》（甲、乙种本），《俄藏黑水城文献》第九册，上海古籍出版社，1999年。

《亥年新法》（甲、丙种本），《俄藏黑水城文献》第九册，上海古籍出版社，1999年。

《三才杂字》（乙、己种本），《俄藏黑水城文献》第一〇册，上海古籍出版社，2002年。

《新集锦合辞》（甲种本），《俄藏黑水城文献》第十册，上海古籍出版社，2002年。

汉文本《杂字》，《俄藏黑水城文献》第九册，上海古籍出版社，2002年。

（日）《大正新修大藏经》，大正一切经刊会印行，1934年。

三、研究著作

严耕望：《唐史研究丛稿》，新亚研究所，1969年。

杨树藩：《中国文官制度史》，黎明文化事业股份有限公司，1982年。

罗福颐等：《西夏官印汇考》，宁夏人民出版社，1982年。

李范文：《西夏陵墓出土残碑粹编》，文物出版社，1984年。

史金波、白滨、黄振华：《文海研究》，中国社会科学出版社，1983年。

陈炳应：《西夏文物研究》，宁夏人民出版社，1985年。

李范文：《同音研究》，宁夏人民出版社，1986年。

戴锡章著、罗矛昆校点：《西夏纪》，宁夏人民出版社，1988年。

（俄）Е.И.克恰诺夫俄译、李仲三汉译，罗矛昆校订：《西夏法典——天盛年改旧定新律令（第1—7章）》，宁夏人民出版社，1988年。

周绍良主编：《唐代墓志汇编》，上海古籍出版社，1992年。

史金波、黄振华、聂鸿音：《类林研究》，宁夏人民出版社，1993年。

陈炳应：《西夏谚语》，山西人民出版社，1993年。

林英津：《夏译〈孙子兵法〉研究》，中研院史语所，1994年。

(俄) Е.И.克恰诺夫、李范文、罗矛昆：《圣立义海研究》，宁夏人民出版社，1995年。

陈炳应：《贞观玉镜将研究》，宁夏人民出版社，1995年。

白钢：《中国政治制度通史》(隋唐五代卷)，社会科学文献出版社，2011年。

龚延明：《宋代官制辞典》，中华书局，1997年。

李范文：《夏汉字典》，中国社会科学出版社，1997年。

王天顺：《西夏天盛律令研究》，甘肃文化出版社，1998年。

史金波、聂鸿音、白滨译注：《天盛改旧新定律令》，法律出版社，2000年。

阎步克：《官品与职位》，中华书局，2001年。

聂鸿音：《西夏文德行集研究》，甘肃文化出版社，2002年。

蓝勇：《中国历史地理学》，高等教育出版社，2002年。

瞿同祖：《中国法律与中国社会》，中华书局，2003年。

康兰英主编：《榆林碑石》，三秦出版社，2003年。

胡若飞：《西夏军事制度研究》，内蒙古大学出版社，2003年。

杨积堂：《法典中的西夏文化——〈天盛改旧新定律令〉研究》，法律出版社，2003年。

杜建录主编：《二十世纪西夏学》，宁夏人民出版社，2004年。

李范文：《西夏语比较研究》，宁夏人民出版社，2004年。

杜建录：《天盛律令与西夏法制研究》，宁夏人民出版社，2005年。

姜歆：《西夏法律制度研究——〈天盛改旧新定律令〉初探》，兰州大学出版社，2005年。

吴天墀：《西夏史稿》，广西师范大学出版社，2006年。

陈永胜：《西夏法律制度研究》，民族出版社，2006年。

(俄) 聂历山：《西夏语文学》，李范文主编《西夏研究》，中国社会科学出版社，2007年。

周振鹤主编：《中国行政区划通史》(宋西夏卷)，复旦大学出版社，2007年

韩小忙：《〈同音文海宝韵合编〉整理与研究》，中国社会科学出版社，2008年。

杨蕤：《西夏地理研究》，人民出版社，2008年。

史金波：《西夏社会》，上海人民出版社，2008年。

聂鸿音：《西夏文〈新集慈孝传〉研究》，宁夏人民出版社，2009年。

邵方：《西夏法制研究》，人民出版社，2009年。

张国刚：《唐代藩镇研究》，中国人民大学出版社，2010年。

韩小忙：《〈同音背隐音义〉整理与研究》，中国社会科学出版社，2011年。

杜建录、史金波：《西夏社会文书研究》，上海古籍出版社，2012年。

彭向前：《西夏文〈孟子〉整理与研究》，上海古籍出版社，2012年。

（俄）索罗宁著、粟瑞雪译：《十二国》，宁夏人民出版社，2012年。

杜建录、波波娃主编：《〈天盛律令〉研究》，上海古籍出版社，2014年。

四、研究论文

王静如：《过去庄严劫千佛名经考释》，《国立北平图书馆馆刊（西夏文专号）》1932年第4期。

罗福成：《西夏宿卫牌、西夏守御牌》，《国立北平图书馆馆刊（西夏文专号）》1932年第4期。

罗福成：《重修护国寺感应塔碑铭》，《国立北平图书馆馆刊（西夏文专号）》1932年第4期。

王静如：《金光明最胜王经》卷一、五、六、九、十《夏藏汉合璧考释》，《西夏研究》第二、三辑，中研院史语所，1933年。

（日）前田正名：《西夏卓罗啰监军司支配地域的特殊性》，《东洋历史地理学研究》82号，1961年。

章巽：《夏国诸州考》，《开封师院学报》1963年第1期。

王静如：《西夏文木活字版佛经与铜牌》，《文物》1972年第11期。

黄振华：《评苏联近三十年西夏学研究》，《社会科学战线》1978年第1期。

汤开建：《西夏监军司驻地初探》，《西北史地》1982年第3期。

吴光耀：《西夏疆域之形成与州府建置沿革》，《武汉大学学报》1982年第1期。

史金波、白滨：《莫高窟榆林窟西夏文题记研究》，《考古学报》1982年第3期。

汤开建：《西夏蕃官名号表补正》，《四川大学学报》1982年第1期。

陈炳应：《天梯山石窟西夏文佛经译释》，《考古与文物》1983年第3期。

汤开建：《西夏史琐谈（二）》，《宁夏大学学报》1985年第3期。

王民信：《西夏官号杂考》，《边政研究所年报》第17辑，1986年。

陈炳应:《西夏监军司的数量和驻地考》,《西北师范大学学报》增刊 1986 年第 5 期。

史金波:《西夏名号杂考》,《中央民族学院学报》1986 年第 4 期。

(美) R. 邓尼尔著、罗矛昆译:《兀刺海(斡罗孩)和西夏黑水镇燕军司》,《宁夏社会科学》1986 年第 6 期。

顾吉辰:《汉文文献中的西夏官名考录》,《宁夏教育学院学报》1988 年第 2 期。

顾吉辰:《西夏官品考》,《宁夏大学学报(社会科学版)》1988 年第 4 期。

汤开建:《西夏史琐谈(三)》,《中国民族史研究》第二辑,中央民族学院出版社,1989 年。

汤开建:《西夏监军司驻所辨析》,《历史地理》第六辑,上海人民出版社,1990 年。

史金波:《西夏文官阶封号表考释》,《中国民族古文字研究》第三辑,天津古籍出版社,1991 年。

李范文:《西夏官阶封号表考释》,《社会科学战线》1991 年第 3 期。

宋耀良:《西夏重镇黑山城址考》,《宁夏社会科学》1993 年第 5 期。

史金波:《西夏的职官制度》,《历史研究》1994 年第 2 期。

聂鸿音、史金波:《西夏文本〈碎金〉研究》,《宁夏大学学报》(社科版),1995 年第 2 期。

聂鸿音、史金波:《西夏文〈三才杂字〉考》,《中央民族大学学报》,1995 年第 6 期。

王静如、李范文:《西夏〈杂字〉研究》,《西北民族研究》1997 年第 2 期。

刘菊湘:《关于〈天盛律令〉的成书年代》,《固原师专学报》1998 年第 4 期。

聂鸿音:《西夏〈天盛律令〉成书年代辨析》,《寻根》1998 年第 6 期。

聂鸿音:《西夏官刻本五种》,《文献》1999 年第 3 期。

戴应新:《有关党项夏州政权的真实记录——记〈故大宋国定难军管内都指挥使康公墓志铭〉》,《宁夏社会科学》1999 年第 1 期。

刘华、杨孝峰:《西夏天都监军司所遗址及神勇军考》,《宁夏社会科学》2001 年第 2 期。

鲁人勇:《西夏监军司考》,《宁夏社会科学》2001 年第 1 期。

(日) 西田龙雄:《西夏语法新考》,《国家图书馆学刊》(西夏研究专号)2002(增刊)。

彭向前:《释"负赡"》,《东北史地》2002 年第 1 期。

陆宁:《论党项藩镇》,《宁夏大学学报》2004 年第 1 期。

王富春:《唐党项族首领拓拔守寂墓志铭考释》,《考古与文物》2004 年第 3 期。

周伟洲:《陕北出土三方唐五代党项拓拔氏墓志考释——兼论党项拓拔氏之族源问

题》，《民族研究》2004年第6期。

彭向前：《西夏圣容寺初探》，《民族研究》2005年第5期。

汪一鸣：《西夏京师政区的沿革地理讨论》，《宁夏大学学报（人文社会科学版）》2005年第3期。

陈庆英：《西夏及元代藏传佛教经典的汉译本》，《西藏大学学报》2005年第5期。

方建春：《唐代使府幕职概说》，《固原师专学报》2006年第5期。

刘华：《西夏西寿保泰监军司遗址考述》，《宁夏社会科学》2006年第4期。

杜建录等：《宋代党项拓拔部大首领李光睿墓志铭考释》，《西夏学》第一辑，上海古籍出版社，2006年。

杜建录：《党项夏州政权建立前后的重要记录——〈唐故延州安塞军防御使白敬立墓志铭〉考释》，《宁夏师范学院学报》2007年第1期。

田思思：《宋代神御研究》，厦门大学硕士学位论文，2007年。

聂鸿音：《黑山威福军司补正》，《宁夏师范学院学报》2008年第4期。

彭向前：《谅祚改制考论》，《内蒙古社会科学（汉文版）》2008年第4期。

文志勇：《西夏官阶封号表残卷新译及考释》，《宁夏社会科学》2009年第1期。

段玉泉：《语言背后的文化流传：一组西夏藏传佛教文献的解读》，兰州大学博士学位论文，2009年。

翟丽萍：《西夏蕃名官号异译考释》，《西夏学》第六辑，上海古籍出版社，2010年。

翟丽萍：《西夏官僚机构及其职掌与属官考论》，宁夏大学硕士学位论文，2010年。

潘洁：《天盛改新定律令农业卷研究》，宁夏大学博士学位论文，2010年。

王培培：《西夏文〈维摩诘所说经〉研究》，中国社会科学院博士学位论文，2010年。

翟丽萍：《长编人名标点勘误八则》，《西夏学》第八辑，上海古籍出版社，2011年。

贾常业：《西夏文译本〈六韬〉解读》，《西夏研究》2011年第2期。

史金波：《西夏文军籍文书考略——以俄藏黑水城出土军籍文书为例》，《中国史研究》2012年第4期。

杜建录、于光建：《武威藏西夏文〈志公大师十二时歌〉译释》，《西夏研究》2013年第2期。

翟丽萍：《西夏职官制度研究——以〈天盛革故鼎新律令〉卷十为中心》，陕西师范大学博士学位论文2013年。

郭茂育：《唐方镇文职僚佐考新补》，《图书馆杂志》2012年第5期。

苏航:《西夏史札记三则》,中国社科院民族学与人类学研究所编:《薪火相传——史金波先生 70 寿辰西夏学国际学术研讨会论文集》,中国社会科学出版社,2012 年。

晓克:《论北方草原民族之族兵制》,《内蒙古社会科学(汉文版)》2012 年第 6 期。

附 录

一 夏汉词语对照表

一、每条词语按照西夏文词条首字的四角号码从小到大排序,以《夏汉字典》为准。

二、词条出处通常选择文献中首次出现的例子,以"叶—面—行"的形式标注,A为右面,B为左面。

四角号码	西夏文	汉文翻译	页 码
102121	𗧁……𗤼	自……至	39-4-B-05
102122	𗧁𗤼	校口	39-9-B-09
102240	𗧁𗤼𗤼	五原郡	39-21-A-08
104140	𗧁𗤼	大氅	39-2-A-09
104400	𗧁𗤼𗤼	出车院	39-22-A-09
104525	𗧁𗤼	前检	39-1-B-09
107241	𗧁𗤼	嗣子	39-8-A-01
109000	𗧁𗤼	柱趣	39-16-A-03
109200	𗧁𗤼	纯金	39-15-A-07
112150	𗧁𗤼	告老	39-19-B-03
112222	𗧁𗤼𗤼	鸣沙军	39-21-A-06
	𗧁𗤼	胜全	39-22-A-02
112224	𗧁𗤼𗤼	临河县	39-21-B-04
112920	𗧁𗤼	侄孙	39-6-B-09

261

续 表

四角号码	西夏文	汉文翻译	页　　码
114100	𗥹𗾑	嫁妆	39-10-B-04
114122	𘕕𘜶𘟣	卫边城	39-22-A-04
	𗉞𘃎	工院	39-21-B-06
114140	𗉞𘝯	绥州	39-22-B-02
	𗉞𘃁	州主	39-1-B-06
	𗉞𗥤	城守	39-1-B-06
114142	𗤻𘃎𘟣	权检校	39-16-B-05
	𗤻𘜶	权印	39-16-B-05
	𗤻𘃎𘟣𘜶	权检校印	39-16-B-07
114224	𗢳𗍫	近边	39-19-A-06
114424	𘟂𘟃𘟤	审刑司	39-21-A-04
	𗠉𗢳	其余	39-2-A-08
115150	𘚢𘉒𗉞𘟤	甘州城司	39-21-B-05
117122	𘟣𘟣	依次	39-1-B-02
117220	𘜶𘟣𘉒	中府州	39-21-A-02
119140	𗧙𘇚	法师	39-6-A-09
122422	𗥹𘉒	大小、多少	39-7-A-06
122424	𗥹𘟤	是否	39-4-B-01
122442	𘀄𘉒𘟣	皇太子	39-15-A-07
	𘀄𘉒	天盛	39-1-A-01
122457	𘉒𘟤	指挥	39-18-A-02
	𘉒𘇚	待命	39-8-A-05
	𘉒𘟣	承旨	39-1-B-04
124172	𘟣𘟤	实行	39-2-A-05
124400	𗭼𘝯𘟣	年晋城	39-22-A-04
	𗭼	姊妹	39-10-B-02
124422	𘟣𘜶𘟤	甋匣司	39-21-A-01
124440	𘟣𘇚𘟣	西明寨	39-22-A-09
132420	𗉞𘜶𘟣	讹尼寨	39-22-B-02

续 表

四角号码	西夏文	汉文翻译	页　码
134220	󰀀󰀁	夏州	39-22-B-02
134420	󰀀󰀁	推寻	39-3-A-05
137420	󰀀󰀁	告状	39-7-A-04
142122	󰀀󰀁󰀂	永昌城	39-21-B-05
142124	󰀀󰀁	斤两	39-15-A-05
142125	󰀀󰀁	判凭	39-13-B-06
144120	󰀀󰀁󰀂󰀃	边中转运司	39-21-B-07
	󰀀󰀁󰀂󰀃	边中监军司	39-21-A-05
	󰀀󰀁	边中	39-1-B-05
144122	󰀀󰀁	人情	39-3-A-06
144140	󰀀󰀁	日超	39-4-B-04
	󰀀󰀁	期满	39-3-B-03
144144	󰀀󰀁󰀂	常威寨	39-22-A-09
152220	󰀀󰀁	宣徽	39-12-B-06
154142	󰀀󰀁	永便	39-22-A-01
172122	󰀀󰀁	所有	39-11-A-06
172124	󰀀󰀁	北院	39-21-B-06
172125	󰀀󰀁󰀂	大通军	39-21-A-09
	󰀀󰀁󰀂󰀃	大都督府	39-20-B-08
172140	󰀀󰀁	诸王	39-15-B-08
	󰀀󰀁	诸司	39-1-B-01
	󰀀󰀁	诸人	39-10-A-09
172220	󰀀󰀁	监收	39-10-B-06
172250	󰀀󰀁󰀂	言过处	39-1-B-08
	󰀀󰀁	谕文	39-6-A-06
172255	󰀀󰀁󰀂	马院司	39-21-B-03
172412	󰀀󰀁󰀂	未嫁往媳	39-10-B-02
172420	󰀀󰀁󰀂	十个月	39-5-A-08
	󰀀󰀁	生子	39-7-B-08
	󰀀󰀁	十品	39-20-A-05

续 表

四角号码	西夏文	汉文翻译	页 码
172422	󰀀󰀀	三司	39-20-B-07
	󰀀󰀀	注册	39-8-B-08
172440	󰀀󰀀	教习	39-18-B-05
172554	󰀀󰀀󰀀	中等司	39-15-B-03
174125	󰀀󰀀	辅主	39-8-B-07
174125	󰀀󰀀	板簿	39-12-B-05
174220	󰀀󰀀	屋舍	39-10-B-01
174222	󰀀󰀀	长期	39-3-B-07
	󰀀󰀀	自己	39-6-B-09
174224	󰀀󰀀	卓啰	39-21-B-08
174240	󰀀󰀀	应建	39-22-A-03
	󰀀󰀀	结合	39-13-A-07
	󰀀󰀀	情愿	39-7-B-06
174400	󰀀󰀀	孤山	39-22-A-01
	󰀀󰀀	所定	39-1-B-02
174422	󰀀󰀀󰀀	宣德堡	39-22-B-01
	󰀀󰀀󰀀	宣威军	39-21-B-01
175222	󰀀󰀀󰀀	纸工院	39-22-A-08
175400	󰀀󰀀	以下	39-1-B-02
175450	󰀀󰀀󰀀	及丁礼	39-16-B-06
175452	󰀀	与……相比	39-4-A-02
175459	󰀀󰀀	习判	39-1-B-05
	󰀀󰀀	公事	39-4-A-05
175550	󰀀󰀀	银州	39-22-A-03
177240	󰀀󰀀	合乐	39-22-A-04
	󰀀󰀀󰀀󰀀󰀀	僧人功德司	39-20-B-08
	󰀀󰀀	僧监	39-6-B-02
177442	󰀀󰀀	正军	39-18-B-09
	󰀀󰀀	军抄	39-7-B-03

续表

四角号码	西夏文	汉文翻译	页码
177442	󰀀󰀁󰀂	监军司	39-12-A-09
	󰀀󰀁	监军	39-1-B-05
	󰀀󰀃	军马	39-4-A-05
	󰀀󰀄󰀅	全境官	39-19-A-01
179200	󰀆󰀇	中书	39-1-B-04
179220	󰀈󰀉	任妇	39-7-B-08
179400	󰀊󰀋	亲子	39-7-B-09
182152	󰀌󰀍	畜物	39-8-B-02
182242	󰀎󰀏󰀐	皇城司	39-20-B-09
184140	󰀑󰀒		39-8-B-04
184225	󰀓󰀔	魅拒	39-22-A-02
184400	󰀕󰀖	失职	39-1-A-04
	󰀕󰀗	局分	39-1-A-07
	󰀕󰀘	职位	39-4-B-04
	󰀕󰀙󰀚	职管处	39-3-B-01
	󰀕󰀛󰀜	共职	39-7-A-02
	󰀕󰀛󰀜󰀝	无共职	39-7-A-03
	󰀕󰀙󰀞	管事人	39-11-B-07
184525	󰀟󰀠󰀡	前内侍	39-10-A-05
	󰀟󰀠󰀡󰀂	前内侍司	39-21-A-05
185400	󰀢󰀣	主人	39-18-A-06
189240	󰀤󰀥	正统	39-15-B-01
192124	󰀦󰀧	案头	39-2-A-02
194274	󰀨󰀩󰀪	保静县	39-21-B-04
	󰀫󰀫	仔细	39-3-A-06
210124	󰀬󰀭	其后	39-17-B-03
	󰀮󰀯	阁门	39-10-A-05
	󰀮󰀯󰀂	阁门司	39-5-B-06
210125	󰀰󰀱	坎图	39-12-B-07

续 表

四角号码	西夏文	汉文翻译	页 码
210127	𗼇𗼊	以外	39-2-A-01
210222	𗼇𗼊	结婚	39-11-A-07
210255	𗼇𗼊	刚强	39-17-A-06
212100	𗼇𗼊𗼊𗼊𗼊	沙州经治司	39-21-B-03
	𗼇𗼊	沙州	39-21-B-07
212124	𗼇𗼊𗼊	大恒历司	39-13-A-02
	𗼇𗼊	五亲	39-7-B-07
	𗼇𗼊𗼊	五服衰	39-11-A-09
	𗼇𗼊	五年	39-3-B-07
212150	𗼇𗼊	其中	39-4-A-03
212240	𗼇𗼊	洁净	39-12-A-04
212420	𗼇𗼊	醉酒	39-7-A-09
214100	𗼇	饼	39-2-B-02
214121	𗼇𗼊	口供	39-14-A-08
214122	𗼇𗼊	前述	39-3-B-09
214125	𗼇𗼊𗼊	卜算院	39-21-A-07
214240	𗼇𗼊𗼊	经略使	39-7-A-03
	𗼇𗼊	经略	39-2-A-07
	𗼇𗼊	奏告	39-2-A-05
214320	𗼇𗼊	射箭	39-12-A-01
214400	𗼇𗼊𗼊	秘书监	39-22-B-03
	𗼇𗼊𗼊	养贤务	39-21-A-07
214422	𗼇𗼊𗼊𗼊𗼊𗼊	执飞禽提点	39-22-B-03
	𗼇𗼊	帽主	39-14-B-07
217140	𗼇𗼊	曾经	39-3-B-04
218420	𗼇𗼊𗼊𗼊𗼊	番汉乐人院	39-22-A-07
	𗼇𗼊𗼊𗼊𗼊	番汉大学院	39-22-B-04
220422	𗼇𗼊𗼊	当分居	39-8-B-01
	𗼇𗼊	别房	39-10-B-05

续表

四角号码	西夏文	汉文翻译	页　　码
222122	𗧊𗫐𘏚	刻字司	39 - 22 - A - 06
222444	𗢭𘏚	罚马	39 - 2 - B - 08
224055	𗉝	兄弟	39 - 6 - B - 09
224422	𗤋𗦃𗧠	华阳县	39 - 21 - A - 08
224440	𗤋𗯞	夜禁	39 - 1 - B - 08
224441	𗤋𗤋	之后	39 - 3 - A - 08
225000	𗣼𘏚	立便	39 - 7 - A - 05
227450	𘂪𘕤𘂊	医人院	39 - 21 - A - 08
	𘂪𘏚	人根	39 - 9 - A - 01
	𘂪𗤋	人名	39 - 12 - B - 04
228000	𗥦𗦻𘛛𗮔	圣容提举	39 - 21 - B - 01
229400	𘍵𗤋𘐀	杂花锦	39 - 2 - B - 02
230242	𗧿𗦃	同判	39 - 1 - B - 05
230252	𘟂𘌽𘓯𘟬	帐门末宿	39 - 10 - A - 05
234220	𗼃𘂊	地边	39 - 17 - A - 02
	𗼃𗭪	地中	39 - 17 - A - 02
	𗼃𘟬	田畴	39 - 10 - B - 01
234221	𗼃𗥦	肃州	39 - 21 - B - 06
234420	𘒣𗥦𘊐	中兴府	39 - 20 - B - 07
	𘒣𗥦𘏚	众检校	39 - 6 - B - 02
240124	𘏚𘏚	副判	39 - 6 - A - 09
240125	𘏚𘟩	司印	39 - 15 - A - 03
	𘏚𗦃	司吏	39 - 2 - A - 02
	𘏚𗭪	司内	39 - 6 - A - 02
	𘏚𗥦	司位	39 - 15 - A - 04
	𘏚𘟩	宽限	39 - 1 - A - 04
	𘏚𘟩	期限	39 - 6 - A - 04
240152	𘏚𘟩	主簿	39 - 17 - A - 04
242150	𘏚𘟩	轻重	39 - 4 - A - 09

267

续 表

四角号码	西夏文	汉文翻译	页 码
244122	󰀀󰀀	首领	39-9-A-02
	󰀀󰀀	掩饰	39-3-B-04
	󰀀󰀀	头项	39-4-A-06
	󰀀󰀀󰀀	权首领	39-15-B-06
	󰀀󰀀	头上	39-12-B-06
	󰀀󰀀󰀀	功德司	39-6-A-09
244125	󰀀󰀀	担保	39-12-A-02
244140	󰀀󰀀󰀀󰀀	道士功德司	39-6-B-01
244224	󰀀󰀀󰀀	正副统	39-6-A-03
250220	󰀀󰀀󰀀	陈告司	39-21-A-03
250420	󰀀󰀀	禅师	39-6-A-09
254122	󰀀󰀀	长宽	39-16-A-06
254125	󰀀󰀀󰀀󰀀	出家功德司	39-20-B-08
254140	󰀀󰀀󰀀	安持寨	39-22-A-05
254900	󰀀󰀀	大姓	39-7-B-03
	󰀀	大人	39-1-B-04
260420	󰀀󰀀󰀀	已嫁女	39-11-A-04
270222	󰀀󰀀󰀀󰀀󰀀	西院经治司	39-21-B-03
	󰀀󰀀	西院	39-21-B-08
	󰀀󰀀	西宁	39-22-A-01
270224	󰀀󰀀	国内	39-7-B-03
	󰀀󰀀	国师	39-6-A-09
270450	󰀀󰀀	官位	39-14-A-04
	󰀀󰀀	官印	39-14-B-07
	󰀀󰀀	官敕	39-4-A-07
	󰀀󰀀	袭官	39-12-A-07
	󰀀󰀀	求官	39-12-A-07
	󰀀󰀀	官名	39-12-B-04
	󰀀󰀀	无官	39-14-A-07

续 表

四角号码	西夏文	汉文翻译	页 码
270450	𗧓𗧓𗧓	有低官	39 - 14 - A - 08
	𗧓𗧓𗧓	有高官	39 - 14 - A - 08
	𗧓𗧓	官品	39 - 15 - A - 04
270525	𗧓𗧓	内外	39 - 17 - B - 05
270545	𗧓	答	39 - 4 - A - 04
272400	𗧓𗧓	养子	39 - 8 - B - 04
272440	𗧓𗧓	黑水	39 - 21 - B - 07
273300	𗧓𗧓	分析	39 - 14 - A - 07
274000	𗧓𗧓	重职	39 - 4 - A - 05
	𗧓𗧓𗧓𗧓	革故鼎新	39 - 1 - A - 01
274120	𗧓𗧓	九品	39 - 20 - A - 05
274122	𗧓𗧓𗧓	富清县	39 - 22 - A - 05
	𗧓𗧓𗧓	府夷州	39 - 21 - A - 02
	𗧓𗧓	众主	39 - 6 - B - 03
274124	𗧓𗧓𗧓	行宫司	39 - 21 - B - 02
274127	𗧓𗧓	妻子	39 - 6 - B - 09
274220	𗧓𗧓	学士	39 - 18 - B - 07
	𗧓𗧓𗧓	六个月	39 - 4 - B - 07
	𗧓𗧓	六品	39 - 20 - A - 05
274242	𗧓𗧓	枢密	39 - 1 - B - 04
274242	𗧓𗧓	多数	39 - 10 - B - 08
274400	𗧓𗧓𗧓𗧓	未及御印	39 - 13 - A - 05
	𗧓𗧓𗧓	及御印	39 - 13 - A - 07
	𗧓𗧓	圣旨	39 - 14 - A - 02
	𗧓𗧓𗧓𗧓	御厨庖司	39 - 21 - A - 01
274422	𗧓𗧓	学资	39 - 18 - B - 05
274450	𗧓𗧓	丑陋	39 - 12 - A - 05
274500	𗧓𗧓𗧓	牒密案	39 - 4 - A - 05

269

续 表

四角号码	西夏文	汉文翻译	页 码
274525	𗼱𗼱𗓽	内宿司	39-20-B-09
	𗼱𘟣	内管	39-12-B-06
	𗼱𗥓	内侍	39-13-A-08
277228	𗴂𗴲𗓽	殿前司	39-20-B-07
278420	𘟂𘟂𘟂𘟂	巫提点	39-22-B-03
	𘟂𘟂𘟂	卧啰孩	39-21-B-07
280440	𗿒𗿒	升簿	39-2-B-09
	𗿒𗿒	臣僚	39-4-A-08
280444	𗿒𗿒	勇健	39-17-A-07
282140	𗿒𗿒	然后	39-10-B-06
282400	𗿒𗿒	敛集	39-10-B-03
282422	𗿒𗿒	断绝	39-9-A-01
	𗿒𗿒𗿒	已断绝	39-10-A-09
284000	𗿒𗿒	争斗	39-7-B-01
284121	𗿒𗿒	纯银	39-15-A-08
284129	𗿒𗿒	时节	39-2-A-04
284140	𗿒𗿒	抛弃	39-8-B-04
	𗿒𗿒	请者	39-3-B-08
284174	𗿒𗿒𗿒	回夷务	39-21-A-07
284221	𗿒𗿒𗿒	偷盗	39-3-B-09
284224	𗿒𗿒	瓜州	39-21-B-08
284400	𗿒𗿒𗿒	农待命	39-14-B-02
284442	𗿒	信牌	39-12-B-09
287420	𗿒𗿒	律令	39-1-A-01
287452	𗿒𗿒	信同	39-22-A-02
288420	𗿒𗿒𗿒𗿒	由官家赐官	39-12-A-07
294225	𗿒𗿒	高低	39-15-A-05
294274	𗿒𗿒	小姓	39-7-B-04
	𗿒𗿒	大小	39-1-B-01

续表

四角号码	西夏文	汉文翻译	页码
294574	󰀀󰀀	虚杂	39-2-A-06
302422	󰀀󰀀	只关	39-12-A-02
305200	󰀀󰀀󰀀	定国寨	39-22-B-01
	󰀀󰀀󰀀	定远县	39-21-B-04
375254	󰀀󰀀	三公	39-15-B-08
382420	󰀀󰀀	盈能	39-17-A-03
410112	󰀀󰀀󰀀	治源县	39-21-A-08
412112	󰀀󰀀	住滞	39-2-A-06
412150	󰀀󰀀	二年	39-3-B-06
414900	󰀀󰀀󰀀	御札子	39-18-A-04
470514	󰀀󰀀󰀀󰀀󰀀󰀀󰀀	磨勘军案殿前司及管	39-21-A-06
	󰀀󰀀	磨勘	39-3-A-01
482550	󰀀󰀀	凉州	39-22-B-01
502422	󰀀󰀀󰀀	开边城	39-21-B-05
502450	󰀀󰀀	都监	39-5-A-09
504100	󰀀󰀀󰀀	使出者	39-3-B-08
504140	󰀀󰀀󰀀	木工院	39-22-A-08
504200	󰀀	杖	39-4-A-04
504224	󰀀󰀀󰀀	砖瓦院	39-22-A-08
	󰀀󰀀󰀀	西凉府	39-21-A-01
504400	󰀀󰀀	边净	39-22-A-02
504414	󰀀󰀀	已嫁	39-10-B-02
589121	󰀀󰀀󰀀	寺庙山	39-21-B-09
	󰀀󰀀	刺史	39-1-B-05
604222	󰀀󰀀	使军	39-18-B-02
	󰀀󰀀	使人	39-5-A-09
	󰀀󰀀	驱使	39-6-A-02
712140	󰀀󰀀	引送	39-2-B-09
712142	󰀀󰀀	以上	39-4-B-08

续 表

四角号码	西夏文	汉文翻译	页　　码
712150	󰀀󰀀	头字	39-4-A-07
732245	󰀀󰀀󰀀	定功城	39-22-A-04
752242	󰀀󰀀	大功	39-17-B-06
	󰀀󰀀	功官	39-19-A-01
762140	󰀀󰀀	分别	39-17-A-07
772240	󰀀󰀀	八年	39-3-B-07
	󰀀󰀀	八品	39-20-A-05
802140	󰀀󰀀󰀀󰀀󰀀󰀀	京师工院	39-22-B-04
	󰀀󰀀󰀀	京师工院	39-21-A-09
	󰀀󰀀󰀀	京师界	39-12-B-02
	󰀀󰀀	京师	39-2-A-03
	󰀀󰀀	末监	39-22-A-02
802190	󰀀󰀀	节亲	39-9-A-03
802222	󰀀󰀀	大锦	39-2-A-09
802224	󰀀󰀀󰀀	定远寨	39-22-B-02
802240	󰀀󰀀󰀀	织绢院	39-22-A-07
	󰀀󰀀	紧丝	39-2-B-04
	󰀀󰀀	七品	39-20-A-06
802400	󰀀󰀀󰀀󰀀󰀀	南院行馆三司	39-21-B-02
	󰀀󰀀	南院	39-21-B-06
	󰀀󰀀	文官	39-12-A-07
	󰀀󰀀	文武	39-2-B-08
	󰀀󰀀	文字	39-11-B-09
802420	󰀀󰀀󰀀󰀀	首饰院	39-22-A-07
802422	󰀀󰀀	续转	39-1-A-03
	󰀀󰀀󰀀	当续转	39-1-B-03
802440	󰀀󰀀	争止	39-22-A-03
804100	󰀀󰀀󰀀󰀀	铜镀银	39-15-A-04
	󰀀󰀀	铠甲	39-9-B-09

续 表

四角号码	西夏文	汉文翻译	页 码
804100	󰀀	受贿	39-3-B-08
	󰀀󰀀󰀀	受贿者	39-4-A-03
	󰀀󰀀	纯铜	39-15-B-04
804110	󰀀󰀀	慧臣	39-16-A-03
804122	󰀀󰀀	龙州	39-22-A-03
804140	󰀀󰀀	谕文	39-4-B-04
804280	󰀀󰀀	丈夫	39-8-B-06
804420	󰀀󰀀	年老	39-4-A-08
	󰀀󰀀	年纪	39-4-A-09
	󰀀󰀀	年少	39-16-B-06
804440	󰀀󰀀󰀀	铁工院	39-22-A-08
	󰀀󰀀	铁箭	39-13-A-01
	󰀀󰀀	铸铁	39-1-B-08
805154	󰀀󰀀	威臣	39-14-B-07
805520	󰀀󰀀󰀀	及授官	39-15-B-09
	󰀀󰀀󰀀	受纳司	39-21-A-05
807441	󰀀󰀀	御史	39-20-B-07
	󰀀󰀀	判断	39-3-B-09
808124	󰀀󰀀󰀀	祖父母	39-10-B-09
	󰀀󰀀	父母	39-6-B-09
809100	󰀀󰀀󰀀	镇国寨	39-22-B-01
	󰀀󰀀󰀀	真武城	39-22-A-01
812142	󰀀󰀀	庶人	39-3-A-07
812152	󰀀󰀀󰀀	作房司	39-22-A-06
812244	󰀀󰀀	径直	39-6-B-05
812454	󰀀󰀀	罪状	39-4-A-02
812545	󰀀󰀀󰀀	怀远县	39-21-B-04
814100	󰀀󰀀	农田司	39-21-A-04
814144	󰀀󰀀	武官	39-12-A-08

续　表

四角号码	西夏文	汉文翻译	页　　码
814222	𗤊𗏁	宰相	39-11-B-09
815100	𗘂	匹	39-2-B-03
822122	𗃛𗰞	以内	39-2-B-07
	𗃛𗤅𗧓	转院法	39-8-B-03
822150	𗃛𗄻𘊐	灵武郡	39-21-B-05
822420	𗃛𗃛	各种	39-4-A-01
824055	𗣼𗑱	叔姨	39-6-B-09
824080	𗣼𗐱	君臣	39-18-A-05
824420	𗤋𗥤𗧓𗏹	金工司	39-22-A-06
	𗤋𗧓𗧓	绥远寨	39-22-A-09
834170	𗓽𗧓𗏹	次等司	39-15-B-02
834422	𗧓𗧓𗏹	下等司	39-15-B-04
834422	𗧓𗧓𗏹𗟲	下等司正	39-2-B-05
	𗧓𗖼	下品	39-20-A-05
842124	𗭼𗭼	分别	39-5-B-07
854142	𗧓𗧓	患病	39-4-A-08
871000	𗤋𘟙𗰣	虎控军	39-21-A-09
872122	𗴂𗴂	貌善	39-12-A-01
872145	𗑗𗵆	渠水	39-1-B-09
872220	𗉘𗵆	不许	39-7-B-03
872222	𗒹𗐱	幼童	39-8-B-04
872525	𗼃𗴴𗰣	威地军	39-21-A-09
872545	𘟙𗏹	群牧司	39-21-A-04
874122	𗷀𘚵𗧓	河西县	39-22-A-05
874220	𗤄𗐱	儿童	39-7-A-03
874222	𗤄𗏁	通判	39-1-B-06
874400	𗥤𗵘	无暇	39-16-B-04
874420	𗥤𗰞	宝物	39-8-A-09
874525	𗦫𗭼	末尾	39-22-B-08

续 表

四角号码	西夏文	汉文翻译	页码
874525	󰀀󰀀󰀀	末等司	39-15-B-05
	󰀀󰀀	末品	39-20-A-05
875450	󰀀󰀀	户口	39-10-B-09
	󰀀󰀀󰀀󰀀	户下住女	39-10-B-02
882442	󰀀󰀀	独诱	39-8-A-05
884240	󰀀󰀀󰀀	择人司	39-21-B-02
	󰀀󰀀	选拔	39-18-B-04
912117	󰀀󰀀	捕盗	39-1-B-09
915141	󰀀󰀀	告变	39-1-A-04
922420	󰀀󰀀	三年	39-1-B-01
	󰀀󰀀󰀀	三个月	39-3-B-02
	󰀀󰀀󰀀󰀀󰀀󰀀	三分之一	39-11-A-04
942170	󰀀󰀀	变道	39-15-A-01
945140	󰀀󰀀	远摄	39-22-A-03
955122	󰀀󰀀	死绝	39-9-A-01
	󰀀󰀀	生死	39-7-A-01
	󰀀󰀀	死者	39-10-B-01
972222	󰀀󰀀󰀀	资善务	39-21-A-07
972452	󰀀󰀀	种种	39-8-A-05
985240	󰀀󰀀󰀀󰀀	都转运司	39-21-A-03
	󰀀󰀀󰀀󰀀	都磨勘司	39-21-A-04
	󰀀󰀀	都案	39-2-A-01
	󰀀󰀀	一律	39-3-B-05
	󰀀󰀀	一年	39-4-B-08
	󰀀󰀀󰀀	一个月	39-4-B-09
	󰀀󰀀	一分	39-8-A-09
	󰀀󰀀	一户	39-10-A-09
	󰀀󰀀	一半	39-12-B-07
985545	󰀀󰀀	巡检	39-1-B-09

二 俄藏《天盛律令》职官门图版

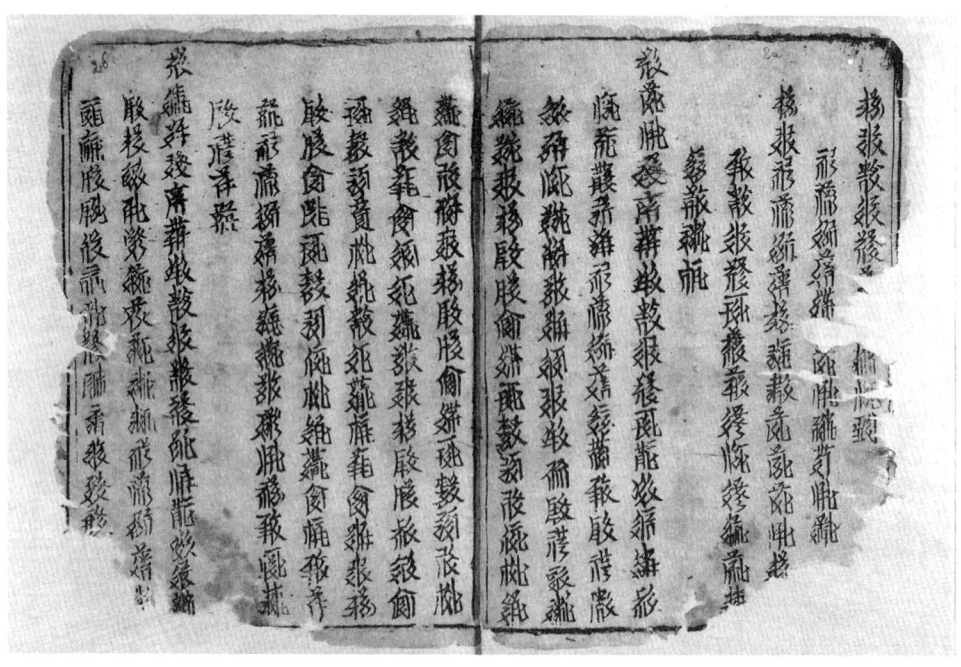

附 录

39-3

39-4

39-5

39-6

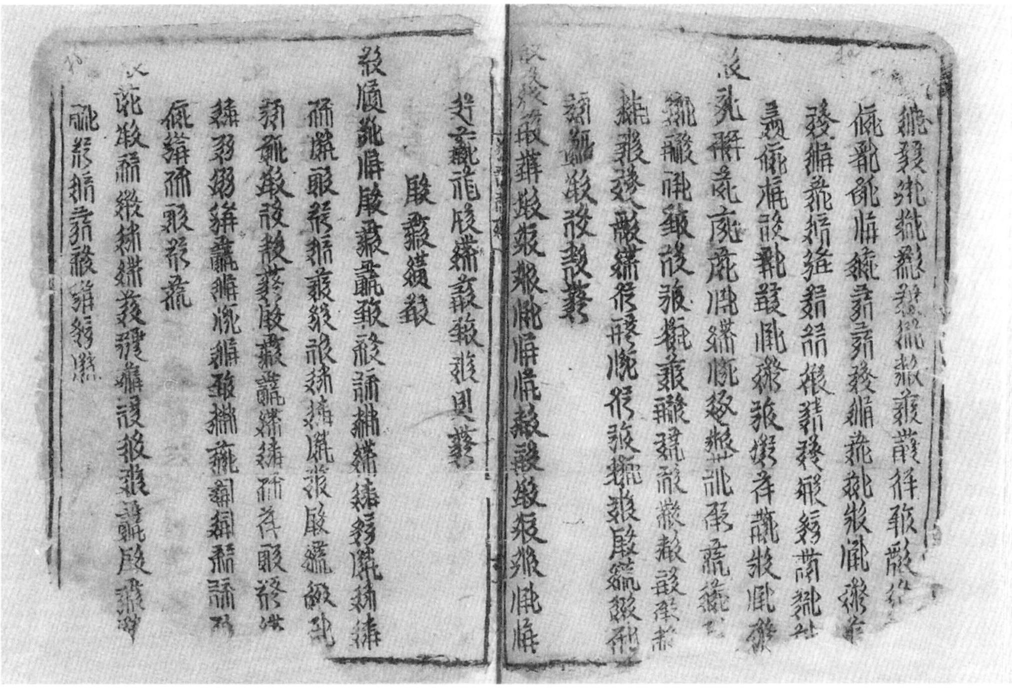

39－7

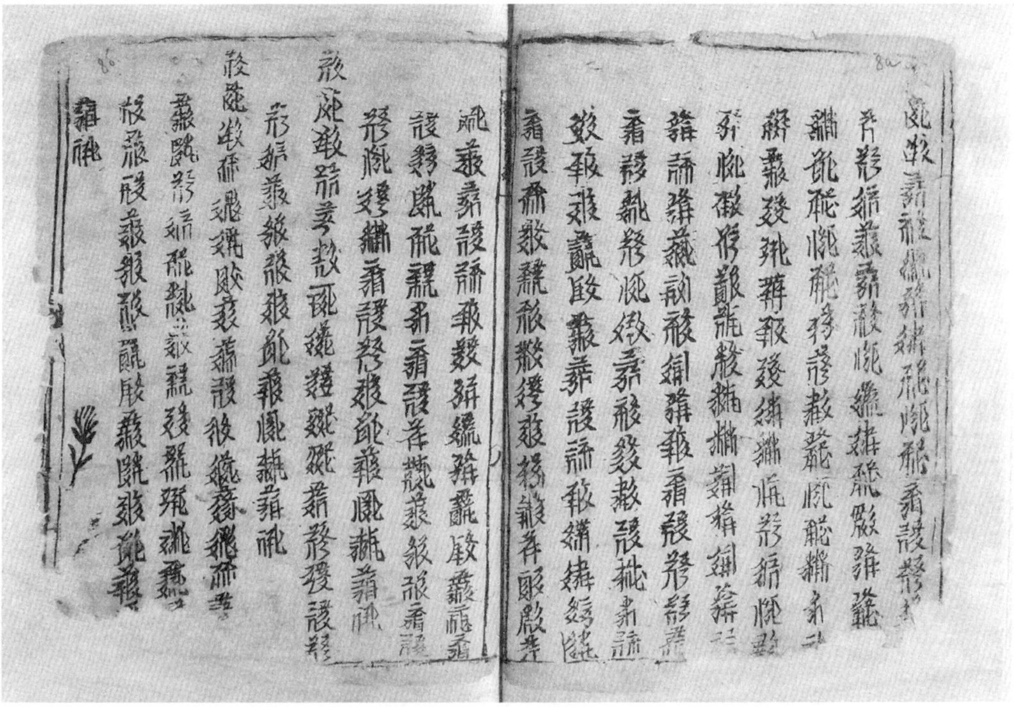

39－8

《天盛律令》职官门整理研究

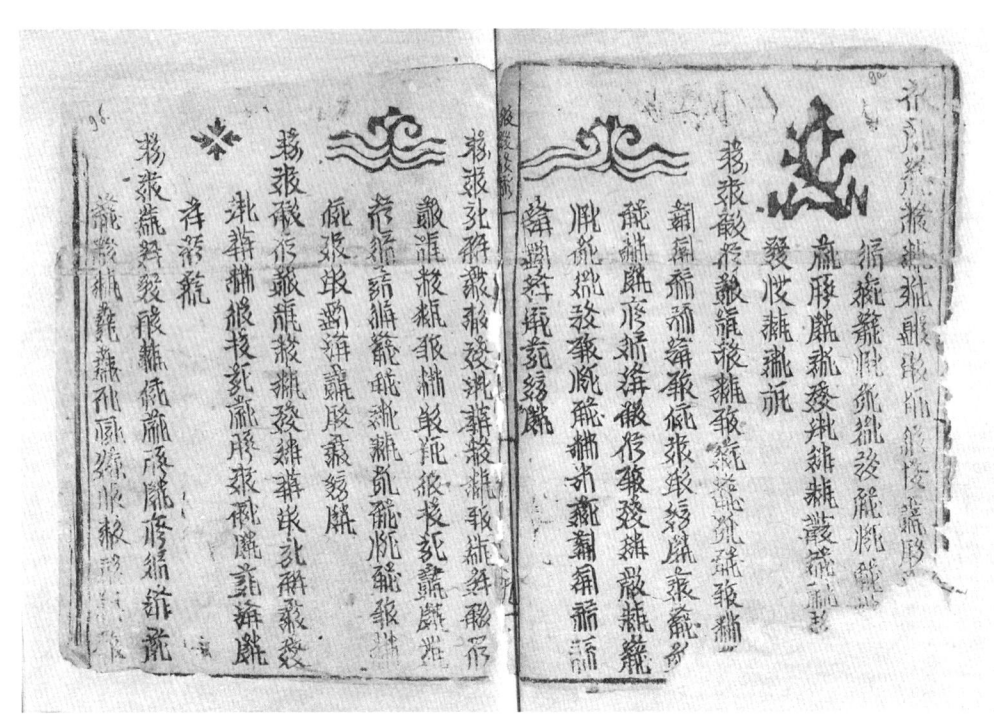

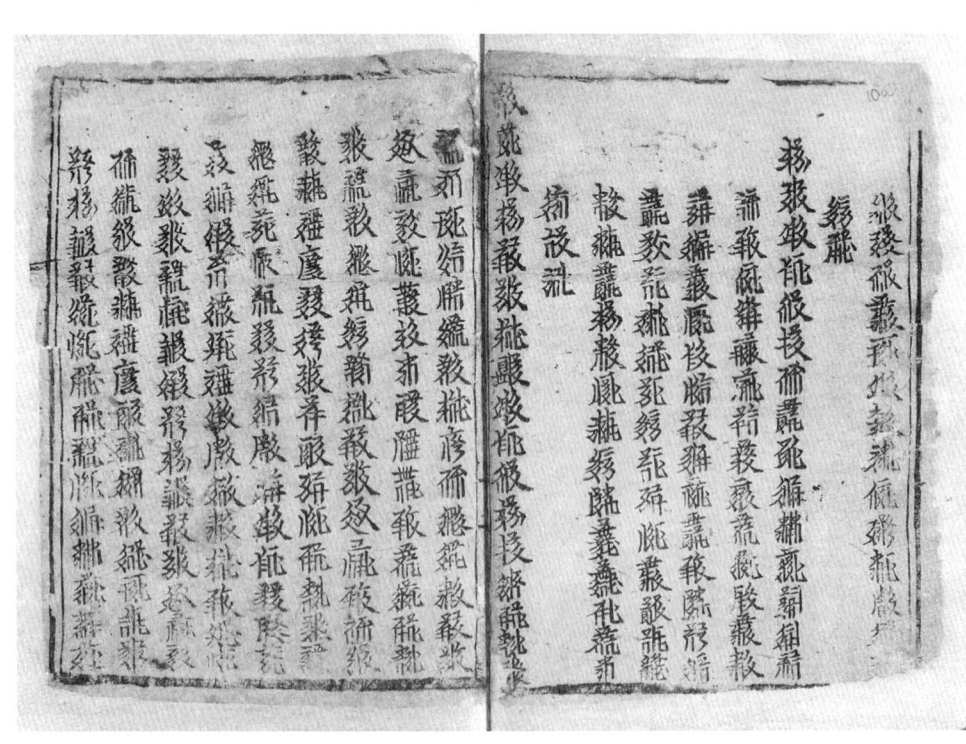

39-11

39-12

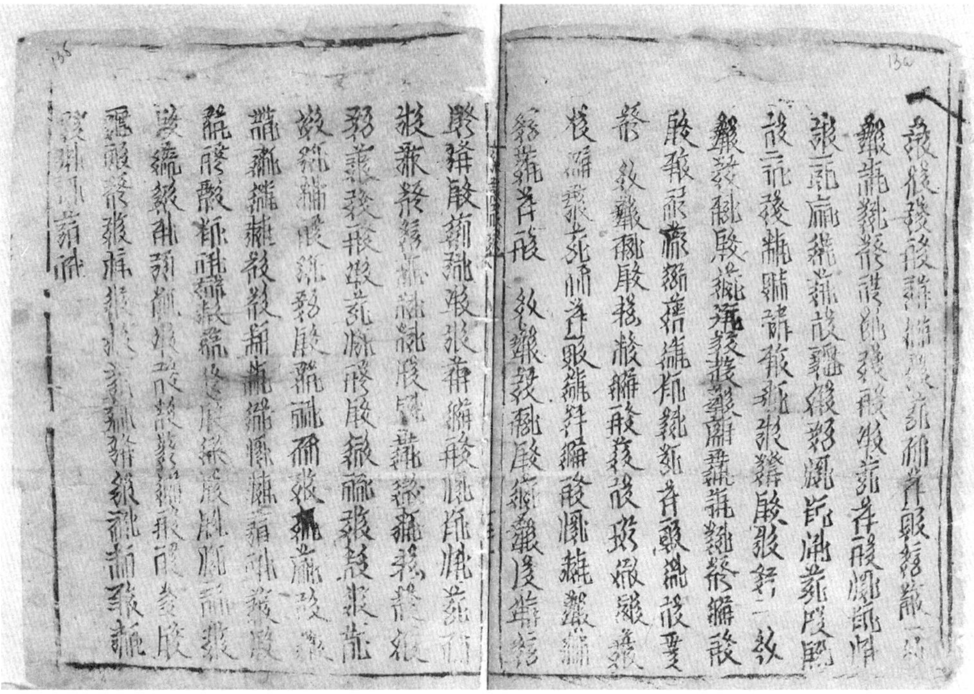

39－13

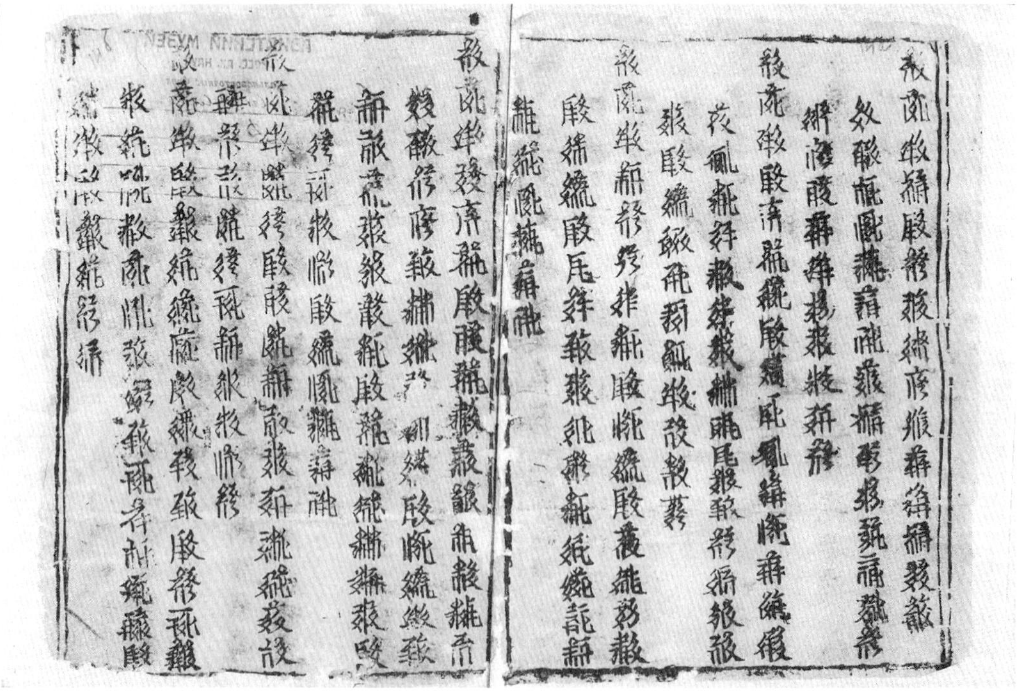

39－14

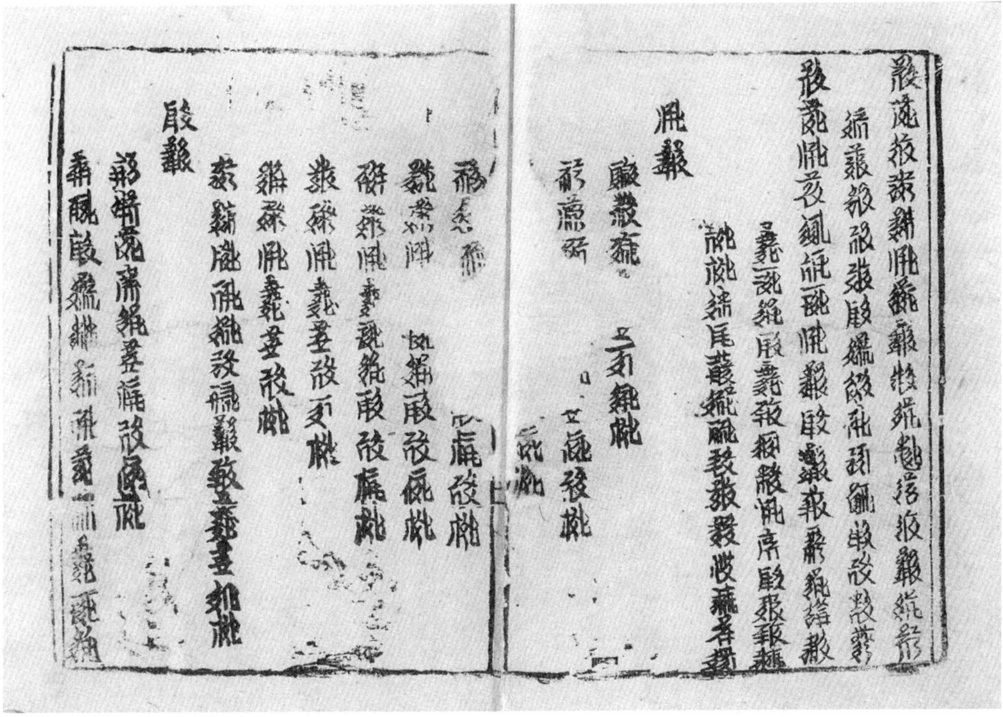

39－15

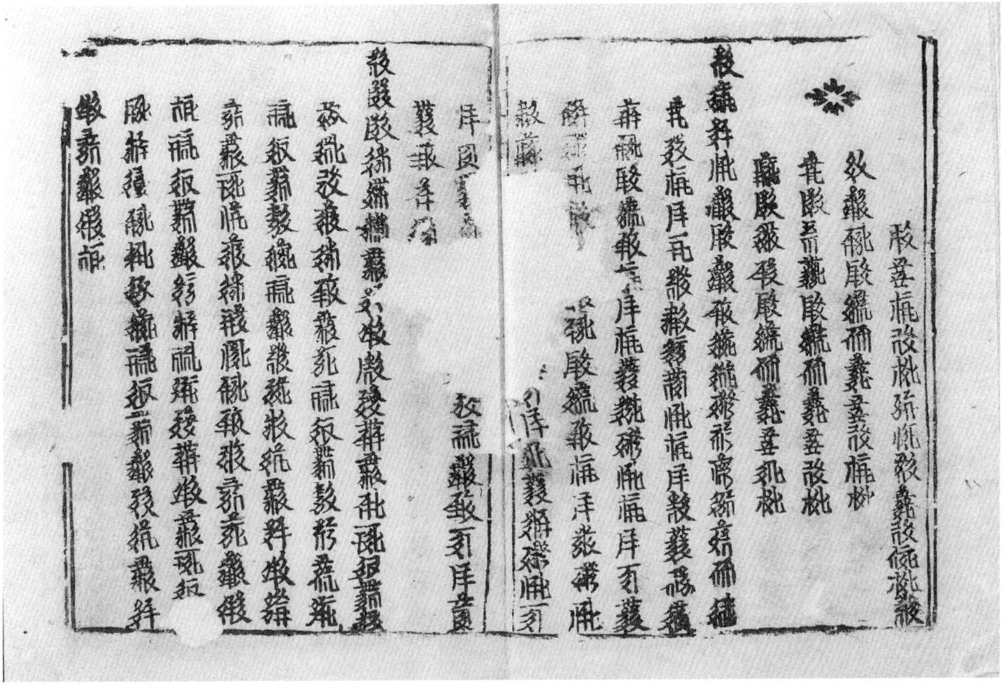

39－16

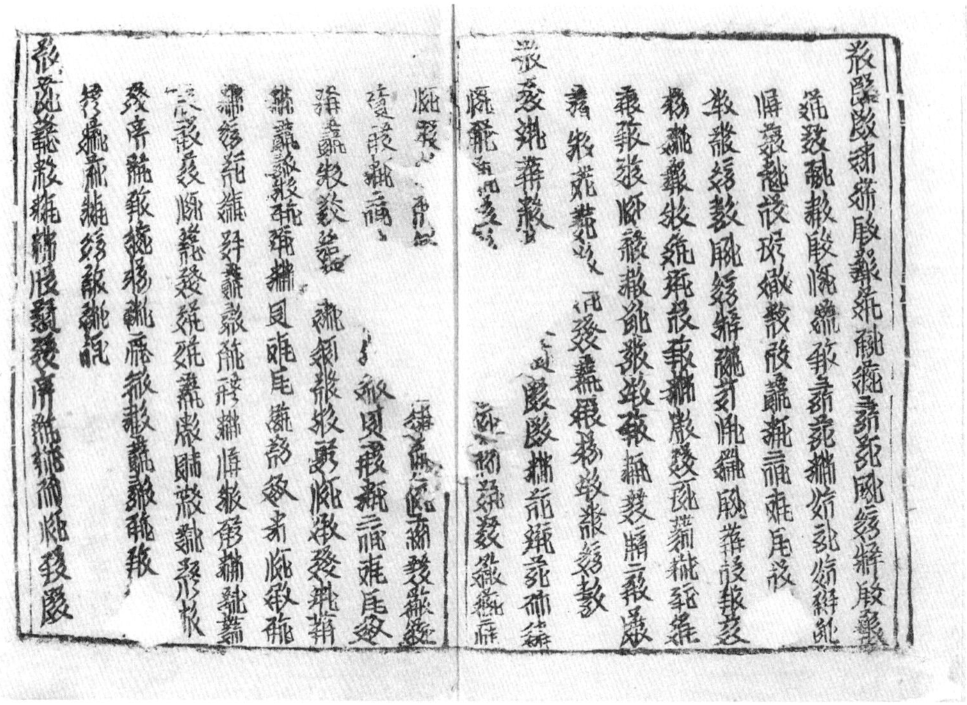

39－17

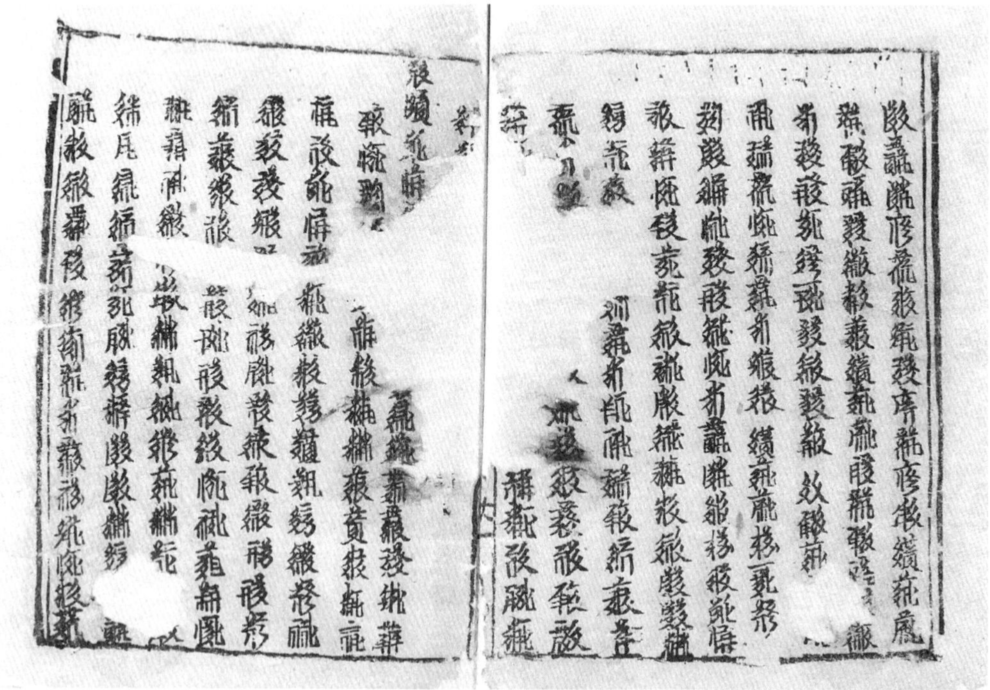

39－18

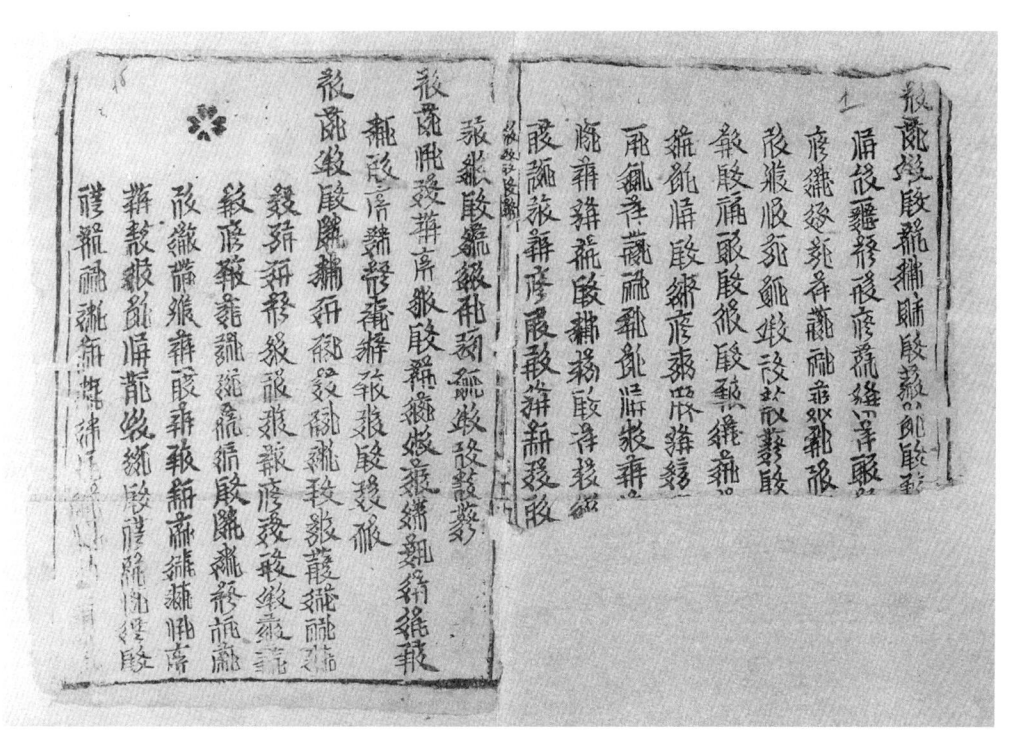

39-19

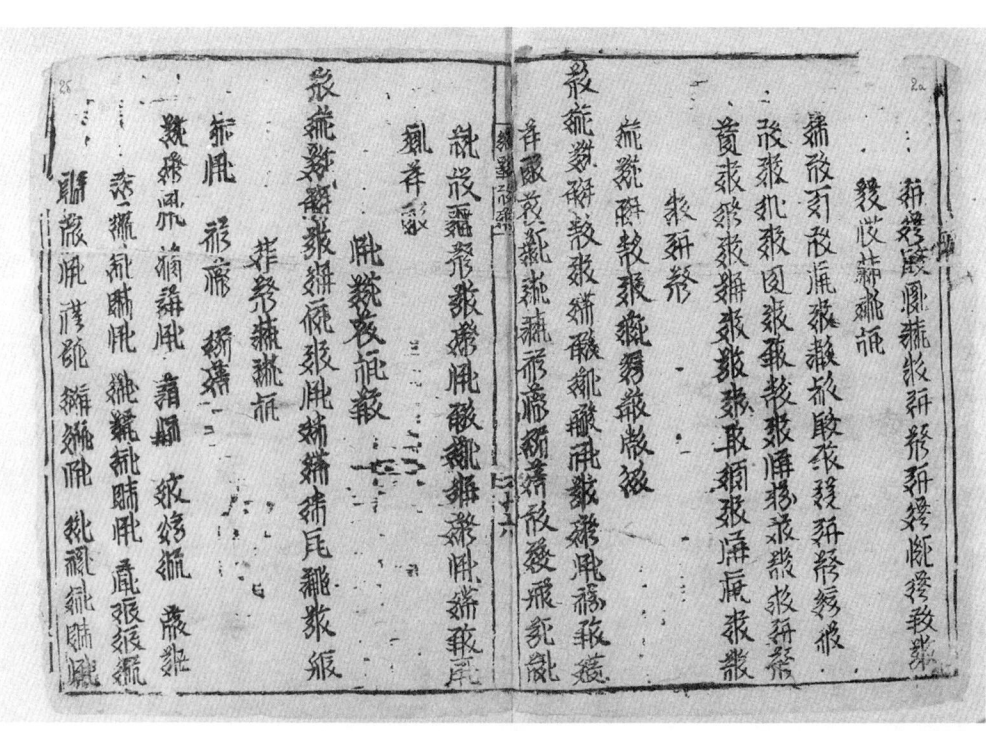

39-20

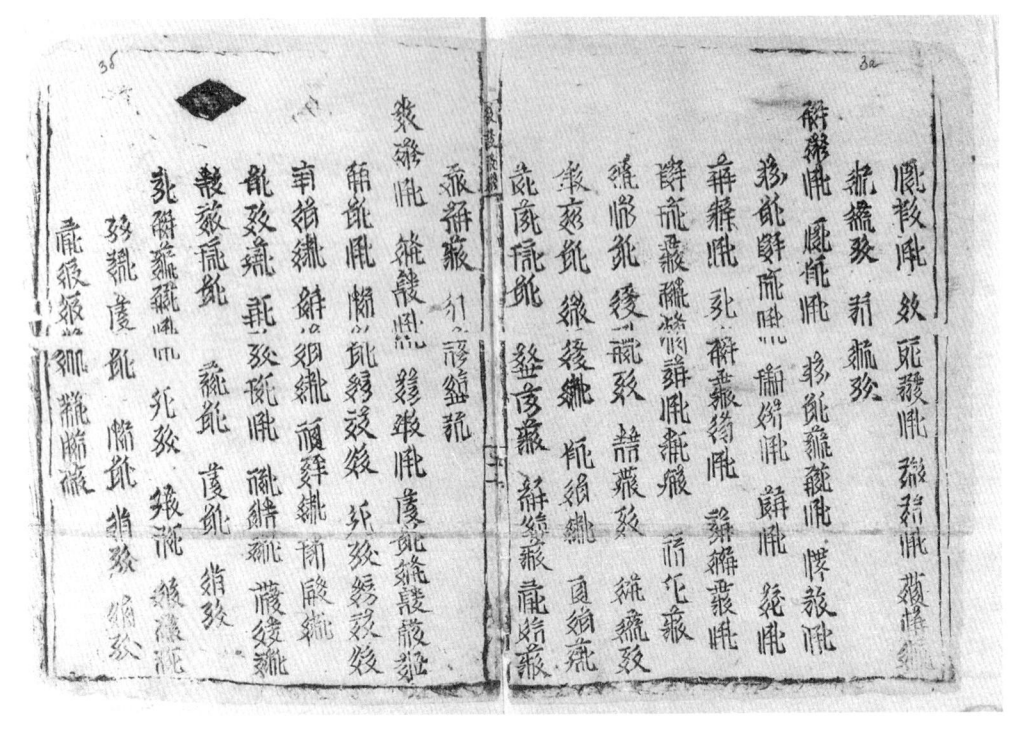

39-21

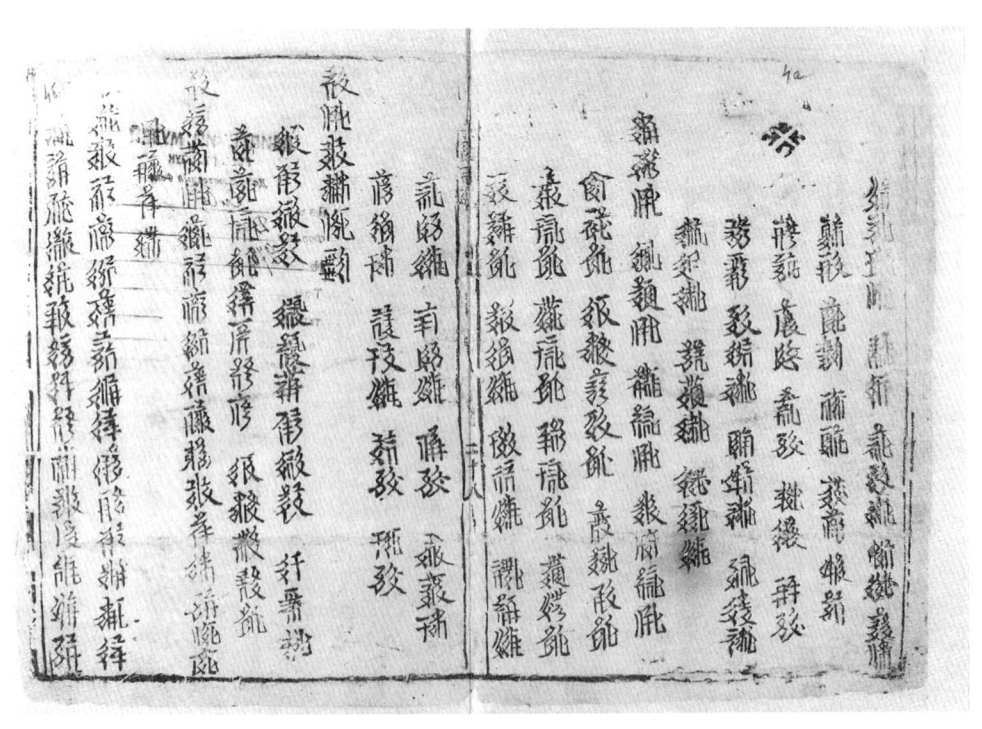

39-22

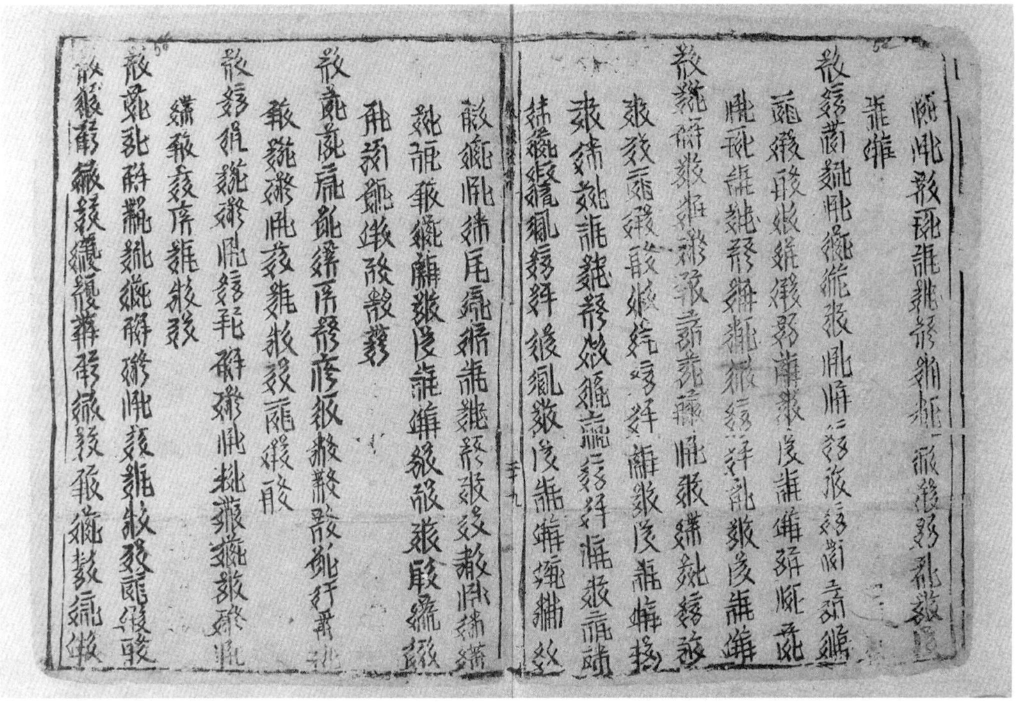

39－23

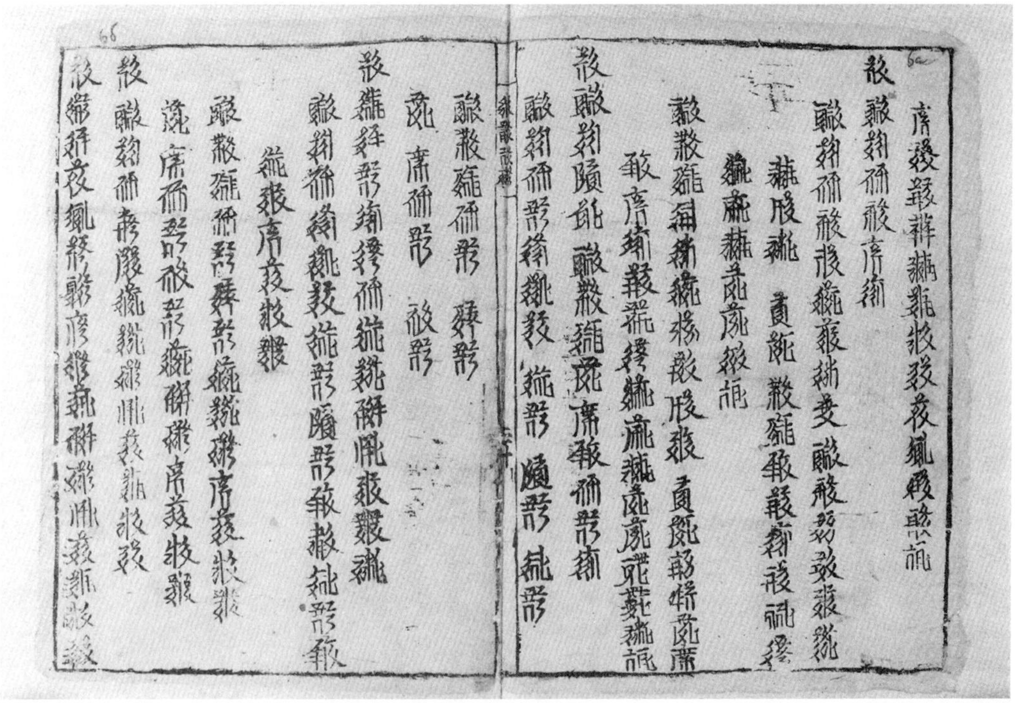

39－24

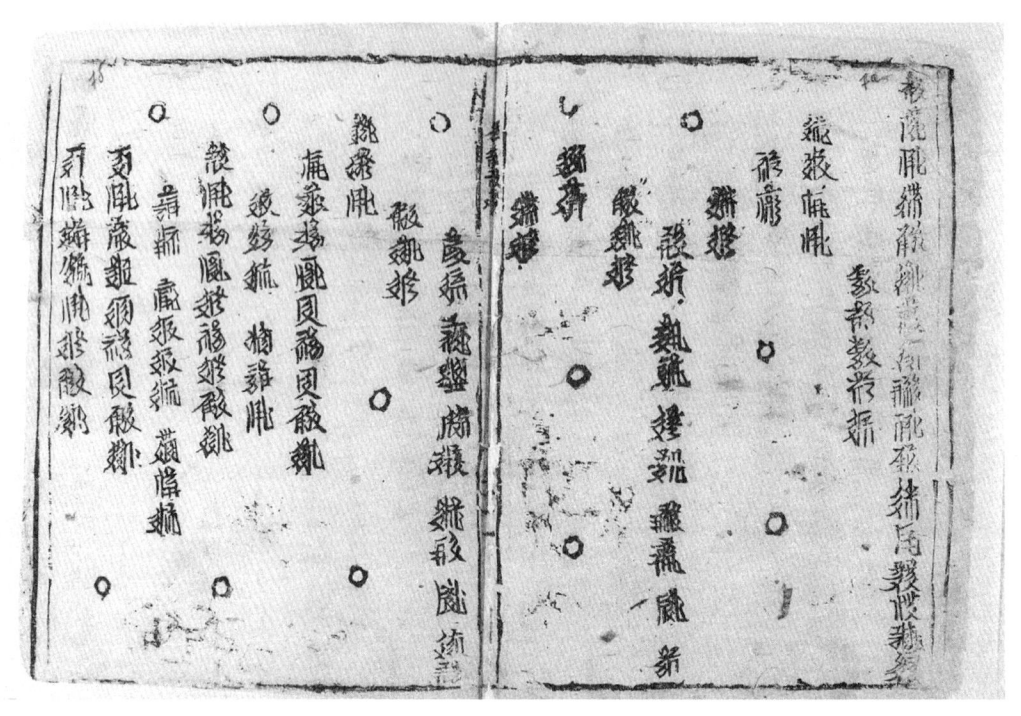

39-25

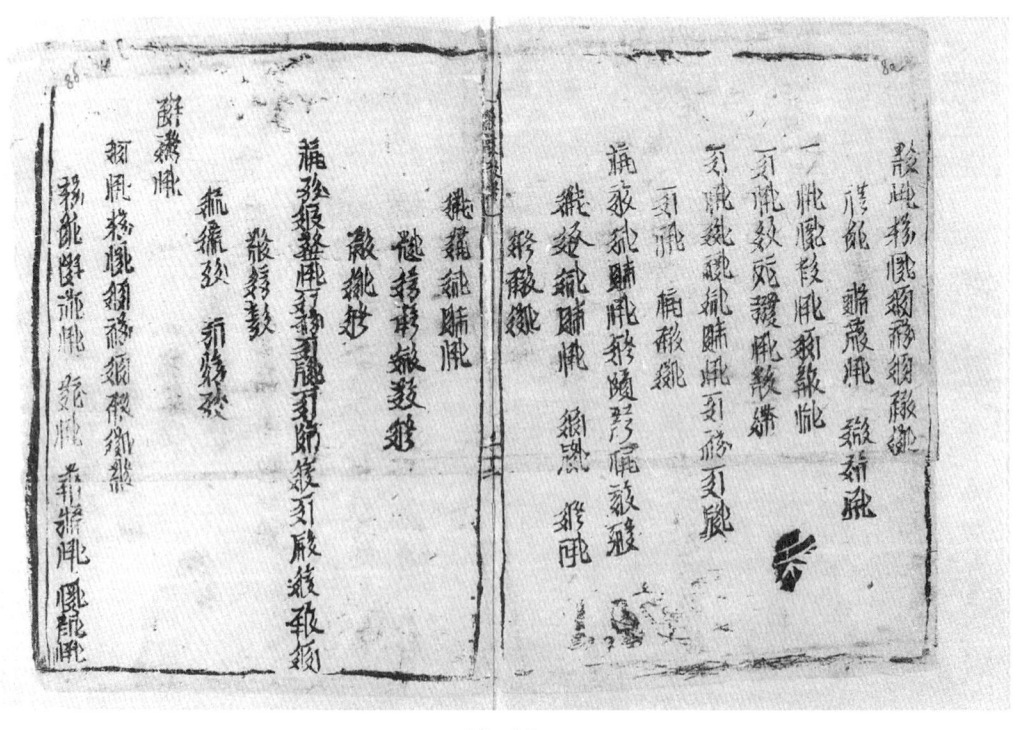

39-26

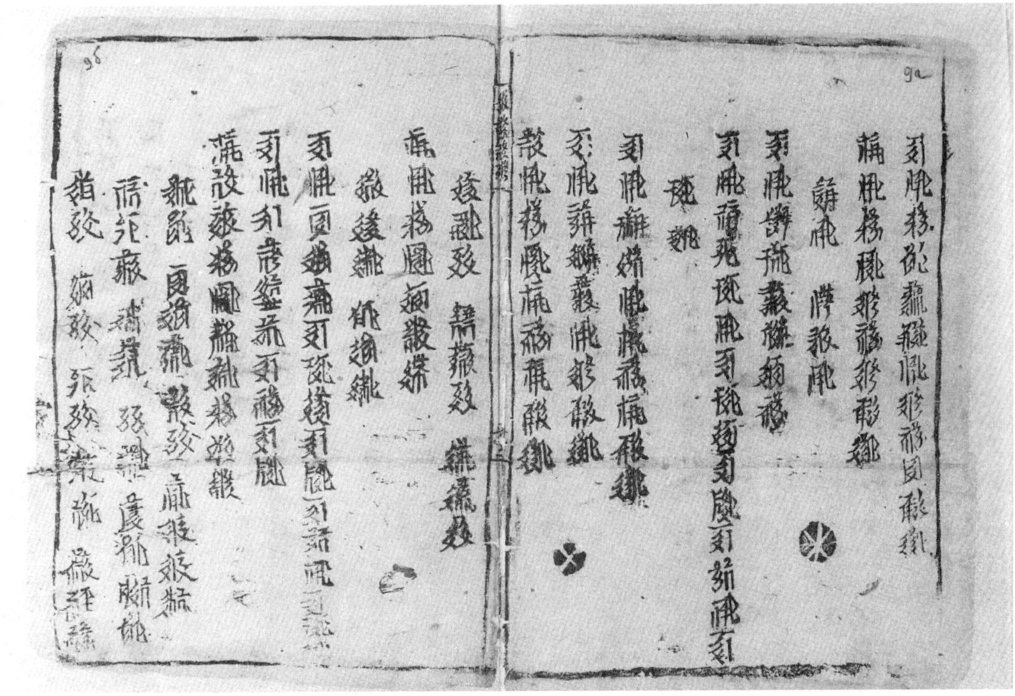

39－27

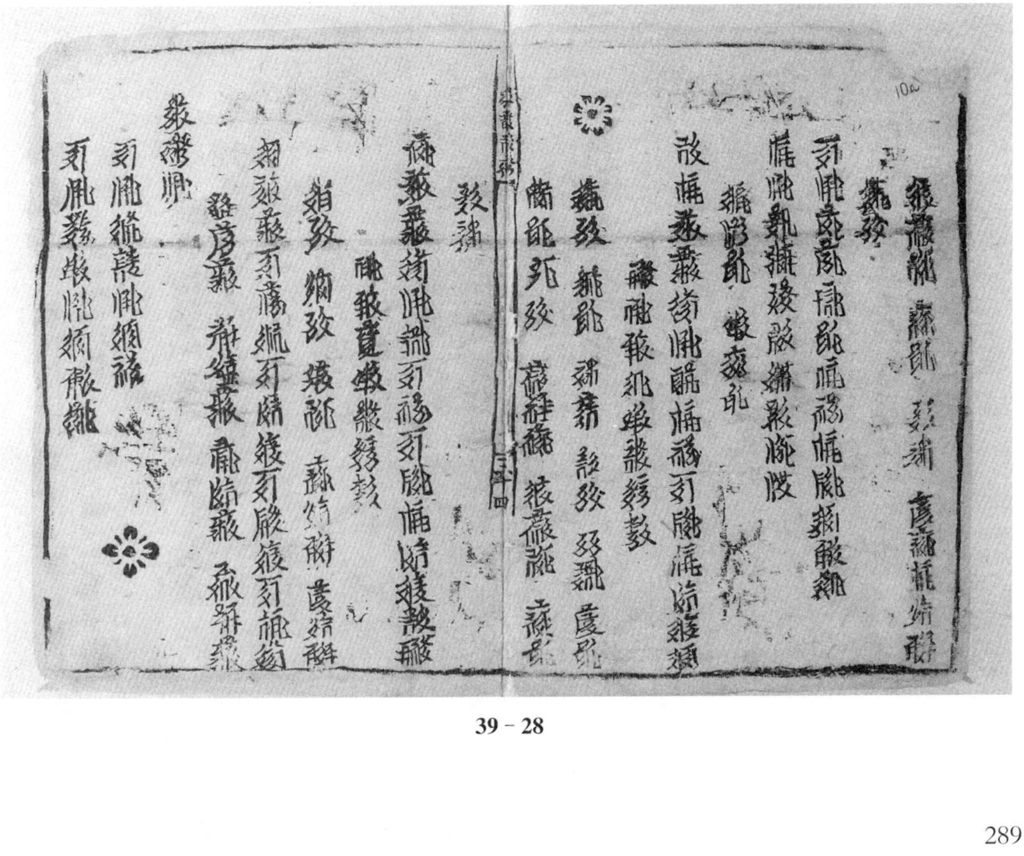

39－28

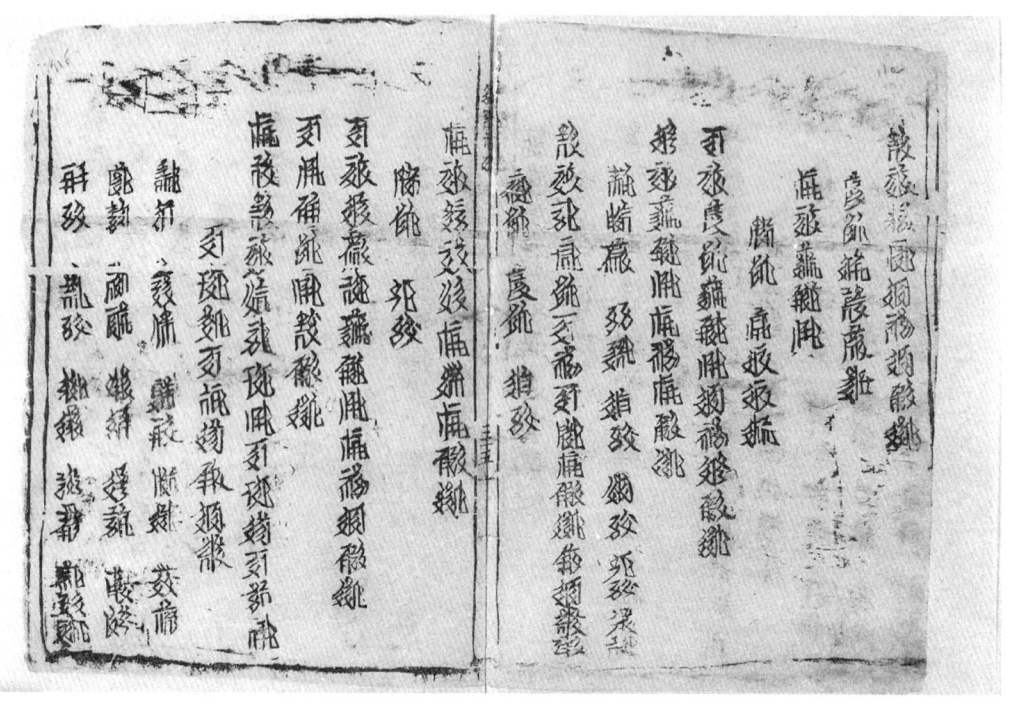

39-29

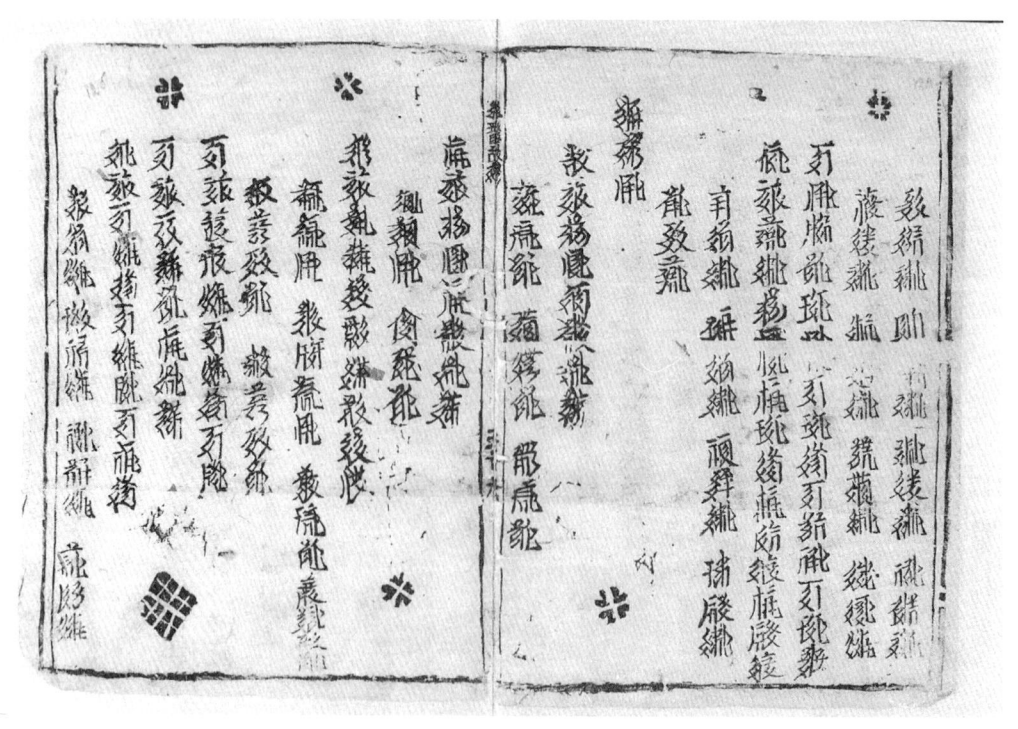

39-30

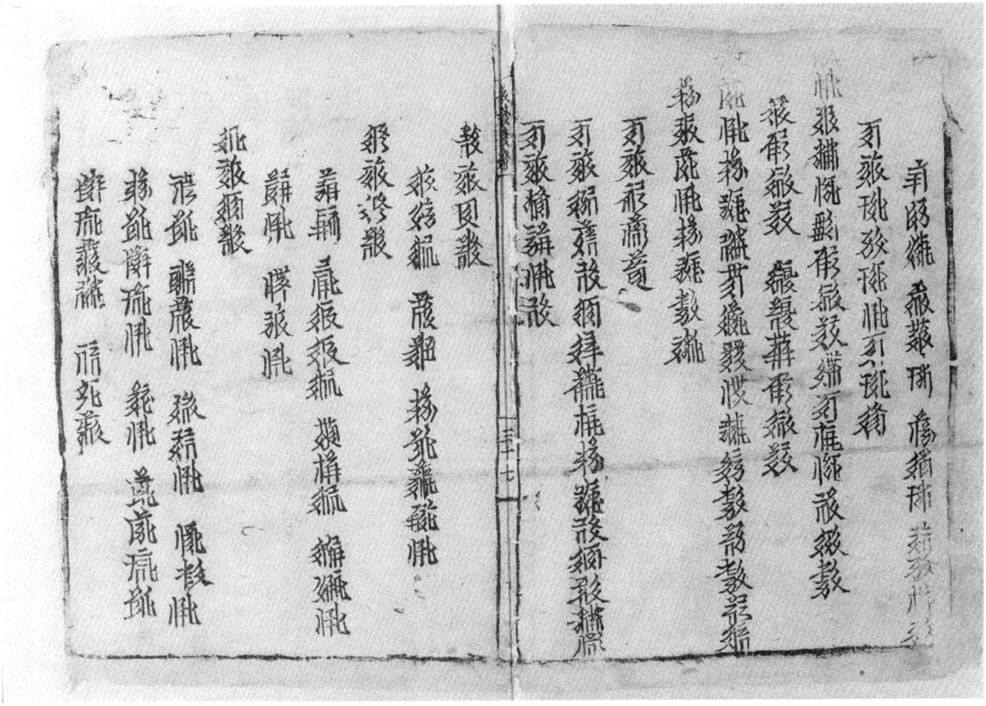

39－31

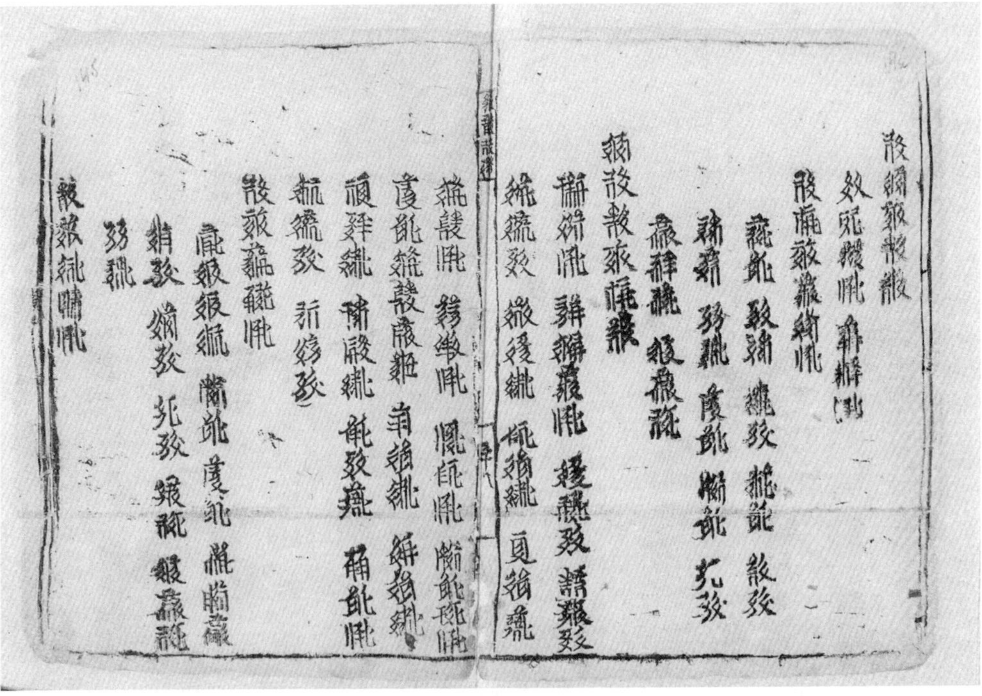

39－32

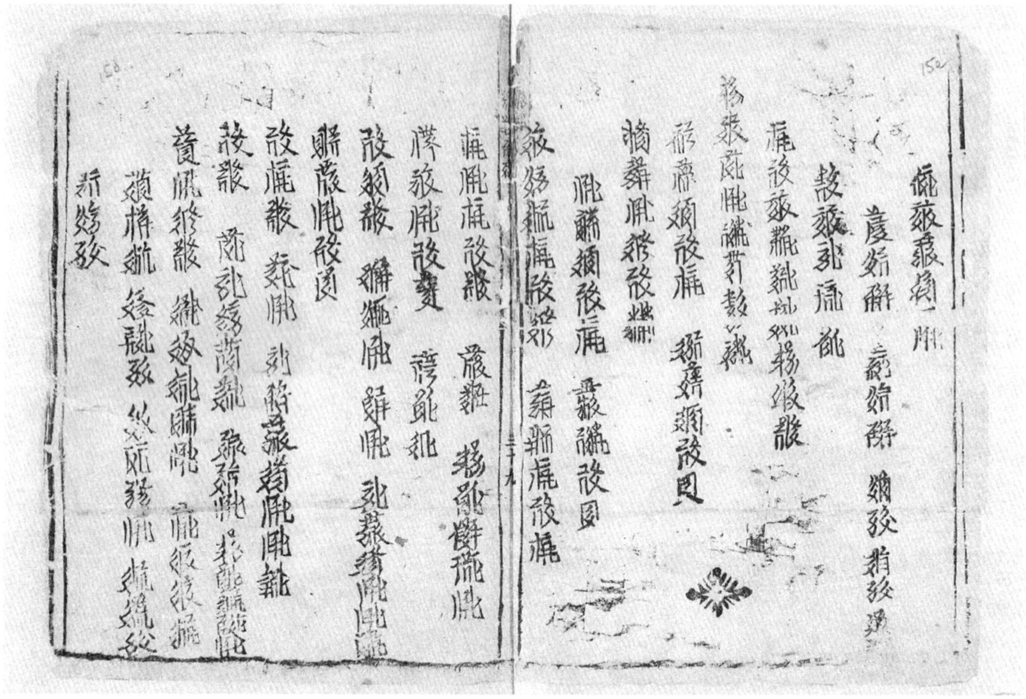

39 - 33

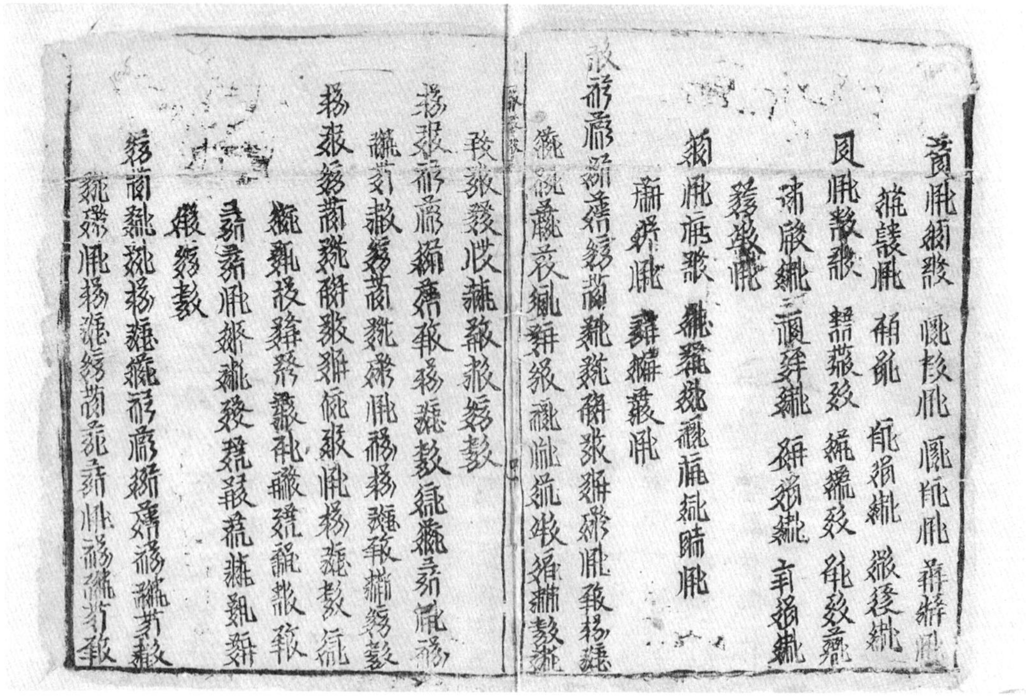

39 - 34

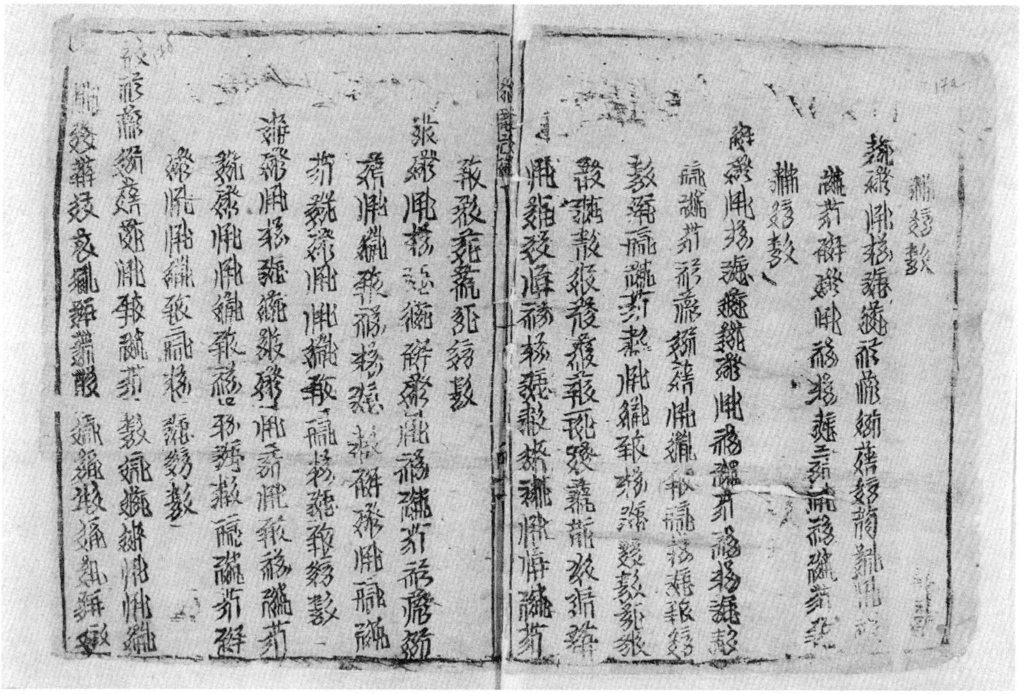

39－35

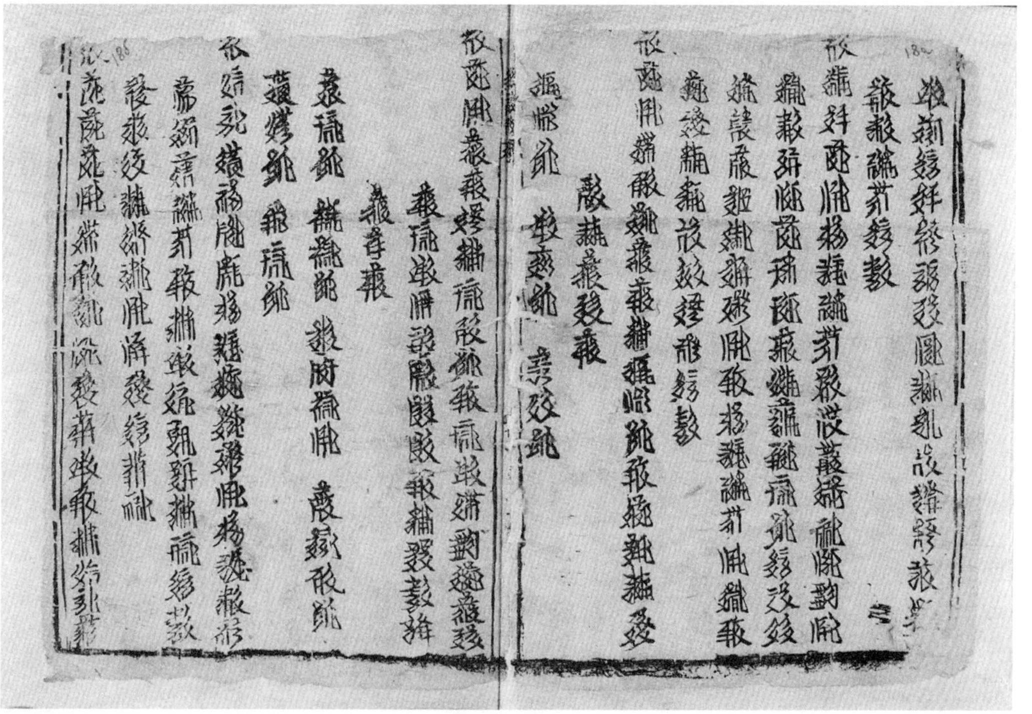

39－36

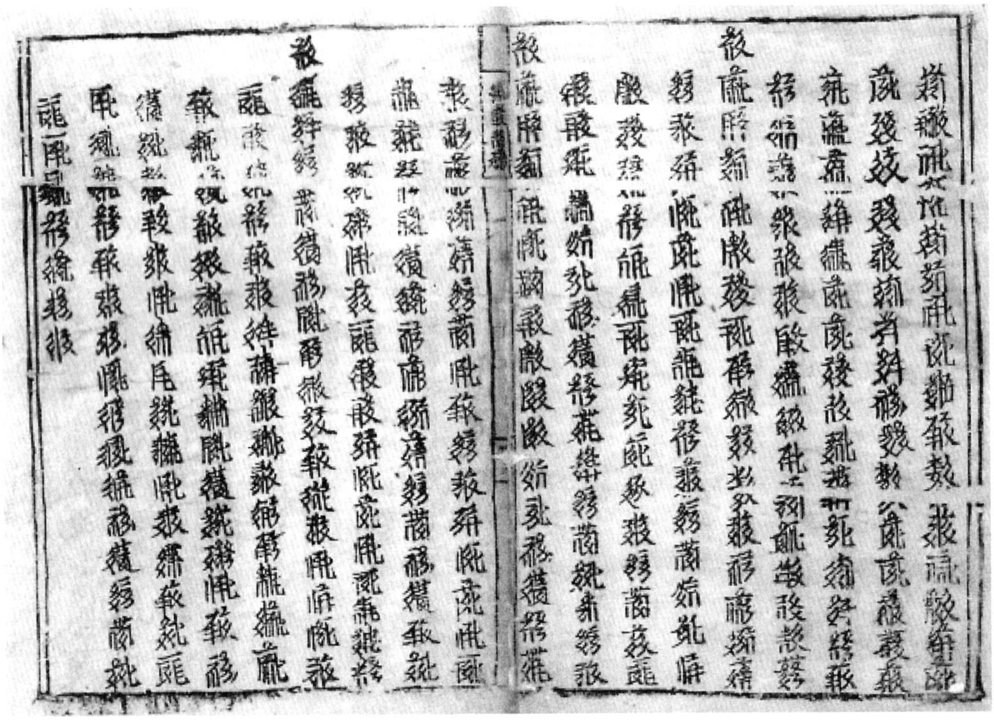

39－37

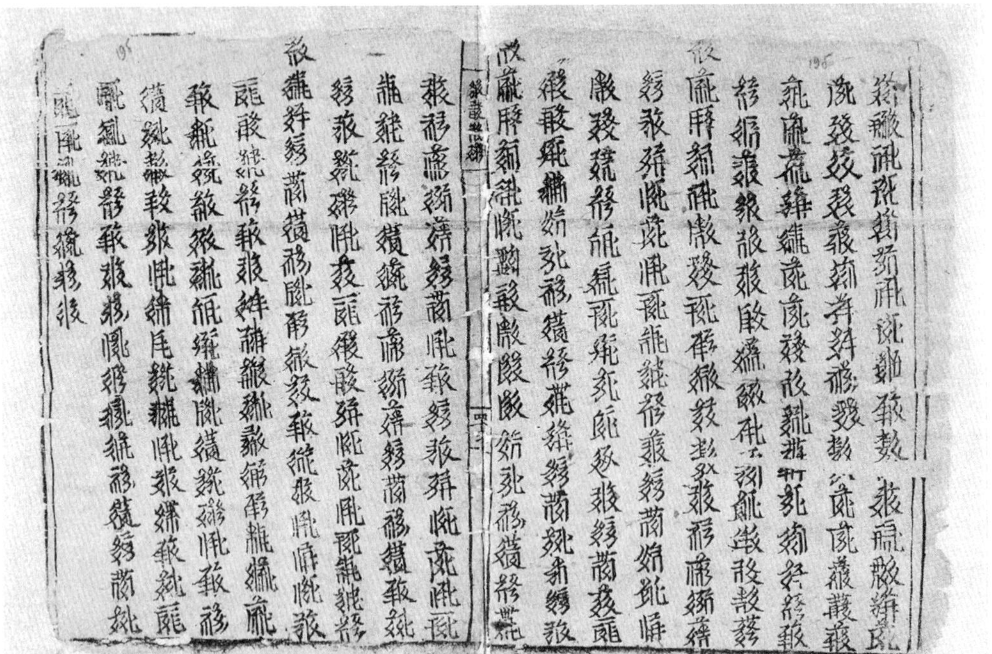

39－38

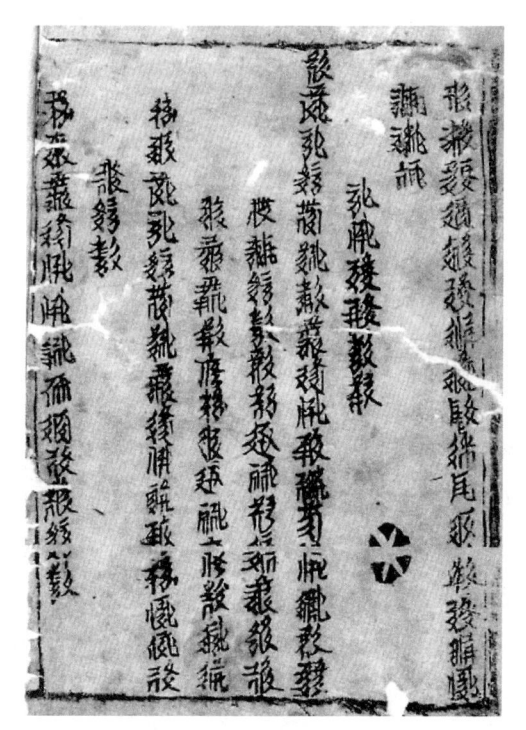

39–39

后　　记

　　20世纪90年代以来，随着《俄藏黑水城文献》、《英藏黑水城文献》、《中国藏西夏文献》、《中国藏黑水城汉文文献》、《斯坦因第三次中亚考古所获汉文文献》(非佛经部分)、《法藏敦煌西夏文文献》、《俄藏敦煌文献》、《日本藏西夏文文献》等大型文献的出版，为全面深入研究西夏与黑水城文献奠定了坚实的基础。为此，宁夏大学西夏学研究院展开系列研究，在组织重大重点项目的同时，编纂出版《西夏文献研究丛刊》，由杜建录教授主编。2013年，又将中俄人文合作研究课题"西夏法律文献研究"、"西夏文献专题研究"纳入《西夏文献研究丛刊》出版计划，由中俄西夏学联合研究所中方所长杜建录教授和俄方所长波波娃教授共同主编。

　　《西夏文献研究丛刊》自2010年推出后，目前相继出版杜建录、史金波《西夏社会文书研究》、聂鸿音《西夏文献论稿》、杜建录《中国藏西夏文献研究》、彭向前《西夏文〈孟子〉整理研究》、杜建录与波波娃主编《〈天盛律令〉研究》、胡进杉《西夏佛典探微》、段玉泉《西夏〈功德宝集偈〉跨语言对勘研究》、杜建录《党项西夏碑石整理研究》、潘洁《〈天盛律令〉农业门整理研究》、梁松涛《西夏文〈宫廷诗集〉整理与研究》、于光建《〈天盛律令〉典当借贷门整理研究》、翟丽萍《〈天盛律令〉职官门整理研究》、尤桦《〈天盛律令〉武器装备条文整理研究》、张笑峰《〈天盛律令〉铁箭符牌条文整理研究》等。该文献研究丛刊的出版，得到中俄人文合作委员会秘书处(教育部)、教育部国际合作与交流司、社会科学司、宁夏回族自治区教育厅、宁夏大学、俄罗斯科学院东方文献研究所以及上海古籍出版社的大力支持，教育部副部长、中俄人文合作委员会教育合作分委会中方主席郝平拨冗作序，在此一并表示衷心的感谢！

编　者

二〇一九年十月十八日

图书在版编目(CIP)数据

《天盛律令》职官门整理研究 / 翟丽萍著. —上海：上海古籍出版社，2019.11
（西夏文献研究丛刊）
ISBN 978-7-5325-9326-2

Ⅰ.①天… Ⅱ.①翟… Ⅲ.①法制史-中国-西夏②《天盛律令》-研究 Ⅳ.①D929.463

中国版本图书馆 CIP 数据核字(2019)第 189919 号

西夏文献研究丛刊
书　　名　《天盛律令》职官门整理研究
作　者　翟丽萍　著
责任编辑　王　珺
出版发行　上海古籍出版社
　　　　　（上海瑞金二路 272 号　邮政编码 200020）
（1）网　　址：www.guji.com.cn
（2）E-mail：guji1@guji.com.cn
（3）易文网网址：www.ewen.co
印　　刷　金坛市古籍印刷厂
版　　次　2019 年 11 月第 1 版
　　　　　2019 年 11 月第 1 次印刷
规　　格　开本 787×1092　1/16
印　　张　20　字数 365,000
国际书号　ISBN 978-7-5325-9326-2/K·2692
定　　价　98.00 元